Die Ziffern 1–62 beziehen sich auf die Numerierung der Schlachten im Inhaltsverzeichnis.

HUBERT GUNDOLF

UM ÖSTERREICH!

HUBERT GUNDOLF

Um
ÖSTERREICH!

SCHLACHTEN UNTER HABSBURGS KRONE

LEOPOLD STOCKER VERLAG

GRAZ – STUTTGART

Umschlaggestaltung: Atelier Geyer, Judendorf-Straßengel
Umschlagfoto: Oberst Rodakowski in der Schlacht von Custoza 1866 (nach Ludwig Koch, Österreichisches Staatsarchiv/Kriegsarchiv, Foto: Christopher M. Dvorak)
Vor- und Nachsatz: Zeichnung von Helmut Wilhelmsmeyer

Die Deutsche Bibliothek – CIP-Einheitsaufnahme

Gundolf, Hubert:
Um Österreich! : Schlachten unter Habsburgs Krone / Hubert Gundolf. – Graz ; Stuttgart : Stocker, 1995
  ISBN 3-7020-0720-2

ISBN 3-7020-0720-2
Printed in Austria
Gesamtherstellung: M. Theiss, A-9400 Wolfsberg

Gewidmet

meinen Eltern, die zwei Weltkriege
miterlebt haben,

meinen Jugendfreunden,
die mit 17, 18 oder 19 Jahren gefallen sind,

und meinen Kindern und Enkelkindern,
denen ich wünsche, daß sie niemals die
Schrecken eines Krieges erleben müssen.

Inhalt

Vorwort

Soll Österreich seine Kriege vergessen?

Ja, werden viele sagen, „je eher, desto besser!" Andere wiederum: „Nein, nicht vergessen, aber aus ihnen lernen." Beide Meinungen haben etwas für sich, wobei man bei der letzteren leicht resignieren könnte – denn wann hat der Mensch schon jemals aus der Geschichte gelernt?

Man hat diesem Österreich, dessen Name vor tausend Jahren – 996 – erstmals als „ostarrîchi" urkundlich aufscheint, alle möglichen Epitheta gegeben, ehrenvolle zumeist: „Ostmark" als Bollwerk gegen Mongolen und Awaren, Hunnen und Tataren; AEIOU – „Alles Erdreich ist Österreich untertan" oder „Austria erit in orbe ultima"; man nannte es das „Reich, in dem die Sonne nicht untergeht", aber auch „Völkerkerker" und den „Staat, den niemand wollte".

Dieses Österreich, das, wie es in seiner Bundeshymne heißt, „einem starken Herzen gleich inmitten des Erdkreises liegt", war nie eine Insel der Seligen. Es mußte sich von allem Anbeginn gegen alle möglichen Nachbarn wie auch gegen Feinde verteidigen, die von weither kamen: aus Asien und der Türkei, aus Rußland und Schweden, aus Frankreich, Italien, Polen, Böhmen und Ungarn. Verfolgt man Österreichs Geschichte in diesen tausend Jahren, so wird man feststellen, daß einst fast ganz Europa zum Kriegsschauplatz dieses Landes wurde und daß noch heute die bedeutendsten Denkmäler nicht Dichtern und Philosophen, sondern Feldherren und Kaisern gewidmet sind. Es ist kein Zufall, daß das Maria Theresia-Denkmal in Wien nicht von den 16 Kindern der Herrscherin umstellt ist, sondern von ihren Generälen und Staatsmännern. Genausowenig scheint es ein Zufall, daß der letzte Babenberger den bezeichnenden Beinamen „der Streitbare" erhielt und in einer Schlacht – der an der Leitha – ums Leben kam. Auch die Macht der Habsburger wurde durch eine Schlacht begründet, jener von Dürnkrut, und ihr Imperium ging schließlich in einem Weltkrieg unter, wie ihn die Menschheit bis dahin noch nicht erlebt hatte.

Nein, Österreich darf seine vielen Kriege und Schlachten nicht vergessen, nicht nur weil sie Bestandteil seiner Geschichte sind, sondern auch weil sie das Europa von heute entscheidend mitgeprägt haben. Das kriegerische Element in der Geschichte der europäischen Staaten wirkt seit Jahrhunderten bis ins Heute fort, und Österreich macht dabei keine Ausnahme. Allein in den fast 400 Jahren zwischen 1490 und 1880 verzeichnet das Österreichische Kriegsarchiv nahezu 7000 Schlachten, Treffen, Gefechte und Belagerungen, die in 63 „mehr oder minder wichtigen Kriegen" stattgefunden haben.

Im Verlauf der letzten zehn Jahre habe ich über 200 der bedeutendsten Schlachtfelder der europäischen Geschichte aufgesucht – von Troja bis Portugal, von Irland bis Stalingrad, von Malta bis Narvik und Murmansk. Viele dieser Schlachten hängen aufs engste mit Österreichs Geschichte zusammen; die bedeutendsten davon sind in diesem Buch dargestellt. Der zeitliche Bogen spannt sich über 900 Jahre, von Niemptsch in Polen (1017) bis Vittorio Veneto (1918), von Markgraf Heinrich I. von „Ostarrîchi" bis zum letzten Kaiser von Österreich und König von Ungarn, Karl I., und dem tragischen Untergang der österreichisch-ungarischen Monarchie. Dabei habe ich nicht nur die historischen Zusammenhänge, die zu diesen vielen Kriegen führten, sowie den Verlauf und das Ergebnis der einzelnen Waffengänge nachzuzeichnen versucht, sondern gleichsam auch eine Bestandsaufnahme dessen vorgenommen, was heute noch auf diesen Schlachtfeldern an Erinnerungen in Form von Denkmälern, Friedhöfen, Ossarien und Museen vorzufinden ist.

Wenn man diese Walstätten des Grauens besucht, die so viel Leid, Schmerz und Tod gesehen haben, fällt einem folgendes auf: die wenigsten von ihnen sind später verbaut worden. Fast scheint es, als hätte der Mensch eine unbewußte Scheu davor, auf diesen Schlachtfeldern sein Haus, sein Dorf, seine Stadt zu errichten, als fürchte er die Rache der hier Erschlagenen und Verscharrten, als hätte er Angst davor, auf dieser Erde das Fundament seines Lebens zu schaffen.

1996 gedenkt die Republik Österreich der ersten Erwähnung des Namens „Ostarrîchi" im Jahre 996. Anläßlich dieser „Tausend-Jahr-Erinnerung" wird man all die vielen Österreicher würdigen, die im Verlauf der langen Zeitspanne Wissenschaft und

Kultur, Dichtung, Musik, Forschung und Entdeckung in Österreich und in aller Welt geprägt haben. Und gewiß wird man auch die Geschichte der Markgrafen, Herzöge und Kaiser würdigen, die aus diesem kleinen Ostarrîchi, dem „östlichen Gebiet", schließlich das Weltreich der Habsburger geschaffen haben, das bis zum Jahre 1918 die Geschicke unserer Welt wesentlich mitgestaltet hat.

Gerade in unseren Tagen, da Europa seine kriegerische Vergangenheit abzuschütteln beginnt und zu großer, geschlossener Einheit zu finden trachtet, wäre es – so meine ich – auch sinnvoll, sich jener zu besinnen, die als namenlose Krieger in diesem einst so zerrissenen Europa für Österreich gekämpft und gelitten haben, verwundet wurden, in Gefangenschaft gerieten oder gefallen sind. Es waren Millionen und Abermillionen, blutjunge Menschen zumeist, die diese für sie oft unverständlichen und unerklärlichen Schlachten und Gefechte mitzumachen hatten und keinen anderen Dank erhielten als vielleicht – oft posthum – einen Orden, ein hölzernes Kreuz auf fremder Erde oder, wenn es hochging, eine Namensgravur auf einem Kriegerdenkmal. Und noch immer stehen auf manchen dieser marmornen oder ehernen Heroensäulen die klassischen Worte, es sei „süß und ehrenvoll, fürs Vaterland zu sterben". Man hat sich stets gehütet, zu sagen, es sei besser, für das Vaterland zu leben...

Ja, gedenken wir auch ihrer, der Offiziere und Gemeinen, gedenken wir ihrer Angst, ihrer Schmerzen und Verzweiflung, aber auch ihres Mutes und ihrer Tapferkeit. Denn sie alle – die Verteidiger Österreichs gegen Türken, Hussiten, Schweden, Franzosen, Italiener und Russen, die Soldaten des Prinzen Eugen und Maria Theresias, Erzherzog Karls, Feldmarschall Radetzkys und Kaiser Franz Josephs, die Husaren und Dragoner, Ulanen und Deutschmeister, Kaiserjäger, Kaiserschützen, Landstürmer und Standschützen – haben für die Heimat das Größte eingesetzt, das ein Mensch jemals nur einsetzen kann: das Leben.

Hubert Gundolf

I.

Um Herzogtümer, Grenzen, Krone und Reich

Jene Epoche, die wir das Mittelalter nennen, umfaßt rund eintausend Jahre unserer Geschichte. Es ist dies eine Zeit, die von der Völkerwanderung bzw. vom Ende des Weströmischen Reiches (476) bis zur Entdeckung Amerikas (1492) reichte und die in Religion, Kunst und Kultur, im menschlichen Alltag und im Herrschertum, in Architektur und Kriegswesen gleichermaßen umwälzende Veränderungen brachte. Krone und Thron, Zepter und Reichsapfel wurden genauso Symbole auf weltlichem Gebiet wie Tiara, Mitra und Krummstab auf kirchlichem. Die Gründung des Heiligen Römischen Reiches Deutscher Nation fällt in diesen Zeitraum wie die Ausbreitung des Islam; blutige, tragisch endende Kreuzzüge ins Heilige Land bestimmen ihn ebenso wie das starke Platzgreifen des Mönchstums sowie des geistig-kulturellen Lebens in den neugegründeten Klöstern und Abteien.

Bedeutende Männer haben diese Epoche geprägt: Karl der Große und Wilhelm der Eroberer, Karl Martell und Friedrich Barbarossa, König Rudolf von Habsburg in Österreich und El Cid in Spanien. Herrschergeschlechter kamen und vergingen: Merowinger, Karolinger und Kapetinger, Welfen, Staufer und Babenberger. Sie alle hinterließen Spuren, die nicht selten mit Blut gezeichnet waren.

Das Mittelalter war aber auch eine Zeit, die das Antlitz der Welt veränderte: mächtige Burgen und Schlösser wurden errichtet, gewaltige Dome und Kathedralen, die Städte erhielten ein neues Gesicht. Bergbau, Handel und Münzwesen wurden von Grund auf erneuert, Päpste und Kaiser wetteiferten um Reichtum, Prunk und Vormacht, Acht und Bann zählte zum Alltag, Kriege wurden zur „Fortsetzung der Politik mit anderen Mitteln", ja sogar beinah geheiligt. So manche Schlachten stellten etwas wie Gottesurteile dar. Gleichzeitig blühte der Minnesang in Werken auf, die uns auch heute noch begeistern.

Hand in Hand damit gingen Aufstieg und Niedergang des Rittertums: Schwertleite, Ritterschlag, Rüstung und Schild, Wappen und Banner, Turnier und Fehde, Schlacht und Kreuzzug prägten das Leben eines jeden Ritters. Lehen wurden vergeben, oft ganze Länder, nicht nur Burgen und Schlösser, zum Teil vom Kaiser, zum Teil vom Papst, was immer häufiger zu Konflikten zwischen weltlicher und kirchlicher Macht führte. In diese Epoche fiel auch der berüchtigte Investiturstreit – der Kampf um das Recht, Äbte und Bischöfe einzusetzen –, und es gab in diesem langjährigen Ringen zwischen Kaiser und Papst mehr als nur einen „Gang nach Canossa" auf beiden Seiten.

Auch dem gemeinen Volk kam immer stärkere Bedeutung zu, nicht nur im knechtischen Dienst für die Feudalherren, auch im Kriegsdienst. Es konnte von

Mit Herzog Leopold V. dem Tugendhaften, der auf dieser Darstellung im Babenberger-Stammbaum zu Klosterneuburg aus der Hand Kaiser Heinrichs VI. die österreichischen Farben Rotweißrot erhält, verbindet sich die Legende, wie es zu diesen heute noch geltenden Farben gekommen sein soll: Leopold hatte im Kampf gegen die Heiden im Heiligen Land seinen weißen Waffenrock dermaßen mit Blut befleckt, daß nur noch unter dem Schwertgurt ein weißer Streifen quer durch das Rot des Rockes verlief. Historiker bringen die Farben jedoch mit Leopold VI. in Verbindung, der die Besitztümer der Grafen von Hohenburg-Wildberg übernahm, die einen rotweißroten Bindenschild in ihrem Wappen führten.

Rittern, Fürsten, Königen und Kaisern aufgefordert werden, mit in den Krieg zu ziehen. Die jungen Bauernsöhne wurden mit Spießen und Bogen ausgerüstet; wenn es gut ging, auch mit Schwert und Eisenhut. Dann durften sie sich in Marsch setzen und hinter dem stolzen Ritterheer in eine Schlacht ziehen, die nicht die ihre war. Nimmt es wunder, daß sich diese Bauernburschen schon bald gegen ihre Herren erhoben, etwa in Kortrijk in Flandern (1302), in Morgarten (1315) oder in Sempach (1386) in der Schweiz. Das endgültige Ende dieser Epoche kündigten aber zwei einschneidende Veränderungen an: die Ausbreitung der Seefahrt, die zur Entdeckung neuer Kontinente führte, sowie die Erfindung des Schießpulvers, die das Rittertum endgültig zum Verlierer machte. Die Entwicklung des Artilleriewesens und der Handfeuerwaffen ließ Rüstung und Harnisch obsolet werden, und es ist daher bezeichnend, daß man Kaiser Maximilian I. an der Wende vom 15. zum 16. Jahrhundert nicht nur als den „letzten Ritter", sondern auch als den „ersten Artilleristen" und „ersten Feldhauptmann" bezeichnete.

In jenem kleinen Landstrich im Osten des Reiches, in „Ostarrîchi", regierten Ende des ersten Jahrtausends unserer Zeitrechnung die Babenberger. Sie selbst haben sich nie so genannt; sie erhielten diesen Namen erst im 12. Jahrhundert, als einer der bedeutendsten Geschichtsschreiber des deutschsprachigen Mittelalters, Bischof Otto von Freising, seine „Chronica sive Historia de duabus civitatibus" schrieb und darin die österreichischen Fürsten auf ein fränkisches Markgrafengeschlecht aus Bamberg zurückführte. Auch die vielen Leopolde, die in der 270 Jahre währenden stolzen Geschichte der österreichischen

Babenberger aufscheinen, hießen allesamt echt bayrisch „Luitpold" oder „Leupold", und auch die klingenden Beinamen, die ihnen verliehen wurden, sind Epitheta des ausgehenden 15. Jahrhunderts, die sich bis heute erhalten haben:

Leopold I. der Erlauchte (976–994)
Heinrich I. der Starke (994–1018)
Adalbert der Siegreiche (1018–1055)
Ernst der Tapfere (1055–1075)
Leopold II. der Schöne (1075–1095)
Leopold III. der Heilige (1095–1136)
Leopold IV. der Freigebige (1136–1141)
Heinrich II. Jasomirgott (1141–1177)
Leopold V. der Tugendhafte (1177–1194)
Friedrich I. der Katholische (1194–1198)
Leopold VI. der Glorreiche (1198–1230)
Friedrich II. der Streitbare (1230–1246)

1156 wurde den Babenberger Markgrafen die Herzogswürde verliehen. Im selben Jahr verlegten sie ihre Residenz von Klosterneuburg nach Wien. 1192 erwarben die Babenberger auch das Herzogtum Steiermark; damit verfügten sie erstmals über ein bedeutendes, in sich geschlossenes Herrschaftsgebiet, dem der Name „Österreich" wohl zustand. 270 Jahre lang war es ihnen vergönnt, ihr Geschlecht mit diesem „Reich im Osten" zu verbinden, bis es 1246 in der Schlacht an der Leitha mit dem Tod des kinderlosen Friedrich II. des Streitbaren erlosch. Aber sie hatten das kleine Reich gefestigt, hatten es immer wieder verteidigt und vergrößert, und als die Habsburger an die Macht kamen, konnten sie ein wohlgehütetes Erbe antreten.

Ein Markgraf steht dem Kaiser bei
Niemptsch, 1017

◄━━━━━━━━━◆━━━━━━━━━►

Als Österreich noch „Ostarrîchi" war – im 10. und 11. Jahrhundert –, sah die Landkarte Europas wie ein riesiges Mosaik aus: Da gab es Königreiche, oft erstaunlich kleine, da gab es Herzogtümer, Markgrafschaften, kirchlich beherrschte Bistümer und Landstriche mit Lehnshoheit. Es nimmt nicht wunder, daß es um diese Flecken immer wieder zu Streitigkeiten kam, und es ist äußerst schwierig, in Frieden zu leben, „wenn es dem bösen Nachbarn nicht gefällt". Und böse Nachbarn gab es überall.

Anno 1002, sechs Jahre nach der ersten urkundlichen Erwähnung „Ostarrîchis" (996), wurde der Sohn des bayrischen Herzogs Heinrich des Zänkers, der den Namen seines Vaters trug, als Heinrich II. in Mainz zum deutschen König gekrönt. Im gleichen Jahr tat sich auch im Osten allerlei: Markgraf Ekkehard von Meißen wurde ermordet, der polnische Herzog Boleslaw I. Chrobry marschierte daraufhin in die Mark Meißen ein. Nicht zuletzt wegen dieser plötzlichen Bedrohung des Reiches aus Polen schenkte König Heinrich II. dem Markgrafen Heinrich I. von „Ostarrîchi" mehrere Güter zwischen Dürrer Liesing, Triesting, March und Kamp. Die Krise spitzte sich zu, als Boleslaw Chrobry 1003 in das Gebiet des Böhmenkönigs Boleslaw III. eindrang und sich festsetzte. Sein persönliches Ziel war es, ein mächtiges polnisches Reich zu schaffen. In seinem Stolz weigerte er sich, König Heinrich als Souverän anzuerkennen.

Links der deutsche Kaiser Heinrich II., Herzog von Bayern (Miniatur aus einem Codex von 1598) und rechts sein Widersacher Boleslaw I. Chrobry, König von Polen († 1025).

Markgraf Heinrich I. von „Ostarrîchi". Auf dem Babenberger-Stammbaum im Stift Klosterneuburg wird er mit seinem Wappen – fünf goldene Adler (oder Lerchen?) auf blauem Feld – dargestellt, das heute noch das Landeswappen von Niederösterreich ist.

Die Rivalität zwischen Deutschen und Slawen fand in zahlreichen Scharmützeln und Gefechten ihren Ausdruck. Heinrich II. verbündete sich sogar mit den Tschechen und den Liutizen – einem Zusammenschluß heidnischer slawischer Stämme –, um den christlichen polnischen Usurpator in die Schranken zu weisen. Der Krieg währte bis 1013; dann gab Boleslaw Chrobry nach. Im Frieden von Merseburg anerkannte er die Oberhoheit des deutschen Königs. Zum Dank erhielt Boleslaw das Milzener Land sowie die Lausitz als Lehen.

Als nunmehriger Vasall des Königs war Boleslaw verpflichtet, Heinrich Waffenhilfe zu leisten, wann immer dies nötig sein sollte. Für den Kriegszug Heinrichs gegen Italien verweigerte Boleslaw diese Hilfe jedoch, was den deutschen König dermaßen erzürnte, daß er sich sogleich nach seiner Krönung zum deutschen Kaiser in Rom (1014) gegen Polen wandte. Im Juli 1015 drang er mit seinem Heer in Polen ein, und es gelang ihm in mehreren Gefechten, Boleslaw Chrobrys Sohn Mieszko

zu besiegen. Im Gefolge des Kaisers befand sich auch der österreichische Markgraf Heinrich I. mit einem kleinen Aufgebot, das bei all diesen Kämpfen in vorderster Linie mitfocht. In der Chronik des Bischofs Thietmar von Merseburg wurde die österreichische Beteiligung besonders gewürdigt; Heinrich I. wird darin „ein tapferer Kriegsmann" genannt. Durch die Teilnahme an diesem Feldzug sicherte er sich auch die Nordgrenze seines kleinen Reiches, das er bis zur Thaya ausdehnte, die ja heute noch zum Teil Österreichs Grenze zur Tschechischen Republik bildet.

Der Krieg führte das deutsche Heer bis nach Schlesien, aber die Anfangserfolge wiederholten sich nicht mehr. Im Gegenteil: Bei einem Gefecht erlitt die Nachhut des kaiserlichen Heeres eine empfindliche Niederlage. Dennoch gab sich Heinrich II. nicht geschlagen. Er wandte sich gegen die 40 Kilometer südöstlich von Breslau gelegene Stadt und Festung Niemptsch (Niemcza), die heute wie damals zu Polen gehört. Vergeblich setzte Heinrich alles daran, die Festung im Sturm zu erobern. Über einen Monat dauerte die Belagerung, dann mußte der Kaiser Ende 1017 unverrichteter Dinge abziehen.

Das deutsche Heer war wieder in seiner Heimat, ebenso Markgraf Heinrich I. mit seiner kleinen Streitmacht. Kurze Zeit später, im Januar 1018, wurde über Vermittlung der sächsischen Fürsten der Friede von Bautzen geschlossen, der die Abmachungen des Friedens von 1013 im wesentlichen bestätigte. Um sich den sächsischen Fürsten erkenntlich zu zeigen, nahm Boleslaw Chrobry eine Sächsin zur Gemahlin. 1025 starb er im Alter von 69 Jahren.

Markgraf Heinrich I. von Österreich selbst konnte den Frieden nicht so lange genießen. Zwar erlebte er noch die Dankbarkeit seines kaiserlichen Gönners, der ihm für seine Waffenhilfe weitere Ländereien schenkte, so etwa Gebiete um Mödling, Alland, Heiligenkreuz, Stockerau und Weikersdorf. Doch schon im Juli 1018 starb er, wie es in einer Chronik heißt, „eines plötzlichen und

Ein moderner Brunnen auf dem Hauptplatz von Niemptsch würdigt jene Ritter, die der Belagerung durch den deutschen Kaiser einen Monat lang erfolgreich getrotzt haben.

unerwarteten Todes". Heinrich I., dem man später den Beinamen „der Starke" gegeben hat, blieb kinderlos. Sein Leichnam wurde unter großer Anteilnahme der Bevölkerung in Melk, seiner Residenzstadt, beigesetzt.

Die kleine Stadt Niemptsch hat mit ihrer Geschichte auch ihren Namen gewechselt; heute heißt sie Niemcza.

Nach dem Zweiten Weltkrieg wurde alles Deutsche dort ausgemerzt, aber die „Heldenzeit" des Städtchens ist noch immer allgegenwärtig. Zwar existiert die alte Festung auf dem höchsten Punkt der Stadt nicht mehr; im 16. Jahrhundert wurde an ihrer Stelle ein Renaissanceschloß errichtet, das ebenfalls nur mehr zum Teil besteht. Auch von der alten Festungsmauer, die damals so heftig berannt wurde, ist nur noch ein kaum 20 Meter langer Rest zu sehen – alles andere fiel der Stadterweiterung zum Opfer.

Aber man kann in Niemptsch gehen, wohin man will – überall wird man an die Belagerung von 1017 erinnert. Schon am äußersten Stadtrand, dort, wo einst die Stadttore standen, findet sich auf einer Hauswand das riesige Fresko eines Ritters. Auf dem Stadtplatz gibt es einen Brunnen, dessen achteckige Schale martialische Rittergestalten zieren. Auch Holzbildhauer haben sich die Belagerung von einst zum Vorbild genommen: an manchen Stellen der Stadt sind Skulpturen zu sehen, die ebenfalls Krieger darstellen, mit Helm und Kettenpanzer. Fast scheint es, als hätte Niemptsch seit jenem Ereignis vor nahezu tausend Jahren nichts

Auch das mächtige Fresko eines Ritters, der stolz die Fahne der polnischen Ritter trägt, erinnert an die kriegerische Vergangenheit des Städtchens.

Bewegenderes mehr erlebt, das wert gewesen wäre, den Menschen unserer Zeit erhalten zu bleiben, nur eben die Belagerung, an der – wenngleich erfolglos – auch ein österreichisches Aufgebot teilgenommen hat.

Ein Sieg „nach Gottes verborgenem Urteil"
Mailberg, 12. Mai 1082

Steht man am Rande der kleinen Ortschaft Mailberg in Niederösterreich und blickt über die weite, fruchtbare Ebene nach Norden, so erkennt man, nur wenige Kilometer entfernt, eine niedere Hügelkette. Hier verläuft heute die Grenze zwischen Österreich und der Tschechischen Republik. Bis Ende 1989 war diese Grenze durch einen „Todesstreifen" markiert, mit Stacheldraht, Wachttürmen und Minenfeldern, obwohl – im Gegensatz zu früheren Jahrhunderten – keine „räuberischen Horden" einmal von Böhmen nach Österreich, ein andermal von Österreich nach Böhmen vordrangen, plünderten, mordeten und raubten. Derlei Situationen gab es im 11. Jahrhundert häufig, in einer Zeit, die geprägt war vom Streit zwischen König und Papst, zwischen weltlicher und geistlicher Macht. Begriffe wie Investiturstreit, Simonie und Priesterehe beherrschten diese Dezennien, die

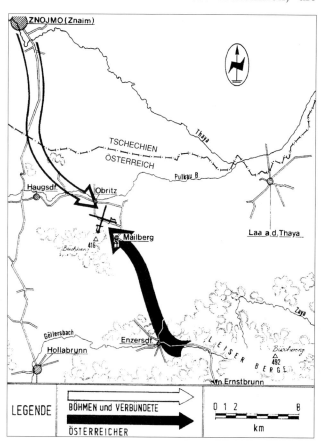

Die Schlacht bei Mailberg (1082).

schließlich zur Absetzung von Päpsten, zum Bann von Königen und Kaisern sowie zuletzt zu offenen Feldschlachten führten.

Das kleine Mailberg, welches sonst wohl keine Bedeutung in der Geschichte Europas besäße, geriet durch derartige Streitigkeiten mit einem Schlag in den Sog der europäischen Politik und ging dadurch in die Historie ein.

Wie immer bei Zwisten solcher Art, ging es auch diesmal um die Macht. Die Könige Deutschlands, Frankreichs und Englands wollten kraft ihres Rechtes Bischöfe und Äbte selbst ernennen und einsetzen sowie die Macht der Amtskirche ihrer eigenen unterordnen, was freilich dem Papst – Gregor VII. – nicht in sein Konzept einer römisch-katholischen Kirche paßte. Rom sollte das ausschließliche Recht haben, geistliche Ämter zu vergeben – und nicht ein König, der Bischöfe und Äbte nach seinem Gutdünken und zu seinem Vorteil erkor. Diese „weltlichen" Priester, meist einflußreiche und gutsituierte Adlige, waren weit von jenem mönchischen, zölibatären Ideal entfernt, das sich der Papst von seinen Priestern und Bischöfen erwartete. Viele von ihnen gingen sogar Ehen ein und überließen den Zölibat gerne jenen kirchlichen Würdenträgern, die der Papst eingesetzt hatte.

1075, als der deutsche König Heinrich IV. in Mailand einen neuen Bischof einsetzte, eskalierte der Streit. Gregor VII. verwahrte sich gegen diesen Eingriff in die Kirchenpolitik und verlangte Heinrichs Unterwerfung. Der jedoch dachte nicht im geringsten daran, sondern berief eine Bischofssynode nach Worms ein, auf der er selbst den Vorsitz führte. In diesem Kreis saßen freilich vorwiegend jene Bischöfe, die nicht durch den Papst, sondern durch Heinrich eingesetzt worden waren, und so war es verständlich, daß die Synode den Papst schlicht und einfach für abgesetzt erklärte. Gregor VII. schlug zurück: 1076 verhängte er über König Heinrich den Kirchenbann. Und noch mehr: Er erließ den „Dictatus Papae", jene päpstliche Programmschrift, in der er den Bischof von Rom – also den Papst und somit sich selbst – zum unumschränkten Herrscher der Universalkirche erklärte, der allein berechtigt war, kaiserliche Insignien zu tragen, Kaiser und Könige abzusetzen sowie die Untertanen eines unrechtmäßigen Herrschers vom Treueid zu entbinden.

Dieser Bann der Kirche über einen König war selbst den von Heinrichs Gnaden eingesetzten Bischöfen zu viel. Immer stärker wuchs die innerdeutsche Opposition, aber starrköpfig, wie Heinrich nun einmal war, hielt er ein volles Jahr durch, bis er endlich zur Einsicht gelangte, daß es so nicht weitergehen konnte, wollte er nicht aller Macht verlustig werden. 1077 machte er sich daher auf den schweren Gang nach Canossa, wo er sich, angetan mit einem Büßerhemd, dem Papst unterwarf und damit vom Bann erlöst wurde.

Soweit die Vorgeschichte. Wie aber geriet Mailberg, das winzige Nest in Niederösterreich, in diesen Konflikt? Leopold Auer schreibt in seiner Monographie über die Schlacht von Mailberg:

„Österreich wurde sehr früh in diese Auseinandersetzungen mit hineingezogen, da die Bistümer Passau und Salzburg zu den Zentren der päpstlichen Partei gehörten. Besonders Bischof Altmann von Passau (1065–1091) war ein überzeugter Anhänger Gregors VII. und der Kirchenreform... Durch eine Erneuerung des Ordenslebens in einer Synthese von Chorherrenstatut und Mönchsgelübden erstrebte er eine Rückkehr zur streng monastischen Lebensform, die auch in Österreich allenthalben in Verfall geraten war."

Bischof Altmann exponierte sich so sehr, daß ihn die deutschen Bischöfe sogar aus Passau vertrieben und er in Rom Zuflucht suchen mußte. Von dort aus gelang es ihm, Markgraf Leopold II. von Österreich für sich zu gewinnen, mit dessen Hilfe er sich die Rückkehr in seine Bischofsstadt erhoffte. Dies war um so bedeutender, als die Babenberger bisher stets als treue und verläßliche Anhänger des Königtums gegolten hatten, dem sie ja ihre Machtstellung verdankten.

1081 kam es zum offenen Abfall Leopolds von König Heinrich, der sich insofern rächte, als er die Mark Österreich dem mit ihm eng verbündeten Herzog Wratislaw II. von Böhmen übertrug. Dieser ließ sich nicht zweimal bitten. Endlich hatte er Anlaß, in Österreich, das ihm schon seit langem ins Auge gestochen war, hochoffiziell einzumarschieren. Im Frühjahr 1082 rückte er von Böhmen aus vor. Leopold II. zog ihm sofort entgegen. Es war reiner Zufall, daß die beiden Heere gerade bei Mailberg aufeinandertrafen.

Über die Schlacht vom 12. Mai 1082 gibt es zwei Berichte, einen aus österreichischer, einen aus böhmischer Sicht. Sie decken einander teilweise, weichen zum Teil aber auch stark voneinander ab, so daß es heute schwierig ist, die historische Wahrheit zu finden. Die eine Version stammt von Cosmas von Prag („Chronikon Boëmorum"), die an-

Wratislaw II., Herzog von Böhmen, der große Widersacher Markgraf Leopolds II.

dere von einem namentlich nicht bekannten Konventualen des Stiftes Göttweig bei Krems („Vita Altmanni").

Cosmas nennt als Ursache für den Einmarsch der böhmischen Streitmacht in Österreich die seit Jahren andauernden Überfälle der in Grenznähe lebenden Österreicher auf böhmisches Gebiet, während in der „Vita Altmanni" ausschließlich der Streit zwischen König und Papst sowie die Übergabe der Mark Österreich an Wratislaw von Böhmen als Ursachen für den Einmarsch angegeben werden. Wie dem auch immer sei: fest steht, daß es an jenem 12. Mai 1082 zwischen Mailberg und Obritz auf einem für eine Reiterschlacht idealen Gelände zur blutigen Auseinandersetzung kam.

Bei Cosmas von Prag kann man nachlesen, Leopold II. habe, als er vom Einmarsch der Böhmen erfuhr, alles aufgeboten, „vom Sau- bis zum Rinderhirten" – ein Zeichen dafür, daß dem österreichischen Markgrafen kein kampfstarkes Ritterheer zur Verfügung stand. Auch in der „Vita Altmanni" klingt dies durch. Dort heißt es: „Herzog Wratislaw, der von grausamer Gemütsart war, fiel mit Scharen von Slawen und Baiern feindlich in das Gebiet Altmanns und Leopolds ein und verwüstete alles mit Feuer und Schwert; ihm zog Leopold mit seinem ganzen Volk beim Ort Mailberg entgegen und ließ ihn nicht weiter vorrücken."

Auch hier also „mit seinem ganzen Volk", was freilich nicht heißen soll, daß Leopold nur über armselig ausgerüstete Fußtruppen verfügte, die „mit Eisen jeder Art, vom Pfriemen bis zum Sporn", wie sich Cosmas von Prag ausdrückte, bewaffnet waren. Zwar war Leopolds Streitmacht nicht allzu groß, doch besaß er mächtige Freunde im österreichischen Adel, deren Besitzungen ebenfalls im Kampfgebiet lagen und somit von Verwüstungen durch die Böhmen bedroht waren. Wir können somit annehmen, daß Leopold für die Schlacht von Mailberg zwar eine durchaus beachtliche Anzahl von adligen Rittern aufbieten konnte, daß jedoch der Großteil seines Heeres aus relativ schlecht ausgerüsteten, kampfunerfahrenen Bauern bestand. Neueren Forschungen zufolge dürften sich beide Heere fast in gleicher Stärke genähert haben; beide waren ungefähr 6000 Mann stark, wobei naturgemäß die Ritter die Hauptlast der Schlacht zu tragen hatten.

Bei Cosmas von Prag läßt sich über die Schlacht folgendes lesen: „Wratislaw war mit den Böhmen und mit den Deutschen des Bischofs von Regensburg gekommen; daneben schlossen sich seine Brüder Konrad und Otto mit allen ihren Kriegern aus ganz Mähren an. Als sie der Markgraf von weitem auf dem ebenen Feld heranrücken sah, ordnete er die Seinen in Keilform und stärkte ihren Mut durch folgende Ansprache:

‚Ihr Krieger, fürchtet nicht jene flüchtigen Schatten, denen zu meinem Leidwesen das große Feld zur Flucht offensteht. Weiß ich doch, daß sie nicht wagen, mit euch den Kampf zu bestehen. Seht ihr nicht, daß jene ihre Schwäche verrät, die die Angst auf einen Haufen zusammendrängt? Gar keine Waffen sind dort zu sehen; Schafe, glaube ich, sind es und die Beute von Wölfen. Was steht ihr herum, ihr räuberischen Wölfe, ihr jungen, wilden Löwen? Stürzt euch auf die Herden der Schafe und zerreißt

Hier, zwischen Mailberg und Obritz, fand die Schlacht vom 12. Mai 1082 zwischen den Österreichern und den Böhmen statt, die „nach Gottes verborgenem Urteil" zu einer Niederlage der ersteren führte.

Leopold II. „der Schöne“, Markgraf von Österreich, im Kampf gegen die Böhmen.
(Darstellung aus dem Babenberger-Stammbaum.)

ihre Körper, die blutleer dastehen und früher fallen werden, als sie den Krieg gesehen haben, um bald unsere Falken und Geier zu nähren. O Herr der Unterwelt, wie viele Opfer werden wir dir heute bringen! Tu auf dein Reich, um die Seelen der Böhmen aufzunehmen!'"

Gut gebrüllt, Löwe! ist man versucht, zu sagen. Aber die vielen bramarbasierenden Worte waren vergebens. Cosmas schreibt weiter: „Er hätte sicherlich noch mehr gesprochen, aber der Angriff der Böhmen schnitt ihm die Worte ab. Wratislaw befahl den Deutschen, auf dem rechten Flügel einzubrechen, seine Brüder Konrad und Otto aber ließ er auf dem linken Flügel kämpfen. Er selbst ließ sein Heer im Zentrum der Schlacht, wo die Reihe der Feinde am dichtesten war, absitzen und zu Fuß mit den Gegnern kämpfen. Diese springen schneller als gesagt von ihren Pferden und, wie wenn Feuer im trockenen Stroh wütet und in einem Augenblick alles verzehrt, reiben sie die Kräfte der Gegner im Schwertkampf auf und strecken sie zur Erde nieder, so daß von einer so großen Menge kaum einer übrig war, um mit dem Markgrafen selbst zu entfliehen. So säugten die Schafherden die jungen Löwen, und bei nur geringen eigenen Verlusten brachten die Böhmen aus den Ostgebieten einen herrlichen Triumph heim…"

Wesentlich nüchterner und kürzer klingt es aus der „Vita Altmanni": „Unter dem Klang der Hörner geriet man nach Ordnung der Schlachtreihe zuerst mit Speeren und Wurfspießen aneinander, dann zog man zum Nahkampf die Schwerter. Ein ungeheurer Kampf wurde dort mit großer Kraft geführt und viel Volk auf beiden Seiten verwundet zu Boden gestreckt; schließlich riß nach Gottes verborgenem Urteil der Feind den Sieg an sich. Die Unsrigen wandten sich besiegt zur Flucht; die Gegner setzten ihnen nach, machten einen Teil auf den Feldern nieder, führten die anderen als Gefangene mit der Beute fort und verwandelten jenen ganzen Landstrich in eine Einöde. Auf diese unglückliche Niederlage folgte eine große Hungersnot, die jene Reste des Volkes dahinraffte, die der Hand der Feinde mit Mühe entkommen waren."

Durch die verlorene Schlacht von Mailberg war aber, wie Leopold Auer schreibt, „die Herrschaft Leopolds II. nicht in Gefahr, und von einem Anspruch Wratislaws auf die ihm von Heinrich IV. übertragene Mark ist später nie mehr die Rede… Nach dem Tod Leopolds II. (1095 oder 1096) kam es im Jahre 1100 sogar zu einer Hochzeit zwischen seiner Tochter Gerbirg und dem zweiten Sohn Wratislaws. Damit wurde auch unter die Ereignisse von Mailberg ein Schlußstrich gezogen…"

Wratislaw II., der für seine Treue zu König Heinrich IV. im Jahre 1085 – drei Jahre nach der Schlacht von Mailberg – zum König von Böhmen erhoben und ein Jahr später in Prag gekrönt wurde, starb aber bereits 1092 an den Folgen eines Jagdunfalls.

Friedrichs des Streitbaren letzter Streit
Ebenfurth an der Leitha, 15. Juni 1246

Man hat ihm schon zu Lebzeiten alle nur erdenklichen kriegerischen Beinamen gegeben, dem österreichischen Herzog Friedrich II., dem letzten männlichen Babenberger, der einem Geschlecht entstammte, das mehr als zweieinhalb Jahrhunderte lang das Geschick und die Geschichte Österreichs maßgebend beeinflußt hat. Man nannte ihn einen „miles potens" („mächtigen Krieger"), ja sogar „semper bellicosus" („stets streitbar"), was ihm den Namen „Friedrich der Streitbare" eingetragen hat. So verwundert es nicht, daß dieser Mann, der keinem Streit und keinem Kampf aus dem Weg ging, in einer Schlacht sein Leben verlor.

Friedrich war nicht nur Herzog von Österreich, sondern auch der Steiermark, auf die jedoch auch die Ungarn Ansprüche geltend machten. Schon seit Beginn des 11. Jahrhunderts hatte es in diesen Grenzmarken – der heutigen Steiermark, in Niederösterreich und im Burgenland, aber auch in den nordöstlichen Gebieten des heutigen Ungarn – immer wieder kriegerische Auseinandersetzungen gegeben. Einmal brachen die Ungarn in Österreich ein, ein andermal die Österreicher in Ungarn. Dazu kam, daß es auch immer häufiger interne Zwistigkeiten der jeweiligen ungarischen Herrscherfamilien gab, wobei sich die österreichischen Fürsten bald dieser, bald jener Partei zuwandten und militärisch eingriffen.

Als Friedrich 1230, nach dem Tod seines Vaters Leopolds VI., die Herrschaft antrat, entstand, wie es die Wiener Historikerin Heide Dienst in ihrer Schrift über die Leithaschlacht nennt, „eine neue Periode der Spannungen. Die spätere ungarische Propaganda hat Friedrich als habgierig und nur auf Gelegenheit zum Eingreifen und auf Landgewinn lauernd abgestempelt; König Bela IV. von Ungarn bezeichnete den Herzog sogar als seinen ganz persönlichen Feind. Die Verstoßung von Friedrichs erster Gemahlin, einer Verwandten König Belas, bot Anlaß zum Wiederaufflammen der Streitigkeiten. 1233 fielen die mit Böhmen verbündeten Heere der Ungarn in die Steiermark ein; vermutlich erfolgte gleichzeitig ein Angriff im Norden entlang der Donau. Nach wechselndem Kriegsglück wurde Frieden geschlossen und durch feierliche gegenseitige Besuche der früheren Gegner bekräftigt, aber schon kurze Zeit später erfolgten neue Verwüstungszüge. Das flache Land wurde wiederholt bis in die Gegend von Wien schwer in Mitleidenschaft gezogen. 1235 kam es zu einem neuen Frieden, den Friedrich allem Anschein nach mit einer großen Summe Geldes erkaufen mußte."

In den nun folgenden Jahren, zwischen 1236 und 1242, hatten Friedrich und Bela andere Sorgen, als gegeneinander Krieg zu führen. Friedrich hatte sich durch seine vielfältigen Zwistigkeiten mit anderen Fürsten und Ländern den Unwillen Kaiser

Friedrich II. der Streitbare in heldischer Pose, wie sich die Illustratoren des 19. Jahrhunderts eben Helden vorstellten.

Der Tod Friedrichs des Streitbaren. (Aus dem Babenberger-Stammbaum.)

Auf diesen Feldern unweit von Ebenfurth dürfte die Schlacht an der Leitha ausgetragen worden sein.

Friedrichs II. zugezogen, der über den Herzog sogar die Reichsacht aussprach und mit großem Prunk in Wien einzog. Bela IV. hingegen war ständig in Probleme mit den Mongolen verwickelt, die immer wieder in Ungarn einfielen, plünderten und mordeten, Städte und Burgen besetzten und schließlich bei Mohi, am Fluß Sajo, ein ungarisches Heer vernichteten. Bela IV. mußte nach Österreich fliehen – zu seinen alten Gegnern.

1242 zogen sich die Mongolen, nachdem sie aus Ungarn alles herausgeholt hatten, was es nur zu holen gab, wieder zurück und hinterließen ein verwüstetes Land. In der Zwischenzeit hatte Herzog Friedrich auch in Ungarn eingegriffen; er kämpfte aber weniger gegen die Mongolen als vielmehr gegen die Ungarn, die ja damals keinen König hatten, besetzte mehrere Burgen und Städte und erklärte diese zum österreichischen Besitz. Als Bela IV. nach dem Abzug der Mongolen in seine Heimat zurückkehrte und die Regierungsgeschäfte wieder aufnahm, hatte sich sein ganzer Zorn von den Mongolen ab- und Friedrich zugewandt. Er wollte darangehen, die von Friedrich besetzten Orte zurückzuerobern, und sandte gleichzeitig Teile seiner Streitmacht gegen Wien. An der Leitha trat ihm Friedrich mit einem Heer entgegen, doch durch kluge Diplomatie konnte eine Schlacht vorerst abgewendet werden; die Heere zogen sich wieder zurück. Man schrieb das Jahr 1242, und dieses Treffen an der Leitha ist deswegen so interessant, da nur vier Jahre später, 1246, fast an eben derselben Stelle die große Schlacht entbrannte.

Diesmal nützte keine Diplomatie mehr, diesmal sollten die Waffen sprechen.

In den vier Jahren zwischen den beiden Begegnungen an der Leitha hatte Herzog Friedrich II. sowohl mit dem Papst als auch mit dem Kaiser Frieden geschlossen und seine Macht neu gefestigt. Sein Hof zählte zu den prächtigsten im ganzen Reich; er zog viele Gelehrte und Künstler aus ganz Europa an. Aber auch König Bela IV. war in diesen Jahren nicht müßig gewesen: Er hatte sein verwüstetes Land wiederaufgebaut, hatte es in einen weitaus besseren Verteidigungszustand versetzt als je zuvor, und er hatte vor allem durch eine kluge Siedlungspolitik die entvölkerten Landstriche in neue, fruchtbare verwandelt.

Im Januar 1246 brachen die mit Ungarn verbündeten Böhmen in Österreich ein. Friedrich konnte sie jedoch bei Staatz im heutigen Niederösterreich besiegen und 200 Ritter samt 1000 Mann Gefolge gefangennehmen. Gleich darauf wandte er sich gen Süden, da er Kunde erhalten hatte, daß König Bela mit einem Heer im Anmarsch war, um die Niederlage seiner Verbündeten zu rächen. Westlich von Pottendorf schlug Friedrich sein Lager auf und versammelte sein Heer. Als Belas Streitmacht von Südosten heranrückte, zog er ihr bis Ebenfurth an der Leitha, etwa 12 Kilometer nordöstlich von Wiener Neustadt, entgegen.

Es gibt nur einen Bericht von der Schlacht, die nun entbrannte – jenen, den Ulrich von Liechtenstein später in seinem „Frauendienst" mit viel dichterischer Freiheit festgehalten hat. Ulrich schreibt, Herzog Friedrich habe sich mit einem wohlgerüsteten Heer zum Schutz seines Landes verschanzt. König Bela von Ungarn habe zum Krieg gerüstet und sei mit seinen Scharen am Morgen des St. Veittages, dem 15. Juni, einem Freitag, zum Streit an die Leitha gezogen. Die Reußen – die Krieger des Kiewer Fürsten – hätten den Kampf begonnen; auf der Gegenseite hätten die Männer um Heinrich von Liechtenstein mit der Fahne die Angriffsspitze gebildet. Zwischen diese ersten feindlichen Treffen sei nun Herzog Friedrich geritten, habe die Seinen durch einen Aufruf angefeuert, indem er ihnen im Fall des Sieges reichen Lohn versprochen habe. Noch ehe er ausgesprochen hatte, seien die Reußen losgestürzt, und die Schlacht sei voll entbrannt. Schon beim ersten Anprall sei der Herzog ums Leben gekommen, doch in dem allgemeinen Getümmel habe niemand ihn fallen sehen. Nach wechselndem Kriegsglück sei es dem Liechtensteiner gelungen, die Reußen zurückzuschlagen. Da erst habe man den Leichnam des Herzogs in jämmerlichem Zustand gefunden, ohne Rüstung, ja sogar ohne Unterkleider. Er habe keine schweren Verwundungen aufgewiesen; außer Verletzungen an der Wange und am Bein, letztere durch einen Pferdetritt verursacht, sei nichts zu erkennen gewesen. Man hüllte den Toten in einen Mantel, setzte ihn auf ein Pferd und führte ihn, während die Schlacht noch immer tobte, nach Wiener Neustadt, ohne daß die Kämpfenden erfuhren, daß der Herzog gefallen sei. Man schaffte den Leichnam in ein Haus, wo man ihn bekleidete und dann ohne Aufsehen in der Kirche aufbahrte. Während er hier lag, sei die Schlacht weitergegangen, und das Kriegsglück habe sich immer mehr von den Ungarn abgewandt. Schließlich seien sie in die Flucht geschlagen worden. Während der Verfolgung sei das Schicksal des Herzogs bekanntgeworden, und die große Trauer und Bestürzung über den Tod ihres Fürsten hätten die Österreicher noch viele Ungarn töten lassen.

Eine recht spannende Geschichte, die uns Ulrich von Liechtenstein da hinterlassen hat – aber es sind zu viele Ungereimtheiten darin enthalten, als daß man sie so ohne weiteres akzeptieren dürfte. Wie sollte ein Herzog unbemerkt sterben können, wenn er soeben eine Ansprache an sein Heergefolge hält? Es heißt ja beim Liechtensteiner, die ersten Zusammenstöße hätten sich ereignet, als Friedrich noch nicht am Ende seiner Rede gewesen war. Und da soll niemand gesehen haben, wie der Herzog vom Pferd stürzt?

Ungarische Quellen helfen auch nicht viel weiter. Zwar berichten sie von einzelnen Heldentaten ihrer Anführer und Reiter sowie von hohen Gefangenen, aber auch sie geben keine genaue Darstellung des tatsächlichen Hergangs.

Wieder anderes verlautet die Kölner Chronik von 1249, welche nur drei Jahre nach der Schlacht niedergeschrieben wurde. Hier heißt es, Herzog Friedrich habe einen „rex ruscie", einen reußischen König, getötet und dabei von diesem eine tödliche Verwundung erhalten. Eine „russische" Version findet sich in der vor 1300 entstandenen „Wolhynischen Chronik". Darin heißt es: „… er, Herzog Friedrich, kämpfte und wurde bereits dem König von Ungarn überlegen, als er nun von seinen Großen im Kampfe erschlagen wurde". – Also von seinen eigenen Leuten ermordet?

Heide Dienst resümiert in ihrem Leitha-Bericht: „Dieser Argwohn wird auch in österreichischen Quellen laut. Während es die Salzburger Annalen, deren diesbezügliche Eintragung spätestens aus dem dritten Viertel des 13. Jahrhunderts stammt, noch offenlassen, ob der Herzog von seinen eigenen Leuten getötet worden sei, zieht eine spätere Aufzeichnung aus Salzburg bereits nur mehr die Hinterlist der eigenen Leute in Betracht. Als unentschieden wird diese Frage auch von Autoren des ausgehenden 15. Jahrhunderts behandelt." Eine Chronik nennt sogar den Namen des Mörders: Es sei ein gewisser Heinrich von Habsbach gewesen, der nach dem Tod des Herzogs als Führer der Par-

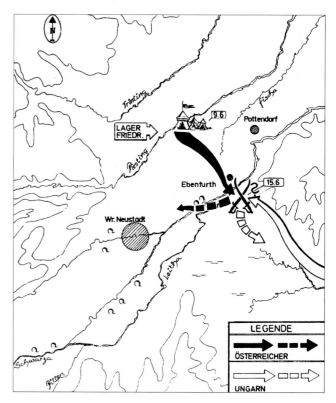

Die Schlacht an der Leitha, die am 15. Juni 1246 südlich von Ebenfurth ausgetragen wurde.

tei des Markgrafen Hermann von Baden auftrat. Und wenn schon der Phantasie freier Lauf gegeben wird, dann wundert es nicht mehr, wenn um 1450 sogar die Version entstand, Herzog Friedrich sei in der Schlacht an der Leitha zwar am Auge schwer verwundet, aber nicht getötet worden, doch habe man ihn für tot gehalten und vom Schlachtfeld gebracht. Sein Tod sei aber erst viel später erfolgt, und zwar auf einer Jagd. Ein Mann aus Pottendorf habe Friedrich vom Pferd gerissen und mit dem Schwert durchbohrt, da er angeblich einer Verwandten dieses Mannes Gewalt angetan habe.

Doch damit noch immer nicht genug. Im 18. Jahrhundert ließ Chrysostomus Hanthaler, Abt des Stiftes Lilienfeld, alte Chroniken kopieren und ergänzen, wobei häufig reine Phantastereien entstanden, die durch keine anderen Quellen gedeckt sind. Der Mönch Pernold, einer dieser Vielschreiber, berichtete, Friedrich habe im Verlauf der Schlacht in gewohntem Ungestüm die weichenden Feinde derart heftig verfolgt, daß er von seinem Heer weit abgekommen sei und plötzlich nur mehr mit ein paar Begleitern allein die Flüchtenden gejagt habe. Als diese jedoch die unbedeutende Schar des Herzogs sahen, seien sie umgekehrt. Einer der Ungarn habe das Pferd des Herzogs getötet, der dann mitsamt dem Tier stürzte und von einem anderen Ungarn mit dem Schwert durch einen Stoß ins Auge ums Leben gebracht wurde.

Wie auch immer es gewesen sein mag: Die Schlacht an der Leitha hatte, obwohl sie nicht zu den mit riesigen Reiterheeren und Fußtruppen ausgefochtenen Treffen des Mittelalters zu zählen ist, durch den Tod Herzog Friedrichs II. eine besondere politische Bedeutung erlangt, war doch mit ihm der letzte männliche Babenberger dahingegangen.

Dieses Geschlecht hatte in den nahezu 270 Jahren seiner Herrschaft in Österreich eine enorme Aufbauleistung im deutschen Südosten vollbracht. Es erlosch zu einem Zeitpunkt, da eine weitere Rangerhöhung der babenbergischen Länder in Erwägung gezogen wurde und nach rauhen Zeiten Wohlstand und Frieden herrschten. Der dem Tod des Herzogs folgende wirtschaftliche Niedergang, die allgemeine Rechtsunsicherheit, die Willkürherrschaft einiger großer Adelsfamilien, die politische Ungewißheit, als die heimgefallenen Länder in ein aufreibendes Kräftespiel rivalisierender Mächte gerieten – all dies gab Anlaß zur Klage und Legendenbildung. Glanz- und friedvoll erschienen die Zeiten Friedrichs II.; düster sah man die Zukunft der babenbergischen Länder.

Tatsächlich wurden diese unter Ungarn und Böhmen geteilt, bis der Böhmenkönig Ottokar II. Přemysl den gesamten Herrschaftsbereich für sich gewinnen konnte und bis schließlich die Habsburger als Sieger im Kampf um die babenbergischen

Bela IV., König von Ungarn. (Idealisierte Darstellung des 19. Jahrhunderts.)

Lande hervorgingen. So verging mehr als ein Dritteljahrhundert, ehe für das babenbergische Erbe eine politische Lösung auf Dauer gefunden werden konnte und damit ein neues Kapitel österreichischer Geschichte seinen Anfang nahm.

Kein Wunder, daß das tragische Ende Herzog Friedrichs II. auch in Literatur und Kunst Eingang gefunden hat. Bildliche Darstellungen finden sich unter anderen im sogenannten Babenberger-Stammbaum, auf dem Friedrich in dem Augenblick dargestellt ist, da er mit seinem Pferd fällt. Ein Fresko vom Anfang des 18. Jahrhunderts im Kapitelsaal des Stiftes Heiligenkreuz, wo Friedrich begraben ist, zeigt den streitbaren Herzog in Lebensgröße, mit Schwert und Fahne. Das Grabdenkmal in diesem Saal, das den gewappneten Herzog liegend darstellt, ist allerdings im Verlauf der Jahrhunderte stark beschädigt worden, so daß seine Gesichtszüge nicht mehr erkennbar sind.

Im Kapitelsaal des Stiftes Heiligenkreuz wurde Herzog Friedrich II. beigesetzt. Der Grabdeckel zeigt den streitbaren Babenberger in Rüstung und Waffen.

Ein Denkmal anderer Art befindet sich am östlichen Stadtrand von Wiener Neustadt, an der Neudörfler Straße. Ein schlichter Bildstock – eine Säule mit kreuzgekrönter Laterne – trägt die lateinische Inschrift, die dahinter, an einer halbkreisförmigen Mauer, auch in Deutsch wiedergegeben ist: „Unweit dieser Stelle fiel Friedrich II. der Streitbare, der letzte Babenberger, in der siegreichen Schlacht über die Ungarn am 15. Juni 1246."

Ein Bildstock und eine Gedenktafel an der Neudörfler Straße in Wiener Neustadt erinnern heute an Friedrich II., der in der Schlacht an der Leitha „unweit dieser Stelle" gefallen sein soll.

Eines Königs Glück, eines anderen Ende
Dürnkrut und Jedenspeigen, 26. August 1278

Ewig bleibt mit Habsburgs Throne Österreichs Geschick vereint, sangen einst viele Patrioten in tiefer Verehrung des Herrscherhauses, obwohl es in der alten Kaiserhymne „innig" und nicht „ewig" hieß. Aber auch dem habsburgischen Österreich ging es ähnlich wie so vielen anderen „tausendjährigen" und „ewigen" Reichen – sie währten nie diese angekündigten Jahrhunderte und Epochen. Die Habsburgermonarchie fand 1918 ihr Ende. Stellt man allerdings die Frage, wann denn diese Dynastie in Österreich zu herrschen begonnen habe, so erhält man – gleichgültig, wo auch immer in Österreich – kaum von irgend jemandem die richtige Antwort. Diese Antwort lautet: Die habsburgische Macht in Österreich wurde mit der Schlacht von Dürnkrut am 26. August 1278 begründet, als Rudolf I. von Habsburg das Heer des Königs Ottokar II. Přemysl von Böhmen besiegte.

Das 13. Jahrhundert unserer Zeitrechnung war eine Epoche höchster Blüte. Der Handel gedieh ebenso wie die Kunst. Die Kreuzzüge mit all ihren Begleiterscheinungen näherten sich dem Ende, wobei nicht vergessen werden sollte, daß gerade durch sie die europäischen Kontakte zur byzantinischen und islamischen Kultur intensiviert wurden. Wissenschaft, Kunst, Architektur, Dichtung – alles erlebte trotz Hungersnöten, Pest, Kriegen und Katastrophen neuen Aufschwung; die Städte an den Schnittpunkten der Handelsstraßen zu Wasser und zu Land erfuhren einen nie zuvor gekannten Wohlstand und wurden nicht selten zu eigenstaatlichen Gebilden. Mitteleuropa erwuchs zu einem für viele Herrscher begehrten Territorium, um das zu kämpfen sich lohnte. Das Positive dieser Entwicklung schlug aber schon bald ins Gegenteil um: Neid, Feindschaft, Haß und Gier nach Ländern traten, je reicher die einzelnen Landschaften, Gaue und Städte wurden, immer mehr in den Vordergrund, bis endlich das zeitpolitische Barometer auf Sturm stand.

Mit dem Tod Kaiser Friedrichs II. (1250) brach das deutsche Königtum vollends zusammen; die Kurfürsten stritten kleinlich um Vormachtstellungen, bis sich endlich um 1270 zwei Persönlichkeiten in den Vordergrund schieben konnten, von denen man annehmen durfte, sie würden diesem Chaos von Interessen und Selbstsüchteleien ein

Ende setzen: auf der einen Seite der mächtigste Territorialherr unter den deutschen Reichsfürsten, König Ottokar II. Přemysl von Böhmen, auf der anderen der im Vergleich zum „goldenen und eisernen König Böhmens" relativ arme, unbekannte Graf Rudolf von Habsburg, der allerdings seit 1273 rechtmäßig gewählter deutscher König war. Sein Hauptinteresse bestand darin, die wirren Zustände im Reich wieder zu normalisieren sowie die europäische Vormachtstellung des deutschen Königtums wiederherzustellen, die – wie der Wiener Militärhistoriker Kurt Peball in seiner Schrift „Die Schlacht bei Dürnkrut" sagt – „in der Italienpolitik der Stauferkaiser verlorengegangen war. Diese Auseinandersetzung begann nach der am 1. Okto-

Älteste Darstellung des Heeres König Ottokars. (Buchmalerei, 15. Jahrhundert.)

König Rudolf I. von Habsburg, der Sieger von Dürnkrut.

Ein Mann, der solche Worte spricht, kann nicht nur Freunde, sondern muß zwangsläufig viele Feinde haben. Und es ist bezeichnend, daß König Ottokar II. in jener historischen Schlacht bei Dürnkrut nicht durch die habsburgischen Gegner getötet wurde, sondern durch einen Mann aus seinen eigenen Reihen.

In seiner Überheblichkeit tat Ottokar alles, um Rudolf – und mit ihm zahlreiche andere Fürsten – zu brüskieren. Im Herbst 1274 brachte König Rudolf auf dem Reichstag zu Nürnberg feierlich Klage gegen den Böhmenkönig ein, da er sich nicht, wie es alter Brauch war und wie es alle anderen Lehnsherren getan hatten, persönlich hatte belehnen lassen. Auch im Mai 1275, beim nächsten Reichstag in Augsburg, erschien Ottokar nicht selbst, sondern entsandte einen Vertreter. Nun war für den Habsburger das Maß voll: Ottokar wurde seiner Lehen für verlustig erklärt, und Österreich, die Steiermark, Kärnten, Krain, ja sogar das von Ottokar besetzte Gebiet um Eger wurden zu entfremdeten Reichsgütern. Der Böhmenkönig reagierte rasch und heftig: Er verhängte über seine Länder den Ausnahmezustand und zog starke Streitkräfte zusammen, worauf Bann und Interdikt über ihn ausgesprochen wurden. Gleichzeitig erklärte der Erzbischof von Salzburg als Primas Germaniae sämtliche dem König Ottokar geleisteten Eide für er-

ber 1273 zu Frankfurt am Main erfolgten Königswahl Rudolfs zunächst auf der Ebene der diplomatischen Verhandlungen. Als diese gescheitert waren, steigerte sich die Auseinandersetzung zu einer faszinierenden Aktion von Politik und Kriegsführung, bei der schließlich nach einem zweijährigen Krieg die Entscheidung im heutigen österreichischen Bundesland Niederösterreich in der Schlacht bei Dürnkrut 40 km nordöstlich von Wien am 26. August 1278 gefallen ist." Doch bleiben wir zunächst beim „goldenen und eisernen" König Ottokar II. Přemysl. Kein Geringerer als Franz Grillparzer, Österreichs Paradedichter des 19. Jahrhunderts, hat ihm in seinem Drama „König Ottokars Glück und Ende" diese Worte in den Mund gelegt:

> „In Böhmen herrsch ich, bin in Mähren mächtig,
> Zu Östreich hab ich Steier mir erkämpft,
> Mein Oheim siecht, der Kärnten nach mir läßt.
> Im nahen Ungarn hab ich meine Hand,
> Die Großen sehn auf mich, die Mißvergnügten;
> Es will mir Schlesien wohl, und Polen schwankt,
> Wie sturmgepeitscht ein Schiff, in meinen Hafen.
> Vom Belt bis fern zum adriat'schen Golf,
> Vom Inn bis zu der Weichsel kaltem Strand
> ist niemand, der nicht Ottokarn gehorcht:
> Es hat die Welt seit Karol Magnus' Zeiten
> Kein Reich noch wie das meinige gesehn.
> Ja, Karol Magnus' Krone selbst
> Sie dünkt mich nicht für dieses Haupt zu hoch."

Ottokar II. Přemysl, König von Böhmen, der Gegenspieler Rudolfs I. von Habsburg.

MITTELEUROPA ZUR ZEIT DER HOHENSTAUFEN (1137–1256)

Erklärung:

Reichsgrenze des „Heiligen Römischen Reiches"

Territorialgrenzen

Macht- und Einflußbereich des Königs
Přemysl Ottokar II. 1253–1271

Königreich
DÄNEMARK

Pruzzen

Grafschaft
Holstein

Herzogtum
Pommern

Herzogtum
Masowien

Bremen Hamburg

Markgrafschaft
Brandenburg

POLEN

Herzogtum
Sachsen

Köln

Markgrafsch.
Thüringen

Markgrafsch.
Meissen

Herzogtum
Schlesien

Prag

Vogtland

Eger

Königreich
BÖHMEN

Herzogtum
Nieder-Lothringen

Mainz

Frankfurt

Herzogtum
Franken

MÄHREN

Nürnberg

Passau

Wien

Herzogtum
Ober-Lothringen

Elsaß

Herzogtum
Schwaben

Herzogtum
Bayern

Herzogtum
Österreich

Königreich
FRANKREICH

Konstanz

Herzogtum
Steiermark

Grafschaft
Burgund

Erzstift
Salzburg

Grafschaft
Tirol

Herzogtum
Kärnten

Krain

Königreich
UNGARN

Königreich
ARELAT

Lombardei

Markgrafsch.
Friaul

Windische
Mark

Verona

Genua

Romagna

Kirchenstaat

Grafschaft
Provence

Marseille

Königreich
ITALIEN

Korsika

Patrimonium
Petri

Rom

Königreich

Sardinien

NEAPEL
und
SIZILIEN

Apulien

König Rudolf I. von Habsburg an der Leiche König Ottokars II. nach der Schlacht. (Idealisierendes Gemälde von Carl v. Blaas im Heeresgeschichtlichen Museum, Wien.)

zwungen und dadurch ungültig; er drohte allen, die im Widerstand gegen den deutschen König verharrten, mit der Exkommunikation. Das bedeutete Krieg!

Dieser Krieg währte fast zwei Jahre. Immer wieder kam es zu kleineren Gefechten, nie aber zu einer großen Entscheidungsschlacht, da beide Könige noch immer neue Verbündete suchten, um endlich über die nötigen Kräfte verfügen zu können, die eine echte Entscheidung ermöglichten.

Anfang August 1278 rückten die Böhmen von Nordosten in Richtung Wien vor, Rudolf von Wien über Hainburg und Marchegg gegen Dürnkrut, bis etwa zwei Kilometer westlich des Marchflusses.

Das Schlachtfeld von Dürnkrut ist auch heute noch unverbaut. „Die etwa zehn Kilometer lange und nach Norden offene Talebene", schreibt Kurt Peball, „in der die beiden Heere einander gegenüberlagen, wird im Süden vom bewaldeten Haspelberg und im Osten von der March begrenzt.

Lichte Auen, steil in die Flußrinne abbrechende

Wiesen oder sanft ins Wasser abfallende Sand-
bänke machen seine Ufer auf der heute österreichischen Seite aus. Der Fluß weist trotz der Re-
gulierungen heute noch zahlreiche weite Schlin-
gen auf. Das Flußbett ist schottrig und besitzt viele
sehr tiefe und steil ausgewaschene Löcher, so daß
der Fluß nicht leicht zu überschreiten ist.

Im Westen dieser Talebene, die das Kleine
Marchfeld genannt wird, steigen die Abhänge
des sogenannten Hochfeldes auf, die sich bis zu
dem 186 m hohen Goldberg bei Jedenspeigen erstrecken. Sie stellen die typische niederösterreichi-
sche Lößlandschaft dar, mit plateauartigem Charakter und tief eingeschnittenen Wasserrinnen.
Diese gegen Dürnkrut sanft geneigten, gegen Jedenspeigen jedoch steil abfallenden Hänge waren
zur Zeit der Schlacht von 1278 dicht mit Wein-
stöcken bepflanzt."

Wie stark waren nun die beiden Heere, die einander in dieser weiten Ebene gegenüberstanden?
Kurt Peball sagt dazu: „Wie bei den meisten militärischen Aktionen des Mittelalters ist auch die
Stärke der beiden Heere bei Dürnkrut sehr unterschiedlich und im Detail unvollständig überliefert.
Das Heer König Rudolfs I. wird auf etwa 30.000
Mann geschätzt. An Rittern werden 4500 angenommen, davon rund 550 auf ‚verdeckten Pferden'
(d.h. auf gepanzerten Tieren). Die Zahl des Fuß-
volkes ist nicht genau bekannt, und bei den Angaben über die ungarische leichte Kavallerie, die
Kumanen, schwanken die Zahlen zwischen 12.000
und 40.000. Etwa 300 Ritter auf ‚verdeckten Pferden' sollen aus dem Reiche und etwa 250 aus
Österreich und der Steiermark gekommen sein. An
leicht gerüsteten Rittern sollen sich bei König Rudolf etwa tausend Österreicher und ebensoviele
aus der Steiermark, Kärnten und Krain, 500 aus
dem Reiche und dem Gebiet des Erzbischofs von
Salzburg sowie eintausend oder zweitausend Ungarn eingefunden haben.

Die Stärke des böhmischen Heeres wird ebenfalls mit 30.000 Mann angegeben. Bei König Ottokar sollen sich 6500 Ritter befunden haben, davon
an die tausend auf ‚verdeckten Pferden', ca. 20.000
bis 23.000 Mann Fußvolk und eine nicht näher bekannte Zahl von leichter polnischer und sarmati-
scher Reiterei. Rudolfs Ritter trugen ein weißes
Kreuz auf Brust und Rücken, Ottokars Reiterei war
durch ein grünes Kreuz auf der Brust gekennzeichnet. Der Feldruf der Österreicher war ‚Rom!
Rom', der der Böhmen ‚Praha! Praha!'"

Die Schlacht begann am Vormittag des 26. August 1278 gegen 9 Uhr. Zuvor war in beiden Heeren
noch die hl. Messe gelesen worden. Den ersten Angriff unternahmen die Reiter der Kumanen. Nur
auf wirksame Schußdistanz heraneilend, die Pfeile
abschwirren lassend, dann sofort den nachkom-
menden Reitern Platz machend und selbst wieder

umkehrend, waren sie für die dicht gruppierten
und nur für den Nahkampf gerüsteten Feinde nicht
zu fassen. Das erste Treffen der Böhmen begann
sich bald zu lichten und wurde durch die Ritter Rudolfs nach heftigen Einzelkämpfen zersprengt,
während die Kumanen an dem Getümmel vorbei
bis ins Lager der Böhmen vordrangen und dort zu
plündern begannen.

Sogleich ließ König Rudolf sein zweites Treffen
nachstoßen, doch diesmal führte Ottokar sein eigenes zweites Treffen selbst und zwang die Österreicher nach erbittertem Nahkampf zum Rückzug.
Nach etwa zweistündigem heftigem Gefecht war
die Kraft der Ritter Rudolfs bereits deutlich geschwächt, und die Überlegenheit der Böhmen an
Rittern auf „verdeckten Pferden" begann sich folglich immer stärker auszuwirken. Ottokar ließ nunmehr sein noch intaktes drittes Treffen heranführen, um den Angriff des Feindes zum Stehen zu
bringen. Da erteilte Rudolf durch Wimpelsignale
dem Anführer seines eigenen dritten Treffens, Ulrich von Kapellen, den Befehl zum Gegenangriff.
Seine sechzig Ritter, die er von allem Anfang vor
Ottokar verborgen hatte, stießen in Keilform von
den Abhängen des Hochfeldes herab und mitten in
die Kämpfenden hinein. Mit voller Wucht trafen sie
auf das eben herangeführte dritte Treffen der Böh-

Der Verlauf der Schlacht zwischen Dürnkrut und Jedenspeigen.

men, zersprengten es, und plötzlich war das militärische Geschehen in zwei große Teile gespalten.

Der Flankenangriff hatte die Böhmen völlig unerwartet und überraschend getroffen. In dieser für König Ottokar überaus gefährlichen Situation dürfte als einziger wohl nur Milota von Dieditz das Ausmaß der Gefahr richtig erkannt und ebenso gehandelt haben – wenngleich ihm sein Vorgehen später, völlig zu Unrecht, als Verrat ausgelegt worden ist. Mit nur wenigen Reitern unternahm er unverzüglich einen Schwenk nach rechts, um den heransprengenden Rittern Ulrichs von Kapellen in den Rücken zu fallen und sie dadurch zum Stehen zu bringen. Dieses Manöver dürfte aber von einigen böhmischen Rittern mißverstanden worden sein: Der Ruf „Sie fliehen, sie fliehen!" wurde laut; seine Folgen waren katastrophal. Panik erfaßte die böhmischen Ritter, griff rasch um sich und artete schließlich in eine allgemeine Flucht aus. Zusammen mit einigen Getreuen versuchte Ottokar zwar noch, dieser Panik Herr zu werden, wurde aber bald selbst in den Sog der Flucht hineingezogen. Peball vermerkt dies mit folgenden lakonischen Worten:

„Auf dieser Flucht ist dann König Ottokar zwischen Jedenspeigen und Drösing von persönlichen Feinden umstellt und nach tapferer Gegenwehr erschlagen worden, vermutlich von Rudolf von Emerberg. Die Niederlage des böhmischen Heeres war eine vollständige. 12.000 Mann sollen die Verluste der Böhmen an Gefallenen und Gefangenen gewesen sein. Davon war ein Großteil auf dem Schlachtfeld gefallen. Viele waren bei dem Versuch, über die March zu entkommen, ertrunken... Noch auf dem Schlachtfeld soll König Rudolf, als ihm der arg verstümmelte Leichnam des Böhmenkönigs auf einer Bahre gebracht wurde, über seinem toten Feind ein Gebet gesprochen haben ..."

Auf dem Schlachtfeld von 1278 wurde 700 Jahre später dieser vom akad. Bildhauer C. Hermann geschaffene Gedenkstein errichtet.

Entscheidungsschlacht um eine Krone
Mühldorf am Inn, 28. September 1322

D as beginnende 14. Jahrhundert war eine ei- genartige Zeit. Auf der einen Seite bemühte man sich, prachtvolle Gotteshäuser zu er- richten, auf der anderen legte man gewaltige Fe- stungen an, und das in ganz Mitteleuropa. Das Kö- nigtum gewann an Macht, die Kurfürsten hingegen büßten sie ein, dafür beanspruchte das Papsttum die Alleingewalt auch über die weltlichen Mächte. In Ungarn starb das Geschlecht der Arpaden aus, in Böhmen das der Přemysliden. Der seit 1298 regie- rende König Albrecht I., ein Habsburger, schaltete kurzerhand die Kurfürsten aus, mußte dem Papst allerdings den Gehorsamseid leisten, um von Rom anerkannt zu werden. Auch Morde gab es: König Wenzel III. von Böhmen fiel ebenso einem Mörder zum Opfer wie 1308 König Albrecht, den sein eige- ner Neffe Johann – später „Parricida", Vatermör- der, genannt – ums Leben brachte. In diese unru- hige Zeit fiel auch eine Erfindung, welche das Kriegswesen revolutionieren sollte: die des Schieß- pulvers, wohl durch den Mönch Berthold Schwarz,

das bald als Antriebsmittel für Geschosse verwen- det wurde.

Nach dem Tod Albrechts I. kam es in Speyer zum Vergleich zwischen dem neugewählten König Heinrich VII. von Luxemburg und den Söhnen des Verstorbenen: Herzog Friedrich I. der Schöne, wie er genannt wurde, und sein Bruder Leopold I. wur- den erneut mit Österreich und der Steiermark be- lehnt; Leopold blieb zudem Verwalter der habsbur- gischen Vorlande. Aber dadurch entstanden Kon- flikte zwischen Habsburgern und Wittelsbachern, deren Herzog Otto III. kurz vor seinem Tod seinen Vetter Ludwig IV. zum Vormund sowohl für seinen Sohn Heinrich den Jüngeren als auch für die Söhne seines verstorbenen Bruders Stephan I. bestimmt hatte. Aus diesem Grund fühlte sich der niederbay- rische Adel in seinen Rechten geschmälert und rief

Die Schlacht bei Mühldorf in einer zeitgenössischen Darstellung. (Buchminiatur aus der Handschrift „Willehalm von Oranse", 1334.)

– gemeinsam mit Stephans Witwe – die Habsburger zu Hilfe. Schon am 9. November 1313 kam es unweit von Gammelsdorf bei Landshut in Bayern zur Schlacht, in der das Heer Herzog Friedrichs des Schönen gegen die Truppen Ludwigs IV. von Bayern eine schwere Niederlage hinnehmen mußte. Der Konflikt schwelte dennoch weiter.

Kurz zuvor, am 24. August 1313, war König Heinrich VII. auf seinem Italienzug bei Siena gestorben. Wer sollte sein Nachfolger werden? Die Kurfürsten konnten sich nicht auf einen gemeinsamen Kandidaten einigen; an zwei aufeinanderfolgenden Tagen, am 19. und 20. Oktober 1314, wurden daher der Habsburger Friedrich I. der Schöne, Herzog von Österreich und Steiermark, sowie der Wittelsbacher Ludwig IV., Herzog von Oberbayern, gewählt.

Ludwig erhielt zwar mehr Stimmen – die der Kurfürsten von Mainz, Trier, Böhmen, Brandenburg und Sachsen-Lauenburg – als Friedrich, aber das Mehrheitsprinzip galt noch nicht als verbindlich. Zudem wurde er zwar am rechten Ort, in Aachen, nicht aber mit den echten Insignien gekrönt. Friedrich der Schöne – gewählt von Köln, Pfalz und Sachsen-Wittenberg – ließ sich hingegen am falschen Ort, in Bonn, aber mit den echten Reichsinsignien krönen. Da es zur Zeit dieser Doppelwahl keinen gewählten Papst gab – Klemens V. war am 20. April gestorben und sein Nachfolger noch nicht bestimmt –, existierte keine Instanz, die über diesen Streit im Reich hätte entscheiden können.

Und der Nachfolgestreit währte lange: volle acht Jahre. Immer wieder kam es zu Scharmützeln und Gefechten zwischen den Truppen Ludwigs und Friedrichs, aber sie führten zu keiner Entscheidung. 1319 sah es aus, als könnte nun und jetzt diese Entscheidung herbeigeführt werden, denn Ende September hatten die Habsburger und die Wittelsbacher ihre Heere bei Mühldorf am Inn, unweit von Altötting, zusammengezogen. Die Stadt gehörte zum Erzstift Salzburg, dessen Erzbischof auf der Seite Österreichs stand. Aber noch ehe es zur Schlacht kam, stellten sich in Ludwigs Heer Unstimmigkeiten zwischen den Ober- und Niederbayern ein; Ludwig mußte sich zurückziehen. Die habsburgischen Truppen nützten die Gelegenheit weidlich aus: sie drangen plündernd und brennend über Landshut bis Regensburg vor.

Es dauerte fast auf den Tag genau drei weitere Jahre, bis – abermals bei Mühldorf – die beiden feindlichen Heere einander neuerlich gegenüberstanden. Die kleine Stadt war für Ludwig ebenso ideal gelegen wie für Friedrich. Für die Habsburger war sie der am weitesten vorgeschobene Außenposten, für Ludwig war der Anmarschweg der niederbayerischen und fränkischen Truppen dorthin kürzer.

Herzog Friedrich der Schöne von Österreich, der als Gegenkönig Ludwig den Bayern entmachten wollte und bei Mühldorf seine Pläne begraben mußte.

In Mühldorf ist die Erinnerung an diese Schlacht, die am 28. September 1322 ausgetragen wurde, noch sehr lebendig. Auf der Frauenkirche am schönen Stadtplatz befindet sich ein Fresko dieses blutigen Treffens, und auch die Jetztzeit hat sich der Erinnerung an diese Schlacht angenommen: Erst 1970 stellte der Heimatbund Mühldorf bei der Innkanalbrücke neben der Straße, die nach Neumarkt-St. Veit führt, einen Gedenkstein aus Muschelkalk auf. Und noch immer kann man in den Buchhandlungen von Mühldorf eine Broschüre kaufen, in der Hans Gollwitzer „Die Schlacht von Mühldorf" ausführlich würdigt. Er schreibt darin:

„Friedrich gliederte sein Heer in vier Abteilungen. Von Süden her gesehen, stand er mit der ersten ganz links, das Reichsbanner trug der Ritter Walter von Geroldseck. Die zweite Abteilung führte Friedrichs Bruder, Herzog Heinrich von Österreich. Dessen Banner war dem Marschall Dietrich von Pilichdorf anvertraut. Die Ritter Ulrich und Heinrich von Wallsee hatten ihre Kämpfer unter dem Banner von Steiermark versammelt, und über der vierten Abteilung flatterte das Banner des Erzbischofs von Salzburg.

Demgegenüber gliederte Ludwig, der sich abseits hielt und am Kampfe nicht teilnahm, sein Heer nur in drei Gruppen.

Auf Friedrich sollten bayerische und nordgauische Ritter stoßen, denen das Fußvolk zugeteilt war. Das Reichsbanner war in der Hand von Konrad von Schlüsselberg. In der Mitte standen die Niederbayern unter ihrem Herzog Heinrich, und

Die Schlacht bei Mühldorf. (Phantasievolles Spektakelgemälde von H. Knackfuß.)

neben ihnen die von ihrem König Johann angeführten Böhmen.

Ludwig machte sich die Erfahrungen aus der Schlacht von Gammelsdorf im Jahre 1313 zunutze und hielt eine Reserve unter dem Burggrafen Friedrich von Nürnberg zurück.

Nachdem man um 6 Uhr früh in beiden Lagern die heilige Messe gehört und die Fürsten die heilige Kommunion empfangen hatten, brach das Schlachtungewitter los. Die Böhmen überschritten die Isen und drangen auf die bischöflichen Truppen und die Steiermärker ein. Zwar hatten sie schon am Abend zuvor den Übergang über den

König (später Kaiser) Ludwig IV. der Bayer, der Sieger von Mühldorf.

Fluß erzwungen, doch waren sie von den ungarischen Bogenschützen wieder zurückgetrieben worden. Aber jetzt stießen sie mit Ungestüm vor. Stundenlang wogte der Kampf hin und her, mehr und mehr wurden auch die Österreicher des Herzogs Heinrich in ihn verwickelt. Schließlich wurden die Böhmen niedergekämpft, an die 500 von ihnen gefangengenommen. Gegen das Versprechen, nicht mehr weiterzukämpfen, durften sie sich in einiger Entfernung lagern. Ihr König Johann lag unterdessen hilflos unter seinem Pferd. Ein österreichischer Ritter, der ihn erkannt hatte, half ihm auf, und das, so urteilt ein Chronist, bedeutete die Entscheidung der Schlacht. Jedenfalls eilte jetzt Herzog Heinrich von Niederbayern den bedrängten Böhmen zu Hilfe, umgekehrt griff nun auch Herzog Friedrich in den Kampf ein.

Gegen Mittag schien sich der Sieg den Österreichern zuzuneigen. Da traf Ludwig eine Anordnung, die sich ebenfalls auf eine Gammelsdorfer Erfahrung gründete. Er ließ seine Ritter absitzen und verteilte sie zwischen das mit Spießen bewaffnete Fußvolk. So rückte man gegen die österreichischen Ritter vor. Die langen Spieße brachten deren Pferde zu Fall, über die zu Boden stürzenden Reiter fielen die Ritter mit ihren Schwertern her, bei den

Österreichern entstand ein ungeheures Getümmel und eine schier heillose Verwirrung. Jetzt war der Augenblick gekommen, um, wie es Gammelsdorf gelehrt hatte, die Reserve einzusetzen. Hunderte von Reitern erschienen zur Linken der Österreicher, von diesen, wie es heißt, mit Jubel begrüßt. Man glaubte, die sehnlichst erwarteten Truppen des Herzogs Leopold seien endlich eingetroffen. (Leopold weilte mit seinem Heer bei Tettnang, wo er den von den Habsburgern abgefallenen Grafen Montfort belagerte. Die Boten, die Friedrich zu ihm um Hilfe gesandt hatte, waren jedoch von bayerischen Mönchen abgefangen worden.) Aber die Freude verwandelte sich in jähes Erschrecken, als die Reiter nun im Flankenangriff und sogar vom Rücken her auf die Österreicher eindrangen. Inzwischen hatte auf dem anderen Flügel der gerettete König Johann von Böhmen seine Leute, die damit gegen ihr Versprechen handelten, wieder in den Kampf geführt, und damit brach das Unheil mit verheerender Wucht über Friedrichs Truppen herein. Die Ungarn nahmen als erste Reißaus, es kam zur Panik. Friedrich erlag der Übermacht und mußte sich dem Burggrafen von Nürnberg ergeben. Um drei Uhr nachmittags war die Schlacht zu Ende."

Die Bilanz dieser Auseinandersetzung um die Krone des Reiches: Beide Parteien hatten an die 1100 Tote zu beklagen, doppelt soviele Verwundete, die Österreicher überdies an die 1400 Gefangene, die oft erst Jahre später nach Zahlung eines Lösegeldes wieder freikamen. Friedrich wurde als Gefangener in die Burg Trausnitz (Oberpfalz) gebracht. Sein Bruder Leopold hätte den Kampf um die Reichskrone zweifellos anders entschieden, wäre ihm rechtzeitig von der Schlacht berichtet worden. Leopold dachte nicht daran, Frieden zu geben. Das gesamte Reich litt unter den stets neu aufflammenden Zwistigkeiten, den vielen Streifzügen, Scharmützeln und kleineren Gefechten.

1325 erklärte sich Friedrich bereit, nach Österreich zu gehen, um seinen Bruder umzustimmen.

1970 errichtete der Heimatbund Mühldorf am Inn diesen vom Bildhauer Ernst Lechner geschaffenen Gedenkstein an den Sieg der Wittelsbacher über die Habsburger.

Er gab sein Wort, wieder in die Gefangenschaft zurückkehren zu wollen, sollte ihm seine Mission mißlingen. Aber Leopold blieb starrsinnig, und Friedrich kehrte in die Burg Trausnitz zurück. Die Einlösung seines Versprechens berührte Ludwig IV. so sehr, daß er sich mit Friedrich aussöhnte und ihn zu seinem Mitregenten machte.* Drei Jahre später, 1328, zog Ludwig nach Rom und ließ sich, da der Papst in Avignon residierte, von städtischen Beamten und einem Kardinal „im Namen des Volkes von Rom" zum Kaiser krönen.

Friedrich der Schöne überlebte diesen Triumph seines einstigen Feindes nur um zwei Jahre. Am 13. Januar 1330 starb er – erst 44 Jahre alt – auf Burg Gutenstein in Niederösterreich.

---

* Es würde der Rechtslage entsprechen, Friedrich den Schönen als Friedrich III. zu den deutschen Königen zu zählen. Das war in der österreichischen Geschichtsschreibung auch lange üblich. In neuerer Zeit wird jedoch allgemein erst der nächste deutsche Habsburgerkönig gleichen Namens, der Vater Maximilians I., als Friedrich III. (1442–1493) angeführt. Dieser Herrscher ist allerdings der dritte *Kaiser* namens Friedrich.

II.

Habsburg gegen die Eidgenossen

„Die junge Eidgenossenschaft ist im Kampf gegen die Machtpolitik des aufstrebenden Fürstenhauses der Habsburger entstanden und zur dauernden Schicksalsgemeinschaft erstarkt", schreibt der Schweizer Militärhistoriker Hans Rudolf Kurz in seinem Buch „Schweizerschlachten". „Gegen Ende des 13. Jahrhunderts trachtete Habsburg danach, aus dem zerfallenden Römischen Reich Deutscher Nation ein einheitlich organisiertes, geschlossenes Herrschaftsgebiet zwischen Oberrhein und Alpenkamm aufzubauen und den wichtigen neuen Verkehrsweg über den Gotthard in die Hand zu bekommen. Gegen diesen Machtanspruch, der sich über ihre Freiheitsbriefe hinwegsetzte, haben sich die Waldstätte zusammengeschlossen. Ihre Bündnisse von 1273 und besonders von 1291 sind der Ausdruck des gemeinsamen Widerstandes der drei Waldstätte Schwyz, Uri und Unterwalden gegen die Einkreisung durch die habsburgische Hausmacht."

Die bedeutendsten Habsburger jener Zeit, die Könige Rudolf und Albrecht, deren Geschlecht sich von der 1020 erbauten Habsburg im Kanton Aargau herleitete, hatten Besitzungen in der Schweiz und im Elsaß, später auch in Österreich, der Steiermark, in Kärnten und Krain; ihre Nachkommen weiteten diese Herrschaft aus auf Tirol, Vorarlberg, Freiburg, Triest bis nach Burgund, Spanien, Neapel-Sizilien, ja sogar über den Atlantik nach Amerika, bis sie ein Reich besaßen, in dem, wie es hieß, „die Sonne nicht unterging".

Doch um die Wende vom 13. zum 14. Jahrhundert wagten die Habsburger nicht, ihre territorialen Ansprüche militärisch durchzusetzen; sie zogen es vor, politische, kirchliche und wirtschaftliche Sanktionen anzuwenden. „Dieser kalte Krieg", wie es Kurz nennt, „der während Jahrzehnten zwischen Habs-

burg und den Urschweizern andauerte, trieb seinem Höhepunkt entgegen, als im Jahre 1313 der deutsche König Heinrich VII. der Luxemburger starb und als in der Königswahl von 1314 nicht ein eindeutiger Entscheid, sondern nur eine Doppelwahl zustande kam. Die Waldstätte ergriffen dabei Partei gegen Friedrich von Habsburg und bekannten sich offen für Ludwig den Bayern." Gleichzeitig wandten sich die Schweizer auch gegen das Kloster Einsiedeln, das unter habsburgischer Vogteihoheit stand und das über die unruhigen Eidgenossen den Kirchenbann ausgesprochen hatte. Daß all dies schließlich zum offenen Krieg führen mußte, war nur eine Frage von Wochen und Monaten.

Die nun folgenden Schweizerkriege, welche fast nahtlos in die Burgunderkriege übergingen, brachten eines deutlich zum Ausdruck: daß die Zeit der stolzen Ritterheere vorbei war und die viel beweglicheren Fußtruppen – vor allem dann, wenn sie so wie in der Schweiz mit dem Gelände bestens vertraut waren – auch bei numerischer Unterlegenheit siegreich bleiben konnten. Das 13., 14. und 15. Jahrhundert waren solcherart von immer mehr militärischen Erfolgen geprägt, die das einfache Volk über den Adel errang, die Spießer und Bogner über die gepanzerten Reiter. Und damit bahnte sich eine neue Epoche an.

Diese Entwicklung zeigte sich auch in den Niederlanden, wo seit Maximilians I. erfolgreicher Heiratspolitik die österreichischen und später die spanischen Habsburger den Ton angaben. Hier war es vor allem König Philipp II., Sohn Kaiser Karls V., der mit Schwert und Henkersbeil die habsburgische Macht festigte, damit jedoch den „Abfall der Niederlande", wie ihn Schiller so anschaulich schilderte, nicht verhindern konnte.

„Hüted Üch am Morgarten!"
Morgarten, 15. November 1315

Auf der Autobahn ist es eine kurze Strecke von Zürich nach Pfäffikon. Dort zweigt man auf die Bundesstraße in Richtung Schwyz ab, biegt nach ca. 20 Kilometern bei Sattel nach rechts und fährt eine gut ausgebaute, kurvenreiche Straße um den Höhenzug des Morgartens herum, bis man rechterhand einen Gasthof und ein Schützenheim erreicht. Hier, auf einem Hügel unter Bäumen, befindet sich das große Denkmal, welches an die historische Schlacht der Schweizer gegen die Habsburger am Morgarten im November 1315 erinnert.

Auf der Fahrt nach Sattel kommt man auch an dem berühmten Wallfahrtsort Einsiedeln vorbei. Dieses Kloster spielte in der Geschichte der Morgartenschlacht eine gewisse Rolle, stand es doch zu jener Zeit unter dem Schutz der Habsburger. Im Januar 1314 wurde Einsiedeln von den Schwyzern überfallen und geplündert, wodurch der während des gesamten Jahrhunderts schwelende Kriegsbrand zwischen Eidgenossen und Habsburgern von neuem entflammte. 1291 hatten sich die Bewohner der Waldstätte Schwyz, Uri und Unterwalden, wie schon erwähnt, zu „Eidgenossen" zusammengeschlossen; sie wollten sein „ein einig Volk von Brüdern", das sich selbst regierte. Für den Überfall auf Einsiedeln hatte der Habsburger König Friedrich I. die Reichsacht über die Waldstätte ausgesprochen. Um diese Acht zu vollziehen – aber auch weil die Schweizer mit den Wittelsbachern sympathisierten, die den Österreichern, wie wir oben gesehen haben, am 9. November 1313 bei Gammelsdorf eine schwere Niederlage zugefügt hatten –, sandte König Friedrich seinen Bruder Herzog Leopold I. von Österreich mit einem fast 3000 Mann starken Heer in die Schweiz. Leopold sollte dort Ruhe und Ordnung wiederherstellen, die seit Jahren infolge der verschiedenen Rebellionen, Aufstände gegen habsburgische Verwalter und anderer Unbotmäßigkeiten nicht mehr gegeben waren.

Es muß ein stolzer Zug gewesen sein, diese 3000 Ritter in ihren schimmernden Rüstungen und mit ihren bunten Fahnen, wie sie hoch zu Roß durch die Schweizer Lande zogen. Sicherlich waren die Eidgenossen rechtzeitig durch ihre Kundschafter gewarnt worden, daß eine habsburgische Strafexpedition gegen sie anrückte, und sie hatten daher zweifellos auch viel Zeit, sich entsprechend vorzubereiten. Hans Rudolf Kurz schreibt in seinem Buch darüber:

„Da die Waldstätte mit einem Angriff der Österreicher von allen Seiten rechnen mußten, wurden sämtliche entscheidenden Zugänge zu ihren Ländern mit starken Sperranlagen befestigt – in diesen Geländeverstärkungen liegen die ersten Anfänge der schweizerischen Landesbefestigung. Das Haupteinfallstor aus dem Mittelland, die Anmarschachse über Arth, wurde mit einer aus mehreren Sperren bestehenden Letzi* gesichert; ebenso wurde der Übergang bei Rothenturm befe-

Herzog Leopold I. von Österreich, dessen Ritterheer von den Eidgenossen am Morgarten vernichtend geschlagen wurde.

---

* Mittelalterliche Grenzbefestigung.

Die Darstellung aus dem 19. Jahrhundert veranschaulicht die Falle, in die die Österreicher gerieten: eingeklemmt in den engen Hohlweg bzw. am Rande des Ägerisees waren die Ritter fast bewegungsunfähig den Angriffen der Schweizer und dem Steinhagel (von links oben) ausgesetzt. (Radierung von Johann Hürlimann nach Martin Disteli.)

stigt. Gesperrt wurden auch die Übergänge über den Brünig und über den Renggpaß, während die seeseitigen Zugänge bei Brunnen, Stansstaad und Buochs mit starken Palisadensperren im Wasser verriegelt wurden. In diesem Befestigungssystem blieb einzig der Anmarschweg von Ägeri über den Sattel zwischen dem Roßberg und dem Morgarten unbefestigt. Ob es an Mitteln gebrach, um auch hier eine Sperre zu bauen, ob man damit rechnete, den mit einem dichten Bannwald bedeckten Übergang im Notfall mit einem geringen Aufwand verteidigen zu können, oder ob – was später vielfach behauptet wurde – hier der Gegner bewußt in einen Hinterhalt gelockt werden sollte, läßt sich nicht mit Sicherheit nachweisen."

Geht man den Legenden nach, die sich um die Schlacht am Morgarten ranken, dann war es ein österreichischer Ritter, Heinrich von Hünenberg, der den Eidgenossen angeblich mit einem Pfeilschuß folgende Botschaft sandte: „Hüted Üch am Tage vor St. Othmar morgens am Morgarten." Kurz glaubt allerdings nicht, daß ein österreichischer

Ritter eines solchen Verrats fähig gewesen wäre. Arth am Zugersee hält jedoch an dieser „Freundestat" des Ritters Heinrich von Hünenberg fest und hat ihm am Ufer des Sees einen Gedenkstein errichtet.

Herzog Leopold versuchte die Schweizer mit fingierten Kleinangriffen zu täuschen, während er selbst mit seiner Hauptmacht in Richtung Morgarten marschierte, da er wußte, daß hier keine oder nur eine sehr schwache Sperre vorhanden war. Daß dies eine Falle war, ahnte er ebensowenig wie daß sich die Eidgenossen von seinen Scheinangriffen nicht hatten täuschen lassen und ihre gesamte Streitmacht – allerdings nur knapp 1300 Mann – hinter Sattel am Morgarten versammelt hatten, wo sie, in den dichten Wäldern gut versteckt, die Ankunft des österreichischen Ritterheeres erwarteten.

Sträflich sorglos, ohne Vorhut und Flankensicherung, ritten die Österreicher in ihr Verderben. Als sie auf eine Wegsperre stießen, die von den Eidgenossen derart errichtet worden war, daß sie nicht einfach beiseite geräumt werden konnte, staute sich das österreichische Heer im Hohlweg, während die hinteren Kolonnen immer weiter vorwärtsdrängten. In diese nun plötzlich aufgestaute und erstarrte Masse des Ritterheeres stürzten sich von beiden Seiten die Eidgenossen. Ein Trupp riegelte den Weg auch hinter dem Zug ab, so daß das gesamte österreichische Heer in der Falle saß.

„Nun ertönten die dumpfen Kampfhörner der waldstättischen Hauptmacht, die sich auf der Figlen bereitgehalten hatte und jetzt von dieser rundum beherrschenden Terrasse aus ihren Überfall gegen Spitze, Flanken und Rücken der im Wald eingeschlossenen Reiter führte", schreibt Kurz. „Der von einem dichten Steinhagel begleitete Überfall kam für die Österreicher völlig überraschend. Vor Schreck gelähmt, sahen sie sich mit ihren Pferden, wie der Chronist berichtet, ‚gefangen wie Fische im Zugnetz'. Bald bildeten die gepanzerten Ritter in dem Waldengnis einen wirren, wehrlosen Knäuel; ‚wie eine zur Schlachtbank geführte Herde Opfertiere' wurden sie von den Halbarten (Hellebarden) und Streitäxten der Waldstätter zusammengehauen. Die leicht gekleideten, mit Fußeisen ausgerüsteten Eidgenossen waren in dem Waldgelände viel beweglicher als die schwerfälligen Ritter, die gegenüber dieser Kampfführung vollkommen wehr- und hilflos waren. Unter den Kampfhengsten brach bald eine furchtbare Panik aus, die jede gemeinsame Aktion verunmöglichte und die Verluste unter den Österreichern stark vergrößerte. Überall, besonders gegen den hinteren Ausgang des Hohlweges, kam es zu grauenhaften Gedrängen; zahlreiche Ritter und inzwischen nachgefolgtes Fußvolk wurden in die Sümpfe getrieben, zu Boden geritten und von den überall

Oben:
„Hüted Üch am Tage vor St. Othmar morgens am Morgarten. 14. Wintermonat 1315." So lautete die Botschaft, die der österreichische Ritter Heinrich von Hünenberg, ein Sympathisant der Eidgenossen, diesen angeblich per Pfeilschuß sandte. In Arth am Zugersee wurde Hünenberg für seine Freundestat dieses Denkmal gesetzt.

Mitte:
Die Schlachtenkapelle von Morgarten. Links im Hintergrund ein „Letziturm", der zu den Verteidigungsanlagen der Schweizer gehörte.

Unten:
Weithin sichtbar ragt das Morgarten-Denkmal von einem Hügel über das Land.

„Am 15. Nov. 1315 kämpften für Gott und Vaterland die Eidgenossen am Morgarten die erste Freiheitsschlacht", steht im Inneren des Freiheitsdenkmals. Darunter das Relief eines „Steinwerfers"; mit dem Steineschleudern, das die Schweizer äuch in späteren Gefechten anwandten, gelang es ihnen, Verwirrung unter die Feinde zu bringen.

nachdrängenden Eidgenossen schonungslos niedergemacht. Die Vernichtung griff bald um sich bis hinunter zum Ägerisee, wo die Fluchtbewegungen auf dem engen Weg erneute Stauungen erfuhren und wo noch zahlreiche Österreicher von den Waffen der Waldstätter ereilt oder in die Sümpfe und den See gedrängt wurden und hier ein Ende fanden. Nur dank der Ortskenntnis seines Begleiters entrann Herzog Leopold dem Gemetzel.

Das Vernichtungswerk dauerte nur kurze Zeit. Der Feind soll gegen 2000 Tote verloren haben, größtenteils Ritter; die Blüte des österreichischen Adels blieb auf der Walstatt. Die erstaunlich geringen Verluste der Waldstätter – es sollen nur zwölf Mann umgekommen sein – zeigen die Wehrlosigkeit des Reiters in dem für ihn denkbar ungünstigen Kampfgelände im Wald.

Morgarten ist die erste Bewährungsprobe urschweizerischer Kriegführung. In ihr werden in seltener Klarheit und Eindrücklichkeit die zeitlosen Grundgesetze jeder Kriegführung sichtbar. Bis auf den heutigen Tag und weit über die Schweiz hinaus bedeutet die Befreiungsschlacht von Morgarten ein besonders eindrückliches Beispiel für den Verteidigungskampf des an Zahl Unterlegenen…"

Kurz schließt dieses Kapitel mit folgenden Worten ab: „Die Bluttaufe am Morgarten brachte dem jungen Bund zwar nicht den erhofften Frieden mit Habsburg, dafür aber eine Bekräftigung und Erneuerung des Bundesvertrages von 1291 mit dem neuen Vertrag von 1315, der die Bundesglieder noch enger aneinanderschmiedete. In seinem deutschen Text findet sich erstmals der Name ‚Eitgenoze'. So liegt in der Waffentat von Morgarten eine Bestätigung und Festigung der Bündnistat vom Rütli."

Wo Winkelried „den Seinen eine Gasse machte"
Sempach, 9. Juli 1386

Es ist eine bezaubernde, kleine mittelalterliche Stadt, dieses Sempach am gleichnamigen See, knapp 15 Kilometer nordwestlich von Luzern und ebensoweit südlich von Beromünster mitten in der Schweiz. Noch heute sieht man, daß es einst ein wehrhaftes Städtchen war; starke Türme künden noch immer davon, ebenso einige Gasthäuser, denn neben den obligaten Wirtschaften mit Namen wie „Kreuz", „Krone", „Ochs" und „Adler" gibt es auch einen Gasthof „Zur Schlacht" und einen namens „Winkelried".

Sempach ist durch einen Mann weltberühmt geworden: Arnold Winkelried. In der nach dieser Stadt benannten Schlacht am 9. Juli 1386 hatte er – der Legende nach – die speerstarrende Front der abgesessenen österreichischen Ritter aufgebrochen, indem er einige dieser Speere mit starken Armen packte und sich in die Brust stieß, so daß seine Nebenmänner an ihm und den gebündelten Speeren vorbei die Phalanx der Habsburger aufreißen und in den Ritterhaufen eindringen konnten. Der Sieg war teuer erkauft – um das Leben Arnold Winkelrieds, des jungen Patrioten aus Stans, wo heute noch sein Denkmal oberhalb des Marktplatzes steht.

Die Gegend rund um den Vierwaldstätter See ist geschichtsträchtiger Boden. Allenthalben künden Burgen und Ruinen von der Wehrhaftigkeit der Schweizer, die als „Eidgenossen" von 1291 bis zum heutigen Tag ihren Freiheitswillen niemals aufgegeben haben. Nicht weit davon entfernt liegen die anderen blutgetränkten Orte: Näfels, Morgarten, Kappel; weiter im Süden, dem St. Gotthard-Paß zu, Göschenen; eine Autostunde entfernt im Westen Murten und noch einmal eine gute Stunde Grandson – Namen, die in der Kriegsgeschichte der Schweiz einen guten Klang haben, wenn Kriege überhaupt je einen „guten Klang" haben können.

Die Schweizer von damals müssen ein recht rebellisches Völkchen gewesen sein, denn schon in der ersten Hälfte des 13. Jahrhunderts traten sie energisch den Bestrebungen der Grafen von Habsburg entgegen, ihre gräflichen, gerichts- und grundherrlichen Rechte zu einer vollständigen landesherrlichen Hoheit auszuweiten. Schon bald nach dem Tod Rudolfs von Habsburg, im Jahre 1291, schlossen die drei „Waldorte" Uri, Schwyz und Unterwalden ihren Ewigen Bund, und sie blieben ihm bis heute treu.

Aber dieses Land mit seinen strategisch wichtigen, in den Süden, nach Westen und Osten führenden Pässen konnte nicht so ohne weiteres zu einer „Insel der Seligen" werden; zuviele Machtinteressen der umliegenden Herrschaftsbereiche standen auf dem Spiel. Die Eidgenossen mußten sich immer wieder ihrer Haut wehren, und die Sage von Wilhelm Tell bietet ein charakteristisches Bild von den brutalen Methoden der Landvögte den Bauern

Non semper fortuna favet: non semper Olympus
Ridet; et haud semper garrula cantat avis,
Non horti semper non halant floribus agri:
Nec semper nivibus frigida candet humus.

Leopold III., Herzog von Österreich, der 1386 in der Schlacht von Sempach ums Leben kam. (Porträtdarstellung nach einem Stich von Wolfgang Kilian.)

Ein einfaches Steinkreuz kennzeichnet jene Stelle auf dem Schlachtfeld von Sempach, an der Herzog Leopold von Österreich gefallen ist.

gegenüber. Tell-Kapelle, Tell-Denkmal und Hohle Gasse, in der angeblich Landvogt Geßler seinen Todesschuß erhielt („Das war Tells Geschoß!"), sind heute noch beliebte Ziele für Touristen aus aller Welt.

Der Mann, der sich hier bedroht fühlte, war Leopold III., Herzog von Österreich, ein Habsburger, der durch den weiteren Abfall von eidgenössischen Städten und Gebieten einen bedeutenden Machtverlust befürchten mußte. Mit einem mächtigen Ritterheer, von Kopf bis Fuß in Eisen gepanzert, zog er durch Österreich und Tirol über den Arlberg in die Schweiz.

Die Schlachtenkapelle von Sempach, in der die erbeuteten österreichischen Fahnen abgebildet sind (rechts). 1986 wurde anläßlich der 600-Jahr-Gedenkfeiern die Kapelle innen und außen einer großzügigen Restaurierung unterzogen.

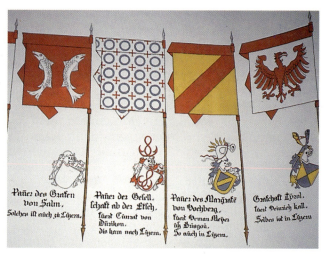

Ein riesiges Fresko stellt in der Sempacher Schlachtenkapelle den Verlauf der blutigen Auseinandersetzung von 1386 dar. Deutlich erkennbar Winkelried, der die Speere auf sich zieht.

Halten wir hier einen Augenblick inne. Herzog Leopold III. und der Arlberg – da öffnet sich die Erinnerung an einen jungen Idealisten namens Heinrich Findelkind. Er, der elternlose Hirte im Dienst des Jakob Überrhein in Pettneu am Arlberg, hatte immer wieder erleben müssen, wie im Winter Pilger und Kaufleute, Soldaten und Mönche bei ihrer beschwerlichen Wanderung über den Paß erfroren oder von Lawinen getötet wurden. Ein Hospiz, ein Haus, das diesen armen Menschen Schutz und Obdach bot – das war sein Traum. Und als 1384 Herzog Leopold auf seinem Ritt von Vorarlberg über den Arlbergpaß kam, da stellte sich Heinrich Findelkind dem gewaltigen Heerzug in den Weg und bat um finanzielle und moralische Unterstützung für seinen Plan. Leopold versprach, sich „die Sache durch den Kopf gehen zu lassen".

Über einem gefallenen Feind liegend, wendet der tödlich getroffene Winkelried seinen Blick zu seinem Kampfgefährten, dem er „eine Gasse gemacht" hat und der mit elementarer Kraft auf die – auf dem Denkmal in Stans, Winkelrieds Heimat, unsichtbaren – Feinde losgeht.

Monate verstrichen, ein Jahr und noch mehr verging. Dann aber kam die Kunde, daß sich durch das enge Stanzertal vom heutigen weltberühmten Wintersportort St. Anton, damals noch Nasserein geheißen, ein mächtiges Reiterheer dem Paß nähere. Tatsächlich: Es war Herzog Leopold III. auf seinem Feldzug gegen die Schweiz. Und das Unfaßbare geschah: Der Herzog erinnerte sich des armen Findelkindes, bewilligte ihm Grund und Boden und gestattete ihm den Bau eines Hauses auf dem Arlberg „um der elenden und armen Leute willen, damit sie dort eine Herberge hätten, wenn sie wegen Unwetter und Krankheit nicht weiter kommen können und nicht verdürben, wie es früher oft geschehen ist". Dann zog das Ritterheer weiter – in den Tod.

Wer heute über den Arlberg reist, tut sich leicht: Seit über hundert Jahren gibt es einen Eisenbahn- und seit einiger Zeit auch einen Autotunnel, der die mühsame Straße über den Paß vermeiden hilft. Aber bei gutem Wetter sollte man den Paßweg nehmen, nicht nur, weil man eine Vorstellung erhält, welche Mühsal früher der Weg über den Arlberg darstellte, sondern weil man auch St. Christoph und das Hospiz – heute ein First-Class-Hotel internationalen Rufs und Sitz der alten St. Christoph-Bruderschaft – bewundern kann. Über diesen Paß zog im Frühjahr 1386 Herzog Leopold III. mit rund 4000 Mann. Sein Ziel: die Region um den Vierwaldstättersee, wo die unruhigsten der rebellischen Städte und Dörfer lagen. Es war ein stolzer Zug,

Das Winkelried-Denkmal in Sempach.

Die Schlacht bei Sempach in einer zeitgenössischen Miniatur aus der „Weltchronik" des Rudolf von Hohenems. Sie läßt nach altem Muster zwei berittene Heere gegeneinander antreten und ist so ohne Bezug zum tatsächlichen Verlauf der Schlacht.

mit blitzenden Harnischen, funkelnden Waffen, wehenden Bannern, prachtvollen Pferden – ein imposantes, eindrucksvolles, Ehrfurcht und Unterwerfung heischendes Heer, Goliath in all seiner Kraft und Herrlichkeit, ein Riese, der sich nicht vorstellen konnte, von einem David bezwungen zu werden.

Dieser David stand in den Wäldern um Sempach – heute eine traumvolle Landschaft, ideal geeignet für Spaziergänge und Wanderungen. Weniger ideal war das Gelände für die Ritter, von der Julihitze ganz abgesehen, die den gepanzerten Reitern das Atmen schwer machte und ihre Körper unter der heißen Rüstung dem Verschmachten nahe brachte. Hier und nun griffen die Eidgenossen an, knapp 1400 Mann gegen 4000. Aber Hitze und Gelände – wellenförmige Formationen, dicht mit Wäldern bestanden, die ein taktisches Manövrieren der Reiterei nicht zuließen – machten den Kräfteunterschied wett. Die österreichischen Ritter mußten absteigen und sich zu quadratischen Heerhaufen formieren – ein schwieriges und mühsames Unterfangen, wenn man in einer Rüstung steckt, die jede Bewegung verlangsamt und den Recken zu Fuß bei jedem Schritt behindert. Und dennoch machte sich anfänglich die numerische Übermacht bemerkbar, die lanzenstarrende Front der Österreicher schien nicht zu weichen, bis Arnold Winkelried sein – wie soll man es nennen? – Bravourstück, seine Heldentat, seinen Opfertod ins Treffen warf: Er stürzte nach vorne, packte mit beiden Armen die gegen die schweizerische Front gerichteten Speere, bündelte deren Spitzen vor seiner Brust und ließ sich durchbohren. Durch diese Bresche der auf einen Punkt fixierten Speere konnten die Eidgenossen zu beiden Seiten des langsam zu Boden sinkenden und die Speere immer noch festhaltenden Winkelried die Front der Österreicher aufreißen und – da sie wesentlich beweglicher als die feindliche Heerschar waren – die Wende der Schlacht herbeiführen. Die meisten Ritter wurden gnadenlos niedergemacht; einer der ersten, der fiel, war Herzog Leopold.

Das Schlachtfeld von Sempach ist heute nationale Gedenkstätte, an der nicht nur vor dem Winkelried-Stein die feierlichen Angelobungen junger Schweizer Soldaten vorgenommen werden, sondern wohin auch jährlich hunderttausende Besucher aus nah und fern kommen. 1986 wurde die Gedenkkapelle, die bereits ein Jahr nach der Schlacht eingeweiht worden war, anläßlich der 600-Jahr-Feier innen und außen gründlich restauriert. Das Innere ist reich an Fresken. Neben einer riesigen Schlachtdarstellung an der linken Wand sind die übrigen Wände der schmucken Kapelle mit den Namen und Wappen jener Ritter übersät, die an der Schlacht teilgenommen hatten, aber auch mit den Bannern der Österreicher, die von den Schweizern in Sempach erbeutet wurden.

Wenige Meter von der Kirche entfernt, steht ein kleines steinernes Kreuz. Es zeigt jene Stelle an, an der Herzog Leopold von Österreich gefallen ist.

Eine Mordnacht und ihre Folgen
Näfels, 9. April 1388

Im Sempacher Krieg von 1386 hatten sich die Landleute von Glarus offen auf die Seite der Eidgenossen geschlagen und mitgeholfen, die habsburgische Herrschaft abzuwerfen. Mit Zustimmung und unter Beratung der eidgenössischen Orte arbeiteten die Glarner die Grundlage einer neuen Verfassung aus, die sie am 11. März 1387 in einem Treffen der Landsgemeinde vorlegten und einstimmig annahmen.

Unmittelbar nach dem Sieg von Sempach hatte sich eine eidgenössische Besatzung in Weesen, einer kleinen Gemeinde nordöstlich von Näfels, am Walensee gelegen, einquartiert; fast alle von ihnen waren Glarner. Sie begingen aber, wie es bei Besatzungen häufig der Fall ist, einen grundlegenden Fehler: als Sieger kümmerten sie sich nicht um etliche Privilegien der Weesener Bürger, die diese von ihren früheren Herren – den Habsburgern – erhalten hatten. Unruhe breitete sich daher in der kleinen Stadt aus; eine Unruhe, von der auch Herzog Albrecht III. von Habsburg-Österreich erfuhr. Am 20. Dezember 1387 schrieb er den Bürgern von Weesen, er verzeihe ihnen ihren Abfall und nehme sie gerne wieder unter seinen persönlichen Schutz; weder er noch seine Landvögte würden ihnen ihre Untreue vergelten. Den Weesenern gefiel eine solche Sprache; heimlich öffneten sie in der Nacht vom 21. auf den 22. Dezember die Stadttore und ließen den habsburgischen Vogt und seine Krieger ein. Innerhalb kürzester Zeit wurde die eidgenössische Besatzung, die arglos in ihren Kammern schlief, überrumpelt und niedergemacht. 29 Glarner und fünf Urner fanden dabei den Tod.

Im „Glarner Heimatbuch" läßt sich die weitere Geschichte ausführlich verfolgen, zum Teil in jener mittelalterlichen Schreibweise, die dem Gesamten wie auch dem Detail Originalität und Echtheit verleiht. Eine zweite wertvolle Quelle ist das Buch „Die Schlacht bei Näfels" von Albert Müller, einem passionierten Chronisten.

Dieser „lasterliche Mord" hing den Weesenern bis in die Jetztzeit herauf nach. Der Spruch von den „ungetreuen Weesenern" blieb durch die Jahrhunderte lebendig, und bis 1790 mußten die Bewohner des Städtchens bei der Feier der Schlacht zu Näfels die Schandtat ihrer Ahnen mitanhören, „das doch dcn fromen lüten dieser Zit ein groß beschwerd ist, wan si kein schuld daran hend", wie es in der Chronik von Propst Brennwald von 1536 heißt.

Der Mordnacht von Weesen, schreibt Albert Müller, „folgte ein österreichisches Ultimatum an die von Glarus, dessen Forderungen sämtliche Freiheiten des Landes in Frage stellten. Ihre Annahme wäre für die Glarner untragbar gewesen. Es blieb keine andere Wahl: die Waffen mußten entscheiden." Der Aufmarsch des österreichischen Heeres vollzog sich Ende März 1388 im Gaster- und Sarganserland mit Brennpunkt in Weesen. Gegen 6000 Mann zu Roß und zu Fuß strömten unter dem Oberbefehl des Grafen Hans von Werdenberg-Sargans zusammen. Eine große Anzahl von Rittern aus den österreichischen Herrschaftsgebieten zwischen Limmat und Rhein rückte mit ihrem Gefolge auf. Starke Kontingente der damals österreichischen Städte Winterthur, Frauenfeld, Stein, Diessenhofen, Schaffhausen, Villingen, Baden, Radolfszell, Rapperswil u.a. leisteten Heerfolge. Auch Truppen aus den Landschaften des Schwarzwaldes, des Hegaus, des Allgäus, Wall- und Thurgaus, aus dem Rheintal, von Uznach und Gaster waren angetreten.

Die Schlacht bei Näfels. Während (in der Bildmitte) die Österreicher noch kämpfen, wendet sich (rechts) ein Teil bereits zur Flucht. (Holzschnitt aus der 1548 erschienenen „Chronik" von Johannes Stumpff.)

Am frühen Morgen des 9. April 1388 setzte sich das Heer zu Weesen in Marsch. In der „Rapperswiler Chronik" liest sich dieser Aufbruch so: „Da bliesen die Herren auf und zog man hinüber zu Riet gen Neffels zuo an die Letzi." Die Stimmung der Österreicher war ganz auf Rache aus: bei ihnen „was kein gnad, sie woltent straks alle welt tod han", steht in der gleichen Chronik.

Der Plan des habsburgischen Ritterheeres sah vor, daß ein Hauptkeil unter Führung des Grafen Donat von Toggenburg auf kürzestem Weg die zwischen Näfels und Mollis von Berg zu Berg quer durch das Tal verlaufende Letzimauer frontal durchbrechen und taleinwärts nach Glarus vorstoßen sollte, während ein zweiter Keil von ca. 1500 Mann unter Führung des Hans von Werdenberg-Sargans über den Kerenzerberg vorgehen und über Beglingen-Mollis hinter die Letzimauer gelangen sollte. Der Plan schien aufzugehen, denn die Letzimauer war auf einer Länge von 1200 Metern nur von 300 Eidgenossen besetzt. Der Angriff kam so überraschend und so schnell, daß kein erfolgreicher Widerstand geleistet werden konnte. Trotz todesmutiger Verteidigung wurde die Letzimauer genommen; das österreichische Heer wandte sich nach Mollis und Glarus, offensichtlich siegreich und nur mehr auf Raub und Plünderung bedacht. Das Dorf Näfels wurde in Brand gesteckt, Hab und Gut der in die Berge geflüchteten Einwohner wurde entweder mitgenommen oder verbrannte in den Flammen.

Aber die Glarner gaben den Kampf noch lange nicht auf. Unter ihrem Anführer Mathias Ambühl sammelten sie ihre versprengten Truppen an der Halde des Rautibaches, von wo aus das gesamte weite Tal überblickt und von feindlicher Reiterei nicht leicht angegriffen werden konnte, zumal die

Herzog Albrecht III. von Österreich.

Die Katastrophe bei Weesen auf der Brücke über die Maag.
(Kupferstich von Lorenz Ludwig Midart, Solothurn.)

Hänge relativ steil waren. Mit dem Zuzug aus der Umgebung betrug die Stärke der Schweizer rund 600 Mann – gegenüber 6000 der Österreicher!

Die habsburgischen Ritter sahen die neue Verteidigungsstellung der Glarner aus der Ferne; ihre Führer erkannten die Gefahr, die ihnen hier auf dem Rückweg erwachsen konnte, und sie beschlossen, den Absichten der Verteidiger mit einem blitzartigen massiven Reiterangriff zuvorzukommen. Nach alter Rittertradition warfen sie die Kavallerie sofort in die Schlacht; das Fußvolk folgte hinterher, obwohl angesichts des steilen Berghanggeländes eher ein Angriff der Fußtruppen Erfolg versprochen hätte. Doch die Ritter hatten aus der Schlacht von Sempach gelernt, daß ein Absitzen böse Folgen haben konnte. So griffen sie vehement mit ihren Pferden an – aber sie hatten die Taktik der Schweizer dennoch unterschätzt. Als sich die Österreicher im Talgrund sammelten, knieten die Glarner nieder und sangen das alte Schlachtlied: „Ach richer Christ vom Himel und Maria reine magd, wellent ir uns helfen, so sind wir unverzagt". Dann erhoben sie sich und warteten auf den Feind, der mühsam auf seinen schnaubenden Rossen den steilen Hang heraufkam.

Aber die Glarner griffen nicht zu Schwert und Spieß, sondern zu Steinen jeglicher Größe. Das

Steinewerfen gehörte bis ins 15. Jahrhundert hinein zu jedem eidgenössischen Angriff; damit sollte der Gegner in Verwirrung und Panik gesetzt werden. Die große Bedeutung der „Pferdepanik" fällt bei allen altschweizerischen Angriffen immer wieder auf: Dieses überraschende Bombardement mit Steinen und Baumstämmen tat auch hier bei Näfels seine Wirkung. Die Hengste wurden scheu, bäumten sich auf, warfen ihre Reiter ab, zerrissen die Schlachtordnung, brachen nach allen Seiten aus und galoppierten durch die Fußtruppen, die sich mühsam bergan kämpften, wodurch ein völliges Chaos entstand. Die Glarner nützten dieses totale Durcheinander aus und stürzten sich mit geballter Kraft hangabwärts auf den Feind, der vor der Wucht dieses Angriffs zurückwich und die Flucht ergriff. Die Österreicher hatten keine Chance mehr, sich neu zu formieren und einen Gegenangriff zu starten.

Auf dem Höhepunkt der Schlacht trat ein jäher Wetterumsturz ein; der Himmel verdunkelte sich, und schwarze Wolken brachten Regen- und Schneeschauer ins Land. Es wurde so finster, daß „einer den andern kum erkant, der doch aller-

Ein Teil der alten Letzimauer (rechts) ist in Näfels immer noch erhalten. Dieser Verteidigungswall war einst 3,60 m hoch und reichte von einer Talseite zur anderen.

nächst bei im was". Die österreichische „Chronik von Konstanz" beschreibt die unheimliche Angst und die Stimmung, die die Habsburger erfaßte, als der Wetterumschlag eintrat. Sie standen unter der Wirkung eines Schocks und konnten sich nicht mehr wehren: „ettlich hetten sich gern ze wer (zur Wehr) gestellt, doch mochten si nit was gethuon".

In diesem Chaos kamen den Glarnern neue eidgenössische Truppen aus Schwyz und Uri zu Hilfe, und auch sie stürzten sich sofort in die Schlacht. Das österreichische Heer verlor immer mehr den Zusammenhalt; es löst sich auf, flüchtete durch Gärten und über Wiesen, setzte schließlich über die Letzimauer hinweg, die erst wenige Stunden zuvor von den Rittern überrannt worden war. Die Flucht ging weiter bis nach Weesen zurück, wo man am Morgen so siegessicher aufgebrochen war. Aber hier kam es zu einer neuerlichen Katastrophe: die mit Fliehenden überladene Brücke über die Maag stürzte ein. Dutzende, Hunderte wurden in die Tiefe gerissen und ertranken. Nach der „Zürcher Chronik" von 1473 waren so viele ertrunken, daß gesagt wurde, man hätte auf den Leichen trockenen Fußes von einem Ufer zum anderen gehen können.

Während sich das österreichische Heer auf der Flucht befand, kam die Seitenkolonne des Hans von Werdenberg-Sargans über den Kerenzerberg heran. Hätte er die Glarner sofort angegriffen, wäre die Schlacht von Näfels gewiß anders ausgegangen. So aber sah er, wie sich seine Kameraden im Talkessel in haltloser Flucht in Richtung Weesen wandten – und er tat mit seinen 1500 Mann

Das Denkmal zur Erinnerung an die Schlacht von Näfels wurde 1888, anläßlich des 500-Jahr-Gedenkens, errichtet.

dasselbe! Seine Flucht war so überstürzt, daß – wie es in einer Chronik heißt – „nicht wenige im Britternwald erfallen und im See ertrunken" sind.

In Albert Müllers Schlachtenbuch ist nachzulesen, wie es weiterging: „Als nun die Glarner das Schlachtfeld behauptet hatten, zogen sie zurück auf die Walstatt und dankten Gott für den wunderbar erfochtenen Sieg. So sehr erfüllte Groll noch ihr Herz, daß sie alle verwundeten Feinde erschlugen, sie der Kleider beraubten und ihnen die Kostbarkeiten wegnahmen. Sie legten die gefallenen Feinde außerhalb der Letzi in große Gruben. Noch nie hatte Österreich auf Schweizerboden einen derartigen Verlust erlitten. Gegen 1700 Österreicher blieben auf der bitteren Strecke des Todes. Darunter befanden sich 183 Ritter und edle Herren, 80 Mann aus Winterthur, 75 Mann aus Rapperswil, 54 Mann aus Schaffhausen, 42 Mann aus Weesen und 40 Mann aus Frauenfeld. Erbeutet wurden 12 Hauptbanner, viele Pferde und 1200 Rüstungen. Die Banner wurden im Chor der Kirche zu Glarus aufgehängt und 1734 ins Zeughaus gebracht... Die Sieger verloren auf dem Schlachtfeld 55 Tote. Darunter befanden sich zwei Urner und zwei Schwyzer. Sie wurden zu Mollis begraben. In der dortigen Kirche sind die Namen aller eidgenössischen Gefallenen auf sechs Eisentafeln verewigt. Ihr Andenken wird alljährlich durch Verlesung ihrer Namen in einem feierlichen Gottesdienst erneuert.

Die Folgen dieses Sieges waren der Loskauf vom Kloster Säckingen 1395, die Freiheit von Österreich, 1415 durch König Sigismund bestätigt, und 1473 die Korrektur des sogenannten minderen Bundes mit den Eidgenossen vom Jahre 1352."

Die Schlacht von Näfels an jenem 9. April 1388 ist heute noch unvergessen; die Glarner kennen das Wort von der Treue. Schon ein Jahr nach der Schlacht errichtete man zum Gedenken an die gefallenen Landleute eine Kapelle, die jedoch längst

Die „Näfelser Fahrt" zur Erinnerung an die Schlacht von 1388 findet alljährlich am ersten Donnerstag im April statt.

nicht mehr existiert. Dafür gestaltete man 1938 die Friedhofskapelle von Näfels in eine Schlachtkapelle um. Bereits 1888 wurde aus Anlaß des 500. Jahrestages von dem Bildhauer Romang aus Basel ein Schlachtdenkmal geschaffen.

Aber damit nicht genug: Jeden ersten Donnerstag im April findet die „Näfelser Fahrt" statt, ein großer Umzug der in leuchtend rote Mäntel gehüllten Näfelser Bürger mit hohen Kirchenfahnen. Sie ziehen zu allen bedeutenden Stätten jener Schlacht, an denen später elf Gedenksteine errichtet wurden.

III.

Die Türkenkriege

Der Islam, im ersten Drittel des 7. Jahrhunderts von Mohammed begründet, hatte sich innerhalb kürzester Zeit über weite Teile Arabiens und Nordafrikas ausgebreitet. 711 war es den Mauren erstmals gelungen, auf der Iberischen Halbinsel Fuß zu fassen und im Verlauf der nächsten Jahrzehnte und Jahrhunderte ein mächtiges Reich zu schaffen. Auch das Heilige Land geriet schon bald unter den Einfluß des Islam, und deshalb kam es bereits Ende des 11. Jahrhunderts zum ersten Kreuzzug abendländi-

scher Ritterheere, dem in den nächsten zweihundert Jahren noch zahlreiche weitere folgen sollten. Die Kreuzzüge führten zwar zu keinem bleibenden Ergebnis, doch in Spanien gelang es im Verlauf des Mittelalters, die Mauren Zug um Zug zu vertreiben. Während der Islam im Westen also bald keine ernsthafte Gefahr mehr darstellte, bildeten die unter Sultan Osman geeinigten türkischen Stämme einen neuen, stets wachsenden Machtfaktor.

Als Konstantinopel 1453 in die Hände der Osma-

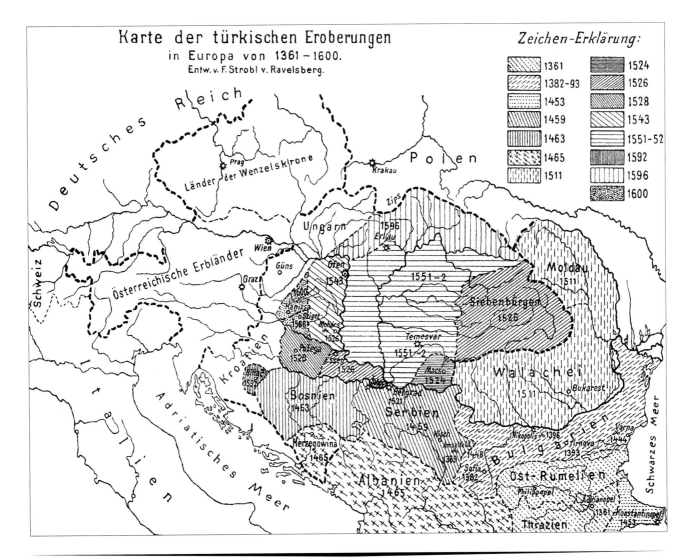

nen gefallen war, wurde Europa die islamische Bedrohung aus dem Osten endgültig bewußt. Aber schon zuvor, in der zweiten Hälfte des 14. Jahrhunderts, hatte sich der osmanische Expansionsdruck auf den Balkan verstärkt. In der Schlacht auf dem Amselfeld waren 1389 die Serben vernichtend geschlagen worden, weite Teile des heutigen Serbien, Albanien, Bulgarien, Rumänien und Ungarn gelangten mehr und mehr unter türkische Oberhoheit. Den Siegeszug des Islam nach Westen – nach Österreich und damit weiter hinein ins Reich – schien keine Macht der Welt aufhalten zu können.

1526 besiegten die Türken die Ungarn bei Mohács, 1529 drangen sie erstmals bis Wien vor, wo sie nur unter Aufbietung aller Kräfte zurückgeschlagen werden konnten. Doch große Landstriche des Balkans blieben weiterhin unter türkischem Einfluß und türkischer Herrschaft. Die Bedrohung Österreichs – und damit ganz Mitteleuropas – durch die Osmanen blieb noch fast zwei Jahrhunderte lang existent, vor allem, da es ihnen gelungen war, zahlreiche Inseln des Mittelmeerraumes – Rhodos und Malta, um nur zwei zu nennen – in Besitz zu nehmen und so das östliche Mittelmeer zu kontrollieren. Frankreich

ging, ständig mit Kaiser und Reich in Konflikten stehend, bald ein loses Bündnis mit den Osmanen ein und wußte sie klug für seine Außenpolitik zu benutzen.

Zu einem endgültigen Wendepunkt in der türkischen Expansion kam es erst, als 1683 erneut ein mächtiges osmanisches Heer gegen Wien marschierte. Der Entsatz der Stadt konnte erst nach schweren Abwehrkämpfen durch die vereinigten Heere aus dem Reich und aus Polen erzwungen werden. In mehreren weiteren Waffengängen wurden die Türken in den folgenden Jahren aus Ungarn vertrieben und 1697 bei Zenta auch zum Rückzug aus dem nördlichen Serbien gezwungen. 1699 wurde der Friede von Karlowitz geschlossen, der allerdings nur bis 1714 anhielt. In diesem Jahr eröffnete die Türkei den Krieg mit Venedig, in den Österreich mit hineingezogen wurde. In drei großen Schlachten – bei Peterwardein und Temesvar (1716) sowie bei Belgrad (1717) – gelang es den Österreichern unter Prinz Eugen, die Türkengefahr für Mitteleuropa endgültig zu bannen. 1718, im Frieden von Passarowitz, erreichte das Habsburgerreich seine größte Ausdehnung.

Stadt zwischen Orient und Okzident
Wien, 27. September bis 16. Oktober 1529

Will man Wien verstehen, muß man – sine ira et studio – die historische Bedeutung dieser Stadt, ihre Wertigkeit und Gewichtigkeit in die Waagschale werfen, ihre Funktion als Bastion der alten „Ostmark", als Grenzbefestigung des Okzidents gegen Einflüsse des Orients, als Wehrburg des Christentums gegen den Islam.

Unter unsagbaren Opfern hat Wien Glauben und Freiheit verteidigt, Zerstörung und Tod auf sich genommen – und sich trotzdem gehalten, als feste Burg, ohne jemals Zwingburg geworden zu sein. Etwas von dieser begeisternden Freiheit ist selbst heute noch zu verspüren, wenn man längere Zeit in Wien verweilt. Wien ist eine Stadt des Individualismus, des Leben und Lebenlassens, des Völkergemisches und der selbstverständlichen Vielsprachigkeit, die vor allem Kultur und Kunst so überreich beeinflußt und befruchtet hat. Wien ist Kosmopolitismus im wahrsten und besten Sinn des Wortes. Wien hat als Zentrum des Habsburgerreiches gegen Tschechen und Russen, Polen und Ungarn, Italiener und Franzosen gekämpft, und dennoch sind Familiennamen aus all diesen Nationen heute in Wien weit zahlreicher vertreten als in irgendeiner anderen Metropole Europas.

Die erste große Bewährung im Kampf gegen den Islam erlebte Wien im Jahre 1529, als die Türken, die drei Jahre zuvor eine beachtliche Armee des christlichen Abendlandes bei Mohács in Ungarn vernichtend geschlagen hatten, die Stadt an der Donau zum erstenmal belagerten. Die gewaltige Armee Sultan Suleimans II., den man auch „den Prächtigen" nannte, war bereits am 10. Mai 1529 von Adrianopel (Edirne) aus aufgebrochen. Schon am 17. Juli erreichte sie Belgrad, am 8. September wurde die Stadt Ofen (Budapest) eingenommen und die Besatzung – mehr als 20.000 Mann – unter Mißachtung der vereinbarten Kapitulationsbedingungen niedergemetzelt. Das nächste Ziel Suleimans und seines Großwesirs Ibrahim Pascha war Wien, der „Goldene Apfel", Tor zum Abendland und Residenz Ferdinands I.

Man muß sich die Marschleistung des rund 150.000 Mann zählenden türkischen Heeres vorstellen – auf einem Weg, der immerhin von der Türkei bis Wien 1520 Kilometer betrug und den Suleimans Mannen in 141 Tagen zurücklegten:

Adrianopel, 10. Mai 1529: Aufbruch
Philippopel, 3. Juni, 340 km, zurückgelegt in 31 Tagen
Belgrad, 17. Juli, 560 km, zurückgelegt in 38 Tagen
Mohács, 20. August, 170 km, zurückgelegt in 34 Tagen
Ofen, 3. September, 210 km, zurückgelegt in 14 Tagen (!)
Wien, 27. September, 240 km, zurückgelegt in 24 Tagen.

Seit 1526 war der Woiwode (Statthalter) von Siebenbürgen, Johann Zápolya, König von Ungarn; Ferdinand I. von Habsburg war Gegenkönig. Als Suleiman II. drei Jahre später wieder nach Mohács kam, begriff Johann Zápolya zum erstenmal, von

Sultan Suleiman II. (Holzschnitt nach einer Zeichnung von Johann Sebald Beham.)

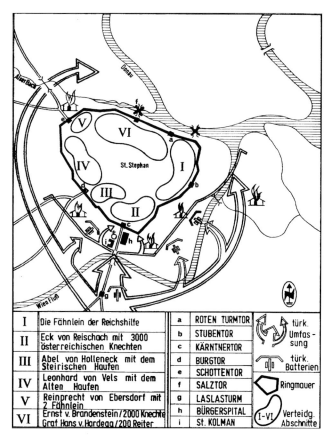

Schematische Darstellung der ersten Türkenbelagerung Wiens.

I	Die Fähnlein der Reichshilfe	a	ROTEN TURMTOR	
II	Eck von Reischach mit 3000 österreichischen Knechten	b	STUBENTOR	
III	Abel von Holleneck mit dem Steirischen Haufen	c	KÄRNTNERTOR	
IV	Leonhard von Vels mit dem Alten Haufen	d	BURGTOR	
V	Reinprecht von Ebersdorf mit 2 Fähnlein	e	SCHOTTENTOR	
VI	Ernst v. Brandenstein/2000 Knechte Graf Hans v. Hardegg/200 Reiter	f	SALZTOR	
		g	LASLASTURM	
		h	BÜRGERSPITAL	
		i	St. KOLMAN	

bewegliche und unbewegliche, von Menschen und Vieh redende und stumme, vernünftige und dumme gebrochen und zerstochen, und alles mußte über die Klingen der Säbel springen... Wären nicht in diesem Lande die hart aneinander gelegenen festen Schlösser und Burgen mit festen Mauern geborgen, so hätten die Wogen der siegreichen Heere jene Länder ganz ausgeleert. Da die Verfluchten aber sich überall mit Schlössern und Türmen verwehrt, so blieben sie darinnen unversehrt; dennoch fehlte es dem Heer nicht an Raub und Beute, in den Zelten und auf den Lagermärkten wurden schöne Gesichter verkauft, und der Beute war kein Ende. Die Familien der Ungläubigen waren verbrannt und verheert ihr ganzes Land...“

So zog das Riesenheer des Sultans unaufhaltsam in Richtung Wien – eine Spur des Todes, der verbrannten Erde und des Entsetzens hinter sich lassend. Die Stadt, zwar seit altersher befestigt, war damals allerdings nicht in der Lage, einem türkischen Sturmangriff lange standzuhalten. Die Festungsanlagen waren veraltet, der äußere Wall nur zwei Meter stark. „Was aber an technischen Vorkehrungen fehlte, war reichlich ersetzt durch den herrlichen Geist, der die Verteidiger beseelte“, schreibt Ferdinand von Strobl-Ravelsberg in seiner „Türkennot“. – „Die Leitung lag in den bewährten Händen von Niklas Graf Salm, des oft erprobten Helden.“

wessen Gnaden er König war: Auf dem alten Schlachtfeld hatte er Sultan Suleiman mit dreifachem Kniefall zu huldigen und ihm die Hände zu küssen. Dann zog die osmanische Armee weiter gen Wien, wo schon seit Wochen die türkischen „Renner und Brenner“ die Vorstädte heimsuchten, plünderten, mordeten, raubten und – was noch tragischer war – die Stadt von jeglicher Lebensmittelzufuhr abschnitten. Den Osmanen hingegen wurde von 20.000 Kamelen der Proviant nachgetragen; gleichzeitig wurden achthundert vollbeladene Schiffe donauaufwärts gerudert und gezogen.

Die „Renner und Brenner“, die flinken Reiterhorden, hatte, wie es ein türkischer Chronist beschrieb, „Seine Majestät nach allen Seiten ausgesandt, so daß das ganze Land unter den Hufen der Pferde zerstampft und auch das am nördlichen Ufer der Donau gelegene Land mit Feuer durchdampft ward. Städte und Flecken, Märkte und Dörfer, die sie ereilten in ihrem Lauf, flammten in dem Glutstrom auf. Dieses schöne Land ward von den Reitern zerwühlt und mit Rauch gefüllt. Aschenhügel waren die Reste der Häuser und Paläste. Das siegreiche Heer schleppte die Bewohner, große und kleine, vornehme und gemeine, Männer und Weiber gefangen hinweg. Von Gütern wurden be-

Niklas Graf Salm (1459–1530), der heldenhafte Verteidiger Wiens im Türkenjahr 1529. (Punktierstich von Franz Stöber.)

Graf Salm war bereits 70 Jahre alt, als er den Oberbefehl über die Verteidiger Wiens übertragen erhielt. Den 150.000 Türken standen 17.000 Mann gegenüber, die in sieben Gruppen eingeteilt waren. Lesen wir weiter in Strobls „Türkennot":

„Das Stubentor, wo es nach der Lage der Dinge am wenigsten zu tun gab, vertraute Salm dem Kontingent an, welches aus reichsdeutschen Truppen bestand; Pfalzgraf Philipp von der Pfalz befehligte sie. Die zweite Gruppe, beiderseits des Kärntnertors, unterstand dem Oberst Eck von Reischach, sie bestand aus niederösterreichischen Truppen. Die dritte Gruppe, am Augustinerkloster, befehligte der Oberst Abel von Hollenegg, sie umfaßte das steirische Kontingent. Im Verlaufe der Belagerung lag die Last der Verteidigung ausschließlich auf der zweiten und dritten Gruppe, denn auf dieser Strecke eröffnete Suleiman den so aufreibenden Minenkrieg. Die vierte Gruppe verteidigte den Abschnitt vor der Burg, Ulrich Leisser war ihr Haupt. Die fünfte Gruppe, beiderseits des Schottentores, unterstand dem Oberst Leonhard von Fels (Völs), sie bestand aus Niederösterreichern und der Wiener Bürgerwehr. Die sechste Gruppe befehligte Reinprecht von Ebersdorf, sie bestand aus öster-

Türkische Sturmtruppen versuchen durch eine Bresche in die Stadt einzudringen, werden aber vom Fähnlein des Reichsheeres unter Graf Niklas Salm und Eck von Reischach zurückgewiesen.

reichischen und spanischen Fußknechten. Beiderseits des Rotenturmtores endlich stand Oberst Hans von Hardegg mit böhmischen Fußknechten.

In klarer Würdigung der Sachlage zögerte Salm nicht, den Belagerer durch Ausfälle zu stören. So stießen schon am 29. September 2500 Mann in den türkischen Ring. Am 2. Oktober erfolgte ein weiterer Ausfall, am 7. Oktober gab es sogar eine förmliche Ausfallschlacht, da Salm 8000 Mann hinausschickte. Alle diese Ausfälle vermochten zwar nicht, die Belagerung zu verhindern, immerhin zog aber der Verteidiger einen hohen moralischen Gewinn daraus. Die schweren Tage für Wien brachen mit der Eröffnung des Artilleriekampfes an, der vom 3. Oktober beiderseits mit großer Zähigkeit geführt wurde. Da gab es in der Stadt unzählige Brände zu löschen, beschädigte Häuser und Mauern auszubessern. Das Schlimmste jedoch waren die Minen, die des Sultans Kriegsingenieure geradezu meisterhaft zu legen verstanden. Viermal barsten Stücke in der Stadtmauer, am 10., 11., 12. und

Blick über das Heerlager der Türken vor Wien 1529. (Zeichnung von Bartholomäus Beham.)

melt, und so stellte er seine Angriffe ein. Am 16. Oktober trat er den Rückmarsch an, und auf demselben Weg, den er im Sommer benützt hatte, kehrte er nach Konstantinopel zurück."

Wenn man diese „Kurzfassung" der ersten Belagerung Wiens liest, könnte man glauben, die 17.000 Verteidiger hätten mit den 150.000 Türken leichtes Spiel gehabt, weil das Kreuz ganz einfach stärker war als der Halbmond. Nichts aber wäre verfehlter als dieses. Wien war eine relativ kleine Stadt, verglichen mit der 1,6 Millionen Einwohner zählenden Metropole von heute. Wollte man für einen Ausfall 8000 Mann mobilisieren, so bedeutete dies, die engen Gassen und Straßen stundenlang zu blockieren, die „Stuckh" (Kanonen), die Pferde und den Troß mit Nachschub an Munition, Waffen und Fourage dorthin zu bringen, wo sich die schmalen Tore befanden. Ein Ausfall brauchte über eine Stunde an Vorbereitung, bis sich alle Kampftruppen vor den Mauern und Bastionen gesammelt hatten. Die ersten Fähnlein wurden zumeist im ersten Angriff niedergemetzelt, da die Belagerer alle ihre Truppen gleichsam „griffbereit" an die Front werfen konnten. Ein türkisches Kriegstagebuch schrieb über einen derartigen Ausfall:

„Aus der Festung fallen die Ungläubigen aus und kämpfen stark. Endlich werden sie geschlagen, und eine Anzahl zieht sich zurück in die Festung. Dabei trifft sie mit den Gläubigen zusammen. Aus Furcht, es könnten sich die Gläubigen mit ihren Mitbrüdern vermischen und in die Festung zugleich eindringen, schlagen sie das Festungstor zu, und der außerhalb der Festung bleibende Teil der Ungläubigen springt über die Klinge; mehr als 500 Köpfe werden abgeschnitten und auch einige lebendig gefangengenommen."

Den Minenkrieg beschreibt Walter Hummelberger in seiner Schrift „Wiens erste Belagerung durch die Türken 1529" mit folgenden Sätzen:

„Schon am 9. Oktober nach dem Nachmittagsgebet – zwischen 14 und 15 Uhr – wurden, wie erwartet, die ersten Minen gezündet, die westlich des Kärntnerturmes in der Höhe des St. Clara-Klosters zwei Breschen in der Breite von je ungefähr 25 Metern rissen; bei zwei Minen war es den Bergknappen gelungen, die Sprengkammern zur Gänze auszuräumen. Da in den schmalen Breschen jeweils äußerstenfalls 24 Angreifer vordringen konnten, gelang es nach heftigem Kampf, einen beachtlichen Anfangserfolg zu erringen."

Zu den Arbeiten an den unterirdischen Gängen, an deren Ende die Sprengkammern mit den Minen eingebaut wurden, zogen die Türken auch gefangene Christen heran, die diese harte und gefährliche Tätigkeit gegen ihren Willen durchführen mußten. Diesen Gefangenen blühte ein schlimmes Los, als die Osmanen nach dem vierten – erfolglosen – Sturmangriff auf Wien endlich abzogen. Tau-

14. Oktober funktionierten die Minen derart exakt, daß jedesmal eine Bresche entstand, auf welche dann die Janitscharen Sturm liefen. Mit unvergleichlicher Bravour feuerte der wackere Salm die Seinen an, mutig sich den Türken entgegenzustellen. Tatsächlich wurden die Türken immer wieder mit blutigen Köpfen zurückgeschlagen. Beim letzten Sturm am 14. Oktober stand Salm mitten auf der Bresche; erst als ihm der eine Fuß zerschmettert wurde, ließ er sich wegtragen.

Wer weiß, wie sich das Schicksal der Stadt gestaltet hätte, hätte Soliman sich entschlossen, noch einmal einen Sturm zu versuchen. Allein, er hatte genug gesehen, hatte genug Erfahrungen gesam-

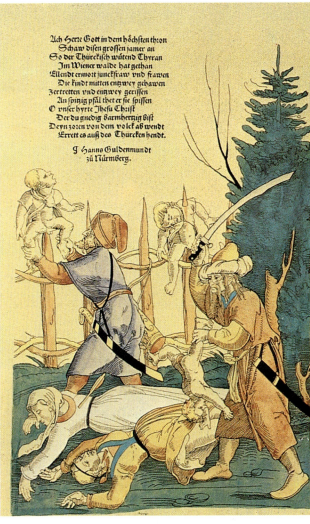

sende von ihnen wurden in diesen letzten Stunden und Tagen grausam niedergemetzelt, da sie nur ein Hindernis auf dem Weg zurück nach Istanbul gewesen wären. In einer zeitgenössischen Chronik heißt es über diese Greuel:

„An dem abgemeldeten Tag in der Nacht, wie der Türk morgens hinwegziehen wollte, hat er alles deutsche Volk, so bei ihm gefangen gewesen,

Bilder, die keiner Beschreibung bedürfen: Ein berittener Janitschar führt gefangene Christen mit (links), türkische Greueltaten im Wienerwald (rechts). Zeichnungen von Erhard Schön aus dem Goldenmundt-Blatt, Nürnberg 1530.

tyrannisch und erbärmlich erwürgen lassen vor der Stadt. Es war ein solches jämmerliches Geschrei unter dem Volk, als sie so in Wien auf der Wache waren, nie gehört haben...“

Eine Schlacht und Rilkes „Cornet"
Mogersdorf, 1. und 2. August 1664

Im farbenfrohen Prospekt des Bezirkes Jennersdorf, einem „paradiesischen Fleck am Dreiländereck" zwischen Ungarn, Slowenien und Österreich, finden sich folgende Zeilen:

„Bei einem Besuch im südöstlichsten Zipfel Österreichs muß man unbedingt auf den Schlößlberg bei Mogersdorf fahren, um von einer das Raabtal beherrschenden Anhöhe den Blick auf eine Landschaft werfen zu können, auf der es im Jahre 1664 am Raabfluß, heute Grenze zwischen Österreich und Ungarn, zu einem schicksalshaften Ringen zwischen den Türken und den Truppen aus allen Gauen des Abendlandes kam. Die große Gefahr aus dem Osten sollte hier an der Raab für den Okzident abgewehrt werden. Die Schlacht bei St. Gotthard/Mogersdorf war überhaupt das einzige große militärische Ereignis auf dem Boden des heutigen Burgenlandes und deswegen bedeutsam, weil im Abwehrkampf des Reiches gegen die Türkei der erste Schritt zur Niederwerfung der Türken geglückt ist. Der Nimbus der Unbesiegbarkeit des türkischen Halbmondes wurde zerstört, und die strategische Überlegenheit des christlichen Heeres zwang die Türken zur Flucht.

An den historischen Sieg der vereinigten christlichen Heere Europas am 1. und 2. August 1664 über die Türken erinnern die Gedächtniskapelle und das 15 Meter hohe Betonkreuz auf dem Schlößlberg, wo das kaiserliche Hauptquartier war; das ‚Weiße Kreuz' im sogenannten Türkenfriedhof mit einer Gedenktafel in deutscher, lateinischer, ungarischer und französischer Sprache; die Anna-Kapelle (1670) in der Nähe des ‚Weißen Kreuzes', die einem Türkenzelt nachgebildet ist. Im Kreuzstadel neben der Jausenstation auf dem Schlößlberg befindet sich eine informative Dokumentation über die Türkenkriege."

In diesem Prospekt wird auch darauf hingewiesen, daß Rainer Maria Rilkes lyrisches Epos „Die Weise von Liebe und Tod des Cornets Christoph Rilke", das er 1899 geschrieben hat, eine Episode aus diesem Feldzug gegen die Türken zum Inhalt habe. Die Gelehrten sind sich allerdings bis heute nicht einig, ob Rilke seinen Cornet tatsächlich in der Schlacht von Mogersdorf den Tod hatte finden lassen...

Will man der historischen Bedeutung dieser Schlacht gerecht werden, muß man weiter als bis 1664 zurückgehen. Schon von 1593 bis 1606 führte Kaiser Rudolf II. einen dreizehn Jahre währenden Krieg gegen die Türken, der am 11. November 1606 durch den Frieden von Zsitva Torok bei Ko-

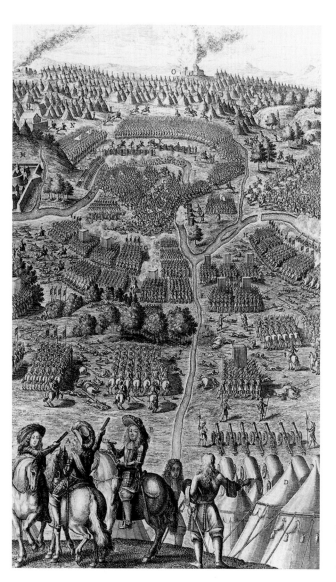

Die Schlacht bei St. Gotthard/Mogersdorf 1664. Im Vordergrund Karl von Lothringen, Graf Montecuccoli und Markgraf Leopold von Baden. (Stich von Johann Ulrich Kraus nach einer Zeichnung von Johann Josef Waldmann.)

morn beendet wurde. Zweimal, 1627 und 1642, wurde dieser Friedensvertrag verlängert. Aber 21 Jahre später brach der ruhmsüchtige Großwesir Achmed Köprülü den Frieden: 1663 eröffnete er gegen die Truppen Kaiser Leopolds I. die Feindseligkeiten, rückte mit einem Heer von über 160.000 Mann über Ofen und Gran nach Neuhäusel vor und stürmte die Festung am 25. September. Europa wachte auf. Wie konnte man dieser Bedrohung Herr werden?

Auf dem Reichstag zu Regensburg entschlossen sich der Kaiser sowie die Könige und Fürsten Mitteleuropas, gemeinsam vorzugehen, eine gewaltige christliche Allianz gegen die „Heiden" zu bilden und die Grenzen des Reiches zu schützen. Das Deutsche Reich, Spanien, Sachsen, Brandenburg und sogar der Papst stellten Mittel und Truppen zur Verfügung. Selbst der König von Frankreich schickte ein – wenn auch kleines – Heer von 5250 Mann unter Generalleutnant Graf Coligny-Saligny, doch sollte er schon bald nach der Schlacht die bewährte Zusammenarbeit mit den Türken wiederaufnehmen. Zum Oberbefehlshaber des christlichen Heeres, das rund 25.000 Mann zählte, wurde der österreichische Feldmarschall Raimund Graf Montecuccoli bestellt.

Im Heeresgeschichtlichen Museum zu Wien, im ehemaligen Arsenal, kann man in der Ruhmeshalle gegenüber dem Eingang ein von Carl Blaas geschaffenes Wandbild sehen, das sich „Kriegsrat während der Schlacht bei St. Gotthard/Mogersdorf am 1. August 1664" betitelt. Hier sehen wir alle die Feldherren, die den Sieg von Mogersdorf erfochten: In der Mitte Montecuccoli auf weißem Pferd; Generalleutnant Graf Jean de Coligny-Saligny, den Anführer der französischen Truppen; Generalleutnant Graf Wolfgang Julius Hohenlohe-Gleichen, Befehlshaber des deutschen Allianzkorps; Feldmarschalleutnant Johann Freiherr von Sporck, Be-

Raimund Graf Montecuccoli (1609–1680), der Sieger von St. Gotthard/Mogersdorf 1664, war nicht nur ein ausgezeichneter Stratege, sondern auch Dichter und Komponist. Er verfaßte u. a. ein Buch über den „Krieg mit den Türken in Ungarn". (Stich von Franziskus van den Steen.)

fehlshaber der kaiserlichen Kavallerie; neben ihm Herzog Karl von Lothringen, Kommandant eines Kürassierregiments, und zuletzt Generalleutnant Graf Georg Friedrich Waldeck, stellvertretender Befehlshaber der Reichsarmee, die Markgraf Leopold von Baden anführte.

Ja, es war in der Tat ein europäisches Heer, das sich hier dem Feind entgegenstellte, ein Beweis dafür, wie einig ein Kontinent werden kann, wenn es um seine Existenz geht. Schade nur, daß nach dem Erlöschen dieser Bedrohung einzelstaatlicher und dynastischer Egoismus von neuem um sich griffen.

Nachdem Großwesir Achmed Köprülü seine Truppen im Frühjahr 1664 aus ihren Winterquartieren hatte ausrücken lassen, überschritt er am 14. Mai bei Esseg die Drau und bedrohte Serinvár, wo sich die Kaiserlichen verschanzt hatten. Montecuccoli räumte die Festung, da er sich nicht imstand sah, ohne die von der Donau heranrückenden deutschen Verbündeten eine Schlacht siegreich beenden zu können. Er zog seine Streitkräfte ab, überquerte die Raab und bezog bei St. Gotthard/Mogersdorf neue Stellungen, in die bald auch Fußtruppen, Artillerie und Reiterei der Verbündeten einrückten. Am 24. Juli 1664 waren rund 25.000

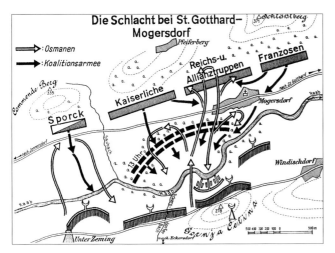

Die Stellung der beiden Heere an den Ufern der Raab und ihre Angriffe.

Mann und 24 Geschütze zum Kampf bereit – ein Drittel im Vergleich zu jenem Heer, das Achmed Köprülü heranführte. Am 30. Juli standen die beiden ungleichen Heere einander gegenüber, nur die Raab trennte sie.

In der Nacht zum 1. August begann der Großwesir mit der Kanonade. Seine Geschütze feuerten ins Zentrum des Reichsheeres, ohne freilich großen Schaden anzurichten. Im Schutz dieses Dauerfeuers überquerten Spahis (Reitertruppen) und Janitscharen die Raab und griffen am Morgen desselben Tages die Vorposten an. Unter schrillen Allah-Rufen, begleitet vom Trommelwirbel und den schmetternden Klängen der Janitscharenmusik, gelang es ihnen innerhalb weniger Stunden, die Front des christlichen Heeres zu durchbrechen; Gefangenen wurde ohne viel Federlesens der Kopf abgeschlagen, was die Moral der Mannen um Montecuccoli nicht sonderlich hob. Um Mogersdorf, dessen Häuser bald in Flammen aufgingen, entbrannte ein mörderischer Kampf.

In diesem kritischen Augenblick führte der Feldmarschall persönlich vier noch intakte Regimenter der Kaiserlichen zum Angriff vor. Zusammen mit den von Osten her vorrückenden Truppen Hohenlohes und Colignys gelang es in hartem und verlustreichem Kampf, die Türken zurückzudrängen und die aufgerissene Front zu schließen.

Zu Mittag versammelte Montecuccoli seine Heerführer zum Kriegsrat. Die Schlacht war mittlerweile zum Stillstand gekommen; beide Heere sammelten sich neu. Der Generalrat entschied, sofort von neuem anzugreifen, noch bevor sich die Türken neu formiert hatten – dies um so dringen-

Der Kriegsrat vor der Schlacht von St. Gotthard/Mogersdorf. In der Mitte Raimund Graf Montecuccoli. (Gemälde von Carl v. Blaas im Heeresgeschichtlichen Museum, Wien.)

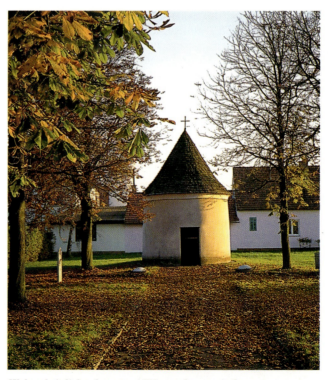

Wahrscheinlich schon um 1670 wurde unweit des Türkenkreuzes in Mogersdorf die St. Anna-Kapelle erbaut, an jener Stelle, wo, wie man sagt, Montecuccoli nach der siegreichen Schlacht ein Te-Deum anstimmen ließ.

Oben: Auf dem Schlößlberg nordöstlich von Mogersdorf, wo sich das Hauptquartier des christlichen Heeres befunden hatte und dessen Kirche während der Schlacht durch Feuer vernichtet worden war, wurde 1964 anläßlich des 300-Jahr-Gedenkens eine neue Gedächtnisstätte mit einem 15 Meter hohen Kreuz und einer Kapelle errichtet.

Unten: Außerhalb von Mogersdorf, an jener Stelle, wo nach der Schlacht zahlreiche Gefallene in einem Massengrab beerdigt worden waren, errichtete man 1841 das sogenannte „Weiße Kreuz" zur Erinnerung an die Toten der Reichstruppen und der Franzosen (Inschrift rechts). Wenige Meter davon entfernt, wurde 1984 ein Gedenkstein für die gefallenen Türken gesetzt.

*Großwesir Achmed Pascha Köprülü (1635–1676) mußte sich den
vereinigten Armeen des christlichen Abendlandes 1664 bei
Mogersdorf geschlagen geben. (Stich von Gerhard Bouttats.)*

der, als die türkische Kavallerie mittlerweile Flankenangriffe eingeleitet hatte, die Sporcks kühne Reiter allerdings zurückschlugen. Montecuccoli ließ die Artillerie vorrücken, und der Angriff begann. Der Oberbefehlshaber hatte den richtigen Zeitpunkt gewählt: die Osmanen waren noch nicht neu geordnet, der massive Angriff der Kaiserlichen und der Reichstruppen zwang Spahis wie Janitscharen zur Flucht. Aber hinter ihnen floß die Hochwasser führende Raab, die Brücken waren in wenigen Augenblicken verstopft, die osmanischen Kämpfer stürzten die steile Uferböschung hinunter und versuchten ihr Heil im Schwimmen. Schon bald war die Raab voll von Ertrinkenden, Toten, Verwundeten, mit Pferden und Kamelen. Von den rund 12.000 Mann, die den Angriff geführt hatten, dürften höchstens tausend das rettende südliche Ufer erreicht haben, während das christliche Heer nur etwa 2000 Mann eingebüßt hatte, weniger als ein Fünftel des Gegners.

Als die Sonne sank, war das nördliche Ufer zur Gänze vom Feind befreit. Tausende Waffen, Fahnen, Roßschweife* und einige Geschütze fielen den Kaiserlichen in die Hände. Zwar blieben die Türken bis zum 6. August am südlichen Ufer, aber sie wagten keinen neuen Angriff. Dann marschierten beide Heere, nur durch die Raab getrennt, nach Vasvár, wo auf Ersuchen des Großwesirs ein Waffenstillstand geschlossen wurde. Der endgültige Friedensvertrag kam am 27. September in Neuhäusel zur Unterzeichnung.

Rund zwanzig Jahre lang herrschte nun Friede, bis die Türken 1683 erneut auf Wien vordrangen. Da gab es allerdings keinen Feldmarschall Montecuccoli mehr, der sie bei Mogersdorf oder irgendwo weit südlich von der Reichshaupt- und Residenzstadt hätte aufhalten können. Drei Jahre zuvor war der wackere Mann in Linz gestorben.

Aber an seine Stelle traten andere: Ernst Rüdiger Graf Starhemberg, Herzog Karl von Lothringen und Polenkönig Jan III. Sobieski. Sie bezwangen Kara Mustafa ebenso wie Montecuccoli rund zwanzig Jahre zuvor Achmed Köprülü.

Man verläßt Mogersdorf ungern, nicht nur wegen seiner landschaftlichen Reize, sondern auch ob des hier allgegenwärtigen geschichtlichen Flairs. 1987 beging der Ort seine 800-Jahr-Feier. 1187 wurde er als Nagyfalu erstmals dokumentarisch erwähnt. 1664, zur Zeit der großen Schlacht, hieß er Großtorf, 1698 Mogersdorf und ungarisch Nagyfalva, was ebenfalls Großdorf bedeutet. Das benachbarte St. Gotthard, nach dem die Schlacht ebenfalls benannt wird, liegt heute auf ungarischem Gebiet und nennt sich Szentgotthárd.

Bevor man Mogersdorf verläßt, sollte man das Deckenfresko in der Kirche betrachten. Es zeigt die Schlacht von 1664 mit all ihren Greueln und Schrecken, mit Gefallenen und Verwundeten, mit türkischen Rundzelten und Feldwagen, mit Reitern und Kanonen. Das Fresko ist 1912 entstanden – in einer Zeit, da man Kriege noch mit heroisierenden Augen betrachtete.

Unweit des „Weißen Kreuzes" wurde 1984 anläßlich der Landeskulturtage ein Stein enthüllt, auf dem die Worte stehen: „Den im Jahre 1664 gefallenen türkischen Soldaten gewidmet. Friede allen, die hier ruhen." Auch in der vom Wiener Architekten Ottokar Uhl erbauten Kapelle auf dem Schlößlberg wird heute anders gedacht als dereinst: „Den Toten beider Lager gewidmet". Auf dem 1841 über einem Massengrab errichteten „Weißen Kreuz" allerdings stehen, in vier Sprachen abgefaßt, folgende Worte, aus denen noch die alte Bedrohung und Feindschaft sprechen:

„Den tapferen Helden allen,
die im Jahre 1664 hier gefallen,
durch bewaffnete Türkenhand,
kämpfend für Gott, Kaiser, Vaterland."

---

* Roßschweife waren osmanische Rang- und Feldzeichen.

Kreuz oder Halbmond?
Kahlenberg, 12. September 1683

„Ein Falke späht vom Felsennest
So weit, so weit ins Land,
Er späht nach Ost, er späht nach West,
Hinab, hinauf den Strand.

Der Falke ist Graf Starhemberg
Hoch auf dem Stephansturm;
Doch Türken nur und Türken nur
Sieht nahen er zum Sturm.

Da rief er zorn- und kummervoll:
Die Not, die klag' ich Gott,
Daß man euch so verlassen hat,
Dem argen Türk' zum Spott.

Nun pflanz' ich auf dem Stephansturm
Die heil'ge Kreuzesfahn',
Ihr Sinken klag' den Christen all,
Daß wir dem Falle nah'n.

Und sinkt die Fahn' vom Stephansturm,
Dann stehe Gott uns bei,
Dann decke sie als Leichentuch
Den Starhemberger frei.

Der Sultan rief dem Starhemberg:
Bei Allah, hör mein Wort,
Ich werf' die Fahn' vom Stephansturm
Und pflanz' den Halbmond dort.

Ich mache Wien zur Türkenstadt,
St. Stephan zur Moschee;
Ich reiß die Maid aus Mutterarm
Und bring dem Bruder Weh'..."

Dies sind die ersten Strophen einer langen Ballade von Guido Görres, und sie künden deutlich von der welthistorischen Bedeutung der zweiten großen Türkenbelagerung Wiens 1683, als es um die Rettung des Abendlandes und des Christentums vor den Türken und dem Islam ging. Heute hat Wien längst mehr als eine Moschee, aber nicht in St. Stephan, so wie etwa die Basilika der hl. Weisheit – die weltberühmte „Hagia Sophia" – zu Konstantinopel 1453 in eine Moschee „umfunktioniert" wurde. Heute gibt es in Österreich auch eine sehr beachtliche türkische Minderheit, die allerdings nicht durch kriegerische Handlungen, sondern auf der Suche nach Arbeit und Brot ins Land gekommen ist.

Damals jedoch, 1683, hatten die Türken andere Ziele: Sie wollten bis tief hinein ins christliche Abendland vorstoßen, und wie schon rund hundertfünfzig Jahre zuvor war der Weg auch diesmal derselbe: durch Ungarn hinauf nach Wien. Im Frühjahr 1683 brach Sultan Mehmed IV. mit 150.000 Mann und 300 Kanonen von Adrianopel auf. Am 3. Mai erreichte das gewaltige Heer Belgrad, wo der Sultan seinem Großwesir Kara Mustapha den Oberbefehl übergab.

Kaiser Leopold I. wußte, daß er mit seinem schwachen Heer diese Türkenarmee unmöglich

„Infelix Kara Mustapha Bassa", der „unglückliche Kara Mustapha" – der türkische Großwesir vor Wien –, wurde nach der Niederlage auf Befehl des Sultans stranguliert und geköpft. (Stich von Jakob Gole.)

Die „Renner und Brenner" vor Wien.

aufhalten konnte. Er sah sich nach Verbündeten um und fand sie in den Bayern und den Polen, aber auch im Papst, der mit für damalige Verhältnisse ungeheuren Summen einsprang, um die österreichische und die polnische Armee auszurüsten. Herzog Karl V. von Lothringen wurde zum Generalleutnant* der kaiserlichen Truppen berufen, ein bedächtiger, kluger und tapferer Mann, der in Markgraf Ludwig Wilhelm von Baden, dem späteren „Türkenlouis", sowie dem damals erst 20 Jahre alten und erst seit wenigen Monaten in österreichischen Diensten stehenden Prinzen Eugen von Savoyen vortreffliche Männer an seiner Seite hatte.

Wien selbst war in den Jahrzehnten vor der zweiten Türkenbelagerung nach modernsten Fortifikationsmethoden ausgebaut worden: Zwölf sich gegenseitig flankierende Bastionen, durch die Umwallungsmauer miteinander verbunden und durch vorgelagerte Ravelins (Außenwerke) geschützt, umgaben den Stadtkern. Sie wurden erst

in der zweiten Hälfte des 19. Jahrhunderts geschleift, als Kaiser Franz Joseph I. die berühmte Wiener Ringstraße anlegen ließ. Ein breiter Graben umschloß die gesamte Festungsanlage, an dessen äußerer Böschung, Kontereskarpe genannt, ein „gedeckter Weg" angelegt war, der durch mit Palisaden besetzte Erdwälle geschützt wurde. Zum Stadtkommandanten wurde Ernst Rüdiger Graf Starhemberg ernannt, ebenfalls ein äußerst umsichtiger und mutiger Mann, der es sich bei den folgenden heftigen Kämpfen, in deren Verlauf er selbst schwer verwundet wurde, nicht nehmen ließ, von einer Sänfte aus den Einsatz seiner Truppen an den erbittert umkämpften Basteien und Toren zu leiten. Nicht minder verdienstvoll wurde ein zweiter Mann in der belagerten Stadt, Leopold Graf Kollonitsch, der Bischof von Wiener Neustadt, welcher die Aufsicht über die Spitäler führte und durch zahlreiche Einzelaktionen – u. a. durch die Zurverfügungstellung deponierter kirchlicher Gelder – viel zur inneren Sicherheit der Stadt beitrug. Auch Wiens damaliger Bürgermeister Andreas Liebenberg, dem die Stadt später ein schönes Denkmal gesetzt hat, stellte sich an die vorderste Front:

_____
* Damals in Österreich der höchste militärische Rang.

er schuf acht Bürgerkorps, sorgte für einen umfangreichen Wach- und Feuerlöschdienst und half selbst tatkräftig bei den Ausbesserungs- und Verstärkungsmaßnahmen der Palisaden der äußeren Grabenböschungen sowie der Geschützbettungen auf den Basteien mit.

Das türkische Hauptheer verließ am 1. April 1683 Adrianopel, erreichte Anfang Mai Belgrad, am 17. Juni Mohács, am 25. Juni Stuhlweißenburg, am 5. Juli Raab. Am 14. Juli traf die Armee vor Wien ein. Kaiser Leopold I. war schon eine Woche zuvor mit seinem Hofstaat von Wien nach Linz geflohen, da er „nit wolte in Wien eingespehrt werden". Einen Tag später rückte Herzog Karl von Lothringen mit seiner Kavallerie in Wien ein, am 13. folgten 6000 Mann der regulären kaiserlichen Infanterie. Zusammen mit der Bürgerwehr und den Freiwilligen zählten die Verteidiger der Hauptstadt nur 15.000 Mann.

An der Strategie der Osmanen hatte sich seit 1529 nichts geändert: die „Renner und Brenner" tobten wieder durch die Lande, plünderten und mordeten, ließen Häuser und Kirchen in Flammen aufgehen, verschleppten nicht rechtzeitig Geflohene in die Sklaverei, brandschatzten Hainburg und Schwechat, Pellendorf, Laa und Inzersdorf, die Orte rings um Wien, ja sie kamen sogar bis ins heu-

„Die Belögerung Wien von Tirggn 1683". Das zeitgenössische Ölgemälde eines unbekannten Meisters zeigt im Hintergrund die noch belagerte Stadt mit der brennenden Schottenbastei. An zwei Stellen versuchen Türken, die sich über Laufgräben nähern, Breschen in der Mauer zu erstürmen, während (rechts) Truppen aus der Stadt einen Ausfall unternehmen. Im Vordergrund ist aber die Entsatzschlacht schon längst voll entbrannt; während noch immer Truppen vom Kahlenberg herabdrängen, hat König Sobieski (in der Bildmitte, ganz vorne) bereits das Zelt des Großwesirs erreicht, der sich (ganz rechts, an der prunkvollen Kleidung erkenntlich) angsterfüllt zur Flucht wendet.

tige Oberösterreich. Am 15. Juli begannen die Türken mit der Beschießung Wiens, am 16. war die Stadt in einem Halbkreis von der Donau bei Erdberg bis zur Roßau eingeschlossen. Herzog Karl von Lothringen zog aus der Stadt auf das linke Donauufer und verhinderte so die totale Umzingelung der Reichshaupt- und Residenzstadt.

Am 2. August explodierte unter den Bastionen die erste Mine; von nun an folgte Sprengung auf Sprengung, die zum Teil schwerste Schäden an den Befestigungen anrichteten. Aber die freiwilligen Helfer, von unglaublichem Mut beseelt, füllten die Breschen mit Erdwerk, bauten neue Palisaden und Schutzwälle. Gleichzeitig trat eine neue, tödliche Gefahr auf: die rote Ruhr. Strobl-Ravensberg schreibt in seiner „Türkennot":

„Die Seuche raffte kaum weniger Menschen hin als die Kugeln und Pfeile der Türken. Der Toten waren so viele, daß man mit dem Beerdigen nicht gleichen Schritt halten konnte. Unter der Hitze gingen die Leichen rasch in Verwesung über und verpesteten die Luft.

Die Spitze des Burgravelins, der zwischen der Löwel- und der Burgbastei gelegenen Schanze, wurde am späten Abend des 2. August von den Türken gestürmt und trotz heldenmütiger Gegenwehr erobert. Von da an kämpfte man buchstäblich um jede einzelne Palisade, um jeden einzelnen Stein. So tapfer und unermüdlich die Wiener auch waren, sie mußten sich doch sagen, daß alle Mühe erfolglos blieb, wenn ihnen nicht von außen her geholfen wurde. Jeder neue Tag zeitigte neue Not, nun wurden auch die Lebensmittel knapp. Am 13. August schickte Starhemberg den Wiener Bürger Georg Kolschitzky mit dem Auftrag fort, dem Herzog von Lothringen zu melden, wie es in Wien aussehe. Kolschitzky vollführte den Auftrag, kehrte am 16. August wieder zurück und berichtete, das Entsatzheer stehe zwar bei Tulln, vor drei Wochen sei aber auf dasselbe nicht zu rechnen. Drei Wochen – eine Ewigkeit für die eingeschlossenen Wiener! Daß sie ihre Haut teuer zu Markte trugen, zeigte die Strecke zwischen der Löwel- und der Burgbastei,

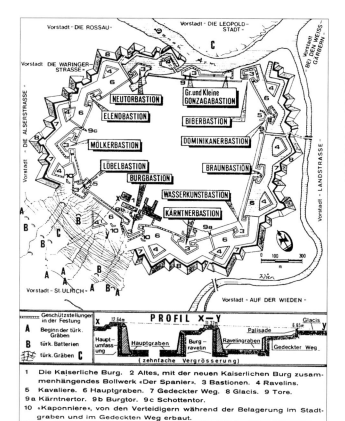

Die Befestigungen von Wien und das türkische Grabensystem während der Belagerung von 1683.

denn hier lagen an die 30.000 türkische Leichen, die unter den Strahlen der sengenden Augustsonne in Verwesung übergingen. Fliegen, die der Wind in die Stadt hereinwehte, übertrugen das Leichengift auf die Lebenden. Fürwahr, entsetzliche Stunden! Keiner wußte, ob er den nächsten Tag noch erleben werde. Verschonte ihn die Kugel des Feindes, raffte ihn die Ruhr nicht weg, so starb er an Blutvergiftung. Dabei das unheimliche Gefühl, daß die Türken schließlich doch Sieger bleiben würden, weil ihrer eben mehr waren."

Die Verzweiflung wuchs – und sie kommt auch in der Ballade von Görres zum Ausdruck:

> „Die Fahne auf dem Stephansturm
> wohl sechzig Tage stand,
> es hielt sie fest der Starhemberg
> Mit seiner starken Hand.
>
> Die Fahne auf dem Stephansturm
> Dann fängt zu wanken an;
> Was hilft, ach Gott, ein wunder Mann,
> Wenn hundert Feinde nah'n?
>
> Die Fahne auf dem Stephansturm,
> Die winkt, die sinkt, die bricht;
> Nun helf uns Gott, ruft Starhemberg,
> Denn länger halt' ich's nicht.
>
> Der Türke ruft in stolzer Lust:
> Allah, der Sieg ist dein!
> Gefallen ist die Kaiserstadt,
> Der Kaiserthron ist mein!"

Aber der Jubel der Türken war verfrüht. In der Nacht vom 6. auf den 7. September und ebenso in der darauffolgenden Nacht stiegen vom Kahlenberg Raketen auf: Das Entsatzheer hatte den nördlichen Rand des Wienerwaldes bereits erreicht und marschierte am 12. September früh morgens in drei getrennten Heersäulen, über den Kahlenberg herunter, auf die eingeschlossene Stadt zu.

> „Vom Hörner- und Trompetenschall
> Tönt plötzlich da ein Klang:
> Heil Kollonitsch, heil Starhemberg!
> So ruft ein Schlachtgesang.
>
> Es tönt so froh, es tönt so hell,
> Als ging's zu Tanz und Wein:
> Das ist die deutsche Ritterschaft
> Von Elbe, Main und Rhein.
>
> Es tönt so stark und tönt so tief,
> Als zög' der Sturm herbei:
> Von Öst'reich ist's die Heldenkraft,
> Von Bayern ist's die Treu'.
>
> Es tönt die wilde Meeresflut,
> Die hoch sich hebt am Strand:
> Sobieski ist's, der Polenfürst,
> Ein Held gar wohlbekannt."

Rüdiger Graf Starhembergs Mut und Überzeugungskraft war es zu verdanken, daß sich Wien trotz schwerster Angriffe 62 Tage lang halten konnte, bis der Entsatz nahte.

„Der Türke rauft in Grimm sein Haar,
Von Rachelust entbrannt,
Und mordet die Gefang'nen all
Mit kalter Mörderhand.

Ein Feuer war das Christenheer,
Von heil'gem Mut entbrannt,
So brach es auf die Türken ein,
Ein Blitz, von Gott gesandt.

Der Lotharinger stritt voran,
Die Polen folgten nach,
Doch keiner zählt die Helden all
Von jenem Ehrentag.

Die Türken standen mutig erst,
Dann wichen sie zurück,
Dann brach das Feuer durch sie durch,
Zu Rauch ward all ihr Glück."

Dort, wo heute der Türkenschanzpark in Wien-Währing liegt, kam es zur Entscheidungsschlacht, die vor allem durch die Reiterei des Polenkönigs entschieden wurde. Johann III. Sobieski betrat als

Es war ein gewaltiges Heer, das sich da auf die türkischen Belagerer stürzte: Herzog Karl V. von Lothringen hatte 8000 Mann zu Fuß, 12.900 Reiter und 70 Geschütze; die Sachsen unter dem Kurfürsten Johann Georg III. verfügten über 7000 Fußsoldaten, 2000 Reiter, 1400 Artilleristen und 16 Geschütze; die Bayern unter dem Kurfürsten Max Emanuel 7500 Mann zu Fuß, 3000 Reiter, 800 Troßknechte und 26 Geschütze; die Reichstruppen des fränkischen und schwäbischen Kreises unter Feldmarschall Georg Friedrich Fürst von Waldeck 7000 Mann zu Fuß, 2500 Reiter und 28 Geschütze; und die Polen unter Johann III. Sobieski 10.200 Mann zu Fuß, 14.000 Reiter und 28 Kanonen.

Den linken Flügel führte Herzog Karl von Lothringen gemeinsam mit Markgraf Ludwig Wilhelm von Baden, dem „Türkenlouis", und Prinz Eugen von Savoyen; das Zentrum bildeten die Bayern, Sachsen sowie die Reichstruppen; den rechten Flügel stellten die Polen, die allerdings das schwierigere Gelände zu überwinden hatten und daher langsamer vorankamen.

Kara Mustapha war vom Fall der Stadt so felsenfest überzeugt gewesen, daß er es unterlassen hatte, Schanzen im Rücken der Zernierungslinie aufzuwerfen. Dieses Versäumnis rächte sich nun bitter, da die Türken dem christlichen Heer in offener Feldschlacht entgegentreten mußten, worauf sie nicht gefaßt waren.

Markgraf Ludwig Wilhelm von Baden, der „Türkenlouis" (1677–1707).

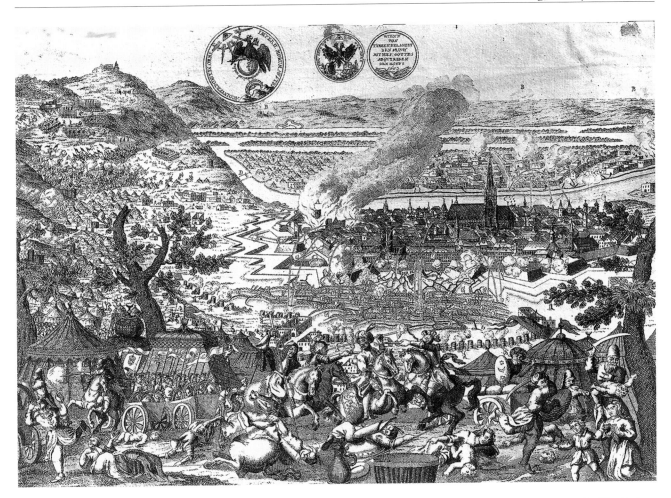

Gesamtansicht Wiens und seiner Umgebung aus der Vogelschau mit brennendem Schottenhof, der abgebrochenen Schlagbrücke und einer von den Türken errichteten Brücke bei Nußdorf. (Zeitgenössischer Kupferstich.)

erster das Zelt Kara Mustaphas, der mit seinem Harem und seinen Getreuen rechtzeitig geflohen war. Die Polen machten unermeßliche Beute, aber erst am nächsten Tag zeigte sich das wahre Ausmaß des Sieges des christlichen Abendlandes: über 10.000 gefallene Türken, 20.000 erbeutete Kamele, 300 Geschütze, 15.000 Zelte, ungezählte Waffen und Feldzeichen! Die verbündeten Christenheere hatten hingegen „nur" 2000 Tote, darunter mehrere polnische Adlige, zu beklagen. Allerdings betraf der Blutzoll auch tausende Unschuldige: alten Berichten zufolge sollen die Türken vor ihrer Flucht alle Gefangenen massakriert haben; 6000 Männer, 11.000 Frauen, 14.000 Mädchen und an die 50.000 Kinder aus Niederösterreich und der Steiermark nahmen sie mit in die Sklaverei.

Wiens Belagerung von 1683 hatte 62 Tage gedauert. Die Stadt hatte einen Verteidigungskampf erlebt, wie er bis dahin kaum jemals in der Geschichte durchgefochten worden war. Görres beendet sein dramatisches Gedicht mit den Versen:

„Bei Pauken- und Trompetenschall,
Und Freudensonnenschein,
So zieht geschmückt das Christenheer
Ins freie Wien nun ein.

Und noch steht auf dem Stephansturm
Das Kreuz der Christenheit,
Zum Zeichen, wie vereinte Kraft
Die Kaiserstadt befreit."

Einen farbenfrohen Bericht über den Sieg verdanken wir keinem Geringeren als König Jan Sobieski selbst, der aus den „Zelten des Wesirs am 13. IX. 1683 in der Nacht" in einem Brief an seine Frau Marysienka folgende Worte fand:

„Gott, unser in Ewigkeit gepriesener Herr, gab unserer Nation einen solchen Sieg und solchen Ruhm, von dem frühere Jahrhunderte niemals gehört haben. Alle Geschütze, das ganze Lager, unschätzbare Reichtümer sind in unsere Hände gefallen. Der Feind, dessen Leichen die Approchen, die Felder und das Lager bedecken, flieht in Konfu-

Linke Seite: Trotz seiner Kopfverletzung ließ es sich der Stadtkommandant von Wien, Rüdiger Graf Starhemberg, nicht nehmen, bei der Verteidigung der Löwelbastei persönlich mitzuwirken.

Der Angriff des Entsatzheeres auf die türkische Belagerungsarmee um Wien.

hat. Allein schon einige Köcher, mit Rubinen und Saphiren besetzt, kommen auf einige tausend Goldzlotys... Ich habe auch das Pferd des Wesirs mit dem gesamten Sattelzeug erbeutet, er selbst wurde stark bedrängt, doch konnte er sich salvieren. Sein Kiahia, d. h. der Ranghöchste nach ihm, wurde erschlagen, und eine Menge Paschas auch. Ihre Janitscharen ließen sie in den Approchen zurück, die in der Nacht niedergemetzelt wurden, denn da war bei diesen Leuten eine derartige Widerspenstigkeit und solch ein Stolz, daß, während die einen mit uns im Felde kämpften, die anderen weiterhin die Stadt stürmten.

Ich schätze die Zahl der Türken auf dreihunderttausend; andere schätzen die Zelte auf dreihunderttausend und rechnen drei Mann auf ein Zelt, was eine unerhörte Zahl ergeben würde. Ich schätze, daß es wenigstens 100.000 Zelte sind, denn sie standen ja in mehreren Lagern. Zwei Tage und Nächte zerlegen sie sie schon, jeder, der will, auch aus der Stadt kommen schon die Leute heraus, aber ich weiß, daß sie auch in einer Woche noch nicht alle zerlegt und fortgetragen haben werden. Sie haben viele unschuldige hiesige Österreicher, vor allem Frauen, hier liegengelassen; aber sie haben auch viele erschlagen, so viele sie nur konnten. Eine Menge erschlagener Frauen und viele Verwundete, die noch am Leben sind, liegen überall herum.“

Auch über den Zustand in der Stadt selbst berichtete der Polenkönig ausführlich:

„Heute war ich in der Stadt, die sich nicht mehr länger als höchstens fünf Tage hätte halten können. Das menschliche Auge hat niemals solche Sachen gesehen wie jene, die dort durch die Minen angerichtet worden sind. Die gemauerten Basteien, fürchterlich mächtig und hoch, haben sie in entsetzliche Felsbrocken verwandelt und so ruiniert, daß sie weiter nicht mehr standhalten konnten. Die kaiserliche Burg ist total von Kugeln zerschossen.

Alle Truppen, die samt und sonders sehr gut ihre Pflicht erfüllt haben, schreiben dem Herrgott und uns den siegreichen Ausgang der Schlacht zu. Als schon der Feind zu fliehen und wanken begann..., da kamen zu mir die Fürsten angelaufen, so der Kurfürst von Bayern, Waldeck, und sie umhalsten und küßten mich auf den Mund, die Generäle wiederum küßten mir Hände und Füße; und was erst die Soldaten! Alle Offiziere und alle Regimenter der Kavallerie und Infanterie riefen: ‚Ach, unzer brawe Kenik!‘ Sie hatten mir so gefolgt wie niemals die Unsrigen. Was gar erst heute morgen, als die Fürsten von Lothringen und Sachsen zu mir kamen; was erst der hiesige Kommandant Staremberk. Alles das küßte, umarmte mich, nannte mich ihren Salvator. Nachher war ich in zwei Kirchen. Das einfache Volk küßte mir Hände und Füße, Kleider,

sion. Kamele, Maultiere, Vieh, Schafe, die er bei sich hielt, beginnen erst heute unsere Truppen, die die Türken herdenweis vor sich hertreiben, einzusammeln; andere, vor allem Renegaten, fliehen von ihnen, auf guten Pferden und prachtvoll gekleidet, zu uns. Es ist etwas so Unglaubliches geschehen, daß man schon heute in der Stadt und hier im Lager zu fürchten begann, weil man es sich nicht anders erklären konnte, daß der Feind wieder umkehren würde. Allein an Pulver und Munition ließ er für weit mehr als eine Million liegen... Der Wesir ist so Hals über Kopf geflüchtet, daß er nur in einem Kleid und mit einem Pferd davonkam. Ich wurde zu seinem Nachfolger, denn zum größten Teil sind alle seine Herrlichkeiten mir in die Hände gefallen, und dies durch den Zufall, daß ich an der vordersten Spitze ins Lager kam, direkt dem Wesir auf dem Fuße folgend, und da ließ sich einer seiner Kammerdiener bestechen und zeigte mir seine Zelte, so groß und weit wie Warschau oder Lemberg innerhalb der Mauern. Ich habe alle seine Wesirzeichen, die man vor ihm her trägt, erbeutet; die Fahne Mahomets, die ihm der Kaiser auf diesem Kriegszug mitgegeben hatte und die ich heute dem Hl. Vater nach Rom übersandt habe. Alle Zelte und Wagen sind mir zugefallen und tausenderlei andere sehr hübsche und sehr kostbare Sachen, obwohl man noch längst nicht alles gesehen andere wiederum berührten mich nur, indem sie riefen: ‚Ach, laßt uns diese tapfere Hand küssen!'..."

Sobieski sandte mit der „Fahne Mahomets" auch einen Brief an Papst Innozenz XI., der mit den Worten begann: „Venimus, vidimus, Deus vicit" („Wir kamen, wir sahen, Gott siegte"). Der Heilige Vater beschloß daraufhin, den Tag des Sieges, den 12. September, als „Fest Mariä Namen" einzuführen, so wie 112 Jahre zuvor Papst Pius V. nach der siegreichen Seeschlacht von Lepanto (7. Oktober 1571) den Titel und die Anrufung „Maria, Hilfe der Christen" in die Lauretanische Litanei hatte aufnehmen lassen. Papst Pius VII. (1800–1823), der auf Befehl Napoleons fast sechs Jahre als Gefangener in Frankreich zubringen mußte und erst am 24. Mai 1814 nach Rom zurückkehren durfte, bestimmte den 12. September als neuen Marienfeiertag. – Wie man sieht, haben Schlachten sogar unseren Heiligenkalender beeinflußt.

Auf dem Kahlenberg nördlich von Wien, von wo aus die christlichen Heere zum Angriff auf die türkische Belagerungsarmee angetreten waren, hatte sich schon vor 1683 eine Eremitei der Kamaldulenser befunden, die jedoch von den Türken gebrandschatzt worden war. Am 11. September erreichten die Christen den Kahlenberg, und am 12. September, dem Tag des vorgesehenen Angriffs, las in den Ruinen der Kapelle der päpstliche Gesandte Marco d'Aviano eine hl. Messe, bei der König Jan Sobieski

Johann (Jan) III. Sobieski, König von Polen (1624–1696), trug mit seinem Entsatzheer maßgeblich zur Befreiung Wiens im Jahre 1683 bei. Ihm zu Ehren wurde auf dem Kahlenberg die Sobieski-Kapelle errichtet, die heute ein polnisches Wallfahrtsziel ist.

ministrierte und mit zahlreichen Rittern seines Heeres die Kommunion empfing.

Nach der Befreiung Wiens kehrten die Kamaldulenser auf den Kahlenberg zurück, wo sie ihr Klösterchen und ihre Kirche wiederaufbauten. Sie blieben hier, bis 1782 Kaiser Josef II. alle kontemplativen Orden auflöste. Nach wechselvollem Geschick – die Anlage kam in Privatbesitz und wurde in den Napoleonischen Kriegen abermals verwüstet – sorgte ein begütertes Wiener Ehepaar für die Restaurierung der Kirche, die dem hl. Josef geweiht war. Ab dem 12. September 1852, dem Jahrestag der Schlacht, diente sie wieder als Gotteshaus, nachdem der päpstliche Nuntius Michael Viale-Prela sie an diesem Tag geweiht hatte. Ende des 19. Jahrhunderts übernahm die „Kongregation von der Auferstehung Christi", die Resurrektionisten, das Gotteshaus auf dem Kahlenberg – eine Organisation, die 1836 in Paris von polnischen Emigranten gegründet worden war. Es lag nahe, daß sich diese Kongregation, die ja auch die Seelsorge für die im Ausland lebenden Polen übernommen hatte, bemühte, den Kahlenberg zu einem religiösen Zentrum und einem Wallfahrtsort – nicht nur für Polen – auszubauen, was ihnen, wie die Zahl von jährlich zwei Millionen Besuchern beweist, die nicht zuletzt auch den wunderschönen Blick vom Kahlenberg auf Wien genießen wollen, durchaus gelungen ist.

Der Haupteingang zum Türkenschanzpark in Wien. Hier, im heutigen 18. Wiener Gemeidebezirk, befand sich einst das türkische Hauptlager.

In der Hauptkirche mit ihrer – den Kamaldulensern entsprechenden – relativ bescheidenen Architektur fallen besonders zwei Bilder auf: das eine ist das Bild „Mariä Namen", dessen Original sich im Vatikan befindet. Die Kopie auf dem Kahlenberg wurde 1907 von Papst Pius X. durch die Wiener Nuntiatur der St. Josefskirche übergeben. Das zweite Bild stellt eine getreue Nachbildung der „Schwarzen Madonna von Tschenstochau" dar. Das Werk war 1906 der Kirche zum Geschenk gemacht worden, als Erinnerung an Jan Sobieski, der vor seinem Aufbruch zum Entsatz von Wien vor dem Original in Tschenstochau gebetet hatte.

Der interessanteste Teil der Anlage auf dem Kahlenberg ist jedoch zweifellos die Sobieski-Kapelle hinter der Sakristei. Es handelt sich um jenen Teil, der 1683 von den Türken zerstört worden war und wo am Morgen des 12. September der Polenkönig bei der hl. Messe ministriert hatte. Die Kapelle wird von der Sakristei durch ein Gitter getrennt, das die Insignien Sobieskis und die königliche Krone trägt. Über dem Eingang ist auf einer Tafel in lateinischer Sprache zu lesen, daß „diese Kapelle die Kongregation von der Auferstehung Chri-

In der Gedenkkapelle der Kirche auf dem Kahlenberg gibt es zahlreiche Erinnerungen an die Entsatzschlacht von 1683, wie etwa diesen polnischen Reiterharnisch mit seinen charakteristischen Flügeln und die Wappen der beteiligten polnischen Adelsfamilien. Die Flügel erzeugten beim Angriffsgalopp ein schwirrendes Geräusch und sollten dadurch den Feind sowie seine Pferde erschrecken und verwirren. Ein Altarbild zeigt Papst Innozenz XI. in flehentlichem Gebet um die Errettung des Abendlandes, wobei ihm eine Vision zuteil wurde: Ihm erschienen das Christuszeichen im Strahlenkranz und die Schrift: „In hoc signo vinces" – „In diesem Zeichen wirst du siegen!"

sti im Jahre 1930 renovieren und ausschmücken hat lassen, aus eigenen Mitteln und aus solchen von Wohltätern, besonders aber aus Mitteln jener vornehmen polnischen Familien, deren Vorfahren bei Wien für den Glauben ihrer Väter gekämpft und einen glänzenden Sieg mit Hilfe Gottes unter Führung des polnischen Königs Johannes III. über den wütenden Feind errungen haben".

Das Innere der Kapelle zieren Wandmalereien, die 1930 von Jan Henryk Rosen geschaffen wurden. Die linke Wand zeigt den päpstlichen Legaten während der Messe, bei der König Jan ministrierte, darunter befinden sich die Wappen der Befehlshaber, die an der Entsatzschlacht teilgenommen hatten: des polnischen Königs, Karls von Lothringen, Georg Friedrichs von Waldeck, des Markgrafen von Baden, Hermann Ludwig, des sächsischen Kurfürsten Johann Georg III. und des bayerischen Kurfürsten Maximilian Emanuel.

Über dem Altar befindet sich ein Gemälde, das Papst Innozenz XI. darstellt. In der Tiefe des Bildes, auf dem Hintergrund von Moscheen und Minaretten, erhebt sich der gekreuzigte Christus, daneben das Christuszeichen mit den Worten „In hoc signo vinces" („In diesem Zeichen wirst du siegen") – eine Anspielung auf die analogen Worte und das Monogramm, die Kaiser Konstantin der Große im Jahre 312 vor der Schlacht an der Milvischen Brücke in Rom gehört und gesehen haben soll. Über dem Kapelleneingang hängt ein symbolisches Bild, das einen polnischen Ritter darstellt, der ein erbeutetes türkisches Banner zu Füßen des hl. Josef und des hl. Kapistran sowie des Wiener und niederösterreichischen Landespatrons, des hl. Leopold, niederlegt. Die rechte Wand und das Gewölbe schmücken 102 Wappen des polnischen Adels, der an der Schlacht um Wien teilgenommen hatte.

In einer Broschüre über die Geschichte der Kirche auf dem Kahlenberg, der auch Papst Johannes Paul II. einen Besuch abgestattet hat, steht folgendes Schlußwort:

„Der Kahlenberg, ähnlich wie der Wawel und Czenstochau, zählt zu den wertvollsten historischen Denkmälern polnischer Geschichte. Die Kahlenberger Kirche ist ein besonderes, dem Herzen jedes Polen teures nationales Heiligtum. Überaus deutlich legt es dem europäischen Kontinent Zeugnis von der außerordentlichen Rolle Polens als Schutzwall des Christentums ab. Es drückt die Geschichte Polens aus, die restlos in die Welt- und besonders in die europäische Geschichte Eingang gefunden hat. Es ist eines der historischen Blätter unseres Volkes, das über Jahrhunderte unlösbar mit der christlichen Kultur verbunden war, die schon seit Entstehen des polnischen Staates gepflegt wurde. Diese Gesinnung legte immer ein Bekenntnis zum Glauben ab und schützte Europa vor großer Bedrohung und historischen Stürmen."

80.000 Mann konnten den Halbmond nicht retten
Ofen (Buda), Juni bis Oktober 1686

Nach dem glorreichen Sieg über die Türken bei Wien schien die Chance der Christenheit, den Islam endgültig aus der unmittelbaren Nachbarschaft des Reiches verdrängen zu können, in greifbare Nähe gerückt. Der Siegestaumel hielt an, und die Kreuzzugsidee, die „türkischen Hunde" ein für allemal in die Schranken zu weisen und sie aus Europa zu verjagen, fand bei jung und alt, arm und reich ungeteilten Beifall.

Ziel dieses „Kreuzzugs" war die Rückeroberung Ungarns, das seit 150 Jahren unter türkischer Herrschaft schmachtete. Für Kaiser Leopold I. bedeutete der Erfolg eines neuerlichen Feldzugs nicht nur einen Sieg über die Heiden, sondern auch eine ansehnliche Vermehrung seiner Macht und seines Herrschaftsbereiches. Es gelang ihm, gemeinsam mit Papst Innozenz XI. eine Liga zu schließen, in der sich Österreich, der Papst, die Republik Venedig und König Johann Sobieski von Polen verpflichteten, den Kampf gegen die Türken fortzusetzen.

Im Frühsommer des Jahres 1684 machte sich das christliche Heer unter dem Oberbefehl Karls von Lothringen auf den Marsch. Ziel der 24.000 Fußtruppen und an die 15.000 Reiter zählenden Streitmacht war die Befreiung Ofens, der ungarischen Königsburg am rechten Donauufer des heutigen Budapest, die sich seit 1541 in türkischer Hand befand. Im kaiserlichen Heer ritten auch Markgraf Ludwig Wilhelm von Baden und sein Vetter Prinz Eugen von Savoyen, 21 Jahre jung, der bereits im Jahr zuvor den gewaltigen Sturm vom Kahlenberg auf die türkische Heerschar vor Wien mitgemacht hatte.

Der Optimismus der Kaiserlichen war naturgemäß groß. Ludwig von Baden meinte sogar im Kreis seiner Waffengefährten, Ofen „innerhalb von acht Tagen ohnfehlbarlich emportieren" zu können. Die ersten Geplänkel mit den Türken schienen ihm recht zu geben. Am 14. Juli schlossen die Kaiserlichen den Belagerungsring um Ofen, aber schon bald mußten sie feststellen, daß Verteidigung leichter als Angriff ist, wie ja schon Wien gezeigt hatte – nur waren diesmal *sie* die Belagerer. Überraschende Ausfälle der Türken brachten die Kaiserlichen immer wieder in Bedrängnis. Ihre Opfer stiegen von Tag zu Tag, Seuchen brachen im Lager aus, auch Ludwig von Baden erkrankte. Prinz Eugen wurde bei einem der Gefechte verwundet – die erste Verwundung von insgesamt neun, die er im Laufe seines kriegerischen Lebens erleiden sollte –, aber auch als aus Bayern eine 8000 Mann zählende Verstärkung anrückte, gelang es den Kaiserlichen nicht, Ofen zu nehmen. Zwar errangen sie einen Sieg über ein 30.000 Mann starkes türkisches Entsatzheer, doch die Festung Buda ergab sich nicht. Ende Oktober mußten sie die Belagerung schweren Herzens aufgeben, und Karl von Lothringen zog sich mit einem Verlust von 23.000 Mann in die Winterquartiere zurück.

So konnte es nicht weitergehen. Aber auch das Jahr 1685 brachte noch keine Entscheidung. Die kam erst 1686, als sich das christliche Heer neu formiert, vergrößert, besser ausgerüstet und, wie man

Herzog Karl V. von Lothringen (1643–1690). Bildnis aus dem Jahr 1670 als kaiserlicher General.

Einzug der siegreichen Truppen unter Herzog Karl von Lothringen und Prinz Eugen in die Festung von Ofen.

heute sagen würde, neu motiviert hatte. In seinem „Prinz Eugen"-Buch schreibt der Wiener Publizist Ernst Trost:

„Die europäischen Fürsten fanden Gefallen an dem Ungarnabenteuer... So verpflichtete sich Johann Georg von Sachsen, 4700 Mann zu senden. Max Emanuel von Bayern führte seine 8000 Bayern persönlich in die Schlacht... Der Kurfürst von Köln rüstete 2900 Mann aus, der Bischof von Paderborn 300, der fränkische Reichskreis stellte 3000 Mann, der schwäbische 4000, der oberrheinische 1500... Die Schweden versprachen 1000 Mann. Freiwillige für den Kreuzzug gegen die Ungläubigen meldeten sich aus ganz Europa. Gegen die Türken zu fechten, war damals für die adelige Jugend große Mode. Sie kamen aus Frankreich und aus England, aus Spanien und aus Italien... Diese Christenheit war auch zu größten finanziellen Anstrengungen bereit. Nur der Papst selber zögerte, weil ihn die Ergebnisse der beiden vergangenen Feldzüge nicht befriedigt hatten. Erst im letzten Augenblick, als sich der Kampf um Ofen bzw. Buda seinem Ende zuneigte, schickte er 100.000 Gulden. Dafür wurde auf Anregung des Papstes ein Drittel aller in den letzten 60 Jahren erworbenen Kirchengüter in Österreich zu Geld gemacht – insgesamt kamen dadurch 1,6 Millionen Gulden herein. In den Kirchen Europas wurde für den Heiligen Krieg Geld gesammelt, und ausländische Klöster und Bischöfe spendeten – so der Bischof von Basel 12.000 Gulden, der Abt von St. Gallen 6000, eine spanische Diözese 10.000 Taler. Diese Zahlen illustrieren, wie sehr der Türkenkampf zu einem europäischen Anliegen geworden war."

Als das kaiserliche, so bunt zusammengewürfelte Heer, zu dem sich letztlich sogar noch 7000 Preußen gesellt hatten, im Juni 1686 in Richtung Ofen aufbrach, zählte es 56.000 Mann; diese Zahl sollte sich bis Ende August durch weiteren Zuzug bis auf 74.000 vergrößern. Bereits Ende Juni wurde der Belagerungsring um die Burg Buda geschlossen.

Es wurde eine lange Belagerung. Die Artillerie der Kaiserlichen riß gewaltige Breschen in die Festungsmauern, aber die Türken vermochten jeden darauf folgenden Angriff abzuwehren, ja sie unternahmen sogar mehrere Ausfälle, die allerdings immer wieder in heftigen Gefechten mit den Kaiserlichen erfolglos blieben. Prinz Eugen, der mit seinen Savoyer Dragonern immer wieder in vorderster Linie stand, attackierte mit solchem Ungestüm, daß er sich – wie es in einem zeitgenössischen Bericht heißt – „mit den Janitscharen und Reiterei vermischt, und von einer Sortie ziemlich viel von ihnen geblieben". Er habe sich so weit vorgewagt, daß ihn seine Kameraden mitten aus den Feinden heraushauen mußten. Dabei wurde er verwundet: ein Pfeil traf ihn in die rechte Hand. Ein Wiener Domprediger würdigte diese Verwundung mit den überschwenglichen Worten: „Die Wut der Ungläubigen machet mich glauben, es habe die Hölle ihm die Hand brechen wollen, mit welcher er schon damals gedrohet hat, den Mahomet zu stürzen und aus den sieben Türmen zu Stambul (Staatsgefängnis) ein geackertes Feld zu machen..."

Diese Kämpfe dauerten mit mehr oder weniger Heftigkeit bis zum 2. September an, dann entschloß sich Karl von Lothringen zum „Generalsturm" auf die Festung. Mit dem totalen Furor eines solchen Großangriffes erzwangen sich die Kaiserlichen beim Wiener Tor den Einlaß in die Burg; in schweren Mann-zu-Mann-Kämpfen konnten eine Bastion, ein Turm, ein Graben nach dem anderen genommen werden. Stundenlang tobte der Kampf durch die Gassen und Häuser, Tausende wurden getötet oder verwundet, auch der türkische Pascha fiel im Kampf. Nun endlich streckten die Türken die Waffen.

In einem Bericht aus der damaligen Zeit heißt es: „Buda wurde eingenommen und der Plünderung preisgegeben. Die Soldaten begingen dabei tausenderlei Exzesse. Gegen die Türken, wegen ihres langen und hartnäckigen Widerstandes, der eine erstaunliche Menge ihrer Kameraden das Leben gekostet hatte, aufgebracht, sahen sie weder auf Alter noch auf Geschlecht. Der Kurfürst von Bayern und der Herzog von Lothringen, durch das Seufzen der Männer, die man umbrachte, und der Weiber, die vergewaltigt wurden, gerührt, erteilten sie gute Ordres, daß dem Niedermetzeln Einhalt geschah und noch über 2000 Türken das Leben gerettet werden konnte."

Das Prinz Eugen-Denkmal auf der Burg von Budapest.

Der wohl bedeutendste Papst des 17. Jahrhunderts, Innozenz XI., ermöglichte nicht nur durch große finanzielle Mittel, sondern auch durch seinen persönlichen Einfluß die Vereinigung der christlichen Mächte und Heere im Kampf gegen die Türkengefahr. (Denkmal in Budapest, das 1936, rund 250 Jahre nach der Gründung der Liga, „Dem Retter Ungarns von der dankbaren Nation" errichtet wurde.)

Ofen war gefallen. 80.000 Türken hatten den Halbmond über Ungarn nicht retten können. Ganz Europa atmete befreit auf, als sich die Nachricht vom Sieg des „europäischen Heeres" verbreitete. Dankgottesdienste und -prozessionen wurden abgehalten, Lieder gedichtet und Dutzende Gedenkmünzen geprägt.

Von der Kavallerie Ludwig Wilhelms von Baden, der auch Prinz Eugen angehörte, wurden die fliehenden Türken des Entsatzheeres, das Ofen nicht hatte retten können, verfolgt; Stuhlweißenburg, Szegedin und Esseg wurden eingenommen. Dann aber brach der Winter herein, und die militärischen Auseinandersetzungen fanden ein Ende. Sie sollten erst im Jahr darauf wiederaufgenommen werden und dann die endgültige Befreiung Ungarns von der Türkenherrschaft bringen.

Wo Österreich zur Großmacht wurde
Nagyharsány (Mohács II), 12. August 1687

Den „Großen Harsány" sieht man schon von weitem, wenn man, von Mohács kommend, sich der kleinen Stadt Siklós nähert, jenem Siklós, das die Heimat der edlen Dame Dorothea Kanizsai war, des Engels des Mohácser Schlachtfeldes von 1526. In der Schule hat man vielleicht gelernt, daß es zwei Schlachten gegeben hat, die den Namen „Mohács" trugen: eben die von 1526 sowie jene, welche 1687 die türkische Herrschaft in Ungarn beendete und die Stellung Österreichs als Großmacht begründete. In Ungarn aber wird letztere nicht mit dem Namen Mohács verknüpft, ja man spricht nicht einmal sonderlich viel darüber. Und das ist verwunderlich, denn auch die Literatur über dieses so entscheidende Treffen zwischen Österreichern und Osmanen ist relativ spärlich, verglichen mit jener über die Schlacht von 1526, von den zahllosen Liedern und Balladen ganz zu schweigen.

„Mit der zweiten Mohács-Schlacht meinen Sie sicherlich die Schlacht von Nagyharsány", sagte eine Führerin, eine gebildete ältere Dame, die den Autor durch Mohács begleitete, „das war etwas ganz anderes!"

Man fragt sich, warum? 1526 hatte Ungarn eine fürchterliche Niederlage erlitten. König Ludwig war gefallen, und mit ihm starben an die 20.000 junge Männer ihres Landes. In der Schlacht von 1687 hingegen wurde Ungarn nach 150 Jahren Unterdrückung und Ausbeutung von der Türkenherrschaft befreit. Wäre es somit nicht verständlicher, die Befreiung höher einzuschätzen als die Niederlage?

„Sie als Österreicher können das vielleicht nicht verstehen! 1526 gaben 20.000 Ungarn und sogar unser junger König ihr Leben im Kampf um die Freiheit unseres Landes. Die Erinnerung an dieses Opfer ist unauslöschlich, und Mohács ist der Inbegriff dieses Opfers. 150 Jahre hatten wir die türkische Herrschaft, das ist richtig. Aber die Türken zwangen uns nicht in die Leibeigenschaft, sie ließen uns unsere Religion, kurz, es ließ sich unter dem Halbmond leben.

Anders 1687. Da kämpften fremde Söldner gegen die Türken, keine Ungarn. Die Schlacht am Fuß des Harsány-Berges, 30 Kilometer von Mohács entfernt, war keine Ungarnschlacht, aber Ungarn hat darunter entsetzlich gelitten. Die fremden Söldner plünderten, brandschatzten, mordeten und vergewaltigten nach ihrem Sieg, so daß es z. B. in Pécs, meiner Heimatstadt, nur noch 80 Familien und im ganzen Bezirk nur noch knapp 800 gab. Die anderen waren getötet oder verschleppt worden, viele waren geflüchtet, und zahllose waren den folgenden Epidemien und Seuchen zum Opfer gefallen. Mit dem Sieg der Österreicher begann die Herrschaft Habsburgs, und wie die Geschichte gezeigt hat – bis herauf ins 20. Jahrhundert –, war es keine gute Herrschaft. Die vielen Revolutionen beweisen dies überdeutlich!"

So gesehen, versteht man, weshalb es in Ungarn nur *eine* Schlacht von Mohács geben kann. Und dennoch – für die europäische Geschichte war die

Herzog Karl von Lothringen schlägt einen höheren türkischen Offizier vom Pferd.

Den Polen, die 1687 an der Seite der Österreicher am Berg Harsány die Türken besiegten, wurde in Mohács diese mit dem polnischen Adler gekrönte Säule errichtet.

„zweite", jene vom Berg Harsány, zumindest ebenso wichtig.

Nach der Rückgewinnung von Ofen zog die kaiserliche Armee weiter nach Süden und eroberte bereits sechs Wochen später, am 2. Oktober, unter Markgraf Ludwig Wilhelm von Baden die Stadt Fünfkirchen, das heutige Pécs. Von hier waren es nur mehr wenige Kilometer, knapp dreißig, hinunter zum Berg Harsány, wo sich im Verlauf der nächsten Wochen eine türkische Armee unter Suleiman Pascha konzentrierte. Beide Heere verfügten über je rund 60.000 Mann.

Heute ist dieser Berg ein beliebtes Ausflugsziel, denn auf halber Höhe befindet sich ein Freiluftmuseum besonderer Art: Seit vielen Jahren kommen im Sommer bildende Künstler aus aller Welt hierher, um mit den aus dem Berg gebrochenen Steinen Skulpturen aller Art zu schaffen. Der weite, ebene Platz vor dem halbkreisförmigen Steinbruch wirkt wie ein megalithischer Kunstpark, und selbst am Bergesabhang stehen die mächtigen Kolosse. Von hier aus hat man einen überwältigenden Ausblick auf die fast unendlich scheinende Ebene des einstigen Schlachtfeldes, auf dem sich heute Weingärten und Getreideäcker erstrecken.

In den vorangegangenen Schlachten von Wien, Ofen und Pécs hatten die Türken zehntausende Männer verloren, aber sie waren noch immer eine nicht zu unterschätzende Macht. Ihre Krieger wa-

ren ob der schweren Niederlagen und des Verlustes so vieler Kampfgefährten verbittert, und als es zur Schlacht kam, warfen sie sich mit allem aufgestautem Haß gegen die „Christenhunde". Die Truppen Markgraf Ludwigs und Herzog Karls hatten einen schweren Stand, obwohl auch sie mit höchster Tapferkeit fochten. Es bedurfte eines für die Türken unerwarteten Reiterangriffs des jungen Prinzen Eugen von Savoyen, der der Schlacht die Wende gab, die Türken in Verwirrung stürzte und sie schließlich zur Flucht zwang. Zwar wird als Sieger dieser Schlacht immer Herzog Karl von Lothringen genannt, aber ohne Prinz Eugens Kavallerieattacke wäre der Ausgang des Kampfes mehr als zweifelhaft gewesen. So aber konnten die Kaiserlichen das türkische Heer außer Landes treiben, Ungarn wurde „frei", allerdings mit jenem üblen Beigeschmack, der siegreichen Heeren oft anhängt: Disziplinlosigkeit, Willkürherrschaft, Übergriffe aller Art und – was die Ungarn nach Eintreten der „österreichischen Ordnung" immer stärker zu spüren bekamen – alles eher als Toleranz ihrer Religion gegenüber. Denn im Verlauf der vorangegangenen Jahrzehnte hatte der Calvinismus, die Reformation, auch in Ungarn Fuß gefaßt und Tausende von der katholischen Religion, der Staatsreligion Österreichs, abfallen lassen.

Als ein Jahr später, am 6. September 1688, Belgrad erobert wurde, war ganz Ungarn, das damals

Auf halber Höhe des Berges Harsány wurde ein Freiluftatelier für Bildhauer aus aller Welt eingerichtet. Die vielen Skulpturen hoch über dem Schlachtfeld von einst wirken wie Denkmäler oder Grabsteine für die zahlreichen Toten jenes blutigen Tages im Jahre 1687.

ja andere Grenzen als heute hatte, endgültig vom Türkenjoch befreit. Schon am 9. Dezember 1687 hatten die ungarischen Stände die Stephanskrone, das geheiligte Symbol ungarischer Macht und Freiheit, dem Haus Habsburg erblich übertragen und Joseph, Kaiser Leopolds Sohn, zum König von Ungarn gekrönt.

Sultan Mehmed IV., der mit Suleiman Pascha geflohen war, wurde vom Thron gestürzt, lebte aber noch bis 1691, entmachtet und faktisch unter Hausarrest. Sein Nachfolger wurde Suleiman III.

Prinz Eugens Karriere war nach der Schlacht vom „Großen Harsány" bereits vorgezeichnet. Schon 1686 war ihm – obwohl erst 23 Jahre alt – die Ehre zuteil geworden, die Botschaft von der Eroberung der Festung Ofen dem Kaiser in Wien zu überreichen. Diese Ehre widerfuhr ihm 1687 abermals: auch diesmal durfte er die Siegesmeldung dem Kaiser persönlich überbringen, was ihm, nicht zuletzt aufgrund seines entscheidenden Reiterangriffs, die Beförderung zum Feldmarschallleutnant einbrachte.

Eine Schlacht, die die Sonne zum Stehen brachte
Zenta, 11. September 1697

„Als Türken und Christen zum Schlagen sich
   rüsten,
wollt' eben die Sonne bald steigen ins Meer.
Der Himmel beglückte das christliche Heer,
daß selber die Sonne noch ansah mit Wonne,
die Christen erhalten die herrliche Schlacht,
die gleichsam den Mondschein hat blutrot
   gemacht."

Dieses zeitgenössische Lied bestätigt, daß sich schon früh eine ganze Reihe von Legenden um die Schlacht von Zenta (heute: Senta) gerankt hat; es gibt nur wenige militärische Auseinandersetzungen, die in den Augen der Zeitzeugen so gewaltig waren, daß sich sogar die Gestirne ihrer annahmen – wie im Falle Zentas – und

Dieser Gedenkstein zur Erinnerung an die Schlacht bei Zenta stand einst mitten auf dem Schlachtfeld an den Ufern der Theiß. Im Zuge der Stromregulierung wurde er vor wenigen Jahren an einem anderen Ort neu aufgestellt.

im Lauf innehielten, um dieses gigantische Gemetzel am Abend des 11. September 1697 länger mit ansehen zu können.

Die Schlacht von Zenta war die letzte des Türkenkrieges von 1683 bis 1699, der am 26. Januar 1699 mit dem Frieden von Karlowitz endete. Dieser Krieg setzte der osmanischen Expansion in Mitteleuropa ein Ende. Die von der Türkei okkupierten oder abhängigen Gebiete der Stephanskrone – Ungarn, Kroatien und Siebenbürgen – kamen wieder an den legitimen Träger dieser Krone, das Haus Habsburg, zurück.

Auf seiten der Kaiserlichen standen Österreicher, Sachsen und Brandenburger, insgesamt 50.000 Mann, unter dem Oberbefehl von Prinz Eugen. Die türkische Armee, ungefähr gleich stark, unterstand dem Kommando von Sultan Mustafa II. Die Schlacht verlief völlig „irregulär", wie die Verlustzahlen beweisen: während die Türken an die 25.000 Mann verloren, zählten die Kaiserlichen lediglich 429 Tote und 1568 Verwundete. Eine solch krasse Verlustbilanz hatte es kaum in irgendeiner anderen Schlacht gegeben. Hing sie mit den Gestirnen zusammen? Mit der Strategie Prinz Eugens? Mit der Hilfe Gottes für die Christen im Kampf gegen die „heidnischen Hunde"?

Liest man die zeitgenössischen Berichte, so gibt es auf diese Fragen wohl nur eine Antwort: Es war der eiserne Wille des Prinzen Eugen, trotz ungünstiger zeitlicher und räumlicher Bedingungen den Feind mit geradezu elementarer Wucht – und obwohl seine Truppen durch Gewaltmärsche ermüdet waren – anzugreifen. Dieser eiserne Wille unterschied Prinz Eugens Charakter so unglaublich von dem seines kaiserlichen Herrn Leopolds I., von dem der Ausspruch überliefert ist: „O Du mein Vater im Himmel, wie hasse ich es, Entscheidungen treffen zu müssen!" Und als Prinz Eugen mit knapp 34 Jahren den Oberbefehl über die kaiserliche Armee erhielt, gab ihm der Kaiser folgenden Rat mit auf den Weg gegen die Türken: „Es möge dem Prinzen glimpflich inserirt werden, Er solle gar caute (vorsichtig) vorgehen... und nachdeme von einem glücklichen oder unglücklichen Streich das totum (Ganze) dependiret (abhängt) und daher nichts zu hazardieren ist, sicher gehen und sich mit dem feindt, außer mit einem großen Vortheil

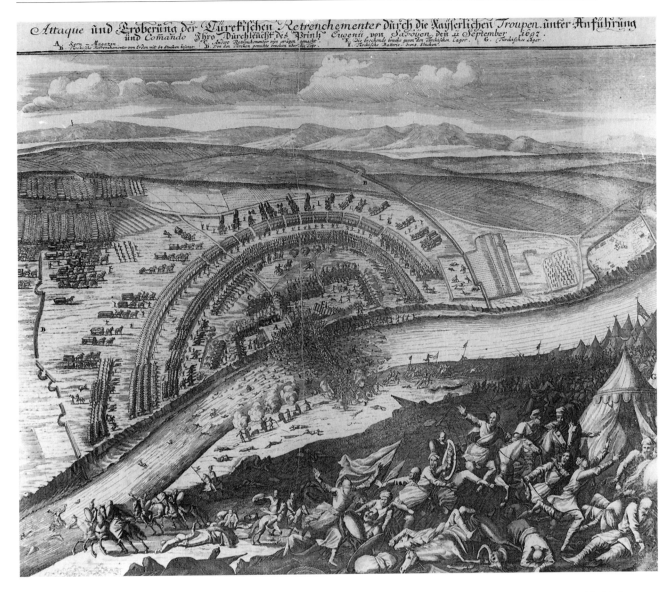

Attaque und Eroberung der Türckischen Retrenchementer durch die Kayserlichen Troupen, unter Anführung und Comando Ihro Durchläucht des Printz Eugenu von Savoyen, den 11 September 1697.

Vogelschaubild des Schlachtfeldes von Zenta am Theißufer.

und fast sicherer hoffnung zu einer glücklichen reuscita (Gelingen) in kein Treffen einlassen."*

Im Mai 1697 hatte Prinz Eugen den Oberbefehl übertragen erhalten; kurze Zeit später traf er bei dem unweit von Esseg stehenden Hauptheer ein. Graf Guido von Starhemberg meldete den Kriegsstand der Armee mit 31.142 Mann. Eugen erwiderte: „Danke für die Meldung. Nun, ich bin der 31.143ste, und wir werden bald mehr werden." Und an den Kaiser schrieb er: „Lasset mir der Feind nur ein paar Tage Zeit, bis ich Dero Armee einmal zusammenbringe, so lebe ich folgends mit göttlichem Beistande guter Hoffnung, demselben sein Vorhaben allerdings sauer zu machen."

In seinem Prinz Eugen-Buch schreibt Janko von Musulin, es sei „nicht einfach, sich die Ereignisse dieses ersten großen Treffens, das Eugen gegen die

---

* Nach einer Instruktion des Hofkriegsrates an Eugen von Savoyen vom 5. Juli 1697.

Türken gewonnen, lebendig und wirklich vorzustellen. Nicht, daß die Anlage der Schlacht besonders kunstvoll oder verwickelt gewesen wäre: der Gedanke, die Türken anzugreifen, während sie die Theiß auf einer von französischen Ingenieuren entworfenen Brücke überschritten, war naheliegend, der Vorteil einer solchen Operation ist leicht zu begreifen. Das Heer des Gegners ist geteilt, die Truppe auf dem jenseitigen Flußufer kann nicht zurückgebracht werden, um in den Kampf einzugreifen. Die taktische Schwierigkeit lag also nur darin, die kaiserliche Armee so an den befestigten Brückenkopf heranzuführen, daß sie sich schon während des Aufmarsches zum Kampf formieren und einen Ausfall aus dem Brückenkopf abwehren konnte. Diese Aufgabe wurde durch das Gelände sehr erleichtert. Nachdem Eugen auf zwei Brücken einen Sumpf überquert hatte, gab es keine Ter-

Die fliehenden Türken ertranken bei Zenta zu Tausenden, als sie versuchten, die Theiß zu überqueren. (Fresko in der Ruhmeshalle des Heeresgeschichtlichen Museums, Wien.)

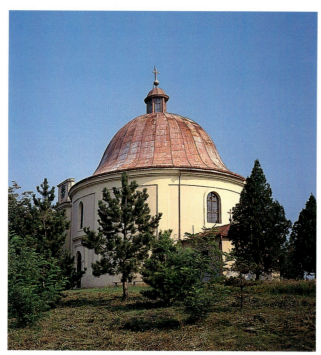

In Karlowitz, dem heutigen Sremski Karlovci, wurde 1699 der Friede zwischen Christen und Türken geschlossen. Doch schon 17 Jahre später brach erneut ein Krieg aus, dessen erste Schlacht um die Festung Peterwardein ganz in der Nähe dieses Ortes geschlagen wurde. In Karlowitz stand damals das Zelt des Großwesirs Damad Ali, 1817 wurde an dieser Stelle zur Erinnerung an den Frieden von 1699 eine Kirche erbaut, die in ihrer Kreisform und dem geschwungenen Kuppeldach an ein türkisches Prunkzelt erinnert.

rainschwierigkeiten zu überwinden, er konnte seine Heeresmacht in zwölf Kolonnen formieren, die er in zwei Treffen teilte, auch das zur Umfassung des Brückenkopfes nötige Einschwenken war kein allzu verwickeltes Unterfangen. Das ganze Geheimnis von Zenta lag im Zeitfaktor:

Das Heer des Großherrn hatte einen gehörigen Vorsprung, die Türken müssen gehofft haben, die Theiß vor Ankunft der kaiserlichen Armee überqueren zu können. Tatsächlich erreichte der Prinz erst in den Abendstunden die feindliche Heeresmacht und muß bis zum Schluß gebangt haben, zu spät zu kommen. In der glühenden, sich wie ins Endlose öffnenden Theißebene war die Armee, die da entlang des metallenen Flußbandes weiterhastete, ein kleiner, verlorener Haufen. Durst, Müdigkeit, Fußweh und Todesahnen mögen den einzelnen Soldaten geplagt haben. Man weiß, wie eine unwillige Truppe einen Marsch verlangsamen, immer neuen Anlaß zu Verzögerung finden kann. Eugen verstand es nicht nur, die angeborene Trägheit zu besiegen, er erfüllte die Armee mit dem Gefühl von höchster Eile und Dringlichkeit: Keine Rast, kein Trunk, kein Verschnaufen im spärlichen Schatten, nur weiter mit letzter Kraft."

Ähnlich beschreibt Egon Caesar Conte Corti in seinem Eugen-Buch „Ein Leben in Anekdoten" die Lage: „Die feindliche Armee im Flußübergang, augenblicklich durch einen breiten Strom in zwei Teile geteilt. Und gerade die Reiterei, ohne die der Janitschar nicht kämpfen will, jenseits des Wassers! Freilich – es sind nur mehr zwei bis drei Stunden Zeit, und die Truppen haben zehn- und fünfzehnstündige Gewaltmärsche hinter sich, aber das ist gleich, so ein Augenblick kommt nicht wieder. Alles, was reiten kann, voraus, Prinz Eugen an der Spitze, die Infanterie soll marschieren, laufen, was sie kann. Noch vor Einbruch der Dunkelheit muß der Feind, der noch diesseits geblieben, geschlagen sein.

Sofort wird angegriffen. Ein wirrer Knäuel des Feindes auf der Brücke verhindert jede Verstärkung von der anderen Seite her. Die feindliche Infanterie in der Verschanzung wird überrannt, in den Fluß hinein geht die wilde Flucht, zwanzigtausend Tote decken die Walstatt, zehntausend ertrinken in den Fluten der Theiß, so daß die Soldaten, sonderlich bei der Brücke, wie Eugen meldet, ‚auf den toten Türkenkörpern fast wie auf einer Insel stehen können‘. Da wenden sich auch der Sultan und die Reiterei jenseits zur Flucht. Das türkische Heer zerstiebt in alle Winde, unermeßlich ist die Beute. ‚Und als die Sonne unterging‘, meldet Prinz Eugen, ‚da konnte sie noch mit ihrem letzten glänzenden Auge den völligen Triumph Eurer kaiserlichen Majestät glorwürdigster Waffen vollständig anschauen. Ich habe auch des Groß-Sultans Petschaft erhalten, welches das Allerrarste, und diesen ganzen Krieg über bei allen Victorien noch niemals bekommen worden ist, folglich um so viel mehr glauben macht, daß der Groß-Wesir selbst geblieben sei... indem er verpflichtet war, es allenthalben an seinem Hals zu tragen, und ich werde mir auch die Ehre geben, wann ich wiederum das Glück habe, vor Eurer kaiserlichen Majestät Thron zu erscheinen, in aller Untertänigkeit es persönlich zu überreichen...‘. So gut war diese Schlacht beschlossen und durchgeführt, daß ein Augenzeuge und Mitkämpfer (Luca Damiani) mit Recht bemerkte: ‚Der Glücksgöttin blieb kein Spielraum mehr, den Ausgang des Tages zu Eugens Nachteile zu entscheiden.‘"

Wo sich Prinz Eugen „ungemein exponierte"
Peterwardein, 5. August 1716

Trotz des Friedens von Karlowitz, den die Türken 1699 mit den Kaiserlichen geschlossen hatten, dachten sie nicht daran, ihre Expansionspolitik aufzugeben. Die Niederlagen, welche sie in den letzten Jahrzehnten des 17. Jahrhunderts erlitten hatten – in Wien, Budapest, am Berg Harsány und bei Zenta –, mußten ausgemerzt und durch neue Siege wettgemacht werden. Anfang des 18. Jahrhunderts brachen sie zu neuen Eroberungszügen auf und besetzten wieder das 1684 von Venedig gewonnene nordgriechische Morea. Kaiser Karl VI. wurde daher im April 1716 von Venedig um militärischen und politischen Beistand gegen die neue Türkengefahr gebeten. Er reagierte umgehend und forderte den türkischen Sultan auf, die Bestimmungen des Friedensvertrages von Karlowitz einzuhalten. Die lapidare Antwort des Osmanischen Reiches war die Kriegserklärung an Österreich; gleichzeitig rückten seine Armeen, die ja noch immer Teile des heutigen Serbiens und Ungarns besetzt hielten, nach Norden vor, um einem kaiserlichen Heer, das sich unter Prinz Eugen von Wien aus in Marsch gesetzt hatte, den Weg abzuschneiden.

Am 9. Juli traf der Prinz mit seinen Truppen bei der österreichischen Armee in Futtak ein, einer kleinen Garnisonsstadt westlich von Neusatz, dem heutigen Novi Sad, etwa 80 km nordwestlich von Belgrad. Die Bedeutung von Neusatz aus militärischer Sicht lag in der Festung von Peterwardein (heute: Petrovaradin) auf der anderen Seite der Donau: auf hohen Mauern über dem Strom errichtet, ein Bollwerk, dem man einst sogar den ehrenvollen Namen „Gibraltar an der Donau" gegeben hatte. Der Basaltfelsen, ein Ausläufer der Fruska Gora, zwingt die Donau zu einer weiten Schleife. Vergleicht man alte Ansichten mit dem heutigen Aussehen der Festung, so läßt sich feststellen, daß sie sich in ihren äußerlichen Umrissen kaum verändert hat. Nur ihre Funktion ist eine andere geworden: Die einstigen Kasernen wurden zu Hotels, Museen oder Restaurants umgewandelt. Wo einst die Batterien standen, laden weiße Tische unter bunten Sonnenschirmen tausende Besucher zu gemütlichem Verweilen ein, mit Blick auf die Donau und das schräg unter dem Felsen liegende Novi Sad.

Erst wenn man ins Innere des Felsens hinabsteigt, erkennt man, welch gewaltige Festung Peterwardein einmal gewesen ist. Ihr Areal erstreckt sich über 100 Hektar; die in vier Etagen untereinander liegenden Verteidigungsgänge mit ihren Kasematten, Schießscharten und einer hervorragenden Entlüftung sind insgesamt 16 Kilometer lang, die Wasserversorgung der Besatzung wurde durch einen vier Meter breiten und 60 Meter tiefen Brunnen gewährleistet. Auch heute noch ist sein Wasser genießbar.

„Eigentliche Abbildung des von Ihro Päpstlichen Heiligkeit Clemente XI. Ihro Hochfürstlich Durchlaucht dem Herrn General Leutenant Prinzen Eugenio von Savoyen überschickten Stocco oder großen Degens und Huts": Die Ehrengeschenke des Papstes, die Prinz Eugen in feierlicher Zeremonie im Dom zu Györ überreicht wurden. Der Titel „General-Leutenant" ist nicht mit dem eines preußischen Generalleutnants zu vergleichen; es war die damalige Bezeichnung des kaiserlichen Oberbefehlshabers, also des höchsten militärischen Ranges.

Prinz Eugen (links vorne) während der Schlacht von Peterwardein. (Nach einem Stich von A. van der Laan.)

Peterwardein war schon den Römern bekannt, und auch sie nützten den Felsvorsprung für ein befestigtes Lager. Im Verlauf der Jahrhunderte befand sich der Ort in verschiedenen Händen: in denen der Hunnen, der Ungarn, der Türken und der Österreicher. Kein Wunder, daß Prinz Eugen nun im Sommer 1716 von Futtak aus sofort Peterwardein inspizierte und dem Kaiser dringend ans Herz legte, „diesen Ort wenigstens in einen solchen Defensionszustand zu versetzen, damit ein Feind nicht sogleich hineinlaufen könne oder eine Armee zu seiner Erhaltung notwendig" sei. Er wußte, daß er nur mehr wenig Zeit hatte, denn die türkische Armee befand sich mit über 150.000 Mann unter Großwesir Damad Ali bereits im Anmarsch auf Peterwardein.

Dieser gewaltigen Streitmacht konnte Prinz Eugen nur knapp 80.000 Mann entgegenstellen, aber seine Soldaten hatten sich bereits in zahlreichen Gefechten und Schlachten des Spanischen Erbfolgekrieges bewährt, und auch seine Generäle, darunter bewährte Haudegen wie Graf Mercy, Graf Ebergény, Maximilian Starhemberg, Prinz Ferdinand Albert von Braunschweig-Bevern, General Heister und Graf Pálffy – der eine Chef der Infanterie, der andere Führer der Kavallerie – sowie Feldmarschall Prinz Alexander von Württemberg.

Wenige Kilometer südöstlich von Peterwardein, im heutigen Sremski Karlovci, dem alten Karlowitz, steht auf einem niederen Hügel eine Rundkapelle mit einem Kupferdach, das einem türkischen Zelt nachgebildet ist. Sie war, wie eine Inschrift über der Eingangstür bezeugt, 1817 von den Katholiken von Karlowitz zur Erinnerung an den hier geschlossenen Frieden zwischen den Verbündeten und den Türken im Jahre 1699 errichtet worden, und zwar an jener Stelle, an der in der Schlacht von Peterwardein 1716 das Rundzelt Damad Alis gestanden hatte. Hier lagerte das riesige Heer mit seinen zehntausenden Zelten, seinem gewaltigen Wagen- und Artilleriepark, seinen unzähligen Tieren und Menschen, während auf der anderen Seite Prinz Eugen seine Armee über zwei Schiffsbrücken von der linken auf die rechte Donauseite übersetzte. Am Fuße der Festung Peterwardein, zwischen dem Felsen und der Donau, ließ er Schanzen bauen, immer darauf bedacht, die Festung als starken Rückhalt hinter sich zu behalten.

Da traf die Kaiserlichen ein harter Schlag. Bei einem Aufklärungsritt geriet Graf Pálffy mit 3000 Reitern unweit von Karlowitz an eine 10.000 Mann

Die Festung Peterwardein auf einem alten Stich (oben) und wie sie sich heute präsentiert (unten).

starke Kavallerievorhut der Türken und wurde umzingelt. Nur mit äußerster Tapferkeit gelang es ihm trotz feindlicher Übermacht, den Ring zu sprengen und der Gefangennahme und dem Tod zu entgehen; aber über 700 seiner Reiter waren gefallen, verwundet worden oder in Gefangenschaft geraten, darunter auch Feldmarschall Graf Breuner, dessen verstümmelten Körper man nach der Schlacht im Lager der Türken fand.

Angesichts dieser Schlappe und der ungeheuren Übermacht der Türken rieten einige Generale zum Rückzug über die Donau oder zu einer bloßen Ver-

teidigung der Festung. Prinz Eugen ließ sich aber nicht beirren. Er beharrte auf dem Angriff, den er auf den 5. August früh morgens festlegte, und die Geschichte sollte ihm recht geben.

Dennoch wurde dieser 5. August 1716 ein schwerer Tag für den Prinzen, seine Generale und seine Truppe. Infolge eines Sturms, der die Donaupontonbrücken beschädigt hatte, mußte der Angriff von 5 auf 7 Uhr früh verlegt werden. Zwar gelang es dem linken Flügel unter dem Prinzen von Württemberg, gut voranzukommen, doch die mit Todesmut und wildem Grimm kämpfenden Janitscharen bedrohten das Zentrum der Kaiserlichen. Und wieder warf sich Prinz Eugen an die Spitze seiner

Leute und ins dichteste Kampfgetümmel, wobei er einen Streifschuß am Arm erhielt.

„Der Prinz hat sich ungemein exponiert", berichtete der Prinz von Braunschweig-Bevern später. „Weil er sich eben bei der Infanterie befand, als sie die Flucht nahm, war er in der größten Gefahr, von den Türken niedergesäbelt oder gefangen zu werden." Es gelang Eugen, seine Leute im Zentrum erneut zu sammeln und – als nun auch die Kavallerie vom linken Flügel der Mitte zu Hilfe kam – den Einbruch der Janitscharen zurückzudrängen, ja sie schließlich in die Flucht zu schlagen.

Großwesir Damad Ali betrachtete das Gemetzel von seinem Zelt oberhalb von Karlowitz aus. Als er sah, daß sich seine Truppen zurückzogen, stürzte er sich selbst in den Kampf, aber für sein Heer gab es kein Halten mehr. Mehr als 30.000 seiner Männer hatten den Tod gefunden; gegen Ende der

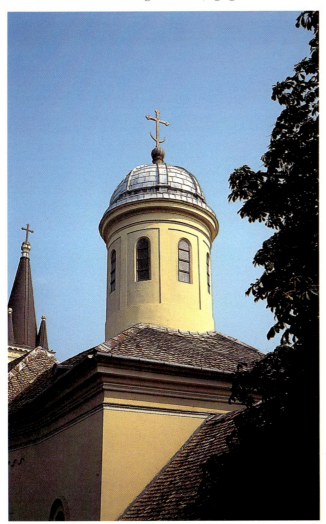

Südlich von Peterwardein wurde aus Anlaß des Sieges von Prinz Eugen die Kirche Maria Schnee erbaut, auf deren Kuppel das Kreuz über den Halbmond triumphiert.

Schlacht traf auch ihn eine Kugel. Zwar wurde er geborgen und von seinen Leuten auf der Flucht nach Belgrad mitgenommen, doch erreichte er die schützende Festung nicht mehr lebend. Noch heute steht mitten auf dem Festungsplateau des Kalemegdan in Belgrad, das zu einem riesigen Park umgewandelt worden ist, die Grabtürbe Damad Alis, die ihm zu Ehren errichtet worden war.

Wie furchtbar die Schlacht von Peterwardein gewesen sein muß, geht auch aus einem Bericht von Lady Mary Montagu hervor, der Gattin des britischen Gesandten in Istanbul, die im Februar 1717 Peterwardein auf ihrer Reise aufgesucht hat:

„Die Merkmale dieses glorreichen, blutigen Tages sind noch frisch, das Feld ist noch mit Schädeln, Gerippen unbegrabener Menschen, Pferden und Kamelen überstreut. Ohne Schauder konnte ich eine solche Menge zerstümmelter menschlicher Körper nicht ansehen und dachte dabei an die Ungerechtigkeit des Krieges, der das Morden nicht allein notwendig, sondern auch verdienstvoll macht. Nichts scheint mir ein deutlicherer Beweis für die Unvernunft der Menschen zu sein als die Wut, mit welcher wir um einen kleinen Flecken Landes streiten, da doch so große Teile fruchtbaren Landes noch unbewohnt liegen. Freilich hat die Gewohnheit den Krieg jetzt unvermeidlich gemacht, allein kann es denn einen stärkeren Beweis von Mangel an Vernunft geben als die Festigung einer Gewohnheit, die dem Vorteil der Menschen so offenbar zuwider ist…"

Schon drei Tage nach der Schlacht überbrachte einer der Generale aus Prinz Eugens Armee die Siegesbotschaft nach Wien. Graf Khevenhüller brachte von der reichen Beute aus dem Türkenlager fünf Roßschweife und 156 türkische Fahnen mit in die Hauptstadt, die unter dem Geläute aller Glocken in den Stephansdom gebracht wurden, wo sie wochenlang ausgestellt blieben.

Die Freude im Reich war übergroß; die Türkengefahr schien wieder für einige Zeit gebannt. Kaiser Karl VI. drückte in seinem Dankschreiben an Prinz Eugen seine Sorge um die Gesundheit des Prinzen so aus: „Ich muß mich darüber beklagen, daß Sie sich doch Tag und Nacht in Gefahr setzen und hasardieren, ein Unglück zu haben, das nicht meiner Freundschaft korrespondiert. Wo diese Ermahnung nicht hilft, nehme ich mir die Freiheit, es zu befehlen, besser auf sich acht zu haben."

Auch Papst Clemens XI. zeigte sich erkenntlich. Er übersandte Prinz Eugen ein geweihtes Prunkschwert sowie einen mit Hermelinschwänzen besetzten Hut – Geschenke, die ihm, als er auf dem Rückweg nach Wien war, mit großem kirchlichem Zeremoniell im Dom zu Raab, dem heute ungarischen Györ, überreicht wurden.

„Er ließ schlagen eine Brucken…"
Belgrad, 16. August 1717

„Prinz Eugenius, der edle Ritter,
wollt' dem Kaiser wied'rum kriegen
Stadt und Festung Belgerad.
Er ließ schlagen eine Brucken,
daß man kunnt' hinüberrucken
mit der Armee wohl vor die Stadt…"

Dieses berühmte Prinz Eugen-Lied, von dem man nicht mit Sicherheit weiß, wer es gedichtet und in Ton gesetzt hat, ist klingender Ausdruck der Wertschätzung, die Eugen von Savoyen von seinen Soldaten entgegengebracht wurde. Noch heute ist die Melodie der Traditionsmarsch der österreichischen Pioniere.

Nach der Schlacht von Peterwardein, die wohl einen großen Sieg für den Prinzen und die Kaiserlichen bedeutete, aber noch bei weitem nicht das Ende des Krieges gebracht hatte, waren noch immer weite Teile des Landes, vor allem aber so wichtige Städte wie Temesvár und Belgrad, in den Händen der Osmanen. Eugen wußte, daß er nach dem Kampf um Peterwardein zu schwach war, Bel-grad anzugreifen, aber er plante, Temesvár in die Hand zu bekommen, die nach Belgrad zweitstärkste, seit 1552 von den Türken besetzte Festung. Mitte August marschierten seine Truppen, wegen der sengenden Hitze meist in der Nacht, am linken Donauufer in Richtung Theiß. Bei Zenta, wo er 1697 die Türken so vernichtend geschlagen hatte, ließ der Prinz das Heer die Theiß überqueren und wandte sich nach Westen, Stadt und Festung Temesvár entgegen (heute Timişoara in Rumänien).

Die Festung wurde von 15.000 Mann unter Mehmet Pascha verteidigt, aber schon nach fünf Tagen Belagerung und pausenloser Beschießung ergab sich der Türke, noch bevor Prinz Eugen den Generalangriff befehlen konnte. Den Osmanen wurde ehrenvoller Abzug gestattet, wofür der Pascha dem österreichischen Feldherrn ein edles Pferd schenkte.

Mit dem Fall von Temesvár hatte Prinz Eugen nicht nur die Hauptstadt des Banats, sondern auch den gesamten Landstrich für den Kaiser wiedergewonnen. Nachdem die Türken abgezogen waren,

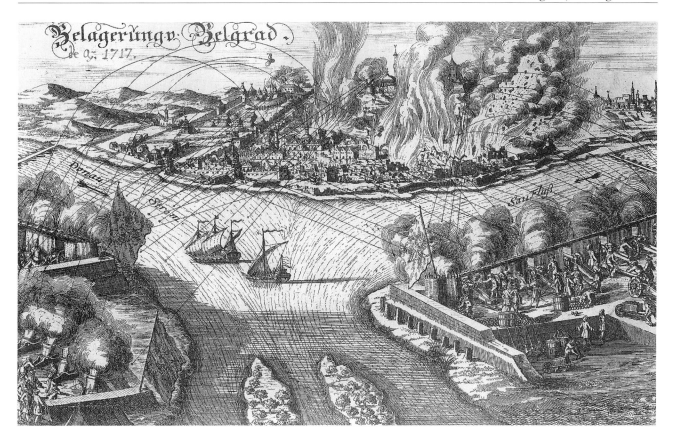

begann eine noch Jahrzehnte nachwirkende friedliche Besiedlungspolitik, und bis zum heutigen Tag gibt es die sogenannten „Donauschwaben", die auf jene Siedler aus den verschiedensten deutschsprachigen Ländern des Reiches zurückgehen. Im Lauf der Zeit entwickelte sich das Banat zu einer der fruchtbarsten Provinzen der Monarchie.

Aber trotz Peterwardein und Temesvár konnte nicht von friedlichen Zeiten gesprochen werden, solange Belgrad und das Land ringsum noch immer fest in türkischer Hand waren. Dank ihrer Lage auf dem Felsen im Zwickel zwischen Save und Donau ist die Festung Kalemegdan („Festungsebene") – ein türkischer Name, den sie heute noch trägt – ein strategisch ungeheuer wichtiger Punkt, der den gesamten Schiffsverkehr auf der Donau und der Save beherrscht. So bildet dieser Festungsfelsen mit seinen Mauern, Wällen, Bastionen, Ravelins und Kasematten ein massives Bollwerk, das zu erobern nicht nur ungewöhnlichen Mut, sondern auch außerordentliche taktische Klugheit voraussetzt. Prinz Eugen bewies, daß er über beide Eigenschaften verfügte.

Linke Seite: Stadt und Festung Belgrad, wie sie sich Ende des 18. Jahrhunderts präsentierten. Deutlich sichtbar die große Donauschleife mit der Einmündung der Save (rechts hinten). Im Vordergrund Semlin (heute Zemun), das ebenfalls ein Bollwerk gegen die Türken war, jedoch nie die Bedeutung Belgrads erreichte.

Dabei stand er gewaltigen Schwierigkeiten gegenüber: Nicht nur, daß die Festung Belgrad mit 30.000 Mann besetzt und für viele Monate mit Lebensmitteln und Munition versorgt worden war, von Adrianopel war auch ein gewaltiges Heer aufgebrochen, das ihr zu Hilfe kommen sollte.

Um den Türken zuvorzukommen, übernahm Prinz Eugen schon am 21. Mai 1717 den Oberbefehl über die kaiserliche, rund 70.000 Mann umfassende Armee. Noch ehe alle Heeresteile eingetroffen waren, erfolgte bereits am 8. Juni der Aufbruch in Richtung Panecsova, also donauabwärts. Zur Irreführung der Türken wurde eine Überschreitung der Save vorgetäuscht, mit dem Erfolg, daß die berühmte Schiffsbrücke über die Donau ungestört gebaut und der breite Strom am 15. und 16. Juni überschritten werden konnte. In den folgenden Tagen wurde die Festung Belgrad auf der Landseite eingeschlossen. Da das verspätete Eintreffen der Belagerungsartillerie erst im Juli eine wirkungsvolle Beschießung ermöglichte, war der Zeitgewinn durch das rasch gelungene Überschreiten der Donau wieder verlorengegangen. Um die Frist bis zum erwarteten Eintreffen der türkischen Entsatzarmee, die sich noch im Juni in der Stärke von 150.000 Mann in Adrianopel befunden hatte, entsprechend zu nützen, ließ der Feldherr

Prinz Eugen vor Belgrad. Rechts gefangene Türken und erbeutete Fahnen.

Verschanzungen, die sogenannten „Eugenischen Linien", errichten, die sich später als Rückendeckung des Belagerungsheeres bewähren sollten.

Zwar wurde ein Ausfall der Besatzung zur Zerstörung der Belagerungsanlagen abgewehrt und mit starkem Bombardement beantwortet, aber die Spitzen des nahenden Entsatzheeres trugen wesentlich zur Stärkung der Moral in der Festung bei. Obwohl gänzlich unverbraucht, griff die Entsatzarmee unter Großwesir Chalil die Belagerer nicht sogleich an, sondern schloß sie ihrerseits ein. Laufgräben gegen die „Eugenischen Linien" wurden vorgetrieben, und die Lage der von zwei Seiten eingeschlossenen kaiserlichen Armee, bei der sich nicht weniger als 42 Prinzen aus dem Reich, Italien, Frankreich, Polen und Rußland befanden, begann sehr kritisch zu werden. Durch Überläufer von den baldigen Angriffsabsichten des Feindes unterrichtet, entschloß sich Eugen, dem Großwesir zuvorzukommen, hielt aber seine Pläne bis zum Nachmittag des 15. August 1717 geheim. Die Befehlsausgabe an die Generalität erfolgte am Nach-

mittag, der Abmarsch der zum Angriff bestimmten Truppen bereits kurz nach Mitternacht. Die Infanterie in der Mitte, die Kavallerie an den beiden Flügeln – so standen zwei Treffen zum Vorgehen bereit, als dichter Nebel, wie er in den Flußauen häufig ist, einfiel und das vorrückende erste Treffen die Orientierung und den Anschluß verlor.

Die alarmierten Türken stießen genau in diese Lücke, so daß eigentlich noch vor Schlachtbeginn eine gefährliche Krise eingetreten war. Als sich, gegen 8 Uhr, der Nebel hob, erfaßte der Feldherr die Situation sogleich, ließ die Infanterie des zweiten Treffens die klaffende Lücke im Zentrum schließen und warf sich an der Spitze der Kavallerie persönlich gegen den Feind, der mit allen Kräften bemüht war, die in der Luft hängenden beiden Flügel des ersten Treffens der Kaiserlichen gänzlich aufzurollen.

Drei Stunden währte der erbitterte Kampf. Eugen warf zehn Grenadierkompanien, vier Infanteriebataillone und zwei Kavallerieregimenter in die Schlacht, um vor allem die große Batterie im türkischen Zentrum auszuschalten, was schließlich unter großen Verlusten gelang. Trotz seiner Verwundung, die er bei der Reiterattacke erlitten hatte,

blieb der Prinz bei seinen Truppen, bis kurz nach 10 Uhr die Schlacht entschieden war.

Die Beute der Kaiserlichen betrug unter anderem 9 Roßschweife, 150 Fahnen, die gesamte Artillerie und die Feldkanzlei des Großwesirs. Die Türken hatten 20.000 Mann verloren. Schon am 19. August erhielt der Kaiser in Wien die Nachricht vom Sieg Prinz Eugens. Einen Tag zuvor hatte die Besatzung der Festung Belgrad kapituliert, nachdem sie sich unter Mustafa Pascha heldenhaft geschlagen hatte.

Im Anschluß an die Eroberung Belgrads fielen auch die kleineren Festungen in der Umgebung,

Noch heute künden die mächtigen Tore und Türme des Kalemegdan, der Belgrader Festung, von der Größe dieses Bollwerkes. Ein beeindruckendes Beispiel dafür bilden die Ende des 17. Jahrhunderts erbauten Türme des Zindan-Tores.

und bald waren Serbien und ein Großteil Bosniens von den Kaiserlichen besetzt.

Mit dem Frieden von Passarowitz am 21. Juli 1718 endete der Türkenkrieg; er hatte fast vier Jahre gedauert. Österreich erreichte damit auch im Zusammenhang mit dem 1713/14 zu Ende gegangenen Spanischen Erbfolgekrieg die größte geographische Ausdehnung seiner Geschichte.

IV.

Im Dreißigjährigen Krieg

Dieser unselige Krieg, der ganz Deutschland verheerte und die Bevölkerung um ein Drittel verminderte, der das zuvor so blühende kulturelle, geistige und wirtschaftliche Leben fast zur Gänze absterben ließ, begann mit dem berüchtigten Prager Fenstersturz von 1618. In der Folge kann von vier Kriegen gesprochen werden, die in diesen dreißig Jahren über Mitteleuropa hinwegfegten:

Der **Böhmisch-Pfälzische Krieg** (1618–1623), der durch den Aufstand der böhmischen protestantischen Stände gegen den Habsburger Kaiser Ferdinand II. hervorgerufen worden war. Sie wählten den Kurfürsten Friedrich V. von der Pfalz zum König, doch wurde er von Tilly, dem Oberbefehlshaber über die Armee der Katholischen Liga, 1620 am Weißen Berg bei Prag geschlagen.

Der **Dänisch-Niedersächsische Krieg** (1623–1630), der von Christian IV. von Dänemark inszeniert wurde, als er in die innerdeutschen Konflikte eingreifen wollte. 1626 wurde er jedoch von Tilly bei Lutter am Barenberg besiegt und mußte 1629 Frieden schließen. Mit diesem Sieg konnte Tilly die kaiserlich-katholische Macht ihrem damaligen Höhepunkt entgegenführen.

Der **Schwedische Krieg** (1630–1636): Die deutschen und böhmischen Protestanten, um deren Sache es nach Tillys großen Siegen äußerst bedenklich stand, erhielten Unterstützung durch König Gustav II. Adolf von Schweden – eine Hilfe, die diesen langen, blutigen Krieg entscheidend beeinflußte. Schon 1631 siegte der Schwede bei Breitenfeld (in der spä-

Im Dreißigjährigen Krieg kam es zu einer vollständigen Verrohung der Sitten. Die Leiden der Zivilbevölkerung wuchsen ins Unermeßliche. Das Bild zeigt die Greueltaten eines Trupps französischer Soldaten.

teren DDR) über Tilly, doch wurde er ein Jahr später bei Lützen, unweit von Leipzig, von Wallenstein geschlagen; Gustav Adolf fiel in der Schlacht. 1634 wurden die Schweden bei Nördlingen besiegt, einige Monate später schlossen Brandenburg und Sachsen mit dem Kaiser Frieden.

Der **Schwedisch-Französische Krieg** (1636–1648): Das katholische Frankreich griff unter Kardinal Richelieu aus politischen Gegensätzen zu den Habs-

burgern auf schwedischer Seite in den Krieg ein. Es kam zu über einem Dutzend Schlachten, aber sie brachten keine endgültige Entscheidung. Im Westfälischen Frieden von 1648 wurde die Gleichberechtigung der beiden religiösen Bekenntnisse anerkannt; es war, als hätte man dreißig Jahre lang um des Kaisers Bart gestritten.

Aus den vielen großen Schlachten dieses Krieges sind hier nur einige herausgegriffen, nämlich jene, die für Österreich von Bedeutung waren. Auch heute noch gibt es zahlreiche Gedenkstätten an diesen grausamen Krieg, und auf manch einer Kapelle steht die Inschrift: „Bis hierher, doch nicht weiter, kamen die schwedischen Reiter".

Schlachtenszene aus dem Dreißigjährigen Krieg. (Zeitgenössischer Stich von Jacques Courtois Bourguignon.)

Der Untergang des „Winterkönigs"
Weißer Berg, 8. November 1620

Der „Weiße Berg" (Bila Hora) verdient seinen Namen nicht; er ist nur hundert Meter hoch und stellt mehr einen Hügel denn einen Berg dar. Vom Wenzelsplatz in Prag ist er etwa zehn, vom Flughafen knapp fünf Kilometer entfernt. Rund um die niedere Kuppe sind zahlreiche schmucke Einfamilienhäuser gebaut worden, von ihr aus sieht man über eine weite Ebene hinüber zu den modernen Hochbauten des modernen Prag. Auf einer kleinen, aus Granitsteinen gemauerten Pyramide stehen die Worte: „Den gefallenen Soldaten dieser Stein – 1620".

Ein Einheimischer, Besitzer eines der kleinen Häuser etwas unterhalb des Hügels, berichtet: „Als wir vor ein paar Jahren den Grund zu unserem Haus aushoben, fanden wir das Skelett von einem Pferd und auch Menschenknochen. Wir haben den Fund gemeldet, und es kam auch jemand von der Universität. Die suchten weiter, aber außer einigen Bruchstücken von einem Sattel und einem Zaumzeug konnten sie nichts mehr finden. Ich bin sicher, daß diese Dinge von der Schlacht am Weißen Berg stammten."

Nun, Knochen von einem Pferd und einigen Menschen müssen noch nicht unbedingt Zeugnisse einer Schlacht sein, vor allem, wenn man weiß, daß diese Schlacht „nur" 1600 Menschenleben gekostet hat. 1600 Gefallene sind bei „richtigen" Schlachten relativ wenig. So gesehen, würde die Schlacht am Weißen Berg eher die Bezeichnung „Gefecht" verdienen, vor allem auch, weil sie ja nur knapp zwei Stunden gedauert hat. Aber die Auswirkungen dieses Treffens zwischen 28.000 Mann der Truppen der Katholischen Liga unter General Tilly und dem Herzog Maximilian von Bayern sowie einer 21.000 Mann starken böhmisch-ständischen Streitmacht unter Christian Fürst von Anhalt im November 1620 trugen wesentlich zur Festigung der Macht Kaiser Ferdinands II. bei und sorgten damit auch dafür, daß dieser Krieg noch in weite Fernen hinaus weitergeführt werden mußte.

Mit dem Sturz dreier kaiserlicher Räte aus einem Fenster der Prager Burg (1618) hatte der Aufstand der Böhmen gegen ihre katholischen Landesherren begonnen. Ende Juli hatte der Prager Landtag eine „Böhmische Konföderationsakte" verabschiedet; drei Wochen später erklärte er König Ferdi-

nand für abgesetzt. Eine weitere Woche darauf wählten die böhmischen Stände Kurfürst Friedrich V. von der Pfalz zum neuen König. Dieser, ein Anhänger der calvinistischen Glaubensrichtung, nahm die Wahl an. Der innerhabsburgische Konflikt weitete sich damit zur Angelegenheit des gesamten Reiches aus.

Als Ferdinand 1619 Kaiser geworden war (König von Böhmen und Ungarn war er bereits seit 1617 bzw. 1618), bestand seine erste Aufgabe in der Niederschlagung des böhmischen Aufstandes, damit die Macht der Habsburger auch über Böhmen erhalten blieb. Es gelang ihm, die Unterstützung von

SERENISS. PÓTENT.
G. BOHEM. REX. COMES
PRIN. ELECTOR. DVX BOIAR.
MARCH. LVSAT. ETC.

PRIN. FRIDERICVS D.
PALATINVS. RHI. S.R.I.
MARCH. MORAV. DVX. SILES.

Nur einen Winter lang konnte der deshalb so genannte „Winterkönig" Friedrich V. von der Pfalz über Böhmen herrschen, dann mußte er aus Prag fliehen. Im Hintergrund die Stadt Prag mit Karlsbrücke und Veitsdom (links).

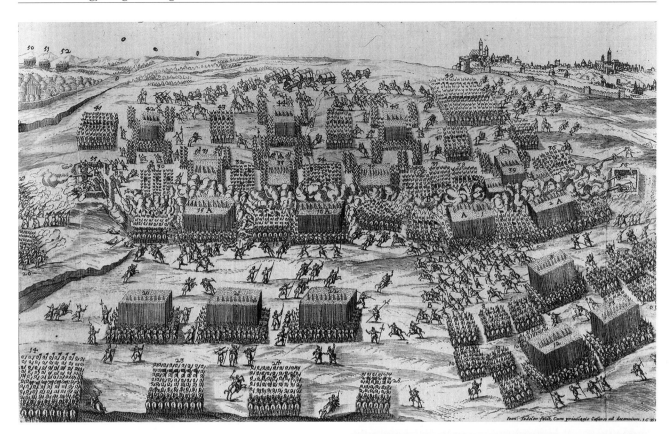

*Die Schlacht am Weißen Berg westlich von Prag am
8. November 1620 zwischen den Truppen der katholischen Liga
und einer böhmisch-ständischen Streitmacht. (Zeitgenössischer
Stich von Johann Sadeler.)*

Herzog Maximilian I. von Bayern, dem Führer des
Heeres der Katholischen Liga, zu erhalten. Der
Bayer tat es nicht ganz ohne Gegenleistung: er verlangte den Ersatz aller Kriegskosten und, nach der
Niederschlagung des Aufstandes und der Vertreibung Friedrichs V. vom Thron der böhmischen Könige, dessen Platz und Würde als Kurfürst von der
Pfalz. Ferdinand II. sagte zu; fünf Jahre später
sollte dies allerdings ein blutiges Nachspiel haben:
den oberösterreichischen Bauernaufstand.

König Friedrich V. hatte in Prag allerdings keinen
guten Stand. Sein Calvinismus deckte sich nicht
zur Gänze mit den protestantischen Anschauungen
der böhmischen Stände, und als Kaiser Ferdinand
im Spätherbst mit einem Heer der Liga auf Prag
marschierte, versagte die protestantische Union
ihrem neuen König die Unterstützung. Mit Mühe
und Not brachte Friedrich ein Heer von 21.000
Mann auf, das er den Kaiserlichen, 28.000 Mann
stark, außerhalb von Prag, am Weißen Berg, entgegentreten ließ.

Obwohl Friedrich die Kuppe des Weißen Berges
besetzt hielt, konnte er sie nicht halten. Mit unge-
stümer Heftigkeit stürmten die Truppen Ferdinands den Hügel hinan, allen voran die Reiter des
berühmten Grafen Gottfried Heinrich von Pappen-

heim, der bei dieser Attacke selbst schwer verwundet wurde. (Auf dem Reichstag von Regensburg 1623 wurde er dafür vom Kaiser eigenhändig zum Ritter geschlagen und zum Kommandanten des ruhmvollen wallonischen Kürassierregimentes ernannt, von dem Schiller sagte: „Dies Regiment hat was voraus, es war immer voran bei jedem Strauß".) Es war derselbe Pappenheim, der 1632 in der Schlacht von Lützen, bei der Gustav Adolf von Schweden fiel, ebenfalls den Tod fand.

Die Schlacht am Weißen Berg währte nur zwei Stunden, dann gaben sich die Böhmen geschlagen. Friedrich von der Pfalz flüchtete (er lebte noch bis 1632, allerdings ohne Macht und Thron). Ihm blieb nur ein Spottname, der ihm bis heute anhaftet: man nannte ihn „Winterkönig", da er nur ein Jahr lang regiert hatte.

Kaiser Ferdinand II. bestieg abermals den böhmischen Königsthron. Das Strafgericht über die Aufständischen folgte auf dem Fuß: Am 21. Juni 1621 wurden 27 Anführer der Rebellion in der „Altstädter Exekution" öffentlich hingerichtet. Die Gegenreformation nahm nun auch in Böhmen ihren Lauf.

Linke Seite, unten: Durch die Schlacht am Weißen Berg konnte Kaiser Ferdinand II. die habsburgische Macht in Böhmen wiederherstellen.

Ferdinand hielt Maximilian von Bayern gegenüber sein Wort und verlieh ihm für seine geleisteten Kriegsdienste das Land ob der Enns (heutiges Oberösterreich) als Pfand. Der Bayer setzte den aus der Steiermark stammenden Adam Graf Herberstorff – einst Protestant, dann Konvertit und als solcher ein feuriger Vertreter der Gegenreformation – zum Statthalter über das Land ob der Enns ein. Seine zum größten Teil protestantische Bauernschaft wehrte sich erst heimlich, dann immer lauter gegen die rigorosen Bestimmungen der verschiedenen kaiserlichen Edikte, soweit sie die Religion betrafen. Am 10. April 1625 erging sogar der Befehl, die Bauern hätten innerhalb eines Jahres den katholischen Glauben anzunehmen oder die Heimat zu verlassen. Und als ihnen im Mai 1625 gewaltsam ein katholischer Pfarrer vorgesetzt wurde, ging das Faß über. Am 11. und 12. Mai stürmten sie das Schloß Frankenburg und belagerten den Oberpfleger der Grafschaft.

Graf Herberstorff griff mit voller Schärfe durch. Er ließ über 5000 Bauern der umliegenden Ortschaften durch seine Truppen zusammentreiben und auf das Haushamerfeld zwischen Pfaffing und Vöcklamarkt führen, wo er sich ein diabolisches

Spiel einfallen ließ: Er suchte 36 der angesehensten Bauern aus und ließ sie um ihr Leben würfeln. Das „Frankenburger Würfelspiel" ging in Österreichs Folklore, Legende und Geschichte ein: notgedrungen gab es 18 Verlierer; zweien gewährte Herberstorff Gnade, die anderen 16 wurden öffentlich gehenkt.

Fast auf den Tag genau ein Jahr später begann der oberösterreichische Bauernaufstand unter Führung von Stephan Fadinger und Christoph Zeller. Mit wechselnden Erfolgen konnten sie den Kaiserlichen in kleineren Gefechten Schaden zufügen, doch erst 1632 – Graf Herberstorff war 1629 gestorben – brach der Aufstand mit voller Wucht erneut aus. Nun entsandte der Kaiser den Neffen seines Feldherrn Tilly, der in Oberösterreich Besitztümer besaß. Am 9. Oktober 1632 wurden die aufständischen Bauern bei Eferding entscheidend geschlagen; die Erhebung brach zusammen. Abermals folgte ein grausames Blutgericht.

„Glaubensfreiheit für die Welt"
Breitenfeld, 17. September 1631

Die Straße, die durch die nördlichen Vorstädte von Leipzig führt, ist breit und fast schnurgerade. Neue Häuserblocks prägen das Bild. Vor 350 Jahren führte hier ein Feldweg nach Norden, zu so kleinen Dörfern wie Düben oder Breitenfeld – völlig unbekannten Nestern, denen es niemand gesungen hat, daß sie dereinst in die Weltgeschichte eingehen würden.

Denn hier, im Nordosten von Leipzig, auf dem „Breiten Feld" bei Düben, kam es im September 1631 zu einem der heftigsten Treffen kaiserlicher und schwedisch-sächsischer Truppen; die ersteren unter dem Grafen Johannes Tserclaes Tilly, die letzteren unter König Gustav Adolf von Schweden und dem Kurfürsten Johann Georg I. von Sachsen.

Erinnern wir uns ein wenig unseres Geschichtsunterrichts in der Schule: Gustav II. Adolf, König von Schweden, hatte 1630 in den Dreißigjährigen Krieg eingegriffen, um die Vormachtstellung der katholischen Habsburger unter Kaiser Ferdinand II., vor allem aber die Bedrohung des protestantischen Glaubens in Deutschland durch die katholische Liga zu beenden. Am 26. Juni 1630 landete er mit einem schwedisch-finnischen Volksheer in Peenemünde auf der Insel Usedom und zog in einem unerwarteten Siegeslauf durch halb Deutschland. Ihm stand kein ebenbürtiger Feldherr gegenüber; der einzige, Albrecht von Wallenstein, Herzog von Friedland, der so große Siege für Kaiser Ferdinand errungen und sogar auf eigene Kosten ein Heer aufgestellt hatte, war über Betreiben der Liga unehrenhaft aus dem Dienst entlassen worden. An seine Stelle trat Graf von Tilly, der – Seite an Seite mit Wallenstein – Holstein erobert hatte und bereits seit 1610 Führer der Liga war.

Golo Mann beschreibt in seiner „Wallenstein"-Biographie den Aufmarsch und Kampf von Breitenfeld mit folgenden Worten:

„Die schwedisch-sächsische Allianz ist der unmittelbare Vorbote der militärischen Entscheidung, und ist zu diesem Zweck geschaffen. Wie es beim Spielen geht und beim Kriegsspielen auch: nach langem Hin- und Herziehen, nach fünfzehn Monaten, während derer sich die Zuschauer schon zu langweilen begannen, ist dennoch die Krise da. Diesmal will keiner der Gegner sie vermeiden, wissend, daß sie nicht mehr zu vermeiden ist. Ein wohlgeordnetes, blankes Spiel zuerst: der Aufmarsch. Johann Georgs Neulinge, etwa 18.000 an der Zahl, von Osten her gegen Düben, das man nordöstlich von Leipzig suchen muß. Die Schweden, 20.000 zu Fuß, 7500 zu Pferd, bei Wittenberg über die Elbe, südwärts, dem gleichen Treffpunkt zu. Infanterie, Kavallerie, Geschütze, die leichtesten von elf, die schwersten von 31 Pferden gezogen, der König mit seiner Garde und schwarzgoldenen Fahnen, des Königs Leibschimmel ohne den König, wieder Kavallerie mit blauen, roten, weißen, gelben, grünen Fahnen, des Königs Himmelwagen, dann Kugel- und Pulverkarren, Lastfuhrwerke, Packpferde. Eine sich über den Strom bewegende Schlachtordnung, schön anzusehen; weniger schön nach der Schlacht.

Die beginnt, langsam, am Vormittag des 17. September zwischen Düben und Leipzig, auf dem Breiten Feld, wird zur vollen Wut entfesselt gegen

Johannes Tserclaes Tilly, der Oberkommandierende der katholischen Liga. Bei Breitenfeld erlitt er eine Niederlage gegen die Schweden und wurde schwer verwundet. (Stich von Peter de Ioden d. J. nach einem Gemälde von Anton van Dyck.)

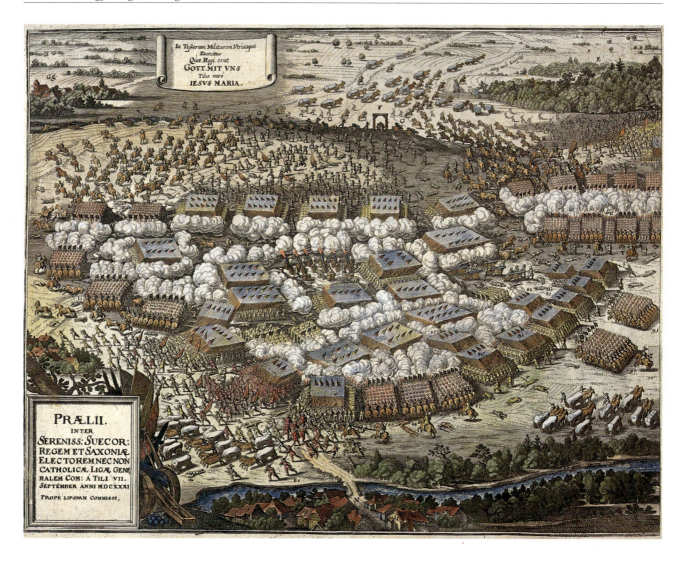

In Tesseram Militarem Vtriusque
Exercitus
Quae Regi erat
GOTT MIT VNS
Tilio vero
IESVS MARIA.

PRÆLII.
INTER
SERENISS: SVECOR:
REGEM ET SAXONIÆ
ELECTOREMNECNON
CATHOLICÆ LIGÆ GENE
RALEM COM: A TILI VII.
SEPTEMBER ANNI MDCXXXI
PROPE LIPSIAM COMMISSI,

Sieg des vereinigten schwedisch-sächsischen Heeres unter
Gustav Adolf über die kaiserlichen Truppen unter Tilly.
(Kupferstich von Matthäus Merian d. Ä.)

zwei Uhr, endet im Dunkeln: 45.000 Schweden und
Sachsen, die Bayerisch-Kaiserlichen um ein Gerin-
ges weniger, aber 75 Geschütze gegen bloße 26.
Tillys Soldaten, zum Großteil Wallensteins, unter
Wallensteins Offizieren, sind im Krieg erfahren;
die Sachsen, unlängst zusammengetrommelt, verstehen ihr Handwerk nicht, obgleich ihr Kommandant, Arnim, es verstehen mag. Auch haben die
Kaiserlichen den Schutz der großen Stadt Leipzig
hinter sich, und hinter sich die Sonne und den
Wind, welches als Vorteil gilt. Am Abend sind die
angeblichen Vorteile dahin, Tillys Truppen in auf-
gelöster Flucht, gefangen oder erschlagen; es sollen an die Zehntausend geblieben sein. Von den
Schweden erbeutet werden die ganze Artillerie,
Munition, Kriegskasse und die Standarten, welche
man heute noch sehen kann zu Stockholm in der
Riddarholmskirche. Man weiß im Ungefähren, wie

es geschah: Wie Pappenheim, mit seinen Reitern
nach links ausschwärmend, um die nach rechts ge-
schwenkte feindliche Front zu überflügeln, zu weit
vom Zentrum seiner eigenen abkam, selber aber
von der Reserve, vom zweiten Treffen Gustav
Adolfs erfaßt wurde; wie Tilly mit seinen marschie-
renden Festungen, den Quadrathaufen der Terzios,
zwar die Sachsen, welche des Gegners linken Flügel bildeten, in die Flucht trieb, eben dadurch aber
seine Mitte öffnete, so daß die beweglicheren
schwedischen Brigaden ihm in die Flanke gerieten, Musketiere, leichte Artillerie, die allzu günsti-
ges Spiel hatte gegen die dichten Massen, Kavalle-
riegeschwader, von allen Seiten anreitend, mit
vollendeter Sicherheit geführt gegen die plumpen,
in der Verteidigung hilflosen Riesen – man hat es
erkannt und beschrieben. Genug, daß Breitenfeld
binnen fünf Stunden die Situation, die militärische,
politische, moralische, so tief verwandelte, wie
eine Schlacht das vermag."
    Die Truppen der katholischen Liga verloren in
dieser Schlacht an die 12.000 Mann an Toten und

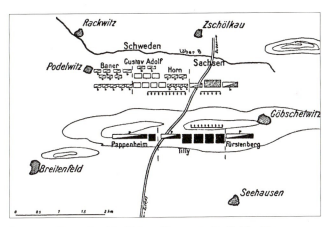

Die Aufstellung der feindlichen Heere vor der Schlacht von Breitenfeld. Oben die Truppen der Schweden, unten jene der Kaiserlichen unter Tilly.

Verwundeten sowie 4000 Gefangene, die Schweden und Sachsen zusammen rund 4500 Mann. Tilly wurde schwer verwundet. Dennoch berichtete er nach Wien, „daß das Unglück zuletzt mehr als das Glück gewaltet hat", und er schreibt weiter, er habe gegen die Sachsen marschieren müssen, um Nahrung für seine hungernden Soldaten zu finden; dort, wo sie zuvor umhergezogen waren, zwischen Weser und Havel, hätten sie nichts zu essen gehabt: „Die Tage meines Lebens habe ich keine Armada gesehen, deren alle notwendige Requisita vom größten bis zum geringsten auf einmal totaliter abgehen... Und verwundert mich das zum Höchsten, daß die armen Soldaten bei ihrer so großen Bedürftigkeit so lang geblieben."

Aus jener Zeit ist ein Söldnerlied erhalten, das die Kaiserlichen auf Ferdinand II. zu singen pflegten und Einblick gibt in das Leben und Verhalten seiner Truppen. Nach Breitenfeld dürfte es weit weniger oft gesungen worden sein als zuvor:

„Wenn die Landsknecht' trinken,
sitzen sie in Klumpen,
wenn die Sternlein blinken,
schwingen sie die Humpen.
Küßt dann ein jeder eine bildsaub're Dirn
dreimal auf den Mund, dreimal auf die Stirn.
Komme, was soll,
leer oder voll,
Alles auf Kaiser Ferdinands Wohl!

Wenn die Landsknecht' singen,
brennt der Wein wie Feuer.
Bauer, hörst du's klingen,
hüte deine Scheuer!
Gib uns keinen Anlaß zum Ungemach,
sonst fliegt dir der rote Hahn auf das Dach,
komme, was soll,
leer oder voll,
Alles auf Kaiser Ferdinands Wohl!

Wenn die Landsknecht' lieben,
gibt's kein langes Kosen,
hüben oder drüben
blüh'n die gleichen Rosen.
Weint auch nachher eine Mutter allein,
wiegend ihr lallendes Kindelein ein.

Komme, was soll,
leer oder voll,
Alles auf Kaiser Ferdinands Wohl!"

Heute ist Breitenfeld eine sehr gepflegte Ortschaft mit vielen kleinen Häusern und blühenden Gärten. Man braucht nicht lange zu fragen, wo es hier das Denkmal an die Schlacht von 1631 gibt. Jeder kann es einem sagen, alt und jung. Es liegt nur wenige hundert Meter außerhalb des Ortes, mitten im „Breiten Feld", von Bäumen umstanden, von einem eisernen Zaun umgeben. Ein schlichter Steinwürfel, liebevoll eingefaßt mit Blumen. Und man liest die in den Stein gehauenen Worte und wird still wie die Natur ringsum:

Ein einfacher Quader mitten im „Breiten Feld" erinnert heute noch an die Schlacht von 1631. Die schlichte Inschrift lautet: „Gustav Adolf, Christ und Held, rettete bei Breitenfeld Glaubensfreiheit für die Welt".

„Gustav Adolf, Christ und Held,
rettete in Breitenfeld
Glaubensfreiheit für die Welt".

Hat man diesen Spruch mehrmals gelesen, so können einem an den Worten „für die Welt" Zweifel kommen: es fallen Namen wie Kuba, Iran oder Begriffe wie „Fundamentalismus" ein. Glaubensfreiheit für die Welt? 350 Jahre nach der Schlacht von Breitenfeld sind wir immer noch weit, weit von dieser „Freiheit" entfernt... Und auch in Deutschland hinterließen die Schweden, abseits von Denkmälern wie diesem, nicht gerade einen guten Namen: verübten ihre Truppen (allerdings nach dem Tode Gustav Adolfs) doch mit Abstand die schlimmsten Greuel, Plünderungen und Ausschreitungen – was im Zusammenhang mit dem Dreißigjährigen Krieg etwas heißen soll. Der Ruf, mit dem schlimmen Kindern noch Jahrhunderte später Schrecken eingejagt werden sollte, kündet davon: „Die Schweden kommen!" Und in Schweden selbst kann man noch heute in vielen Schlössern und Herrensitzen damals im Reich geplünderte Kunstschätze – meist im Stil der Renaissance – bewundern.

König Gustav II. Adolf von Schweden. In diesem Stich von 1632, dem Todesjahr des Königs, werden seine Titel angeführt. Neben dem eines schwedischen Königs trug er auch die Titel Fürst von Finnland und Herzog von Estland und Karelien.

„Verzage nicht, du Häuflein klein…"
Lützen, 16. November 1632

Schon vierzehn Jahre währte dieser entsetzliche Krieg. Die Länder waren verwüstet, die Soldateska aller Heere plünderte und raubte das Land aus, Flüchtlinge zogen, hilflos umherirrend, von Stadt zu Stadt, von Ort zu Ort. Seuchen brachen aus, die Friedhöfe füllten sich, Bader und Totengräber kamen ihren Pflichten nicht mehr nach. Immer neue Gefechte, neue Schlachten, neue Gemetzel prägten den Alltag.

Für Gustav II. Adolf von Schweden hatte das Jahr 1632 gut begonnen. Als sein Heer aus den Winterquartieren entlassen und neu aufgestellt worden war, rückte es im April gegen die am Lech stehenden Truppen General Tillys vor. Es bestand aus 26.000 Mann Schweden und deutschen Protestanten; Tillys Streitmacht hingegen zählte knapp 20.000 Kaiserliche und Truppen der katholischen Liga. Bei Rain am Lech (Bayern) versuchten die Schweden, den Fluß mit Hilfe einer rasch erbauten Brücke zu überqueren, während ihre Artillerie Tillys Heer mit starkem Feuer eindeckte. Im Verlauf dieses Artillerieduells wurde der kaiserliche Feldherr Tilly schwer verwundet; er starb 15 Tage später, am 30. April. Die Truppen der Liga zogen sich zurück, und Gustav Adolf konnte den Lech überschreiten.

Für die Kaiserlichen bedeutete der Tod ihres besten Feldherrn einen schweren Schlag. Das dürfte mit ein Grund dafür gewesen sein, weshalb Kaiser Ferdinand den in Ungnaden entlassenen Wallenstein wieder zu den Waffen rief, damit er dem Krieg eine neue Wendung gab. Kaum war Wallenstein wieder an der Spitze seiner Armee, bewies er, daß er der alte geblieben war: Vom 1.–3. September gelang es ihm, bei Altdorf unweit von Nürnberg Gustav Adolf zu besiegen; der schwedische König mußte sich zurückziehen. Aber die Rastpause, die ihm Wallenstein gönnte, war nur von kurzer Dauer. Knapp zweieinhalb Monate nach Altdorf trafen die Kaiserlichen wieder auf die Schweden, bei einem kleinen Dorf südwestlich von Leipzig, bei Lützen.

Als Wallenstein im Spätherbst 1632 mit seinen Truppen von Nürnberg aus in das mit den Schweden liierte Sachsen eindringen wollte, folgte Gustav Adolf, vom sächsischen Kurfürsten zu Hilfe gerufen, dem feindlichen Heer durch Thüringen über Erfurt nach Naumburg, um vor dem Einzug der Kaiserlichen in Leipzig eine Schlacht zu erzwingen. Gustav Adolfs Armee zählte an die 18.000 Mann; die von Wallenstein knapp 16.000. Dazu kam, daß die Schweden – zusätzlich zu ihrer schweren Artillerie – über 40 leichte Geschütze verfügten. Die Kaiserlichen hatten nur ihre großen Kartaunen, aber keine leichten Kanonen, welche im Notfall rasch Stellung wechseln und in neue Feuerpositionen gebracht werden konnten. Und noch eines: Als feststand, daß die Schlacht am Morgen des 16. November beginnen würde, befand sich Wallensteins Reitergeneral, der berühmte

Albrecht von Wallenstein, Herzog von Friedland. Er zählt bis heute nicht nur zu den größten Gestalten der Kriegsgeschichte, sondern – dank Schiller – auch zu den berühmtesten der Literatur. (Stich von Peter de Ioden d. J. nach einem Gemälde von Anton van Dyck.)

König Gustav II. Adolf ruft vor der Schlacht bei Lützen den Himmel um Beistand an. (Gemälde von N. Forsberg im Museum von Göteborg.)

Pappenheim, mit seinen 3000 Mann noch in Halle, von wo er in der Nacht zum Parforceritt nach Lützen aufbrach und in die Schlacht erst eingreifen konnte, als sie schon voll entbrannt war.

In seinem „Wallenstein"-Buch schreibt Golo Mann über den Beginn des Treffens:

„Gustav Adolf, in dem Bewußtsein, daß der Feind sich mit den Stunden vermehren kann, will frühen Anfang machen. Nebel läßt keine Bewegung zu bis nach acht Uhr. Zwischen neun und zehn wird die Artillerie in der Nähe des Skölziger Wäldchens postiert, von wo die Schweden sich nach Südwesten, gegen das Dörflein Meuchen ziehen, später aber bis gegen die Südecke von Lützen. Gegen elf Uhr beginnt das Eigentliche. Es beginnt mit einer ‚solchen furia, daß niemand je solches gesehen oder gehört hat', und geht auch so weiter: ‚bis in die finstere Nacht ist ein Treffen nach dem anderen geschehen, mit der größten Resolution von der Welt; denn dem Feind sind ganze Regimenter, wie sie in der battaglia gehalten haben, nieder gemacht worden, auf unserer Seite sind auch etliche tausend Mann geblieben, die meisten Offiziere tot oder verwundet…' So Wallensteins eigenste Worte, niedergeschrieben am folgenden Tag."

Aus allen zeitgenössischen Berichten geht hervor, daß die Feldherren im Rauch und Nebel bald jede Übersicht verloren. Golo Mann: „Befehlen heißt hier, dem Getümmel sehr nahe sein, oft mit-

ten drin, mitunter voran. Nur so können die Kommandierenden Einfluß auf die Handlung nehmen; das geht nicht aus dem Hintergrund und nicht vom Feldherrnhügel, den es in der weiten Ebene auch nirgendwo gibt…"

Sowohl Wallenstein wie auch Gustav Adolf mußten sich ins Getümmel werfen, ob sie wollten oder

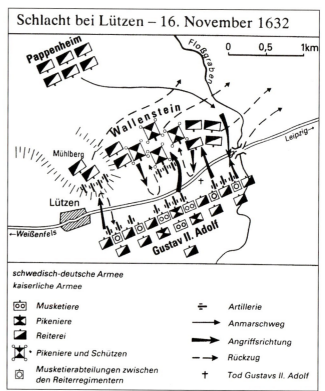

Darstellung der Schlacht von Lützen in den „Gedenkblättern des k.u.k. Heeres". Wie bei fast allen Darstellungen früher Schlachten, herrscht auch hier die Phantasie des Künstlers über die Realität.

nicht, denn sie hatten die Übersicht zu bewahren, und das war im Nebel, in dem man kaum zehn Schritte weit sah, ein Kunststück. Dennoch zeichnete sich schon bald ein Vorteil für die Schweden ab: Ihr erster, gewaltiger Angriff richtete sich gegen Wallensteins linken Flügel, wo sich rasch Unordnung zeigte und, wie Golo Mann sich ausdrückt, „das Zentrum infizierte, die Kaiserlichen aus ihren Gräben vertrieben wurden, die schwedischen Reiter, Finnländer, Ingermanländer und Småländer über die Gräben setzten und Holk, der Generalstabschef Wallensteins, die Seinen nicht halten konnte". Um 12 Uhr traf Pappenheim mit seinen 3000 Reitern auf dem Schlachtfeld ein, und nun drehte sich das Rad zugunsten der Kaiserlichen, obwohl Pappenheim sehr bald durch eine Kugel in die Seite schwer verwundet wurde und innerhalb weniger Minuten verblutete.

In diesem Chaos aus Geschützdonner, Rauch, Nebel, Gebrüll, Pferdegetrampel, Trommeln und Signalhörnern versuchte Gustav Adolf, sich Übersicht zu verschaffen; er ritt mit einigen Offizieren mitten ins Kampfgetümmel. Dabei geriet der kleine Trupp so nahe an die Feinde, daß eine Musketenkugel den König am Arm verletzte, so daß er Mühe hatte, sein Pferd zu bändigen. In diesem Augenblick erhielt der Schwede die Meldung, daß die Pappenheimschen Reiter mit Vehemenz sein Zentrum angriffen. Sofort wandte sich Gustav Adolf

dorthin, verlor aber im dichten Nebel die Orientierung und geriet an einen Trupp Kaiserlicher unter Führung des Obristen Moritz von Falkenberg. Dieser hob seine Pistole, feuerte auf Gustav Adolf und traf ihn zwischen die Schulterblätter. Der König stürzte vom Pferd, blieb mit einem Stiefel im Steigbügel hängen und wurde von dem Tier eine Strecke mitgeschleift. (Dieses Pferd, ein brauner Hengst, wurde nach seinem Tod ausgestopft und steht heute im Nordischen Museum von Stockholm.) Mehrere Begleiter des Königs fielen oder wurden verwundet; Herzog Albrecht von Lauenburg, bei diesem kurzen Erkundungsritt faktisch die rechte Hand Gustav Adolfs, ergriff die Flucht. Später wurde sogar gemunkelt, *er* sei es gewesen, der Gustav Adolf erschossen habe, doch konnte dies zweifelsfrei widerlegt werden.

Als etwa eine Stunde nach diesem Geschehen die Leiche des Königs gefunden wurde, übernahm Herzog Bernhard von Braunschweig die Führung des schwedischen Heeres. Die Kunde vom Tod Gustav Adolfs sprach sich in Blitzeseile im Heer herum; die Erbitterung stachelte den Kampfeseifer an. Es gelang den Schweden, Wallensteins linken Flügel zurückzuwerfen, aber da griffen die Pap-

Der Tod Gustav Adolfs. (Zeitgenössischer Kupferstich von Matthäus Merian.)

penheimer wieder ein. Doch auch sie konnten die Lage nicht mehr retten. Fluchtartig löste sich die kaiserliche Armee auf und überließ den Schweden nicht nur das Schlachtfeld, sondern auch die gesamte Artillerie und Bagage.

Gustav Adolfs Leichnam wurde in die Kirche des nahe gelegenen Meuchen gebracht; dort wurde er gereinigt, nach Weißenfeld überstellt und zur Überführung nach Schweden einbalsamiert. Seither ruht der tote König in der Riddersholmkirche zu Stockholm, der Grabstätte der schwedischen Könige.

Wohl jeder, der heute etwas außerhalb von Lützen, inmitten des Schlachtfeldes von einst, die Gedenkstätte für König Gustav II. Adolf aufsucht, ist gerührt ob der Schlichtheit des Gedenksteins. Manch General hat ein weit prunkvolleres Denkmal als dieser große Herrscher: an der Stelle, an welcher er an jenem schicksalsträchtigen 16. November 1632 fiel, wurde lediglich ein großer Stein gesetzt, auf dem die wenigen Zeichen stehen: „G. A. 1632".

Die Schweden freilich ließ die Tatsache, daß hier nur ein ganz gewöhnlicher Feldstein an ihren großen König erinnerte, nicht ruhen, obwohl dieses einfache Denkmal der rührenden Liebe des königlichen Reitknechtes Jakob Erikson zu seinem Herrn entsprang: Erikson, der in der Schlacht von Lützen selbst schwer verwundet worden war, veranlaßte nach seiner Wiedergenesung einige Bauern aus Meuchen, diesen Stein, den er selbst ausgesucht hatte, an jener Stelle aufzustellen, an der der König gefallen war. Der schwedische Kanzler Axel Oxenstjerna verhandelte seinerzeit bereits mit Kursachsen über die Errichtung einer Gedenkkapelle und eines Standbildes Gustav Adolfs an der

bewußten Stelle, doch kam er in den Wirren des Dreißigjährigen Krieges zu keinem Ergebnis. Und nach diesem Krieg, der noch 16 Jahre nach Gustav Adolfs Tod Europa weiter verwüstete, hatte man andere Sorgen.

Erst die zweihundertste Wiederkehr des Todestages Gustav Adolfs ließ den Gedanken zur Errichtung eines Denkmals wieder lebendig werden. Dennoch dauerte es bis 1837, bis das zehn Meter hohe, gußeiserne Denkmal in Form eines gotischen Baldachins über dem schlichten Gedenkstein errichtet werden konnte. Es wurde am 6. November dieses Jahres vom evangelischen Bischof von Magdeburg anläßlich einer Festversammlung, an der über 30.000 Menschen teilnahmen, feierlich eingeweiht. Die Kosten dafür wurden durch eine Sammlung innerhalb der evangelischen Christen Deutschlands aufgebracht.

Siebzig Jahre später, 1907, wurde hinter dem Denkmal als Stiftung des schwedischen Konsuls Ekmann die Gustav Adolf-Gedächtniskapelle errichtet. Als Stätte des Gottesdienstes gehört sie zur Schwedischen Viktoriagemeinde in Berlin; mit ihr

Über dem schlichten Gedenkstein, der an jener Stelle gesetzt wurde, an der Gustav II. Adolf fiel, errichtete man später einen eisernen Baldachin und dahinter eine Kapelle, die an der Vorderfront im Giebelfeld die Reiterstatue des Schwedenkönigs trägt (abgebildet auf Seite 112).

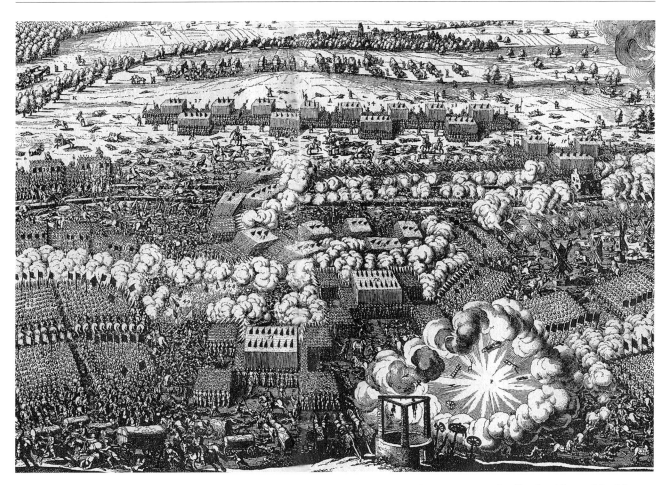

Ausschnitt aus dem monumentalen Kupferstich von Matthäus Merian über die Schlacht von Lützen 1632.

steht sie unter unmittelbarer Aufsicht des Erzbischofs von Uppsala. Die Vorderfront des in schwedischem Stil gehaltenen Gotteshauses zeigt in den Fensternischen über dem Eingangsportal das Wappen des fast dreihundert Jahre regierenden Königsgeschlechtes der Wasa, zu dem auch Gustav II. Adolf zählte. Darüber befindet sich ein lebensgroßes Reiterstandbild des Königs. Unter dem Sims sind die drei Kronen des schwedischen Reichswappens sowie die Initialen G. A. – S. R. (Gustav Adolf – Suediae Rex) angebracht.

Die steil nach oben strebende Dachkonstruktion im Innern der Kirche gleicht einem kieloben stehenden Wikingerschiff. Die Fenster zeigen die Wappen der unter Gustav Adolf kämpfenden Heerführer; schwedische und finnische Fahnen schmücken die Wände seitlich des Altarraumes. Das dreiteilige Gemälde über dem Altar – es stammt von dem berühmten schwedischen Künstler Ole Hjortsberg – zeigt links König Gustav II. Adolf, rechts Martin Luther, in der Mitte eine Schar von Engeln, die weinend auf das fürchterliche Geschehen der Schlacht um das brennende Lützen blicken. Darunter stehen in schwedischer Sprache die Worte des ersten Verses aus Gustav Adolfs Feldlied: „Verzage nicht, du Häuflein klein..."

Alljährlich kommen tausende Menschen – viele von ihnen aus Schweden – zu der Gedenkstätte, in die Kirche, in das kleine Museum, das in einem schwedischen Blockhaus eingerichtet wurde. Sie besuchen freilich auch den Ort Lützen selbst, wo im Rathaus und im alten Gasthaus „Roter Löwe" noch immer „Schwedenzimmer" zu besichtigen sind. An einer Ecke des Rathauses steht das Standbild des Königs, dessen Tod den kleinen Ort weltbekannt gemacht hat.

Aber noch etwas ist für Lützen bemerkenswert: An jedem 16. November versammelt sich eine große Gemeinde aus Lützen, Meuchen, Leipzig und Umgebung, meist verstärkt durch zahlreiche Gäste aus Schweden, in der Kapelle, in der ein Gottesdienst durch einen schwedischen Geistlichen gehalten wird; manchmal überträgt der Hörfunk ihn direkt nach Schweden. Hier kommen auch Vertreter der evangelischen Landeskirche zu Wort. Anschließend werden Kränze am „Schwedenstein" niedergelegt. Alles an diesem Akt des Gedenkens ist würdevoll, feierlich, erhaben, ohne Pomp und Prunk – eine Zeremonie, deren Eindringlichkeit sich niemand entziehen kann.

Das Innere der Gustav Adolf-Gedächtniskapelle erinnert durch die steil nach oben strebende Dachkonstruktion an ein kieloben stehendes Wikingerschiff.

Im Vordergrund sieht man den eisernen Baldachin über dem Gedenkstein für Gustav Adolf, im Hintergrund die Gedächtniskapelle, die im Giebelfeld eine Reiterstatue des Schwedenkönigs trägt.

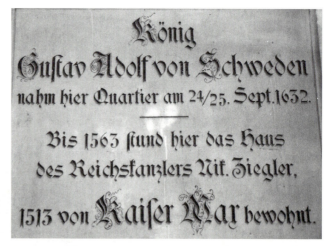

König
Gustav Adolf von Schweden
nahm hier Quartier am 24/25. Sept. 1632.
———
Bis 1563 stund hier das Haus
des Reichskanzlers Nik. Ziegler,
1513 von Kaiser Max bewohnt.

Nur wenige Wochen vor seinem Tode wohnte Gustav Adolf hier, in der Eisengasse 6, in Nördlingen.

„Unfriede zerstört – Friede ernährt"
Nördlingen, 5. und 6. September 1634

Wer im Jahre 1984 nach Nördlingen kam, an der „Romantischen Straße" Deutschlands, halben Weges zwischen Füssen und Würzburg gelegen, der stand verwundert vor einem historisch-kulturellen Programm, das sich fast ausschließlich mit dem Dreißigjährigen Krieg befaßte. Da gab es auf der Freilichtbühne „Alte Bastei" das Theaterstück „Die arge Not von Nördlingen"; da wurden im Klösterle Schillers „Wallensteins Lager", „Die Piccolomini" und „Wallensteins Tod" gegeben; da gab es Vorträge, wie „Konfessionelle Grundlagen und Auswirkungen des 30jährigen Krieges", „Die Nördlinger Stadtmauer im 30jährigen Krieg" und, in mehrfacher Ausführung, das Thema „Die Schlacht bei Nördlingen auf dem Albuch am 5. und 6. September 1634".

Spätestens zu diesem Zeitpunkt begriff man, daß die Stadt ein Jubiläum beging: das 350-Jahr-Gedenken an die Schlacht bei Nördlingen, eine der entscheidendsten des blutigen Ringens zwischen Kaiserlichen und Schwedischen. Dieses Gedenken stand unter dem Motto: „1634: Unfriede zerstört – 1984: Friede ernährt". Oberbürgermeister Paul Kling schrieb zu Beginn des Gedenkjahres: „Diese Schlacht im Jahre 1634 war entscheidend für den weiteren Verlauf des 30jährigen Krieges. In ihr bündelten sich aber auch all das Leid und der Schrecken, die dieser Krieg über Nördlingen und

Eine Steinpyramide auf der höchsten Kuppe des Albuch, nur wenige Kilometer südlich von Nördlingen, erinnert an die denkwürdige Schlacht von 1634.

Allegorische Darstellung der Vereinigung von Ferdinand III. mit dem spanischen Infanten Karl Ferdinand, wenige Tage vor der Schlacht von Nördlingen.

das Ries gebracht hat. Ganze Dörfer wurden entvölkert und zerstört, die Stadt selbst hatte durch die häufigen Belagerungen und Einquartierungen große Verluste an Menschen und materiellen Gütern."

Das Ries! Die Entstehung des gigantischen Rieskessels war bis vor wenigen Jahren, wie es im Stadtprospekt heißt, „noch Objekt verschiedenartigster Spekulationen. Die Theorien reichten von einem gewaltigen Vulkanausbruch über eiszeitliche Gletschereinwirkungen bis zu Hebungs-, Explosions- und Sprengungsdefinitionen. Ja selbst noch im Schulunterricht der letzten Generation wurde die Hypothese aufgestellt, der Mond sei aus dem Ries ‚geboren worden‘." (Dabei erinnert man sich unwillkürlich an die Geschichten alter Sibirier, die heute noch erzählen, der Baikalsee sei

jenes Loch, das der liebe Gott hinterlassen hatte, als er Land benötigte, um daraus Japan zu formen!) Aber mittlerweile haben keine Geringeren als amerikanische Astronauten – Mitglieder der Teams von Apollo 14 und 17, die im August 1970 hier ihr Feldtraining absolvierten – nachweisen können, daß der Rieskessel mit einem Durchmesser von 25 Kilometern vor rund 15 Millionen Jahren durch den Einschlag eines Großmeteoriten entstanden ist, der einen Durchmesser von ca. 1200 Metern und eine Aufprallgeschwindigkeit von 100.000 km/h besessen hat.

Davon wußten die beiden Heere, die hier im September 1634 gegeneinander ritten, freilich nichts. Für sie war das Gelände wegen der geologischen Beschaffenheit des ebenen Talkessels im Riesenkrater ein ideales Aufmarschgebiet, hervorragend geeignet für taktische Manöver der quadratischen Terzios mit ihren Musketieren, Lanzenknechten und Reitern. Und inmitten dieses Kessels lag Nördlingen.

Vom Flugzeug aus hat man einen gewaltigen Überblick über die knapp 20.000 Einwohner zählende Stadt mit ihrer fast kreisrunden Mauer, die, wie kaum eine andere in Deutschland, mit durchgehendem Wehrgang, mit elf Türmen und fünf starken Toren erhalten geblieben ist. Aus dem Gewirr der dunkelroten steilen Dächer der Fachwerkbauten ragt die St. Georgskirche mit dem „Daniel" in die Höhe, dem 90 Meter hohen Turm, den man schon von weitem aus der Riesebene emporwachsen sieht. Seit dem 14. Jahrhundert gibt es hier bis zum heutigen Tag einen Türmer, der zwischen 22 und 24 Uhr jede halbe Stunde sein „So G'sell, so!" zu den Wachttürmen erschallen läßt. Auch damals, im September 1634, mag dieser Ruf erklungen sein, nur daß er damals Schrecken und Furcht ausgelöst hat und nicht Freude an alter Tradition wie heute.

Nördlingen, die alte Reichsstadt des Handels und des Handwerks, diese Stätte der Wehrhaftigkeit und des Selbstbehauptungswillens, lag – dank des Riesenmeteoriten vor 15 Millionen Jahren – in einer strategisch günstigen Lage; günstig aber auch für den Untergang. 1634 zählte sie knapp 9000 Einwohner, nach dem Krieg um die Hälfte weniger. Dabei hatte es bereits den Anschein gehabt, als ginge der Krieg, der nun schon 16 Jahre währte, allmählich seinem Ende entgegen: 1632 war der schwedische König Gustav II. Adolf bei Lützen gefallen; der kaiserliche Feldherr Wallenstein war 1634 in Eger ermordet worden. Wenn die Exponenten nun schon tot waren – welchen Zweck sollten dann weitere Kriege haben? Aber Kriege werden nicht nur von Feldherren geführt, sondern auch vom Schicksal. Und dieses Schicksal meinte es mit Nördlingen nicht gut.

Ende Mai 1634 vereinigten sich die bayerischen und die kaiserlichen Truppen und rückten über Regensburg nach Westen vor. Im Frühherbst stießen noch 15.000 Spanier zu dieser Heerschar, die mittlerweile auf rund 40.000 Mann angewachsen war. Die kaiserliche Armee unter Erzherzog Ferdinand – dem späteren Kaiser Ferdinand III. – verfügte über 116 leichte, 34 schwere Geschütze und vier Mörser. Ihr gegenüber stand ein zahlenmäßig etwas schwächeres Heer des sogenannten „Heilbronner Bundes", also deutscher Protestanten, sowie Schweden unter dem Herzog von Sachsen-Weimar und dem schwedischen General Gu-

Der Sieg des kaiserlichen Heeres über die Schweden in der letzten großen Schlacht des Dreißigjährigen Krieges.

stav Karl Horn von Björneborg. Bei Nördlingen, auf dem Albuch, trafen die beiden Armeen aufeinander. Rund 75.000 Mann griffen an. Und die Bewohner sahen von ihren Wehrgängen und Türmen aus zu.

Golo Mann schreibt in seinem Buch über Wallenstein: „Die Schlacht bei Nördlingen, Anfang September, übertraf an Masse und Dauer Lützen und den Weißen Berg und selbst Breitenfeld, denn sie tobte zwei Tage lang und endete mit der Schweden totalen Niederlage. Die Kaiserlichen hatten eine Überlegenheit gehabt, wie Wallenstein sie in seinen wenigen Schlachten nie besaß; sie hatten stürmische Aggressivität gezeigt, wie Wallenstein nie; recht gab der Ausgang dem Kurfürsten von Bayern, der so lange vergeblich argumentiert hatte, man könnte den Feind sehr wohl aus Süddeutschland vertreiben, wenn man nur ernsthaft wollte. Mit den Trümmern seines Heeres, mit zusammengerafften Garnisonen preisgegebener Festungen, konnte Herzog Bernhard, ein halbes Jahr früher der Bedroher Österreichs, eben noch hoffen, die Rheinlinie, die Verbindung mit Frankreich zu halten. Über Württemberg, diese bisher und angeblich in Wallensteins Interesse vergleichsweise geschonte Landschaft, ergoß sich die spanisch-kaiserliche Soldateska mit einer Furie, die selbst in diesem Krieg noch nicht erfahren worden war; in den folgenden fünf Jahren verschwanden dem Herzogtum drei Viertel seiner Bewohner... So weit reichte der Triumph von Wallensteins Mördern; so gründlich widerlegt war seine Kriegspolitik und Friedenspolitik. Und war es nicht. Zehn Victorien, hatte er gewarnt, würden den Frieden nicht näher bringen. Nördlingen brachte den Frieden um keinen Deut näher. Es schob ihn in noch fürchterlichere Fernen hinaus."

Die Schlacht von Nördlingen hatte die Protestanten rund 4000 Mann an Toten und 6000 Gefangene gekostet; auch General Horn war darunter. Die Schweden mußten Süd- und Mitteldeutschland räumen, der „Heilbronner Bund" zerfiel.

V.

Prinz Eugen und der Spanische Erbfolgekrieg

Helden sind heute nicht mehr gefragt – oder doch? Es müssen ja nicht immer Kriegshelden sein, die zum Vorbild und Idol für Tausende werden; Stars und Sportler können es ebenso sein wie Forscher, Ärzte – oder Verbrecher. Der Begriff des „Helden" ist ein variabler.

Österreichs Geschichte sähe wesentlich anders aus, hätte es nicht den „Helden" Prinz Eugen von Savoyen gegeben. Zwar war er Franzose, doch in Frankreich fand er kein Vaterland. Dieses fand er erst in Österreich. Dorthin kam der „kleine Abbé" als blutjunger Mann, um sich der kaiserlichen Armee zur Verfügung zu stellen. Er war gewiß nicht das Idealbild eines Helden, sondern klein, häßlich und verschlossen. Aber jeder, der mit ihm näher in Kontakt kam, war verblüfft über seine Klugheit, sein vornehmes Gebaren, seinen Mut und seine Bescheidenheit – Eigenschaften, die ihn zu jenen Taten befähigten, derentwegen er bis heute nicht nur in der europäischen Kriegsgeschichte bewundert und verehrt wird.

Wir sind Prinz Eugen schon bei den Türkenkriegen begegnet, mit denen ihn der Volksmund bis heute aufs engste verbindet. Das Lied vom „edlen Ritter", der „dem Kaiser wied'rum kriegen wollte Stadt und Festung Belgerad", hat sicherlich das seine dazu beigetragen, um ihn für immer mit den Schlachten von Zenta, Peterwardein und Belgrad in Verbindung zu bringen. Dabei vergißt man allerdings nur allzuleicht, daß der Savoyer eine ganze Reihe anderer, nicht minder bedeutender Schlachten geschlagen hat, die für Europas Geschichte wenigstens ebenso bedeutsam gewesen sind wie jene gegen die Türken.

Aber Prinz Eugen ging nicht nur als Feldherr in Österreichs Geschichte und Legende ein. Auch als

Prinz Eugen von Savoyen.

Bauherr des Barock und als Kunstmäzen hat er sich ewige Denkmäler gesetzt. Die Kriege und die damit verbundenen Belohnungen durch jene drei Herrscher, denen er im Verlauf seines langen Lebens gedient hatte, machten ihn zu einem der reichsten Männer Europas. Seine Paläste und Schlösser – man denke nur an das Belvedere in Wien – zählen zu den schönsten unseres Landes. Wir sollten dem „edlen Ritter" dafür dankbar sein, denn ohne ihn wäre Österreichs Architektur der Barockzeit um ein unermeßliches Stück ärmer.

Die blutige Fassung einer Perle
Donauwörth, 2. Juli 1704

Heute wird Donauwörth, ungefähr in der Mitte der Schnittpunkte Regensburg – Ulm, Augsburg – Nürnberg und Stuttgart – Ingolstadt gelegen, „Bayerns charmante Donau-Perle an der Romantischen Straße" genannt. Im „Donauwörther Gästekurier" von 1986 schrieb Bürgermeister Alfred Böswald an seine Gäste: „Die europäische, deutsche und bayerische Geschichte hat sich in und um Donauwörth ‚gründlich ausgetobt' – bis in die neueste Zeit. Die Spuren dieser wechselhaften Zeitläufte prägen die ‚offene Stadt' bis heute. Ihre glanz- und leidvolle Geschichte beginnt in grauer Vorzeit auf altem Siedlungs- und Kulturboden. Donauwörth wird als Schnittpunkt wichtiger Verkehrslinien zu Land und Wasser bald vielbegehrtes und heiß umkämpftes Handelszentrum im oberdeutschen Raum. Sein rascher wirtschaftlicher Aufstieg im Mittelalter läßt Donauwörth zum Beispiel als einzige schwäbische Donau-Stadt Anfang des 14. Jahrhunderts ‚freie Reichsstadt' werden. Diese Stadt hat in ihren Mauern mehr Kaiser, Könige, Fürsten und Handelsherren beherbergt, als manche andere Stadt überhaupt sah; hat aber auch Feldherren, blutige Schlachten und zahlreiche Einquartierungen erdulden müssen. Karl V. verlieh ‚seiner Stadt' den Doppeladler als Wappen. Und Maximilian, der ‚letzte Ritter', Gustav Adolf von Schweden, der Kurfürst Max Emanuel, General Marlborough und Napoleon sind nur einige wenige Namen unter vielen Berühmten, die mit Donauwörths Geschichte eng verknüpft sind."

Eben wegen dieser Funktion als Schnittpunkt erhielt die „Perle" immer wieder neue Fassungen – darunter sehr oft eine mit Blut getränkte. So geschehen im April 1945, als alliierte Bomber die Stadt an der Donau ein letztes Mal zerstörten, so geschehen aber auch in der berüchtigten Schlacht vom 2. Juli 1704, inmitten der Wirren des Spanischen Erbfolgekrieges.

Auch diesen Krieg hatten – wie so viele andere zuvor – Thronstreitigkeiten ausgelöst. Nach dem Aussterben der spanischen Habsburger mit dem Tod König Karls II. im Jahre 1700 erhoben sowohl die österreichischen Habsburger wie auch die französischen Bourbonen Anspruch auf den spanischen Thron. Österreichischerseits war Erzherzog Karl Thronanwärter; von seiten Frankreichs Philipp von Anjou. Wenn zwei so mächtige Reiche um einen Thron außerhalb ihrer Länder zu ringen beginnen, kann man sich sehr wohl vorstellen, daß dieser „Erbfolgekrieg", wie er dann später auch genannt wurde, jahrelang mit aller Härte und, vor allem, über viele Landstriche hinweg geführt wird. Um den Ausgang dieser von 1701 bis 1712 währenden Auseinandersetzung vorwegzunehmen: Im Frieden von Utrecht (1713) wurde Philipp von Anjou als König Philipp V. von Spanien anerkannt; ein

Kaiser Leopold I. versuchte im Spanischen Erbfolgekrieg, das Erbe seines Sohnes Karl zu bewahren, doch sollte er das Ende des Ringens nicht mehr erleben: schon zehn Monate nach dem ersten großen Sieg bei Donauwörth segnete er im 65. Lebensjahr das Zeitliche.

Jahr darauf erhielt der Habsburger Karl VI., der Vater Maria Theresias, im Frieden von Rastatt die meisten spanischen Nebenländer, wie unter anderem die Spanischen Niederlande, Mailand und Neapel. Österreich hatte sich im Kampf gegen Frankreich mit England verbündet – eine gute Waffenbrüderschaft, die sich in vielen Schlachten bewähren sollte, auch in der ersten großen Auseinandersetzung dieses Krieges, in Donauwörth.

Die strategische Bedeutung dieser Stadt lag in ihrer Brücken- und Straßenfunktion zwischen Augsburg und Nürnberg, am Zusammenfluß von Wörnitz und Donau. Die hier gelegene Donaubrücke bildete ein ideales Tor aus dem nordschwäbischen Raum nach Bayern, Tirol und Italien. Liest man auch nur ein wenig in der Geschichte des 17., 18. und 19. Jahrhunderts nach, so erkennt man, wie wichtig dieses Gebiet stets für die Machtbestrebungen der einzelnen Herrscher und Reiche gewesen ist und wie oft dieses „Herz Europas" im Mittelpunkt blutiger Schlachten gestanden hat.

Heute freilich ist nichts mehr davon zu sehen. Etwas oberhalb von Donauwörth mit den charakteristischen Türmen der Stadtpfarrkirche und der Kloster- und Wallfahrtskirche Heilig-Kreuz liegt der bewaldete Schellenberg. Eine breite Straße führt hinauf; ein blaues Schild kündet davon, daß die „Europastadt Donauwörth" mit Perchtoldsdorf bei Wien verbunden ist. In Sichtweite befindet sich die „Gaststätte Schellenberg", und wenn man hier auf der Terrasse sitzt, die Stadt zu Füßen, dann fällt es nicht schwer, die Geschichte Revue passieren zu lassen.

Hier heroben befanden sich dereinst die Schellenbergschanzen, von denen heute noch, ein Steinwurf von der Gaststätte entfernt, ein Gedenkstein mit einer Bronzetafel kündet: „Zu Reichsstadtzeiten angelegt, im 30jährigen Krieg von den Bayern teilweise ausgebaut und von den Schweden auf Befehl ihres Königs Gustav Adolf wesentlich verbessert. Am 2. Juli 1704, in der ‚Schlacht am Schellenberg', während des Spanischen Erbfolgekrieges, heftig umkämpft; danach und auch 1743, im Österreichischen Erbfolgekrieg, unter hohem Aufwand erneuert. 1805 und 1809 von Napoleon besichtigt, fanden jedoch die Schanzen keine Verwendung mehr. Geschichte aber stirbt nicht."

Der letzte Satz gibt zu denken: „Geschichte aber stirbt nicht." Sie lebt tatsächlich noch in Donauwörth und Umgebung. Nicht sosehr in den Köpfen und Herzen der jungen Menschen von heute, aber immer noch in denen der mittleren und älteren Jahrgänge, für die Namen wie Prinz Eugen, Herzog von Marlborough, Graf d'Arco und Markgraf Ludwig von Baden Begriffe sind – ein wenig verschwommen zwar, aber dennoch existent.

Die erste militärische Auseinandersetzung im Spanischen Erbfolgekrieg fand am 9. Juli 1701 bei Carpi in Oberitalien statt, wo das Heer des Prinzen Eugen die zahlenmäßig weit überlegenen Franzosen besiegte. Auch die zweite Schlacht, am 1. September des gleichen Jahres bei Chiari, brachte den Franzosen eine Niederlage, aber der unzulängliche Nachschub über die Alpen ließ die Position des Prinzen zunehmend schwieriger werden, so daß er im August 1702 die Belagerung von Mantua ergebnislos abbrechen mußte. In seiner „Chronik Österreichs" schreibt Walter Kleindel:

„Am 28. September 1702 wurde der Reichskrieg gegen Frankreich erklärt; nur der bayerische Kurfürst und der Erzbischof von Köln stellten sich auf die französische Seite. Im Jänner 1703 übergab Prinz Eugen den Oberbefehl über die kaiserliche Südarmee an Guido Graf Starhemberg; er selbst eilte nach Wien, wo ihm als Hofkriegsratspräsident die Verantwortung für die gesamte Kriegsführung übertragen wurde.

Im April 1703 begannen die Feindseligkeiten am Rhein. Die kaiserliche Rheinarmee unter Reichsfeldmarschall Ludwig Wilhelm Markgraf von Baden (dem ‚Türkenlouis') vermochte nicht, die Vereinigung der französischen und bayerischen Truppen an der oberen Donau zu verhindern, die daraufhin die Festung Kufstein einnahmen und am 2. Juli in Innsbruck einmarschierten." Für die Tiroler ist jene Zeit heute noch lebendig; als „Bayeri-

John Churchill, Herzog von Marlborough. (Stich von J. Smith nach einem Gemälde von Gottfried Kneller.)

scher Rummel" gingen diese blutigen Kriegsmonate in ihre Geschichte ein. Der Tiroler Landsturm bewies, daß er sehr wohl in der Lage war, ein gut gedrilltes Heer zu schlagen und aus dem Land zu treiben, wenn nur das Volk dahinter stand. Die „Anna-Säule" in der Innsbrucker Maria Theresien-Straße erinnert noch heute an jene schweren, aber siegreichen Zeiten.

Mit Österreich gegen Frankreich war im Spanischen Erbfolgekrieg England verbündet, dessen Kontinentalarmee unter dem Befehl von John Churchill, Herzog von Marlborough, stand. Diese Armee vereinigte sich im Frühjahr 1704 bei Ulm mit dem Reichsheer. Obwohl Prinz Eugen, der wenige Wochen später bei Höchststädt-Blindheim wieder höchstpersönlich eingriff, in Wien weilte und daher nicht an der bevorstehenden Schlacht teilnehmen konnte, war es dennoch sein von ihm ausgearbeiteter strategischer und taktischer Feldzugsplan, der am 2. Juli 1704 bei Donauwörth zum Sieg führte, wodurch der Weg nach Bayern geöffnet wurde.

Das Kräfteverhältnis vor Donauwörth war äußerst ungleich: In den befestigten Schanzen auf dem Schellenberg befanden sich nur an die 14.000 Mann der französisch-bayerischen Armee, während der Herzog von Marlborough über ein Heer von 65.000 Mann, Engländer und Österreicher, verfügte. Allerdings waren sie gezwungen, die Befestigungen bergauf zu stürmen, dem gegnerischen Artillerie- und Infanteriefeuer völlig ausgesetzt. Hier bewährte sich die Taktik des in Wien weilenden Prinzen Eugen, die der Herzog von Marlborough geradezu meisterhaft in die Tat umsetzte: Er griff im Westen von drei Seiten an, allerdings nur mit relativ geringen Kräften, worauf der Chef der Festungsarmee, Graf d'Arco, diese Seite verstärkte. Darauf hatte Markgraf Ludwig von Baden, der im Süden den rechten Flügel der kaiserlichen Armee befehligte, nur gewartet: er ließ den nun geschwächten Teil der Schanzen mit allen Kräften, die ihm zur Verfügung standen, angreifen, während zur gleichen Zeit Marlborough mit voller Wucht im Westen vorstieß. Die Schanzen wurden gestürmt, die Franzosen und Bayern aus ihren Stellungen geworfen und in die Ebene der Stadt ge-

Auf einem gewachsenen Felsblock mitten auf dem Schellenberg oberhalb von Donauwörth befindet sich eine Bronzetafel, auf der die wechselhafte Geschichte der Schellenbergschanzen festgehalten ist.

trieben, wobei sie über 6500 Mann an Toten, Verwundeten und Vermißten verloren. Die Sieger hatten „nur" an die 1300 Tote und 3400 Verwundete zu beklagen.

Ein „Mirakel" für Kaiser Leopold
Höchstädt, 13. August 1704

Sie wird „Spanischer Erbfolgekrieg" genannt, jene zwölf Jahre während Anhäufung von Schlachten, die Spanien, Italien, Frankreich, Belgien und Deutschland in Mitleidenschaft zogen und an die vierzig Einzelentscheidungen notwendig machten, bis endlich in den Friedensschlüssen von Utrecht (1713) und Rastatt (1714) wenigstens für kurze Zeit wieder normale Verhältnisse in Mitteleuropa eintraten.

Schon bei der Schlacht von Donauwörth haben wir auf die Hintergründe dieses Erbfolgekrieges hingewiesen. Und so wie dort waren es auch bei

Kurfürst Maximilian Emanuel II. von Bayern mußte nach der Niederlage von Höchstädt vom Schlachtfeld fliehen, um nicht das Schicksal seines französischen Kampfgefährten, des Marschalls Tallard, zu teilen.

Höchstädt an der Donau im Schwabenland Prinz Eugen und der Herzog von Marlborough, die die Entscheidung herbeiführten. Dabei war das Reich nicht nur von den Franzosen und den mit ihnen verbündeten Bayern bedroht, sondern auch von den aufständischen Ungarn, den Kuruzen, die immer wieder sengend und mordend von Oberungarn und Preßburg aus in das Gebiet des heutigen Niederösterreich eindrangen. Sie stießen sogar bis zur Residenzstadt Wien vor. Prinz Eugen, der mittlerweile Hofkriegsratspräsident geworden war, ließ zum Schutz der Vorstädte einen mit Palisaden besetzten Wall errichten, die sogenannte „Linie". Noch heute läßt sich in Wien der Verlauf dieser „Linie" verfolgen, wenn man den fast kreisrunden „Gürtel" abgeht, wie dieser Straßenzug nun heißt.

Aber die Kuruzen waren die kleinere Gefahr als der Kurfürst Max Emanuel II. von Bayern und die mit ihm verbündeten Franzosen. „Eugen kamen in den kommenden Monaten des Krieges gegen Frankreich-Bayern die harten Lehren aus den italienischen Feldzügen in den neunziger Jahren des vergangenen Jahrhunderts zustatten", schreibt Walter Hummelberger in der Geschichte des österreichischen Heeres, „da eine Niederringung des Bündnisses Frankreich-Bayern nur mit Hilfe von Truppen der Seemächte möglich war." Die diplomatischen Vorbereitungen wurden durch den kaiserlichen Gesandten in London, den Grafen Johann Wenzel Wratislaw, so gut geleistet, daß der Oberbefehlshaber der englisch-niederländischen Armee, John Churchill, Herzog von Marlborough, für eine Zusammenarbeit gewonnen wurde, wobei Eugen vor allem „die Disposition und Execution dieses Desseins über sich nehmen sollte".

Am 10. Juni 1704 trafen die beiden Heerführer in Mindelheim bei Heilbronn zum erstenmal zusammen. Der Herzog von Marlborough verfügte über 20.000 Mann Engländer und Holländer, die durch ein Korps von 12.000 Preußen unter dem Fürsten Leopold von Anhalt-Dessau verstärkt wurden. Bei dem am 13. Juni abgehaltenen Kriegsrat wurde beschlossen, daß Eugen am Oberrhein die beiden französischen Armeen unter Villeroy und Tallard in Schach halten sollte. Markgraf Ludwig Wilhelm von Baden, der sich täglich im Oberbefehl mit dem Herzog von Marlborough ablöste, sollte mit dem

Prinz Eugen in der Schlacht bei Höchstädt: die Gefangennahme des Marschalls Tallard.

Gros der verbündeten Streitkräfte die vereinigten Armeen des Kurfürsten von Bayern und des Marschalls Marsin angreifen. Aber er nützte die Möglichkeiten nicht aus – im Gegenteil: er versuchte, den bayerischen Kurfürsten durch Verhandlungen von den Franzosen abzuspalten und saugte, wie Hummelberger es nennt, die Reichslande durch Märsche, Manöver und Belagerungen unbedeutender Plätze aus. Eugen konnte aber einen vom Reich bestellten Generalleutnant nicht zu einer erfolgversprechende Operation zwingen, und die Franzosen wußten die Gunst der Lage sehr wohl zu nützen. Marschall Villeroy band mit seiner Armee, nach Überschreiten des Rheins bei Straßburg, die kaiserlichen Truppen, während Marschall Tallard seinen Marsch zur Vereinigung mit der französisch-bayerischen Armee in ihrem Lager bei Augsburg fortsetzte.

Da entschloß sich Prinz Eugen unter Teilung der ihm zur Verfügung stehenden 40.000 Mann zu einer kühnen, ja genialen Operation. Ungefähr 20.000 Mann blieben unter dem Kommando des Grafen Nassau-Weilburg gegen Villeroy stehen,

während er selbst – ähnlich wie bei Zenta – dem Gegner nachmarschierte. Zwar konnte Eugen die Vereinigung seiner Gegner am 3. August nicht verhindern, erreichte aber doch, daß sich ihre Aufmerksamkeit von der um 14.000 Mann geschwächten Hauptmacht abwandte – der Markgraf war mit diesen Truppen am 9. August zur Belagerung von Ingolstadt aufgebrochen – und sich ihm, der seit 3. August bei Höchstädt stand, zuwandte. Schon am 10. August überschritten sie die Donau bei Lauingen, um Eugen, der als der gefährlichste Gegner angesehen wurde, mit ihrer Übermacht zu vernichten. Marlborough jedoch, vom Prinzen sogleich verständigt, kam in Eilmärschen herbei, und bereits am 12. August waren die beiden Feldherren vereinigt und zu der von Eugen so sehr angestrebten Entscheidungsschlacht bereit.

Von den frühen Morgenstunden des 13. August 1704 kämpften 52.000 kaiserliche und verbündete Truppen gegen ungefähr 56.000 Bayern und Fran-

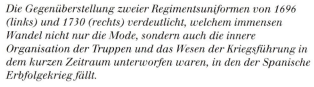

Die Gegenüberstellung zweier Regimentsuniformen von 1696 (links) und 1730 (rechts) verdeutlicht, welchem immensen Wandel nicht nur die Mode, sondern auch die innere Organisation der Truppen und das Wesen der Kriegsführung in dem kurzen Zeitraum unterworfen waren, in den der Spanische Erbfolgekrieg fällt.

zosen mit furchtbarer Härte bis in die späten Abendstunden. Sie errangen einen glänzenden Sieg. Eugen, der den rechten Flügel kommandierte und zur Eroberung des Ortes Lutzingen als Schlüsselpunkt ein sehr schwieriges Gelände zu bewältigen hatte, setzte sich ohne jede Rücksicht auf seine Person ein und riß die unter ihm kämpfenden Truppen mit. Die letzte Entscheidung wurde im Zentrum unter Marlborough durch einen aus 109 Eskadronen gebildeten Massenangriff der Kavallerie errungen. Dabei wurde Marschall Tallard gefangen und die feindliche Front aufgerissen. Die Bayern am linken Flügel des Gegners mußten weichen, und die Franzosen des rechten Flügels ergaben sich, im Ort Blindheim eingekesselt, gegen 20 Uhr.

Die Verluste der Bayern und Franzosen beliefen sich auf 10.000 Tote und 6000 Verwundete; dazu kamen 14.400 Gefangene. Auch der gesamte Troß wurde von den Kaiserlichen erbeutet. Doch auch die Österreicher und ihre Verbündeten hatten schwere Verluste – 4500 Tote und 7600 Verwundete – zu beklagen. Bei dieser Schlacht wie auch bei vielen anderen jener Zeit mußte angesichts der miserablen Sanitätsversorgung zusätzlich noch befürchtet werden, daß in den nächsten Tagen und Wochen noch Hunderte der Verwundeten ihren Verletzungen oder Seuchen zum Opfer fielen.

Mit dieser Schlacht war es Prinz Eugen gelungen, das Reich wieder unter die Herrschaft Kaiser Leopolds I. zu bringen, denn die Franzosen räumten Süddeutschland, und Kurfürst Max Emanuel von Bayern mußte nach dem Verlust seiner reichsfeindlichen Verbündeten fliehen, nachdem er die Regentschaft an seine Gattin übertragen hatte. Es war wirklich ein „Mirakel", das der Kaiser ein Jahr vor seinem Tod noch erleben konnte, und es ist bezeichnend für die menschliche Größe dieses Herrschers, daß er als Antwort auf die Nachricht vom Sieg seines Heeres bei Höchstädt Prinz Eugen schrieb, er könne „durchaus nicht verbergen", daß seine Freude mit wahrhaftem Schrecken verbun-

Verwitterte Steine erinnern in Blindheim noch heute an die große Schlacht von 1704.

auch zwei Seiten mit Details dieser Geschichte. Darin heißt es u. a.:

„Zweimal bekam das kleine Höchstädt hohen Besuch. 1909 und 1932 besuchte der spätere britische Premier Winston Churchill das Städtchen an der Donau, denn hier hatte einer seiner Vorfahren,

den gewesen sei wegen der Gefahr, in der sich Eugen befunden habe. Er müsse ihn dringend bitten, für seine Sicherheit künftig mehr zu sorgen, da er wohl wisse, wieviel dem Kaiserhaus und der Allianz an seinem Wohl gelegen sei...

John Churchill, Herzog von Marlborough, wurde vom Kaiser für seine Verdienste am Sieg zum deutschen Reichsfürsten ernannt und erhielt das Fürstentum Mindelheim in Schwaben. Da sich er und seine Truppen besonders in den Gefechten um den Ort Blindheim bewährt hatten, nennen die Engländer die Schlacht von Höchstädt bis heute „The Battle of Blenheim".

In und um Höchstädt gibt es eine Reihe von Erinnerungen an diese denkwürdige Schlacht. Blindheim selbst, ein kleiner Ort, nur wenige Kilometer von Höchstädt entfernt, ungefähr ebensoweit im Süden gelegen wie Lutzingen im Norden, weist an der Ecke zur Bahnhofstraße noch ein altes Kreuz aus Stein und zwei verwitterte Gedenksteine auf, deren Inschriften und Wappen nicht mehr zu entziffern sind, die aber noch immer liebevoll gepflegt werden. Fährt man zurück nach Höchstädt, findet sich unmittelbar bei der Ortseinfahrt linkerhand ein kleines, steinernes Kreuz und dahinter ein großer Gedenkstein aus weißem Marmor, auf dem die kurze Geschichte dieser Schlacht eingemeißelt steht. An der Friedhofsmauer der Kirche von Höchstädt ist ebenfalls eine kleine Erinnerungstafel angebracht.

Die Höchstädter sind sich der geschichtlichen Bedeutung ihres Ortes bis heute bewußt. Man braucht nur im Gasthof „Berg" die Speisekarte durchzublättern, und schon findet man hinten

1954 – 250 Jahre nach der Schlacht von Höchstädt-Blindheim – wurde am Stadtrand von Höchstädt dieser wuchtige Stein „im Gedenken an die Gefallenen aller beteiligten Völker" gesetzt. Er trägt die Inschrift: „Am 13. August 1704 standen in der Schlacht von Höchstädt-Blindheim in einem entscheidenden Ringen des Spanischen Erbfolgekrieges die Streitkräfte des Kurfürsten Max Emanuel und die Truppen Ludwigs XIV. unter Marschall Tallard dem kaiserlichen Heer unter Prinz Eugen und den Verbündeten des Kaisers unter dem Herzog von Marlborough gegenüber".

John Churchill, Herzog von Marlborough, 1704 den Sieg über die Franzosen und Bayern erfochten. Dieser Sieg bei Höchstädt-Blindheim war die große Wende im Spanischen Erbfolgekrieg, er brachte gleichzeitig eine völlige Umwälzung der Machtverhältnisse im damaligen Europa mit sich:

Erstens war es ein schwerer Rückschlag für den Verlierer Ludwig XIV., der seine Armeen daraufhin hinter den Rhein zurückziehen mußte; zweitens verlor der bayerische Kurfürst Max Emanuel vollständig die Macht in Bayern, da über ihn die Reichsacht ausgesprochen wurde; und drittens war der deutsche Süden nun vom Hegemoniestreben der Bourbonen befreit, das Zeitalter der französischen Vorherrschaft war endgültig vorbei.

Dadurch konnte sich aber auch die Macht des habsburgischen Kaisertums im Deutschen Reich und in Europa ausbreiten. Der eigentliche Hauptgewinner war England, das den alten Konkurrenten Frankreich nun endlich überflügelte, der Inselstaat konnte sich zur führenden Handels-, Kolonial- und Weltmacht entwickeln. Noch heute findet man in ganz Europa Erinnerungen an die Schlacht von Höchstädt, die beiden Seiten hohe Verluste brachte. So steht in der Grafschaft Oxford ‚Blenheim Castle‘, dessen Name sich von Blindheim ableitet und in dem Winston Churchills Vorfahren gelebt hatten und in dem er selbst 1874 geboren worden war. Aber mehr noch: auch am Arc de Triomphe zu Paris wurde der Name Höchstädt neben vielen anderen Siegesorten eingemeißelt.“

Gedenktafel an der Friedhofsmauer von Blindheim.

Diese Tatsache hat allerdings mit Marlboroughs und Prinz Eugens Sieg von Höchstädt nichts zu tun. Höchstädts Name fand seinen Platz auf dem Arc de Triomphe durch den Sieg Napoleons am 19. Juni 1800 über die Österreicher, als im Zweiten Koalitionskrieg die Gegend um Ulm und Höchstädt abermals im Mittelpunkt schwerer Kämpfe stand, die sich wenige Monate später in Richtung Wien zubewegten und östlich von München zur Schlacht um Hohenlinden führten, dessen Name ebenfalls auf dem Arc de Triomphe verewigt wurde.

„Nun ist ganz Italien unser!"
Turin, 7. September 1706

Turin (ital: Torino) ist eine Stadt im rechten Winkel. Man ersieht aus dem modernen Straßennetz, daß sie auf den Fundamenten des alten römischen Lagers Augusta Taurinorum errichtet wurde, von dem noch ein Amphitheater, die mächtigen Mauern der Porta Palatina und die Bronzefiguren von Julius Caesar und Kaiser Augustus künden.

Aber auch militärhistorisch betrachtet lag Turin Jahrhunderte hindurch im „rechten Winkel": im Dreiländereck von Italien, Frankreich und der Schweiz, mitten in Piemont, das ein begehrtes Stück Land für alle Nachbarn war. Auch im Spanischen Erbfolgekrieg spielte dieses Gebiet eine nicht unwesentliche Rolle, und besonders das Jahr 1706 sollte für Turin von tragischer Bedeutung werden.

Als der unselige Krieg 1701 ausbrach, befand sich Piemont praktisch zur Gänze in den Händen der Franzosen, wie sie auch in den Niederlanden, in Deutschland und in Spanien das Heft in der Hand hielten. Kaiser Leopold wußte, welche Gefahr Österreich drohte, falls es nicht gelang, den französischen Vormarsch in Oberitalien zu stoppen, wo das Heer von Marschall Catinat vorrückte, ohne auf nennenswerten Widerstand zu stoßen. Wieder wurde ein Mann an die Spitze der kaiserlichen Armee gestellt, der schon gegen die Türken sein militärisches Genie unter Beweis gestellt hatte: Prinz Eugen von Savoyen. Bereits im ersten Jahr dieses Krieges leistete er sich ein Bravourstück besonderer Art: Da das Etschtal von den Franzosen gesperrt war, entschloß er sich zu einem kühnen Marsch über die unwegsamen Schluchten der Alpen, um in die Po-Ebene vordringen zu können. Es war ein Marsch, der jenem von Hannibal in nichts nachstand. Ch. F. Maurer schreibt in seinem Buch „Marksteine im Leben der Völker" über dieses Wagnis: „Die Verheißung eines Erfolges lag nur in dem eisernen Willen des Prinzen, denn unübersteiglich schienen die starren Felswände, unüberschreitbar die hervorbrechenden Wildbäche, dichter Schnee lag noch auf den Höhen; und ,seit Menschengedenken' sei da kein Wagen gegangen, erklärten die ortskundigen Bauern. Saumpfade, auf denen das Maultier nur vorsichtig tastend den Schritt finden kann, während in

furchtbarer Tiefe der Wildbach tost, und die nach den Sätteln von Bergmassen mit 2000 Metern und mehr Meter Höhe emporführen; Wildtobel voll abgelagerter Steinwälle, wo der Fuß, stürzend und gleitend, von einem glatten Rollsteine, von einem spitzen Felsstück zum anderen unsicher wankt: das war der Weg, den Eugen vorfand. Mit Faschinen (Reisigbündeln) und Baumstämmen wurden die Saumpfade bis zu neun Fuß Breite erweitert und Stützwände hergestellt; es wurden Überbrückungen vorgenommen und Felssprengungen durchgeführt, trotz des Mangels an Mineuren und

Voraussetzung für den Sieg in Oberitalien durch die kaiserlichen Truppen unter Prinz Eugen war der „sehr mühsahme und wundernswürdige March der kayserlichen Armee über die Tyrolischen und Alt Norischen Alpen im Jahr 1701", wie es in der Legende zu dieser zeitgenössischen Illustration heißt.

„Nur mein Pferd ist gefallen, nicht ich!" Diese Episode während des Sturms auf Turin zeigt den österreichischen Feldherrn Prinz Eugen in seiner ganzen Tollkühnheit. (Gemälde von Carl v. Blaas im Heeresgeschichtlichen Museum, Wien.)

Werkzeugen. Der sehnige Arm der wackern Tiroler Bauern brach neue Wege in die rauhe Talwand; nur ihre schlichte, einfache Treue machte es möglich, daß die Franzosen auch nicht die leiseste Ahnung von der Riesenarbeit erhielten, die sich Tag um Tag ein paar Meilen von ihrer Stellung vollzog: Mit unglaublicher Frische lebt in jenen Tälern auch heute noch die Erinnerung an dieses Unternehmen, das die Zeitgenossen dem Alpenübergang Hannibals weit voranstellen."

König Ludwig XIV. ersetzte Marschall Catinat, der diese Meisterleistung Eugens nicht verhindert hatte, durch Marschall Villeroy mit neuen Kräften, doch in der Schlacht von Chiari am 1. September 1701 mußte er sich geschlagen geben, obwohl Eugens Armee weniger als 30.000 Mann zählte, während die der Franzosen fast dreimal so stark war. Im Februar 1702 überfiel Prinz Eugen Villeroys Hauptquartier in Cremona und nahm den Marschall gefangen, der nun durch Marschall Vendôme ersetzt wurde. Am 15. August kam es zur Schlacht bei Luzzara, die ebenfalls von Eugen gewonnen wurde, obwohl sein Heer noch immer um gut ein Drittel schwächer war als das Vendômes.

Nachdem es auf diese Siege hin zu einer Art Pattstellung in Oberitalien kam, wurde die Situation im Reich immer kritischer, und so lag es nahe, Prinz Eugen auch auf diesen Kriegsschauplatz zu entsenden. Gemeinsam mit dem in den Niederlanden

operierenden Herzog von Marlborough schlug er die Franzosen am 2. Juli 1704 am Schellenberg bei Donauwörth und am 13. August desselben Jahres bei Höchstädt (Blindheim).

Der April 1705 sah Eugen bereits wieder in Italien, wo sich die Lage erneut zuspitzte. Gleichzeitig traf den Prinzen eine bittere Nachricht: Kaiser Leopold, sein oberster Kriegsherr, dem er fast wie ein Sohn zugetan war, hatte nach fast fünfzig Jahren der Regierung das Zeitliche gesegnet; sein Sohn Joseph I. trat die Nachfolge an. Aber auch er konnte dem Prinzen in Oberitalien nicht mehr Mittel und Soldaten zur Verfügung stellen als sein

Die Zitadelle von Turin, deren Bastionen schon seit langem geschleift sind. Nur das ehemalige Hauptgebäude (das dunkle Gebäude in der linken oberen Bildhälfte) besteht noch. Es beherbergt heute das Artilleriemuseum.

Victor Amadeus II., Herzog von Savoyen, ein Vetter Prinz Eugens, mit dem er nach hartem Kampf das von den Franzosen belagerte Turin befreite.

von 100.000 Gulden gut, die Eugens Armee vor der allergrößten Armut retteten.

Aber auch sonst tat sich allerlei zu Eugens Gunsten. Im Mai hatte der Herzog von Marlborough in Ramillies in den Niederlanden die Franzosen unter Villeroy geschlagen, worauf König Ludwig XIV. Villeroy abzog und Marschall Vendôme aus Oberitalien in die Niederlande versetzte. An seine Stelle trat als neuer Gegner des Prinzen Herzog Philippe von Orléans mit Marschall Marsin.

Nachdem Prinz Eugen seine Armee von rund 30.000 Mann aufgefrischt und neu ausgerüstet hatte, machte er sich auf den Marsch nach Turin, das seit dem 14. Mai 1706 von den Franzosen unter Marschall La Feuillade belagert wurde. Die Festung von Turin wurde von 7000 Mann unter dem Kommando des kaiserlichen Feldmarschalleutnants Wirich Graf Daun verteidigt, doch gingen allmählich Lebensmittel und Munition zur Neige. Eugen wußte, daß keine Zeit zu verlieren war, und so ließ er seine Truppen aus dem Etschtal in Gewaltmärschen nach Westen marschieren, bei sengender Hitze und Wassermangel. Unerklärlicherweise

Erster Gegenspieler der Österreicher in Oberitalien war Françoise de Neuville, Herzog von Villeroy, der jedoch am 1. September 1701 in der Schlacht von Chiari geschlagen und im Februar 1702 in Cremona gefangengenommen wurde. (Stich von Edelink nach einem Gemälde von Hyacinthe Rigaud.)

Vater, und dementsprechend sah auch die „Armee" aus, die Eugen zu befehligen hatte: „Wie ich mit ausgehungerten, halbnackten Soldaten, ohne einen Kreuzer Geld, ohne Zelte, ohne Fuhrwesen, ohne Artillerie etwas werde in die Wege richten können, scheint fast eine Unmöglichkeit", schrieb er nach Wien. „Viele Regimenter sind derart ohne Montur, daß ihre Kleidung zerrissener und abgetragener aussieht als die von Straßenbettlern, so, daß die Offiziere sich schämen, sie zu befehligen. Wo ein Commando ausgesandt wird, bleibt die Hälfte aus Mattigkeit an der Straße liegen, weil die Leute dergestalt ausgehungert sind, daß sie Schatten ähnlicher sehen als Menschen..."

Es bedurfte der Niederlage der kaiserlichen Armee im August 1705 bei Cassano, um Wien endlich aufzurütteln und für neue, bessere Truppen und Ausrüstungen zu sorgen. Aber noch immer fehlte das nötige Geld. Da sprang der Herzog von Marlborough, Prinz Eugens Mitstreiter von Donauwörth und Höchstädt, helfend ein: Mit seinem Privatvermögen stand er für einen Kredit in der Höhe

Statue des Prinzen Eugen neben dem Eingangstor zum Rathaus von Turin. Die Inschrift nennt ihn „den Befreier der belagerten Stadt".

rückten ihm der Herzog von Orléans und Marsin nicht entgegen; im Gegenteil: sie zogen sich zurück, um den Belagerungsring um Turin zu verstärken.

Von der gewaltigen Festung – einer der mächtigsten der damaligen Zeit – ist heute nicht mehr viel erhalten. Verschwunden sind die Gräben und Wälle, die Bastionen und Ravelins; geblieben ist nur noch der Haupttrakt, in dem sich heute das reichbestückte Artilleriemuseum befindet. Vor der Zitadelle steht das Denkmal eines Mannes in einfacher Uniform, den Säbel umgegürtet, einen Luntenstab in der Rechten. Es ist das Denkmal für Pietro Micca, dem es zu verdanken war, daß die Festung von Turin nicht schon Tage vor dem Eintreffen der Entsatzarmee Prinz Eugens von den Franzosen erobert wurde.

Nur wenige Straßen von diesem Denkmal entfernt, in der Via Guicciardini 7, gibt es das Pietro-Micca-Museum mit zahlreichen Waffen, Ausrüstungsgegenständen, Uniformen, Bildern und Sti-

chen aus jenen dramatischen Tagen, da die Freiheit nicht nur Turins, sondern auch von ganz Piemont auf dem Spiel stand. Im Untergeschoß findet sich ein riesiges Relief der Zitadelle mit den verschiedenen Phasen der Belagerung. Nichts unterscheidet sich hier von anderen militärhistorischen Museen – und doch ist hier etwas entscheidend anders: Von diesem Raum führt eine niedere Tür hinaus in ein Gewirr von unterirdischen Gängen, die sich in einer Gesamtlänge von 14 Kilometern unter einem großen Teil der heutigen Stadt hinziehen. Die Gänge, mit dunkelbraunen Ziegeln ausgekleidet, sind stellenweise so niedrig, daß sogar kleine Menschen gebückt gehen müssen. Lampen in kleinen Gangnischen erhellen den Weg notdürftig. Der Führer trägt eine Taschenlampe, mit der er den Besucher auf Stufen, Lüftungsschächte, Kavernen und Treppen aufmerksam macht. Diese Gänge sind keine Kasematten, die, wie in anderen Festungen, dem Transport von Menschen und Material dienten, sondern Gänge, welche bis vor die Bastionen der einstigen Festung hinausführten und nur einem einzigen Zweck dienten: Sollte der Feind die Außenwerke und vorderen Bastionen erstürmen, dann konnte man in diesen Gängen Minen zünden, die die Angreifer zum Stehen bringen mußten. Zu diesem Zweck waren in gewissen Abständen Nischen in die Wände gebrochen, in denen sich die Pulverfässer befanden.

Am 29. August war es den Franzosen gelungen, einen Teil der Außenwerke zu erobern und in das unterirdische Labyrinth einzudringen. Der 29jährige Soldat Pietro Micca erkannte die Gefahr, die nun der gesamten Festung drohte, und er beging jene Tat, die ihn unsterblich machen sollte: Ohne auf sein eigenes Leben zu achten, eilte er den Angreifern entgegen und warf, als er sah, wie sie von einem unteren Gang über eine Treppe in den oberen stürmten, seine brennende Lunte in ein Pulverfaß. In der gewaltigen Explosion, die die Gänge und Treppe verschüttete und die Angreifer unter den Trümmern begrub, fand Pietro Micca den Tod.

Erst 1959 machte sich der italienische Militärhistoriker Guido Amoretti daran, nachzuprüfen, was an dieser Tat nachweisbar war. Tatsächlich fand er unter den Trümmern jenen Ort, an dem Micca das Pulver gezündet hatte, ferner Gebeine und Ausrüstungsgegenstände, und er fand auch die Stelle, bis zu der die Explosion den Körper des jungen Soldaten geschleudert hatte – fast vierzig Meter vom Explosionsherd entfernt. Heute befinden sich an diesen beiden Orten Kreuze und Kränze.

Guido Amoretti tat aber noch mehr: Er gründete eine „historische Soldatengruppe", der er den Namen „Pietro Micca" gab und die sich aus jungen und älteren Männern aller Berufe und Volksschichten zusammensetzt. In ihren historischen

Uniformen und mit ihren alten Waffen rücken sie regelmäßig aus und stehen bei verschiedensten Feiern im Mittelpunkt des Interesses.

Wenige Tage nach der Heldentat des jungen Piemontesen traf Prinz Eugen, der sich unterdessen mit seinem Vetter, Herzog Victor Amadeus II. von Savoyen, vereinigt hatte, vor Turin ein. Die beiden Feldherren ritten auf den südöstlich der Stadt gelegenen, 600 Meter hohen Hügel von Superga und erkundeten von dort aus die Lage. In einer kleinen Kapelle beteten sie zur Madonna um ihren Beistand im kommenden Kampf. Victor Amadeus gelobte, für den Fall des Sieges hier, über der Kapelle, einen Dom zu errichten. Er sollte sein Wort halten.

Die Basilika von Superga ist heute weithin sichtbar. Sie birgt nicht nur noch immer die kleine Kapelle, sondern auch die königlichen Gräber der Savoyer, auch das des Siegers von Turin, Victor Amadeus II.

Am Morgen des 7. September 1706 entbrannte der Kampf in voller Härte. Preußen, Sachsen, Österreicher und Piemontesen rannten im heftigen Feuer der Franzosen gegen die Stellungen, Wälle, Gräben und Bastionen an, in die die schwere Artillerie bereits tiefe Breschen geschossen hatte. Wie

Rechts: Das Denkmal Pietro Miccas vor der Zitadelle von Turin. Unten: In dem nach ihm benannten Museum, von dem aus die engen, niedrigen Gänge 14 km weit unter der Stadt entlangführen, gibt es dieses Bild, das die Auffindung von Pietro Miccas Leiche nach der von ihm ausgelösten Sprengung darstellt.

Die Basilika auf dem Supergahügel bei Turin birgt auch die königlichen Gräber der Savoyer.

in vielen anderen Schlachten zuvor, war auch hier Prinz Eugen vorne dabei. Mitten in diesem haltlosen Vorwärtsstürmen ging ein Schrei des Entsetzens durch die Kaiserlichen: der Savoyer war mit seinem Pferd gestürzt, eine Kugel hatte den Schimmel getötet. Da aber war der Prinz schon wieder auf den Beinen, er schrie durch das Kampfgetümmel: „Nur mein Pferd ist gefallen, nicht ich!" und gab dem stockenden Angriff damit wieder neuen Schwung.

Als die ersten Schanzen erstürmt waren, machte Feldmarschalleutnant Graf Daun, der nun schon monatelang in der Festung belagert gewesen war, einen Ausfall, so daß die Belagerungsarmee plötzlich zwischen zwei Feuern stand. Immer mehr Franzosen fielen oder wurden verwundet, hunderte gerieten in Gefangenschaft. Marschall Marsin, der Pechvogel von Höchstädt und Ramillies, wurde tödlich verwundet. Als der Herzog von Orléans sah, daß gegen das kaiserliche Heer Eugens

und Victor Amadeus' nicht aufzukommen war, befahl er den Rückzug. Gegen 3 Uhr nachmittags konnten die Sieger unter dem Jubel der Bevölkerung und dem Läuten aller Kirchenglocken in die befreite Stadt einziehen. Prinz Eugen übersandte seinem kaiserlichen Herrn in Wien die Siegesbotschaft, in der es unter anderem hieß: „Nun ist ganz Italien unser!"

Die Victorie war jedoch teuer erkauft: Die Kaiserlichen und Piemontesen hatten 3800 Tote und 2500 Verwundete zu beklagen, die Franzosen zählten einen Gesamtverlust von 5100 Mann, davon 2000 Tote und 1200 Verwundete.

Die Lombardei war, nachdem am 24. September auch Mailand kapituliert hatte, wieder österreichisch und sollte es bis zum Unglücksjahr 1859 – dem Jahr von Solferino – bleiben.

Als aus dem Marollebach ein Blutbach wurde
Oudenaarde, 11. Juli 1708

Auf rund 130 Kilometer Luftlinie gibt es im südwestlichen Belgien – von Brüssel ausgehend bis hinauf nach Dünkirchen, knapp hinter der Grenze zu Frankreich – eine Reihe von Städten, die als bedeutende Schlachtenorte in die europäische Geschichte Eingang gefunden haben: Brüssel selbst mit dem nur wenige Kilometer entfernten Waterloo, Oudenaarde, Kortrijk, Ypern, Passendaele, Langemark... Kaum ein anderes Gebiet Europas hat so viel Leid und Tod gesehen wie dieser Teil von Flandern.

Bleiben wir in Oudenaarde, dem „alten Ankerplatz", wie der Name verkündet, dem Ankerplatz an der Schelde. Hier erfochten Prinz Eugen und

der Herzog von Marlborough in der Sommerhitze des 11. Juli 1708 einen Sieg über Frankreich, der dem Spanischen Erbfolgekrieg eine neue Dimension bringen sollte.

Auch hier bewährte sich die Waffenbrüderschaft der beiden Feldherrn. Ein Nachfahre des Herzogs von Marlborough, Winston Churchill, schrieb in seiner Marlborough-Biographie über das Verhältnis der beiden Prinzen zueinander:

„Sobald Eugen und Marlborough beisammen waren, hat ihre perfekte Kameradschaft und ihre

Schlacht bei Oudenaarde 1708. (Stich nach einem Gemälde von Jan van Huchtenburg.)

Überlegenheit eine höhere Einheitlichkeit des Kommandos hergestellt, als dies jemals im Krieg der Fall war. Die ‚Prinzen‘, wie sie genannt wurden, haben alles untereinander ‚geregelt. Keiner der beiden ließ es je zu, daß auch nur der leiseste Ton von Meinungsverschiedenheiten laut wurde. Sie waren offenbar immun gegen jede Art von Eifersüchteleien, gefeit gegen jede Art der Intrige oder sonstige Unheilstifterei, und im Felde waren sie praktisch unumschränkte Herren.“

In und um Oudenaarde wissen die Bewohner noch einigermaßen gut Bescheid über diese grausame Schlacht zwischen der Schelde und dem Marollebach. Sie wissen zu erzählen, daß es in der Nähe einen Ort gibt, wo noch vor wenigen Jahren, am Jahrestag der Schlacht, eine Strohpuppe angezündet wurde, die den Herzog von Marlborough verkörpern sollte, dessen Truppen nach dem Sieg plündernd durch das Land gezogen waren. Sie wissen auch, daß der Marollebach bei dem kleinen Dorf Eine, dem Zentrum der Schlacht, lange Zeit „Blutbach“ genannt wurde, weil er soviel Blut der Gefallenen und Verwundeten mit sich geführt hatte. Und die Bewohner von Oudenaarde sind auch stolz darauf, daß ihre Stadt mit seinem Rat-

haus den schönsten Profanbau Belgiens besitzt; sie erzählen, daß an der Stelle des heutigen Oudenaarde schon eine Römersiedlung bestanden hat und daß die Schelde seit 843 die Grenze zwischen Frankreich und Deutschland bildete.

Dermaßen über die unbekannte Gegend aufgeklärt, tut man sich leicht, all jene Stätten aufzusuchen, an denen die Schlacht von Oudenaarde am 11. Juli 1708 stattgefunden hat: Eine am Ufer der Schelde, das einst so heftig umkämpfte Restaurant 't Craeneveldt, Herlegem und Royegem, Schaerken und Groenewald. Es ist fast ebenes Land, nur da und dort von Kanälen und Bächen – auch vom Marollebach, dem „Blutbach“ – durchzogen, von niedrigen Wäldchen und kleinen Dörfern aufgelockert.

Hier traten die beiden Feldherrn Marlborough und Prinz Eugen gegen die Franzosen an, 80.000 Mann gegen 85.000. John Churchill, der seit 1702 den Titel eines Herzogs von Marlborough führte, war 58 Jahre alt, Prinz Eugen erst 45. Zu ihren Generälen zählten William Cadogan, ein Ire, der seine militärische Karriere 1690 unter Wilhelm von Oranien in der Schlacht an der Boyne in Irland begonnen hatte; John Campbell, Herzog von Argyle; Hendrik von Nassau, dessen Kavallerieattacken wesentlichen Anteil am Sieg haben sollten; Joseph Sabine; Philipp Karl Lottum, Befehlshaber der preußischen Infanterie; Dubislaw Natzmer, Befehlshaber der preußischen Kavallerie; und Jorgen Rantzau, der Cadogans Kavallerievorhut befehligte.

Die französischen Truppen standen unter den Herzogen von Vendôme und Ludwig von Burgund. Während Vendôme über eine vierzigjährige Kriegserfahrung verfügte, war Ludwig erst zwanzig Jahre alt und hatte sich seine Sporen noch nicht verdient. So kam es in Fragen der Taktik zwischen den beiden immer wieder zu Unstimmigkeiten, die nicht zuletzt mit Ursache für ihre Niederlage bei Oudenaarde waren. Der einzige, der Erfahrung im Kampf gegen Prinz Eugen und Marlborough hatte, war der Marquis de Biron, der bereits 1704 bei Höchstädt gegen die beiden gekämpft hatte; mit seinen klugen Ratschlägen während der Schlacht von Oudenaarde, die manche Vorteile hätten bringen können, drang er aber bei den so unterschiedlichen Querköpfen Vendôme und Ludwig nicht durch.

Die Schlacht, welche fast zwei Tage Aufmarsch benötigte, begann mit dem Schlagen von Pontons über die Schelde um Mitternacht zum 11. Juli, damit die Vorhuten, die aus Infanterie, Dragonern und Artillerie bestanden, in die ideale Position gebracht werden konnten. Die Franzosen näherten sich langsam aus Richtung Eine; Eugen und Marlborough stießen aus Osten in Richtung Oudenaarde vor. Dadurch war es möglich, die Franzosen regelrecht einzukreisen und im jäh ausbrechen-

Herzog Louis Joseph Vendôme (1654–1712), Befehlshaber der französischen Armee, in der Schlacht von Oudenaarde. (Gemälde von Henri Scheffer.)

den, hitzigen Kampf über die Flanken her aufzurollen.

Janko von Musulin schreibt in seinem Prinz Eugen-Buch: „Der vorliegende Schlachtenplan von Oudenaarde erweckt den Eindruck des zeremoniösen Kriegsgeschehens des 18. Jahrhunderts. Mit Recht hat man aber darauf hingewiesen, daß Oudenaarde eher eine Schlacht des 20. Jahrhunderts gewesen sei, die in der sich allmählich abzeichnenden Umfassungsbewegung der Flügel den Grundgedanken von Tannenberg vorwegnimmt". (Im August 1914 besiegte Hindenburg die russische Armee Samsonows trotz zahlenmäßiger Unterlegenheit in einer großangelegten Umfassungsschlacht – der ersten erfolgreichen seit Hannibals Sieg bei Cannae 216 v. Chr.; Anm. d. Verf.)

Der kleine Ort Eine bei Oudenaarde am Ufer der Schelde war Austragungsstätte der berühmten Schlacht vom 11. Juli 1708.

Die Schlacht währte den ganzen Tag, und es war der einbrechenden Nacht zuzuschreiben, daß die Verluste der Franzosen nicht höher ausfielen; sie betrugen 4000 Gefallene, 8000 Verwundete und 7000 Gefangene (darunter 700 Offiziere) sowie 3000 Deserteure. Die Verbündeten verloren 2000 Mann an Toten und 4000 an Verwundeten.

Wer heute nach Belgien kommt, sollte Oudenaarde und die vielen anderen geschichtsträchtigen Orte dieses Gebietes aufsuchen. Nicht, weil dort bedeutende Schlachten ausgetragen wurden, sondern weil hier, in Ostflandern, so viel für Europas Geschick getan und erlitten wurde.

Schlachtfeld im Niemandsland
Malplaquet, 11. September 1709

In der Schule wurde uns gelehrt, daß die Schlacht von Malplaquet die blutigste des gesamten 18. Jahrhunderts gewesen sei, auch eine der entscheidendsten des Spanischen Erbfolgekrieges. Und doch hat es den Anschein, als wäre der Name dieses Ortes und dieser Schlacht im Verlauf der seither vergangenen fast 300 Jahre in völlige Vergessenheit geraten. Weder in Brüssel noch in Charleroi weiß man etwas von Malplaquet, ja nicht einmal auf dem Bahnhof der belgischen Hauptstadt läßt sich in Erfahrung bringen, wie man nach Malplaquet kommt.

Der Zug bringt uns von Brüssel über Charleroi nach Maubeuge in Frankreich, durch eine hügelige Landschaft, immer wieder den gewundenen

Prinz Eugen in der Schlacht von Malplaquet. (Zeichnung von Siegmund L'Allemand.)

Flußlauf der Sambre querend. In vielen Kriegen hat Maubeuge Bedeutung erlangt, besonders im Ersten und Zweiten Weltkrieg; aber berühmt wurde diese Stadt als Geburtsort des bedeutendsten Festungsbaumeisters Europas, des Sébastien le Prestre de Vauban, dem die heute knapp 36.000 Einwohner zählende Stadt ein prächtiges Denkmal errichtet hat. Hier ist Malplaquet nicht mehr so unbekannt wie in dem kaum 40 Kilometer entfernten Charleroi.

Von Maubeuge sind es nur mehr knapp 10 Kilometer Richtung Norden. Malplaquet liegt genau zwischen der französischen und belgischen Grenze, gleichsam im Niemandsland, aber der Ort gehört zu Frankreich.

Malplaquet ist ein kleines Straßendorf, das sich um eine spitztürmige Kirche und das Gemeindeamt schart. Am Ortsende, wo sich die weiten Äcker

und Felder nach Norden erstrecken, erhebt sich ein mächtiger grauer Obelisk, „Den Kämpfern von Malplaquet – 11. September 1709" gewidmet, wie die Inschrift unter den Medaillons der französischen Feldherrn Villars und Boufflers lautet. Eine gestutzte niedere Hecke umgibt das etwa vier Meter hohe Memorial direkt neben der Straße, die hinaufführt ins belgische Mons.

Hier also, auf diesen weiten, nur von wenigen Wäldchen bestandenen Feldern, fand die blutigste Schlacht des 18. Jahrhunderts statt. Hier standen an jenem 11. September 1709 93.000 Österreichern und Briten unter Prinz Eugen und dem Herzog von Marlborough 90.000 Franzosen unter Marschall Villars gegenüber, die sich bei Mons, welches ungefähr zwanzig Kilometer weiter nördlich liegt, verschanzt hatten.

Man muß sich diese Armeen erst einmal vorstellen: über 180.000 Mann prallten hier in den frühen Morgenstunden aufeinander. Prinz Eugen von Savoyen, der kühne Stratege und Haudegen, der sich selbst ins Kampfgetümmel begab, dennoch nie den Gesamtüberblick verlor und ungeachtet einer Kopfverwundung nicht zu bewegen war, das Feld zu verlassen; an seiner Seite sein in vielen gemeinsamen Kriegsjahren zum Freund gewordener Mitfeldherr, der nüchterne, kühle Brite John Churchill, Herzog von Marlborough. Sie stellten ein ideales Führungsteam dar, gegen das die Franzosen mit Villars und Boufflers nichts Ebenbürtiges aufzubieten vermochten.

Die Taktik der Verbündeten bestand darin, die Flanken der Franzosen so heftig zu attackieren, daß sie Truppen aus dem Zentrum abziehen mußten; in diese Lücke in der Mitte stießen die Kaiserlichen und Briten hinein. Die Schlacht wogte stundenlang hin und her, und lange Zeit stand nicht fest, „auf welche Seite sich die Siegesgöttin neigen würde", wie es ein Chronist nannte. Erst nach mehrmaligen Angriffen, die die Verbündeten schwere Opfer kosteten, gelang es ihnen, die Schanzen der Franzosen zu durchbrechen. Dabei wurde Villars schwer verwundet, tausende Franzosen gerieten in Gefangenschaft. Die Verluste waren entsetzlich: auf alliierter Seite zählte man über 23.000 Tote und Verwundete, die Franzosen bezifferten ihre Verluste mit 14.000 Mann.

Von beiden siegreichen Feldherrn sind Briefe erhalten, die sie kurz nach der Schlacht geschrieben haben. Aus ihrer Kürze läßt sich erkennen, wie sehr diese Stunden sie mitgenommen hatten. Prinz Eugen schrieb:

„Für jetzt nur dieses Billet, um Kunde zu geben von einer der blutigsten und größten Schlachten, die es seit langem gegeben hat. Man hat die verschanzten Feinde angegriffen, die an ihren Flanken zwei ebenfalls befestigte Gehölze hatten, aus denen man sie nach sehr heftigem Kampfe gewor-

Das zweihundert Jahre nach der Schlacht von Malplaquet errichtete französische Denkmal am Rande des weiten Schlachtfeldes von 1709.

fen hat, während man zugleich in die Verschanzungen in der Mitte eindrang. Dann begann der Kampf mit der Kavallerie, der überaus hartnäckig war, endlich hat man sie überall geworfen, etwas verfolgt, und man liegt nun auf dem Schlachtfeld. Man hat dabei große Verluste gehabt, und ich glaube, daß man den Frieden haben könnte, wenn man wollte. Ich bin leicht verwundet am Kopfe und zu ermüdet, um mehr zu schreiben..."

Marlborough faßte sich noch kürzer. Er übergab einem holländischen General einen Zettel, auf dem lediglich stand: „Ich bin so müde, daß ich zu entschuldigen bitte, wenn ich den Bericht über diesen glorreichen Tag dem Überbringer überlasse; er hat einen großen Anteil daran und weiß das meiste über die Aktion. Die Franzosen haben sich in dieser Schlacht besser verteidigt, als ich es jemals gesehen habe, so daß wir sehr viel Menschen verloren haben, aber wir haben sie so geschlagen, daß sie jetzt den Frieden haben sollten, den sie wünschen."

Im kleinen Museum von Malplaquet kann man die einzelnen Phasen der Schlacht an Hand von Schautafeln nachvollziehen, wie sie sich vom frühen Morgen bis nach Mittag ereigneten. Fahnen, Bilder, Stiche, Waffen, Kanonenkugeln, Uniformen, Porträts, aber auch unzählige private Dinge der Soldaten beider Seiten, wie Münzen, Tabakdosen und Pfeifenköpfe, sind hier säuberlich gesammelt. Hobbyhistoriker und -archäologen haben sie zusammengetragen, aber sie taten noch mehr: sie gründeten den Verein „Association Navarre et Picardie", benannt nach zwei französi-

„Plan der berühmten Schlacht bey Malplaquet, die den 11ten Sept. 1709, frühe von 7 bis abends 4 uhr dauerte; Unter Commando Sr. Durchlaucht Pr. Eugens von Savoyen Ihro Kaiser. und Apost. Majestät Gräl Lieut. und des Gräl. Capitain der Engländer Milord Marlborough; Wider die 100.000 Mann stark Französ. Armee, unter Anführung der Marschällen Bouffleur und Villars, welch= letztere geschlagen, dann mehr als 36.000 Mann/: die theils getödtet, theils verwundet, und gefangen wurden:/ verlohren, Samt vieler Munition, und Cannonen."

schen Regimentern, die in Malplaquet besonders tapfer gekämpft hatten. Jeden 11. September verbringen die Mitglieder dieses Vereins auf dem Schlachtfeld. Sie scharen sich um die Wachtfeuer, lassen alte Marschmusik erklingen und gedenken der tausenden Toten, die diese Schlacht gefordert hat.

Der Spanische Erbfolgekrieg, welcher 1701 ausgebrochen war, hatte ungeheure Menschenopfer gekostet: an die 600.000 Soldaten und Offiziere waren in seinen vielen Schlachten getötet oder verwundet worden. Aber der Friede ließ noch auf sich warten. Erst 1713 schloß Frankreich zu Utrecht mit England, den Niederlanden, Savoyen, Portugal und mit Preußen Frieden; 1714 in Rastatt auch mit Österreich.

VI.

Eine Frau kämpft um ihr Reich

Welch ein Gegensatz: Hier der große Einsame von Sanssouci, König Friedrich II. von Preußen, trotz seiner vielen Reformen im Grunde seines Herzens wohl ein Menschenfeind, dort Maria Theresia von Österreich, nicht nur Mutter von 16 leiblichen Kindern, sondern geliebte Mutter eines ganzen Volkes. Welch ein Gegensatz auch in ihrem Tod: die Habsburgerin fand wenige Tage nach ihrem Hinscheiden ihre letzte Ruhestätte in der Kapuzinergruft zu Wien, wo schon so viele ihres Geschlechts vor ihr bestattet worden waren; Friedrich fand seine letzte Ruhestätte erst 1991, 205 Jahre nach seinem Tod.

Aber sie sind beide lebendig geblieben: der „Alte Fritz" wie Maria Theresia, auch wenn es das „Preußen" von einst ebenso nicht mehr gibt wie das alte

Österreich. Nicht nur wegen ihrer großen Leistungen und Reformen, auch menschlich beschäftigen sie uns immer noch. Während Friedrich aber zwar Bewunderung und Verehrung auf sich zog und in Norddeutschland lange das große Vorbild blieb, war es doch Maria Theresia, der ihre Untertanen – wie wir heute – eher ein Gefühl der Liebe entgegenbrachten. Gertrud Fussenegger, die Doyenne der österreichischen Literatur, gibt auf die Frage nach dem Grund dieser Zuneigung eine treffende Antwort:

„Wieso kommt es, daß sich Maria Theresia nicht wie ihre Vorfahren, wie noch ihr Vater und die meisten ihrer Zeitgenossen von uns entfernt hat? Was hält sie noch immer in unserer Vorstellungswelt fest? Ihr Schicksal, ihre Menschlichkeit, ihre Mütterlich-

Maria Theresia, Erzherzogin von Österreich, Königin von Ungarn und Böhmen. (Stich von Johann Christoph v. Reinsperger nach einem Gemälde von Jean Etienne Liotard, 1744.)

König Friedrich II. von Preußen, der „Alte Fritz", eine Darstellung des noch jugendlichen Herrschers. (Stich von Johann Jakob Haid nach einem Gemälde von Antoine Pesne.)

keit? Oder ihre Tapferkeit, ihr unbeugsames königliches Herz?

Vielleicht liegt es daran, daß sich unter ihrer Herrschaft und Leitung erste Reformen in Bewegung setzten, die alten verkrusteten Strukturen zugunsten des allgemeinen Wohls aufzusprengen?

Vielleicht liegt es daran, daß sie die erste Frau war, die in unserem mitteleuropäischen Raum selbständig regierte – und zwar jahrzehntelang – und damit bewies, daß Frauen fähig sind, höchste Verantwortung zu tragen?

Vielleicht liegt es auch daran, daß Maria Theresia maßzuhalten wußte; in einer Zeit schrankenloser Genußsucht hielt sie auf Zucht und Sitte; in einer Zeit imperialer Welteroberung blieb sie sich ihrer Grenzen bewußt; gegen gewissenlosen Machtmißbrauch hat sie sich immer zur Wehr gesetzt.

Aber vermutlich ist uns ihre Gestalt deshalb heute noch so nah, weil diese Frau ein Stück Natur war, das Geschichte wurde; fruchtbar wie die Natur, zwar verletzlich, aber kraftvoll und regenerationsfähig wie die Natur, von unerschöpflicher vitaler Potenz und zarter Menschlichkeit zugleich.

Maria Theresia hat ihre Krone – oder sagen wir es genauer: ihre Kronen – nie anders getragen denn als Zeichen höchster Verantwortung. Sie hat ihre Kronen freilich auch als Zeichen gottgewollter Erwählung getragen. Darin ist sie ihren Vorfahren nachgefolgt. Es war das Großartige an dieser Frau, daß sie sowohl voraus- als auch zurückgedacht hat. Sie hat die Umformung ihres Reiches zum modernen Staat begonnen, ohne die alten Formen niederzuwalzen. Sie hat es verstanden, das Gestern und das Heute nahtlos miteinander zu verbinden.

So hat sie vier Jahrzehnte lang in einer Epoche der Dekadenz ihre Aufgabe erfüllt und wurde inmitten einer politisch düsteren Szenerie zum hellen Fixpunkt ihres Zeitalters. Viele Jahre hat sie mit ihrem Erzfeind Friedrich II. auf den Schlachtfeldern Europas gerungen. Doch schließlich mußte auch er zugeben: ‚Diese Frau hat ihrem Haus und ihrem Geschlecht Ehre gemacht.'

Der König floh – sein Marschall siegte
Mollwitz, 10. April 1741

Man hat das Jahr 1740 ein Schicksalsjahr der europäischen Geschichte genannt, mit Recht. Nicht nur Karl VI. wurde zu seinen Vätern versammelt, am letzten Maitag war auch Friedrich Wilhelm von Preußen gestorben. In den ersten Novembertagen wurde ein dritter Thronwechsel gemeldet, der Zarin Anna Iwanowna folgte der minderjährige Iwan und ihm auf dem Fuß die Tochter Peters des Großen, Elisabeth. Auch ein Papst war gestorben: der Vierzehnte Benedikt hatte an Stelle des Zwölften Clemens den Stuhl Petri bestiegen. Durch das politische System des Erdteils lief ein tektonisches Beben. Die persönlichen Veränderungen machten neue politische Valenzen frei" (so Gertrud Fussenegger in ihrem Buch „Maria Theresia").

In Österreich sollte nun, nach Kaiser Karls Tod, die Pragmatische Sanktion ihre Gültigkeit beweisen, nachdem dieser ihr in jahrelangem diplomatischem Ringen und mit außenpolitischer Nachgiebigkeit die Anerkennung fast aller Mächte verschafft hatte; sie besagte, daß die habsburgischen Länder unteilbar seien und daß die Thronfolge auch auf weibliche Nachkommen des Herrschers übergehen könne. Das bedeutete, daß Maria Theresia Herrscherin von Österreich wurde. In Preußen dagegen wurde abermals ein Mann König: Friedrich II., der nun für viele Jahre Maria Theresias erbittertster Gegenspieler werden sollte.

Ihm ging es um Preußen und seine Vormachtstellung im deutschen Raum. Aber Preußen war klein, es war sogar arm, es war zum Teil nichts anderes als „die Streusandbüchse des Reiches". Aber es hatte ein ausgezeichnet gedrilltes Heer und einen zu allem entschlossenen König, der das kleine Preußen groß machen wollte.

Was lag daher näher als das südlich gelegene Schlesien, das österreichische Schlesien? Und Friedrich überlegte nicht lange: Er versammelte in den ersten Tagen des Dezembers 1740 seine Streitmacht, 22.000 Mann Infanterie und 5000 Reiter, an der Grenze zu Schlesien, einer blühenden und reichen Provinz des Habsburgimperiums. Am 14. Dezember stieß er selbst zu seinen Truppen; am 16. marschierte er über die Grenze auf österreichisches Gebiet, selbstverständlich ohne Kriegserklärung und – ebenso selbstverständlich – ohne auf Widerstand zu stoßen. Die reformierten Österreicher Schlesiens freuten sich über den preußischen Einmarsch, hofften sie doch, Friedrich würde sie in ihrer Religion unterstützen, die das katholische Habsburg alles andere als stillschweigend tolerierte. Die Katholiken hingegen wußten nicht, was von diesem Einmarsch zu halten sei, hieß es doch, der Preußenkönig sei mit Wissen und Wollen Maria Theresias in Schlesien eingerückt. Friedrich besetzte der Reihe nach immer mehr Städte, und sogar das starke Breslau öffnete ihm seine Pforten.

Maria Theresia, die wenige Wochen zuvor ihr viertes Kind – nach drei Mädchen endlich einen Sohn – geboren hatte, war über die „preußische Frechheit" entsetzt. In Schlesien selbst standen nur einige wenige Regimenter österreichischer Truppen; die meisten Festungen waren veraltet, seit Jahren nicht mehr gewartet worden und äußerst mangelhaft ausgerüstet. Ein tatkräftiges Heer in kürzester Zeit aufzustellen, war ein schwieriges Unterfangen, aber Maria Theresia gelang dies dennoch. Um Graf Neipperg sammelten sich im Ver-

Generalfeldmarschall Curt Christoph Graf von Schwerin, der – obwohl König Friedrich II. bereits vom Schlachtfeld geflohen war – die Schlacht von Mollwitz zugunsten der Preußen entschied.

lauf der nächsten Wochen, in denen Friedrich – immer kampflos! – fast ganz Schlesien in Besitz genommen hatte, an die 15.000 Mann, zwölf Infanteriebataillone und elf Regimenter Kavallerie. Aber Neipperg war alles andere denn ein rasch zupackender Haudegen; schon im letzten Türkenkrieg (1736–39) hatte er durch sein ständiges Zögern und Verzetteln seiner Kräfte eine schwere Niederlage hinnehmen müssen und Belgrad an die Osmanen verloren. Langsam rückten die beiden Heere Ende März 1741 aufeinander zu, in Richtung Brieg (heute polnisch: Brzeg), rund 40 km südöstlich von Breslau. Auf den weiten Feldern des kleinen Dorfes Mollwitz (heute: Małujowice) westlich von Brieg kam es am Morgen des 10. April zur Schlacht.

„Neipperg, der Zauderer", schreibt Gertrud Fussenegger über diese Schlacht, „war noch dabei, den Kern seiner Armee zu ordnen. Schon fingen die Preußen an, die Österreicher zu beschießen und Unruhe und Verwirrung in die bereits aufgestellten Truppen zu bringen, da wollte der junge und hitzige Feldmarschalleutnant v. Römer nicht mehr zuwarten. Er setzte sich, ohne Neippergs Befehle abzuwarten, vorzeitig in Bewegung und stürzte sich mit 36 Schwadronen in voller Wucht auf den Feind. Die Wirkung war furchtbar. Die Preußen waren ihr nicht gewachsen. Ihre Linien wankten. Der König selbst geriet in Gefahr.

Nicht, daß der Tag von Mollwitz Friedrichs Feuertaufe gewesen wäre. Er war schon früher, vor Jahren, in das Schußfeld fremder Artillerie geraten. Doch der Ansturm der österreichischen Reiterei, der Anblick des blutigen Gemetzels erfüllten ihn mit Entsetzen, und als ihm sein Mitfeldherr und Freund Fürst Curt Christoph von Schwerin, Generalfeldmarschall, eine beschwörende Botschaft zukommen ließ, die Schlacht sei wahrscheinlich verloren und er, der König, möge sich in Sicherheit bringen, da vermochte er nicht zu widerstehen, er ergriff die Flucht.

Ja, er ergriff die Flucht, der große Heros Friedrich ritt davon, obwohl die Schlacht hinter seinem Rücken weiter tobte und – entgegen aller Voraussicht trotzdem von Preußen gewonnen wurde.

Was war geschehen? Die österreichische Reiterei hatte die preußische außer Gefecht gesetzt. Aber hinter dieser stand, ein eiserner Block, die in tausend Exerziertagen bis zur bewußt- und gefühllos klappenden Mechanik dressierte preußische Infanterie. Sie stand und feuerte, lud und feuerte, lud und feuerte wieder, jeder Füsilier bis zu sechsmal in der Minute. Die Soldaten verhielten sich wie Automaten. Später lobte man sie, sie hätten wie die alten Römer gekämpft. Doch nein, sie kämpften wie modern gedrillte Massen, während ihr König auf schnellem Pferd nach Norden entwich."

Ein österreichischer Offizier, der diese Nieder-

Graf von Neipperg, der Besiegte von Mollwitz.

lage selbst miterlebt hatte, schrieb später: „Unsere mit rasch angeworbenen Rekruten aufgefüllten Infanteriebataillone begannen schon auf 1000 Schritt auf den Feind zu feuern und hatten sich vor der Zeit ohne Not verschossen, wobei auch vielen Füsilieren die hölzernen Ladestöcke zerbrochen waren. Es war bald ein Jammer, diese armen Rekruten zu sehen, wie sich der eine hinter dem anderen versteckte, so zwar, daß die Bataillone bald bei 30 bis 40 Mann tief standen und da die preußische Artillerie zu all dem noch 90 Kanonenschüsse in der Zeit eines Vaterunsers abgab, worauf die Österreicher nicht antworteten, weil ihre Artillerie noch nicht heran war."

Neipperg zog sich gegen 19 Uhr dieses Unglückstages, der für Österreich so glänzend begonnen hatte, mit dem Rest seiner Truppen nach Neisse zurück. Zu seiner größten Verwunderung folgte ihm Schwerin jedoch nicht; erst später erfuhr er, daß die Preußen so gut wie ihre gesamte Munition verschossen hatten. Und er erfuhr auch, daß deren Sieg an einem seidenen Faden gehangen war: Nach der überraschenden und alles niederreitenden Kavallerieattacke der Österreicher hatten sich fast alle Generäle und Obristen der Preußen an Schwerin gewandt, er möge doch zum

Rückzug blasen lassen; die Schlacht sei verloren. Aber Schwerin wollte sich nicht geschlagen geben. Sein Vertrauen auf die preußische Infanterie machte sich bezahlt...

Die Schlacht von Mollwitz hatte 1700 Menschenleben gefordert, 810 Österreicher, 891 Preußen bei Gesamtverlusten von 4211 bzw. 4422 Mann. Es war ein preußischer Sieg, natürlich, und dennoch wagte es niemand von der preußischen Generalität, in des Königs Nähe jemals von dieser Schlacht zu sprechen. Der Name Mollwitz blieb tabu. Er war für immer mit der Schande befleckt, daß ein König die Nerven verloren, seine kämpfenden Soldaten im Stich gelassen hatte und vom Schlachtfeld geflohen war. Ein zweites Mal widerfuhr Friedrich solches nicht mehr, der oft genug Gelegenheit hatte, persönlichen Mut zu beweisen.

Heute erinnert in Małujowice nichts mehr an die Schlacht von Mollwitz oder gar an Friedrich oder Neipperg. Vor der imposanten Kirche des kleinen Dorfes hatte sich einst das Schlachtdenkmal befunden. 1945, als alles Deutsche vernichtet wurde – die Menschen wurden grausam vertrieben, die Denkmäler, Inschriften, Bücher und Bilder wurden zerstört, niedergerissen, verbrannt –, fiel auch dieses Denkmal dem Bildersturm zum Opfer. An seiner Stelle steht nun eine kitschige kleine Kapelle mit einer blaßblauen Madonna. Die Kirche selbst jedoch ist ein Kleinod: ihre Wände sind mit Fresken aus dem 16. Jahrhundert bedeckt, einer Biblia pauperum, einer „Armenbibel", wie man sie nur mehr in wenigen Gotteshäusern Europas finden kann. Allein schon wegen dieser Kirche würde sich eine Fahrt nach Małujowice lohnen.

Wo heute ein kitschiger Madonnenbildstock vor der Kirche von Mollwitz steht, befand sich einst das Denkmal an die Schlacht. Nach dem Zweiten Weltkrieg, als dieses Gebiet polnisch wurde, fiel es dem antideutschen Ressentiment zum Opfer.

Vom „Galgenbühel" zur „Siegeshöh'"
Hohenfriedberg, 4. Juni 1745

Nach der Schlacht von Mollwitz hatte sich die „europäische Großwetterlage" entscheidend verändert. Durch Preußens Erfolg ermutigt, hielten nun einige Mächte den Zeitpunkt für gekommen, Österreichs Herrschaftsbereich untereinander aufzuteilen. Frankreich schloß am 18. Mai 1741 den Nymphenburger Vertrag, worin dem Kurfürsten von Bayern die Entsendung zweier Heere zur Durchsetzung seiner vermeintlichen Ansprüche zugesagt wurde. Diesem Vertrag traten später weitere Länder bei. Demnach sollte Bayern neben der deutschen Kaiserwürde auch Böhmen, Oberösterreich, Tirol und den Breisgau erhalten; Mähren und Oberschlesien sollten an Sachsen fallen, die Lombardei, Parma und Mantua an Spanien. Die österreichischen Niederlande sollten zu Frankreich kommen.

Überall wurde mobilisiert und marschiert. Trotz der verzweifelten Lage konnte sich Maria Theresia behaupten. Ganz Bayern fiel 1742 in die Hand der Österreicher, die nach weiteren Erfolgen 1744 im Begriff standen, die französische Armee im Elsaß anzugreifen. Maria Theresia, Österreichs Regentin, Königin von Böhmen und Ungarn, war von dem Gedanken erfüllt, sich für das verlorene Schlesien mit Bayern zu entschädigen, den Wittelsbachern aber das von Frankreich zu erobernde Elsaß zu überlassen.

Friedrich konnte solchen Intentionen nicht tatenlos zusehen. Am 2. September 1744 stand er mit seinem Heer vor Prag, das bereits am 16. September kapitulierte. Der Preuße ließ seine Armee nach Südböhmen vorrücken und besetzte Budweis und Frauenberg. Durch eine Erkrankung des französischen Königs Ludwig XV. geriet jedoch dessen Kriegszug bei Metz ins Stocken, und die Armee des österreichischen Oberbefehlshabers Karl von Lothringen, die sich in Bayern mit dem Korps des ungarischen Grafen Batthyáni vereint hatte, gelangte nach Böhmen, wo sie – durch ein sächsisches Korps verstärkt – Friedrich zum Rückzug nach Schlesien zwang. Mit Ungestüm drängten die Österreicher nach.

Für den Preußenkönig wurde die Lage prekär. Immer weiter stießen die österreichisch-sächsischen Truppen unter Karl von Lothringen nach Norden vor, in Richtung Breslau. Am 3. Juni 1745 erreichten sie bei Striegau die schlesische Ebene. Ihre Gefechtsstärke belief sich auf 53.000 Mann Infanterie und 12.000 Mann Kavallerie; bei der Artillerie standen 121 Geschütze. Die bei Schweidnitz (heute: Swidnica) konzentrierte preußische Armee zählte 49.000 Mann Infanterie, an die 28.000 Mann Kavallerie sowie 192 Geschütze.

In der Nacht zum 4. Juni marschierten die Preußen nach Striegau (heute: Strzegom), nur wenige Kilometer nordöstlich des kleinen Ortes Hohenfriedeberg (oder Hohenfriedberg, wie man ihn auch nennt), der dieser Schlacht seinen Namen geben sollte. Um die zwischen Hohenfriedberg, dem heutigen Dobromierz, und dem Dorf Pilgramshain liegenden Österreicher und Sachsen – die seit einiger Zeit wieder an der Seite der Österreicher standen – zu täuschen, ließen die Preußen ihre Wachtfeuer bei Schweidnitz brennen. Die Finte gelang. Im Schutz der Dunkelheit rückten Friedrichs Truppen vorsichtig nach Westen vor und stürzten sich nach einem äußerst gewagten Flankenmarsch nordöstlich von Hohenfriedberg auf die völlig

Schlacht bei Hohenfriedeberg – 4. Juni 1745

Pilgramshain
Günthersdorf
Striegau
Thomaswaldau
Hohenfriedeberg
Breslau
Schweidnitz
Alexander
Karl

0 1 2 3 km

preußische Truppen
österreichisch-sächsische Truppen

→ Anmarschweg
■ Infanterie
▨ Kavallerie
≡ Artillerie
➤ Angriffsrichtung
- - -➤ Rückzug

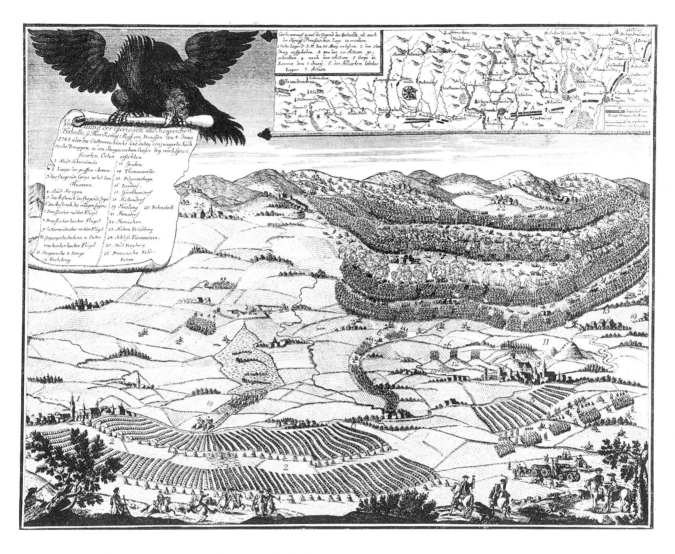

Zeitgenössischer Kupferstich der Schlacht bei Hohenfriedberg, der sehr realistisch zeigt, wie sich die Schlacht einem Beobachter dargeboten haben muß. Deutlich erkennbar die bergauf angreifenden Preußen und die von der günstigeren Lage aus verteidigenden Österreicher und Sachsen.

überraschten Sachsen, die von dem mörderischen Artilleriefeuer und dem schwungvollen Angriff innerhalb dreier Stunden trotz heftiger, tapferer Gegenwehr vernichtend geschlagen wurden. Unterdessen hatten sich das preußische Zentrum und der rechte Flügel gegen die Hauptmacht der Österreicher gewandt, und als nun auch der linke preußische Flügel, der die Sachsen geschlagen hatte, nach Norden einschwenkte, war die Zange geschlossen. Die Dörfer Günthersdorf, Pilgramshain und Thomaswaldau wurden gestürmt, die preußische Kavallerie preschte zwischen den brennenden Ortschaften hindurch auf die verwirrte österreichische Reiterei, welche durch die zurückströmende Infanterie zusätzlich behindert wurde. Dennoch schlugen sich die Österreicher tapfer; einzelne preußische Regimenter verloren in dieser Schlacht bis zur Hälfte ihrer Gefechtsstärke. Erst die tollkühne Attacke eines preußischen Dragonerregiments, durch die zwanzig allerdings schon schwer erschütterte österreichische Bataillone zersprengt wurden, entschied gegen 9 Uhr

morgens, nach knapp fünf Stunden, die Schlacht. Die österreichisch-sächsische Armee hatte in diesen fünf Stunden an die 15.200 Mann an Gefallenen, Verwundeten, Gefangenen und Vermißten sowie 45 Geschütze eingebüßt. Die preußischen Verluste betrugen 4750 Mann.

Auch Gertrud Fussenegger kam in ihrem „Maria Theresia-Buch" nicht um Hohenfriedberg herum: „Hohenfriedberg, ein winziges Städtchen zwischen den waldigen Kuppen des schlesischen Gebirges, dort, wo dieses in sanfte Schwellen und dann in die Ebene übergeht: ein unübersichtliches, waldreiches Gelände. In acht Kolonnen kamen Sachsen und Österreicher über die schlesischen Pässe heranmarschiert. Unten lag Friedrich, um sie blutig zu empfangen. Schon vor Sonnenaufgang begann das

Die preußischen Garde-Grenadiere im Sturm während der Schlacht bei Hohenfriedberg 1745. (Aquarell von Carl Röchling.)

Gemetzel. Friedrich agierte diesmal in ‚schiefer Schlachtordnung‘. Er warf sich zuerst auf die Sachsen. Sie schlugen sich tapfer, doch dem eisernen Zugriff der preußischen Truppen konnten sie nicht widerstehen. Dann warf sich Friedrich auf die Österreicher. Prinz Karl, auch diesmal wieder Oberkommandierender, schlug sich wie ein Löwe. Sein Beispiel riß hin, aber es fruchtete wenig. Zwischen den Hügelschwellen und Waldschöpfen vermochte er nicht Übersicht zu halten. Friedrich aber schien zu ahnen, wo was soeben vor sich ging. Sein Kampfinstinkt witterte, wo sich Schwachstellen des Feindes öffnen ließen, wo eigene Lücken gestopft werden mußten, wohin die stärksten Vorstöße zu wenden waren. Friedrichs Befehle griffen in das Getriebe der Schlacht, die des Lothringers stießen nur zu oft ins Leere. Schon um 8 Uhr morgens war die Entscheidung so gut wie gefallen. In Hohlwegen und auf Schneisen türmten sich die Leichen zu Bergen. Noch fuhr man fort, mit Kanonen aufeinander zu schießen. Zu Mittag war auch das zu Ende. Der Lothringer führte seine zerfetzte Armee über die Pässe zurück.“

Aber Österreich gab sich nicht geschlagen. Schon dreieinhalb Monate später stellte sich ein neu aufgestelltes Heer am 30. September bei Soor, südwestlich von Hohenfriedberg, abermals dem Preußenkönig. Und wieder schlug Friedrich zu. Karl von Lothringen gelang es zwar, die gesamte preußische Bagage mitsamt der Kriegskasse, rund 85.000 Taler, zu erbeuten, mußte sich aber unter einem Verlust von über 7300 Toten, Verwundeten und Vermißten vom Schlachtfeld zurückziehen.

Und noch ein drittes Mal kam es zu einem Desaster, diesmal zehn Tage vor Weihnachten 1745 bei Kesselsdorf, südöstlich von Bunzlau. Karl von Lothringen, der mehr vom Unglück als vom Ungeschick verfolgt wurde, plante, in der Nähe von Dresden seine Hauptarmee mit der sächsischen Armee unter General Rutowski zu vereinigen. Friedrich II. durchkreuzte diese Pläne mit der ihm eigenen Schnelligkeit. Unter dem Kommando von Feldmarschall Leopold Fürst von Anhalt-Dessau (dem „Alten Dessauer“) entsandte er ein 35.000 Mann starkes Heer in Eilmärschen in Richtung Dresden. Der sächsische Oberbefehlshaber nahm die Schlacht an, ohne das Eintreffen der österreichischen Hauptmacht abzuwarten, und wurde besiegt. Zwar büßten die Preußen an die 5000

Nur der Sockel vom alten Schlachtendenkmal existiert noch, das vor der Weite des Schlachtfeldes von 1745 etliche Kilometer von Hohenfriedberg errichtet und 1945, beim „Bildersturm" gegen alles Deutsche, zerstört wurde.

Mann ein, die Sachsen „nur" 3800, dafür aber gerieten 6600 Sachsen und Österreicher in Gefangenschaft.

Erst der bald darauf unterzeichnete Friede von Dresden brachte in diesem Raum vorübergehend wieder Ruhe und Ordnung; in weiten Teilen Europas, von Italien über Frankreich bis in die Niederlande, dauerte dieser Zweite Schlesische Krieg jedoch noch an, bis er 1748 im Frieden von Aachen endgültig zu Ende ging. Damit waren fast alle Gebietsansprüche abgewehrt, nur Schlesien sollte endgültig an Preußen fallen. Aber schon acht Jahre später begann der Dritte Schlesische Krieg, der „Siebenjährige".

Im Gemeindeamt von Dobromierz, dem ehemaligen Hohenfriedberg, weiß man wenig oder gar nichts von dieser einstmals so bedeutenden

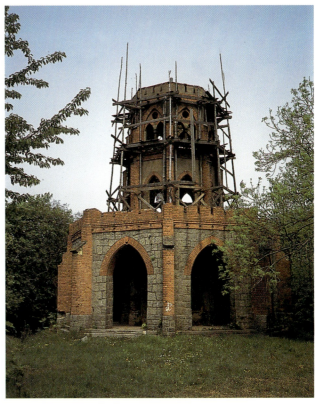

Das „Türmchen" auf der „Siegeshöh'" heute, etwas außerhalb von Hohenfriedberg, das 1845 anläßlich der 100-Jahr-Feier des Sieges Friedrichs II. über die Österreicher und Sachsen errichtet wurde. 1945, zur 200-Jahr-Feier, sollte sogar Hitler hierherkommen, doch es gab keine Siegesfeier mehr.

Schlacht. Aber da gibt es in der nicht einmal 1000 Einwohner zählenden Ortschaft einen Taxifahrer, der Geschichte zu seinem Hobby gemacht hat, alte Ansichtskarten sammelt, Bücher studiert und viel über den Krieg des „Alten Fritz" in dieser Gegend erzählen kann. Man ruft ihn an – und tatsächlich, er ist frei, er kommt und ist sogar ein bißchen stolz, daß er sein Wissen endlich einmal loswerden kann. Er breitet seine Ansichtskarten aus, etwas vergilbt und handkoloriert die einen, schwarzweiß die anderen, stockfleckig alle. Auf einer von ihnen ist ein mächtiges, turmgekröntes Gebäude auf einem bewaldeten Hügel zu sehen, daneben eine Art Hotel, über dem das Wort „Siegeshöh'" steht.

Der Hobbyhistoriker beginnt zu erzählen: „Hier, auf diesem Hügel etwas außerhalb von Dobromierz, hat Friedrich damals die Schlacht geleitet. Es war früher der Galgenbühel, wo Verbrecher hingerichtet wurden. Hundert Jahre später errichtete man dort droben diesen Aussichtsturm. Als ich noch ein Kind war, ging ich oft mit meinen Eltern da hinauf. Es war sehr schön, ein romantisches Plätzchen. Heute ist der Turm verfallen, aber er wird derzeit restauriert."

Man fährt hinauf auf die „Siegeshöh'", etwa einen Kilometer von dem sich einen Hang hinaufziehenden Dorf Dobromierz entfernt. Das „Türmchen", wie der Bau auf dem kleinen Plateau heute liebevoll genannt wird, entpuppt sich als neugotischer oktogonaler Block mit aufgesetztem schmälerem Turm, in den eine gußeiserne Wendeltreppe hinaufführt. Von dort oben kann man über die Bäume hinweg in die Ebene des einstigen Schlachtfeldes hinunterblicken, das sich ungefähr 6 mal 6 Kilometer weit erstreckt. Der Hobbyhistoriker hat dann noch eine Überraschung parat. Zu

diesem Aussichtsturm führen von Moos und Laub zugedeckte Betonstufen hinauf, die erstaunlich neu aussehen und gewiß nicht 1845, als das Türmchen erbaut wurde, schon hier waren. Beton war damals noch unbekannt.

„1944 planten die deutschen Einwohner, hier im Jahr darauf aus Anlaß der 200-Jahr-Erinnerung an die Schlacht von Hohenfriedberg eine große Feier zu veranstalten, zu der auch Hitler eingeladen werden sollte. Damals wurde diese Treppenanlage errichtet, um die zehntausenden Besucher zur ‚Siegeshöh'' bringen zu können, denn vorher gab es ja nur schmale Waldsteige. Aber es gab keine Siegesfeier. 1945 war der Krieg und damit das Dritte Reich zu Ende, es gab kein Preußen mehr, es gab keinen Hitler mehr, und die Menschen jener Tage hatten andere Sorgen, als an den Alten Fritz und seinen Sieg vor 200 Jahren zu denken."

Sechs Kilometer vom Türmchen entfernt, inmitten der Weite des ehemaligen Schlachtfeldes, hatte man bald nach der Schlacht von 1745 ein Denkmal in einem mächtigen Eichenhain errichtet. Heute stehen nur mehr vier dieser mächtigen Bäume, und vom Denkmal existiert nur noch der verwitterte Sockel; Dornen überwuchern das Ganze. 1945, als hier alles Deutsche verdammt, vertrieben, vernichtet wurde, hat man auch dieses Denkmal mit seiner deutschen Inschrift zerstört. Es gibt niemanden mehr in Dobromierz, dem alten, stolzen Hohenfriedberg, der noch deutsch spräche. Alles ist polnisch geworden, wie überall in diesem Teil des heutigen Polen. Wozu sind hier tausende Österreicher, Sachsen und Preußen gefallen?

Auch der junge polnische Begleiter kann trotz seiner Geschichtskenntnisse keine Antwort darauf geben …

„Ihr Hunde, wollt ihr ewig leben?"
Kolin, 18. Juni 1757

Kolin, 55 Kilometer östlich von Prag, scheint dem westlichen Besucher eine zwiespältige Stadt: auf der einen Seite verfallende Häuser in engen Gassen, auf der anderen prachtvoll restaurierte Bauten, wie etwa auf dem weiten Stadtplatz mit der schönen Mariensäule in der Mitte. Diese Stadt – sie zählt heute an die 90.000 Einwohner – unternimmt alles, um ihr Antlitz zu pflegen und zu verschönern, denn sie ist sich ihrer historischen Bedeutung bewußt, ist ihr Name doch für immer mit einer Kaiserin, einem König, einer Schlacht und einem Orden verknüpft.

Die Kaiserin ist Maria Theresia, der König Friedrich II. von Preußen, die Schlacht jene vom 18. Juni 1757 zwischen Österreichern und Preußen, und der Orden ist der nach dem grandiosen Sieg der österreichischen Truppen geschaffene „Militärische Maria Theresien-Orden", der bis zum Ende des Ersten Weltkriegs als höchste Tapferkeitsauszeichnung der österreichisch-ungarischen Monarchie galt. Österreichische Ordensmitglieder kämpften sogar noch im Zweiten Weltkrieg; einer von ihnen war Divisionskommandeur der Deutschen Wehrmacht in den Schlachten um Monte Cassino. Die letzten Maria-Theresien-Ritter sind erst in den achtziger Jahren unseres Jahrhunderts in hohem Alter verstorben.

Gerade dieser Orden war es, der die Schlacht von Kolin so nachhaltig im Gedächtnis der Menschen behielt. Gelegentlich hört man, er sei für Waffentaten verliehen worden, die ein Offizier „gegen den Befehl eines Vorgesetzten begangen hat" und zum Sieg führten. Andere wieder meinen, mit diesem Orden sei ausgezeichnet worden, der durch eine an sich nicht statthafte Kriegslist einen überragenden Sieg errungen habe.

Die Wahrheit liegt ganz anders. In den Ordensstatuten ist nachzulesen, daß diese auf „Allerhöchste Anordnung" verliehene Auszeichnung „für eine aus eigener Initiative unternommene, erfolgreiche und einen Feldzug wesentlich beeinflussende Waffentat verliehen wird, die ein Offizier ohne Tadel auch hätte unterlassen können".

Nun, diese „besondere Waffentat" wurde vom österreichischen Feldmarschall Leopold Graf Daun am 18. Juni 1757 in der Schlacht von Kolin in Böhmen begangen. Der Krieg, dem dieser blutige Waffengang für lange Zeit den Stempel aufdrückte – vor allem, da er die Unbesiegbarkeit Friedrichs II. ad absurdum führte –, war der sogenannte „Siebenjährige Krieg" zwischen Preußen und Österreich. Ein Jahr zuvor, 1756, war es zu einem von Österreichs Kanzler Graf Kaunitz initiierten Wechsel der Allianzen gekommen. Preußen hatte mit England die „Konvention von Westminster" geschlossen, Österreich mit Frankreich hingegen ein Defensivbündnis, dem neben Rußland auch

Feldmarschall Leopold Graf Daun (1705–1766), der dem „Alten Fritz" bei Kolin und Hochkirch schwere Niederlagen beibrachte. Nach Kolin (1757) erhielt er als erster das Großkreuz des neu geschaffenen „Militärischen Maria Theresien-Ordens" (auf diesem Schabblatt von Johann Gottfried Haid unter dem vorgestreckten Arm sichtbar).

Die Schlacht bei Kolin am 18. Juni 1757. Das Fresko im Heeresgeschichtlichen Museum zu Wien zeigt die Attacke des wallonischen Dragonerregiments De Ligne. Am Waldrand rechts beobachtet der Oberbefehlshaber der kaiserlichen Armee, Feldmarschall Leopold Graf Daun, mit seinem Stab den für den Sieg über die Preußen entscheidenden Reiterangriff.

Schweden und die meisten Reichsfürsten beitraten. Dem „Alten Fritz" schien diese neue europäische Mächtekonstellation äußerst gefährlich, und so entschloß er sich, in Sachsen einzumarschieren. Im Ersten Schlesischen Krieg (1741 bis 1747) waren die Bündnisse genau umgekehrt gewesen: Österreich und England, Preußen und Frankreich. Österreich hatte den Verlust Schlesiens in jenem Krieg, der erst zehn Jahre zurücklag, nicht verwunden; immerhin verschaffte dessen Besitz Friedrich II. Mehreinnahmen von jährlich vier Millionen Taler, die er, durch eine geordnete Verwaltung, bald auf das Doppelte erhöhte. Durch das neue Bündnis mit Frankreich erhoffte sich Österreich mehr Unterstützung für eine Wiederaufnahme des Krieges gegen Friedrich als von England. Große Reformen, auch des Heerwesens, die seit 1748 durchgeführt worden waren, sollten die Siegesaussichten weiter erhöhen.

Maria Theresia entsandte ihre Armee gegen die Preußen nach Sachsen, wo es bereits am 1. Oktober 1756 bei Lobositz zur ersten Schlacht kam: 33.000 Österreichern unter Feldmarschall Browne standen 30.000 Preußen unter dem König selbst gegenüber. Sie brachte beiden Seiten Verluste von je 3000 Mann, aber keine Entscheidung. Zwar mußten sich die Österreicher zurückziehen, aber Friedrich war über die ausgezeichnete österreichische

Artillerie verwundert, ja er schrieb nach der Schlacht, er habe „die alten Österreicher nicht wiedererkannt". Das verdarb ihm auch seinen neuen Plan, in Eilmärschen durch Schlesien und Sachsen zu marschieren und in Böhmen einzufallen, wo er hoffte, die Österreicher endgültig zu schlagen. Aber Irrtümer und Ungeschicklichkeiten einiger seiner Generale brachten in der Schlacht bei Prag am 6. Mai 1757 nicht den gewünschten Erfolg. Die 61.000 Österreicher, die nun Herzog Karl von Lothringen befehligte, wurden am Ufer der Moldau von 64.000 Preußen angegriffen und mit einem Verlust von 8000 Toten und Verwundeten sowie über 4000 Gefangenen nach Prag zurückgedrängt. Feldmarschall Graf Browne fiel ebenso wie der preußische Generalfeldmarschall Schwerin, von dessen Soldaten 13.000 Mann den Tod fanden oder verwundet wurden. 50.000 Österreicher wurden in Prag eingeschlossen.

„Während der Katastrophe bei Prag", schrieb Gustav Adolph-Auffenberg Komarów, „hatte sich Feldmarschall Leopold Graf Daun mit 30.000 Mann nur vier Meilen vom Schlachtfeld bei Sadska gelagert. Dann marschierte er nach Böhmisch-Brod. Auf Grund der Nachricht vom unglücklichen Ausgang der Schlacht beschloß Daun, so lange hier zu verweilen, bis ihn überlegene preußische Streitkräfte zum Rückzug nötigen würden, den er dann in Richtung Kolin antreten wollte, um die ihm verheißenen Verstärkungen an sich zu ziehen. Ein von der Kaiserin eingetroffener Befehl, sich in kein Gefecht einzulassen, bestimmte Daun, am 6. Juni bis Goltsch-Jenikau zurückzugehen, während gleichzeitig Herzog Karl von Lothringen nach Wien meldete, daß sich die in Prag eingeschlossene Armee längstens bis 20. Juni halten könne. Da dieser Umstand nun eine Offensive gebieterisch verlangte, erhielt Daun den Befehl, mit der Armee dem Feind entgegenzugehen und eine Schlacht zu wagen. Mit größter Huld verpfändete Maria Theresia dem Feldmarschall ihr Wort, ,daß sie bei einem glücklichen Ausgang seine großen Verdienste mit allem Danke und Gnaden ansehen, hingegen einen unglücklichen Erfolg ihm nimmermehr zur Last legen werde'. Daun brach am 12. Juni auf. Nach der Ordre de Bataille bestand seine Armee aus 51 Bataillonen, 43 Grenadierkompanien, 151 Schwadronen und 24 Grenadier- und Carabinier-Kompanien zu Pferd und war in eine Vorhut, das erste und zweite Treffen und ein Reservekorps eingeteilt. Friedrich II. ließ einen Teil seiner Armee vor Prag stehen, mit dem Gros ging er Daun entgegen.“

Am 18. Juni prallten die beiden Heere zwischen Kolin und Chotzewitz aufeinander, aber die numerische Überlegenheit der Österreicher, ihre bessere Artillerie und die Bravour ihrer Infanterie, vor allem aber der Kavallerie verhinderten einen Sieg Friedrichs. Es gibt zahlreiche Detailberichte von preußischer und österreichischer Seite, die die Wucht dieser Attacken und Gegenattacken erahnen lassen. So schrieb ein junger preußischer Leutnant:

„Man nahm die Pferdedecken ab, die Kanonen wurden abgeprotzt, die Gewehre gehoben, die Säbel entblößt, das Treffen formiert, und dann erschallte von allen Seiten her mit brüllender Stimme das Donnerwort: ,Marsch-Marsch!' Nachdem solches geschehen, ging es unter Trommelschlag und Musik, welche letztere aber nicht lange währte, weil die Oboisten sich bald in Sicherheit zu begeben verstehen, im starken Schritt auf den Feind los, der uns erwartet und sich in die gehörige Fassung gesetzt hat. Kaum hatte das Regiment seine Linie gebildet und war einige Schritte vorgerückt, so empfingen wir auch schon die Wirkung der feindlichen Geschütze.

Es gingen zwar eine Menge Kugeln und Haubitzengranaten über uns weg, dem ungeachtet aber fielen deren noch genug in unsere Glieder und zerschmetterten viele Menschen, woran man sich aber nicht kehrte, sondern, als wenn gar nichts vorginge, immer weiter angriff. Da wir eine ziemliche Strecke zu wandeln hatten, so bezeichneten wir fast jeden Fußtritt, den wir taten, mit Leichen oder schwer Blessierten. Nur einmal schielte ich auf die Seite und sah, daß ein Unteroffizier in meiner Nähe von einer Granate zerrissen wurde, daher ich umso mehr abgeschreckt ward, neugierig zu sein… Wir mußten uns durch das lange Getreide, das bis an den Hals reichte, durchwinden und, als wir näherkamen, wurden wir mit Kartätschenkugeln dermaßen begrüßt, daß ganze Haufen der unseren zur Erde gestreckt hinfielen…“

Der österreichische General Andreas Graf Hadik stieß nach der Schlacht von Kolin bis Berlin vor, das er in kühnem Handstreich nahm. Sein Reiterstandbild steht heute noch unweit der Fischer-Bastei auf der Burg von Budapest.

Von österreichischer Seite aus klang das so: „Diese Attacken liefen für den Feind alle fruchtlos ab, ob sie gleich oft und mit aller erstaunlicher Tapferkeit und Ungestüm wiederholt wurden. Ich will damit nicht sagen, daß sie vornehmlich durch die weit größere Bravour unserer Truppen vereitelt worden sind, denn es kam uns eben nicht sauer an, dergleichen Angriffe abzuschlagen, die bei so außerordentlich und fast unüberwindlichen Schwierigkeiten des Terrains nur in gebrochenen Abteilungen und nie mit einer gewissen Ordnung und Zusammenhange unternommen werden konnten. Die Preußen können sich nicht rühmen, daß sie den Österreichern, und diese ebensowenig, daß sie den Preußen das Weiße im Auge gesehen hätten. Wir sahen eigentlich nichts als die Blechmützen durch das dicke Getreide hervorschimmern, und so oft diese unglücklichen, braven Leute, die hier nach dem Buchstaben das Unmögliche versuchten, etwa ein Drittel oder die Hälfte

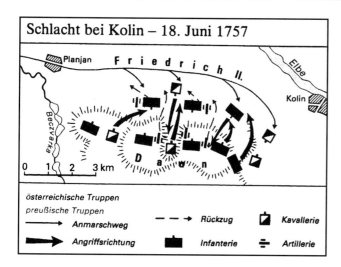

Schlacht bei Kolin – 18. Juni 1757

Planjan · F r i e d r i c h II. · Elbe · Kolin

Bečvárka

0 1 2 3 km

D a u n

österreichische Truppen
preußische Truppen
→ Anmarschweg
▶ Angriffsrichtung
- - → Rückzug
▣ Kavallerie
■ Infanterie
≡ Artillerie

des steilen Berges mit unsäglicher Beschwerlichkeit erklettert hatten, wurden sie mit einem sehr regelmäßigen Feuer von den nach allen Seiten kreuzenden Batterien empfangen und zurückgeworfen."

Vor allem gegen die Prerovsky-Höhe schickte Friedrich seine Grenadiere viermal vergebens ins Feuer. Den fünften Sturm wollte er selbst anführen, aber es fanden sich nur mehr ein paar Dutzend Mann bei den Fahnen ein; die anderen waren gefallen oder verwundet. Aber auch die wenigen, die noch mit ihrem König vorwärts zu stürmen bereit waren, verliefen sich bald im Chaos dieser Stunde, was Friedrich zu dem verzweifelten Ausruf veranlaßt haben soll: „Ihr Hunde, wollt ihr ewig leben?" Aber auch das nützte nichts. Hier stand der „Alte Fritz" plötzlich inmitten einer in Auflösung begriffenen Armee, was er nicht zu begreifen schien, denn er stürmte weiter vor, bis ihn sein Adjutant mit den Worten zurückhielt: „Majestät, wollen Sie den Hügel allein stürmen?"

Doch es sah nicht überall so trist aus wie hier am Prerovsky-Hügel. An anderen Stellen des weit ausgedehnten Schlachtfeldes kämpften preußische Husaren mit österreichischen, stießen Kürassiere immer wieder gegen die österreichischen Batterien bei Bristwi vor, versuchten Friedrichs Generäle die Stellungen Dauns von den Flanken her aufzurollen. Stundenlang wogte die Schlacht hin und her, wobei sich die schwersten Kämpfe immer mehr um das kleine Dorf Křečhoř konzentrierten. Dabei gewannen die Preußen mehrmals so stark die Oberhand, daß einige österreichische Offiziere schon daran dachten, sich zurückzuziehen, vor allem, da einigen Regimentern bereits die Munition auszugehen drohte. So ist es zu verstehen, daß die Parole ausgegeben wurde, nicht eher zu feuern, bis man „das Weiße im Auge des Feindes erblicke".

Mit dieser kritischen Situation sahen sich die Offiziere der österreichischen De-Ligne-Dragoner konfrontiert, die bisher – da sie fast zur Gänze aus blutjungen Rekruten bestanden – am linken Flügel des zweiten Treffens der Division Starhemberg zurückgehalten worden waren. In seinem Buch „Der Geburtstag der Monarchie", das die Geschichte der Schlacht von Kolin ausführlich würdigt, schreibt der österreichische Staatsarchivar Peter Broucek:

Als sie die Situation erkannten, baten sie, „attackieren zu dürfen. Erst auf wiederholte Bitte, vor allem des Regimentskommandanten Oberst Thiennes, dürfte die Zustimmung gegeben worden sein: ,Aber Sie werden mit Ihren Grünschnäbeln nicht viel ausrichten', soll Feldmarschall Graf Daun gesagt haben. Der Oberst sei sodann vor die Front des Regiments geritten, hätte diese Worte wiederholt und gerufen: ,Grünschnäbel, zeigt jetzt, daß ihr beißen könnt, auch wenn ihr keinen Bart habt. Zeigt, daß zum Beißen Zähne notwendig sind und kein Bart!' Dann ließ er das Signal zur Attacke geben."

Dieser tollkühne Angriff der De-Ligne-Dragoner half mit, die bis in die Abendstunden währende Schlacht zu entscheiden. Der junge preußische Leutnant, den wir schon einmal zitiert haben, sah den Angriff so:

„Als wir noch in vollem Feuer standen, hieß es auf einmal: ,Die feindliche Kavallerie ist durchgebrochen und kommt uns in den Rücken.' Wir sahen uns nach ihr um, bemerkten sie auch sogleich, glaubten aber mehr, daß es die unsrige als die feindliche sein möchte; wie sie aber näherkamen, bewiesen ihre Standarten unseren Irrtum. Das dritte Glied, schon äußerst geschwächt, wendete sich und gab, jedoch ohne allen Erfolg, Feuer auf dieselbe, sie stürzte aber in uns hinein. Hinten und vorne Feind zu haben und sich dennoch zu behaupten, überstieg nun bei weitem unsere sehr erschöpften Kräfte. Wir mußten unterliegen und unterlagen auch ohne alle Rettung… Da sie einmal in unsere Glieder eingedrungen waren, fingen sie an, tüchtig zu metzeln, und in wenigen Augenblicken war das Regiment verschwunden. Teils lag es tot oder blessiert auf dem Erdboden, teils irrte es als völlig desarmiert und aufgelöst auf dem Schlachtfeld herum und gab sich gefangen."

Die preußische Armee war – zum erstenmal in solchem Ausmaß – geschlagen. König Friedrich II. galoppierte mit einer Husareneskorte Richtung Prag, wo an den beiden folgenden Tagen die Preußen ihre Stellungen räumten. Die preußische Armee hatte mehr als ein Drittel ihres Bestandes verloren, nämlich 328 Offiziere und 11.760 Mann, darunter etwa 3000 Deserteure, ferner 32 Offiziere und fast 900 Mann als Gefangene. Auch die Österreicher erlitten hohe Verluste: 359 Offiziere und an die 7750 Mann, davon 1000 Gefallene und 5480 Verwundete. Hatten die Preußen fünf Fahnen und eine Standarte erbeutet, so eroberten die Österreicher 22 Fahnen und 45 Geschütze.

„Österreich war", heißt es in dem Bericht von Adolph-Auffenberg Komarów, „nachdem der nie Besiegte einmal geschlagen war, für Friedensverhandlungen fortan nicht mehr bereit, und von allen Seiten rückten Russen, Schweden, Franzosen und die deutsche Reichsarmee heran, um mit ihrer Übermacht Preußen zu schlagen." Ende Juli war Böhmen feindfrei.

Eine Episode am Rande: Während Feldmarschall Daun darauf verzichtete, die Preußen zu verfolgen, blieb der österreichische General Andreas Graf Hadik ihnen auf den Fersen und stieß bis Berlin vor, in das er mit 1900 Mann Infanterie, 1560 Husaren und vier Geschützen einrückte. Bei den Kämpfen um Berlin, das von 5000 Preußen besetzt war, verlor Hadik zwei Offiziere und 36 Mann. Zwei Tage lang hielt die kleine österreichische Truppe die Stadt besetzt, dann zog sie, nachdem die Berliner Bürger 200.000 Taler Lösegeld bezahlt hatten, wieder ab. Diese „Besetzung Berlins" war ein ungeheurer moralischer Triumph für Österreich. Bis auf den heutigen Tag erinnert die Hadikgasse in Wien an diesen verwegenen Vorstoß auf Preußens Hauptstadt.

Zur Erinnerung an Kolin und die erste vollständige Niederlage des Preußenkönigs stiftete Maria Theresia den „Militärischen Maria Theresien-Orden", die erste und zugleich höchste Tapferkeitsauszeichnung für Offiziere der österreichischen Armee. Mit ihm verbunden waren die Erhebung in den persönlichen Ritterstand („Maria Theresien-Ritter") sowie eine Jahrespension auf Lebenszeit. Dieser Orden ist zweifellos einer der schlichtesten, gleichzeitig war er aber auch einer der begehrtesten: ein goldenes, weiß emailliertes Kreuz mit leicht ausgebogenen Kanten, das in der Mitte ein rundes, goldeingefaßtes rotweißrotes Medaillon trägt und umgeben ist von einer goldenen Schrift mit dem einzigen Wort „FORTITUDINI" („Der Tapferkeit").

Das erste Großkreuz des „Militärischen Maria Theresien-Ordens" wurde am 7. März 1758 verliehen – an Feldmarschall Leopold Graf Daun. Der Glückwunsch der Monarchin lautete:

„Lieber Graf Daun, unmöglich könnte ich den heutigen großen Tag vorbeigehen lassen, ohne ihme meinen gewissen herzlichsten und erkenntlichen Glückwunsch zu machen. Die Monarchie ist ihm seine Erhaltung schuldig und ich meine existence meiner schönen und lieben Armee und mein einzigen liebsten Schwager (Karl von Lothringen). Dies wird mir gewiß so lang als ich lebe, niemalens aus meinem Herzen und Gedächtnis kommen... Dies ist der Tag auch, wo mein Namen auch vor das militaire sollte verewigt werden, auch seiner Händ Werke und ist er wohl billig leider mit

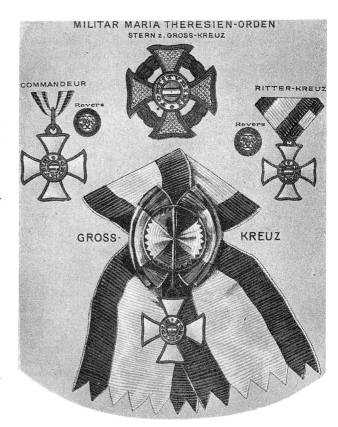

seinem Blut mein erster chevalier worden. Gott erhalte ihme mir noch lange zum Nutzen des Staates, des militaire und meiner Person als meinen besten, wahrsten, guten Freund, ich bin gewiß, so lang als ich lebe, seine gnädigste Frau Maria Theresia."

Weitere Träger dieser hohen Auszeichnung waren an diesem Ehrentag Prinz Karl von Lothringen, General Franz Graf Nádasdy und Feldmarschalleutnant Andreas Graf Hadik. Das Kleinkreuz dieses Ordens erhielten weitere zehn Generäle und Offiziere.

Das eigentliche Schlachtfeld liegt zwischen fünf und zehn Kilometer westlich von Kolin. Es beginnt bei dem Dörfchen Křečhoř und erstreckt sich über die Flecken Bristwi, Choetzewitz, Libodritz und Radowesnitz in einem Umkreis von rund sechs mal vier Kilometer. Bei der Kirche von Křečhoř biegt man links ab und dringt auf schmalem Feldweg in das hügelige Gelände vor, das heute mit Äckern, engen Wegen und Misthaufen bedeckt ist. So weit das Auge reicht, ist Landwirtschaft, sind hier jene Getreideäcker, deren Halme damals, 1757, den preußischen Grenadieren „bis zum Hals reichten".

Aber wo befindet sich das große, 1898 enthüllte Denkmal, das noch heute an die berühmte Schlacht erinnert? Bäume verdecken es; erst wenn man eine kleine waldige Höhe umfährt, steht man plötzlich vor ihm – 15 Meter hoch, mit goldenem österreichischem Doppeladler bekrönt. Es wurde vom

Wiener Architekten Wenzel Weinzettl und dem Bildhauer Moritz Cernil geschaffen. Das Kapitell ist mit sechs Metallschildern verziert und mit einem Medaillonbild Maria Theresias geschmückt. Der Sockel trägt an der Nordseite ein großes Relief: die Attacke der De-Ligne-Dragoner samt der „Grünschnabel"-Diskussion zwischen Daun und Thiennes. Auf der Ostseite des Sockels ist u. a. ein Stern des Ordensgroßkreuzes aus Bronzeguß angebracht, darunter stehen die Namen jener, die damit für ihre Taten in der Schlacht von Kolin ausgezeichnet worden waren.

Alles ringsum ist friedlich, nur Vögel singen, in der Ferne bellt ein Hund, irgendwo tuckert ein Traktor. Weites Land, wohin das Auge blickt, spärliche Baumgruppen, Äcker und Wiesen, grün und braun, blauer Himmel, weiße Wolken, Friede, tiefer Friede...

Unwillkürlich kommen einem die ersten Strophen von Liliencrons Gedicht in den Sinn:

„Auf Blut und Leichen, Schutt und Qualm,
Auf roßzerstampften Sommerhalm
Die Sonne schien.
Es sank die Nacht. Die Schlacht ist aus,
Und mancher kehrte nicht nach Haus
Einst von Kolin."

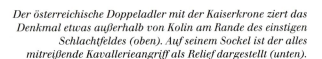

Der österreichische Doppeladler mit der Kaiserkrone ziert das Denkmal etwas außerhalb von Kolin am Rande des einstigen Schlachtfeldes (oben). Auf seinem Sockel ist der alles mitreißende Kavallerieangriff als Relief dargestellt (unten).

„… denn Gott ist unser Schutz!"
Roßbach, 5. November 1757

Der preußische Dichter Johann Wilhelm Ludwig Gleim schrieb, als der Siebenjährige Krieg zwischen Preußen auf der einen und Österreich, Frankreich, Rußland, Schweden und dem Reichsheer auf der anderen Seite entbrannte, seinen „Schlachtgesang bey Eröffnung des Feldzuges 1757", in dem es in der ersten und in der letzten Strophe heißt:

> „Auf, Brüder, Friedrich, unser Held,
> Der Feind von fauler Frist,
> Ruft uns nun wieder in das Feld,
> Wo Ruhm zu holen ist…
>
> Und böt' uns in der achten Schlacht
> Franzos' und Russe Trutz,
> So lachten wir doch ihrer Macht,
> Denn Gott ist unser Schutz!"

Und es hatte tatsächlich den Anschein, als stünde Gott auf seiten des Preußenkönigs, denn nach dem grandiosen Sieg der Österreicher bei Kolin folgten zwei weitere Schlachten – die der Preuße gewann, obwohl das Kräfteverhältnis deutlich zu seinen Ungunsten stand: den 500.000 Mann der Kaiserlichen standen nur 200.000 Preußen gegenüber. Aber man muß gerecht sein: diese 200.000 waren eine bestens gedrillte Armee, das Reichsheer hingegen in weiten Teilen ein Haufen schlecht ausgebildeter und ausgerüsteter Soldaten, die diese Bezeichnung nicht verdienten. Auf die Russen war ebenfalls kein sonderlicher Verlaß, denn die Gesundheit der Zarin Elisabeth ließ zu wünschen übrig, und die russischen Generäle wußten, daß nach ihrem Tod – wenn Peter an die Macht kam, der Friedrich sehr verehrte – ein Umschwung ins Haus stand. Die Schweden wieder rafften sich mit ihren wenigen Truppen nur zu kleinen Störaktionen auf, wohl um dem großen Friedrich nicht allzu lästig zu fallen. Und Frankreich lag schließlich mehr an einem Krieg gegen England denn an einem gegen die Preußen; sein Interesse betraf ja auch mehr die Niederlande als Sachsen und Schlesien. So gesehen, war die numerische Überlegenheit lediglich eine papierene Angelegenheit, die sich auf dem Schlachtfeld kaum auswirkte.

Dazu kam für Maria Theresia ein weiteres Handicap: An der Spitze ihres Heeres stand wieder Karl von Lothringen, an seiner Seite der tüchtige, aber stets überaus vorsichtig agierende Feldmarschall Daun, der Sieger von Kolin, ihm untergeben der begabte Maximilian Ulysses Browne. Als viereinhalb Monate nach Kolin die Kaiserlichen mit den Preußen bei Roßbach zusammenstießen, genauer gesagt: bei dem unweit von Roßbach gelegenen Dorf Reichardtswerben, da stand das Reichsheer

Im kleinen Ort Reichardtswerben, auf halbem Weg zwischen Weimar und Leipzig, wo das Haupttreffen der Schlacht von Roßbach stattfand, wurde eine einfache Erinnerungssäule errichtet.

Friedrich II. von Preußen (rechts vorne) während der Schlacht von Roßbach.

unter dem Oberbefehl von Herzog Friedrich von Sachsen-Hildburghausen, die verbündeten Franzosen unter dem Kommando von Marschall Soubise. Beide waren keine ebenbürtigen Gegner für Friedrich II.

Es ist schwierig, die einzelnen Schlachtorte des Siebenjährigen Krieges aufzufinden. Sie liegen heute in Polen, in der ehemaligen Tschechoslowakei und in der einstigen DDR. Viele ihrer Namen haben sich geändert. Im einzelnen kam es im Verlauf dieses tragischen und – im Endeffekt – völlig sinnlosen Krieges zu folgenden militärischen Auseinandersetzungen:

1756: Am 29. August marschierte Friedrich in Sachsen ein. Am 1. Oktober siegte er über Österreich bei Lobositz.
16. Oktober: Kapitulation des sächsischen Heeres.

1757: 6. Mai: Sieg der Preußen bei Prag.
18. Juni: Schwere Niederlage der Preußen bei Kolin durch die Österreicher unter Daun.
5. November: Sieg Friedrichs über die Franzosen und Reichstruppen bei Roßbach.

5. Dezember: Sieg der Preußen über Österreich bei Leuthen (heute: Lutynia, Polen).

1758: 25. August: Sieg Friedrichs über die Russen bei Zorndorf (heute: Sarbinowo, Polen).
14. Oktober: Sieg der Österreicher bei Hochkirch.

1759: 12. August: Niederlage der preußischen Hauptarmee durch die Österreicher und Russen bei Kunersdorf (Kunowice, Polen).
20. November: Kapitulation des von den Österreichern umzingelten Korps des Generals Finck bei Maxen.

1760: 15. August: Sieg Friedrichs über die Österreicher bei Liegnitz (Legnickie, Polen).
3. November: Sieg der Preußen über die Österreicher bei Torgau.

1762: Sieg der Preußen über die Österreicher bei Burkersdorf und Freiberg.

1763: 15. Februar: Friede von Hubertusburg.

Aber zurück ins Jahr 1757. Das Heer der Franzosen und der Reichsarmee zählte 41.000 Mann, als es am 5. November auf den Feldern und Anhöhen um Roßbach und Reichardtswerben mit den nur 22.000 Mann zählenden Preußen, die Friedrich persönlich kommandierte, zur Schlacht kam. Er hatte seine Truppen auf den Hügelketten so vorteilhaft postiert, daß er – als die Verbündeten angriffen, frontal und mit aller Macht – sofort einen Teil davon im Schutz der bewaldeten Hügel in die Flanken des Gegners schicken und sie von dort aus angreifen lassen konnte, während seine Kavallerie unter dem Befehl des schneidigen Reitergenerals von Seydlitz das Zentrum der Franzosen und der Reichsarmee attackierte. Ihrer von den Hügeln herabbrausenden Offensive hielten die Verbündeten nicht lange stand. Innerhalb zweier Stunden war die Schlacht entschieden; Franzosen und Reichsarmee beklagten 700 Tote, über 2000 Verwundete und 5000 Gefangene.

Im Jahre 1860 errichtete König Friedrich Wilhelm IV. von Preußen in Roßbach ein Denkmal an die Schlacht von 1757: die Siegesgöttin, mit Fahne und Lorbeerkranz, setzt mit ihrem Pferd über einen gefallenen Feind hinweg. Im Zweiten Weltkrieg wurde das Monument beschädigt und später, als sich der Tagbergbau in diesem Gebiet ausweitete, endgültig abgetragen. In Reichardtswerben hingegen wurde erst 1981 eine Gedenksäule an diese Schlacht gesetzt.

Für Maria Theresia bedeutete diese Niederlage einen schweren Schlag; er war aber gering im Vergleich zu jenem, der sie genau einen Monat später treffen sollte – am 5. November bei Leuthen.

Der „Choral von Leuthen" ertönt nicht mehr
Leuthen, 5. Dezember 1757

Das Denkmal steht noch immer vor der Friedhofsmauer, trotz der deutschen Inschrift auf dem Sockel: „Den Helden der Schlacht von Leuthen". Es gibt kaum mehr – wenn überhaupt – eine deutschsprachige Inschrift auf einem Denkmal in Schlesien, das 1945 an Polen gefallen ist. Aber hier, in Leuthen, das sich nun Lutynia nennt und nur wenige Kilometer von Breslau (heute Wroclaw) entfernt liegt, steht noch dieses Denkmal: ein Kreuz mit deutscher Inschrift.

Es ist den Opfern einer der großen Schlachten des Siebenjährigen Krieges geweiht, den man angesichts der damit verbundenen See- und Landschlachten in Übersee, in Kanada, Havanna und Indien, eine Art „Ersten Weltkrieg" nennen könnte. Insgesamt verzeichnete er allein in Mitteleuropa

Hans Joachim von Zieten, der preußische Kavalleriegeneral, nach dem die legendären „Zieten-Husaren" benannt wurden. (Stich nach einem Gemälde von Anna Dorothea Therbusch-Lisiewska.)

weit über zwanzig Schlachten. Leuthen war eine davon, und sie wurde zu einer der schlimmsten für Österreich.

Nach Roßbach schien sich das Blatt gewendet zu haben. Aber so groß die Auswirkungen dieses Sieges auch waren: den für Preußen drohenden Verlust Schlesiens vermochten sie nicht wettzumachen. Denn Friedrich wußte, daß die Österreicher neue Kräfte mobilisiert hatten, die ihm mit über 60.000 Mann unter Prinz Karl von Lothringen entgegenmarschierten. Der Preuße formierte seine Truppen bei Breslau; die Österreicher verschanzten sich hinter der Lohe. Friedrich standen insgesamt 35.000 Mann zur Verfügung, also wesentlich weniger als den Österreichern, doch waren alle seine Truppenteile kampferprobt und in „friederizianischer Manier vorzüglich gedrillt".

Feldmarschall Graf Daun, der Sieger von Kolin, hatte Prinz Karl davor gewarnt, die Verschanzungen hinter der Lohe zu verlassen und Friedrich entgegenzugehen. Aber der Prinz war zur Zeit Oberbefehlshaber, und Daun mußte schweigen. Wie recht er hatte, bewies die Tatsache, daß die Preußen in einer Blitzaktion das Städtchen Neumarkt, das die Österreicher besetzt hielten, überrumpelten, wobei ihnen 600 Gefangene und in der dort untergebrachten Feldbäckerei 80.000 Brote in die Hände fielen; eine willkommene Zusatzverpflegung. Aber trotz dieser Nachricht ging Prinz Karl nicht hinter die Lohe zurück – im Gegenteil. Er rückte noch ein wenig weiter vor, bis seine Armee in Nord-Süd-Richtung zwischen Nippern und Leuthen zu stehen kam.

Die Preußen hatten in der winterlichen Morgendämmerung des 5. Dezember ihren Vormarsch angetreten; voraus die starke Vorhut, bei der, wie zumeist, auch der König ritt. Von einer Anhöhe aus konnte er die gesamte Aufstellung der österreichischen Armee überblicken. Die Gegend war ihm gut bekannt; hier hatte er schon Manöver abgehalten. Und hier faßte er auch den Entschluß, seinen Hauptstoß gegen den linken Flügel der Österreicher zu richten, der etwas südlich und südöstlich von Leuthen stand.

Aber derart offenkundig agierte Friedrich nicht; mit einem Scheinangriff richtete er die Aufmerksamkeit der Österreicher auf deren rechten Flügel,

wo Kavalleriegeneral Graf Lucchese prompt auf diese Finte hereinfiel. Er schickte um Hilfe, und Prinz Karl von Lothringen sandte ihm seine gesamte Reserve! Friedrich aber, der von Westen kam und direkt auf das Zentrum der Österreicher vorzustoßen schien, schwenkte plötzlich nach Süden und dann nach Osten ab und stieß mit voller Wucht vor Leuthen auf die Österreicher. Sofort erkannte Graf Nádasdy, der den österreichischen linken Flügel befehligte, daß der Hauptstoß ihm galt, aber seine Bitte um Verstärkung kam zu spät; Karl hatte die Reserve bereits nach Norden zu Lucchese entsandt. Obwohl Nádasdy 43 Schwadronen gegen General von Zietens Reiter in die Schlacht warf, bewährte sich Friedrichs „schiefe Schlachtordnung", die den Gegner erdrückte, aufs neue. Artillerie, Kavallerie und Infanterie rückten unaufhaltsam vor, obwohl sich die Österreicher verbissen wehrten.

In seinem Bericht „Leuthen 1757" schrieb der Historiker Wilhelm Dieckmann: „Unaufhaltsam, ihre Bataillonssalven mit der Regelmäßigkeit eines Uhrwerkes abgebend, rücken die Preußen vor und werfen jeden Widerstand zu Boden. Vergeblich bemüht sich der unerschrockene Nádasdy, seine weichenden Regimenter zum Stehen zu bringen. Als sie schließlich noch von neuen Bataillonen in der Flanke gefaßt werden, ist kein Halten mehr. Gleichzeitig haben sich ostwärts heftige Reiterkämpfe abgespielt. Nach blutigem wechselvollem Ringen gelingt es Zieten, Nádasdys Reiterei zu werfen. In wilder Flucht stürmt sie davon und gerät

Links: „Den Helden der Schlacht von Leuthen" ist, wie die Inschrift auf dem Sockel verkündet, dieses Denkmal in Form eines Kreuzes gewidmet. Es befindet sich unmittelbar an der alten Kirchhofmauer, die damals, am 5. Dezember 1757, stundenlang umkämpft war.
Rechts: Über diese Felder stürmten die Preußen das Dorf Leuthen. Links die alte Kirche, um die die schwersten Kämpfe tobten. Die Kirche rechts wurde erst in unserem Jahrhundert erbaut.

zum Teil in die eigenen Infanterielinien hinein. Das dadurch entstehende Chaos vollendet den endgültigen Zusammenbruch des österreichischen Südflügels.

Nun endlich gibt Prinz Karl Befehl, die Reserven vom rechten Flügel zu holen und in die Schlacht zu werfen. Aber er erkennt sehr bald, daß auch damit nicht alles gerettet ist, wenn er nicht die ganze Hauptarmee nach Süden einschwenken läßt. In größter Hast und Unordnung vollzieht sich diese unmittelbar am Feind doppelt schwierige Bewegung. Aber es gelingt. Als die Preußen erneut angreifen, stoßen sie auf hartnäckige Abwehr. Zwar vermögen sie schon beim ersten Ansturm an verschiedenen Stellen in das Dorf Leuthen einzudringen, umso erbitterteren Widerstand leistet der Gegner aber im Dorfinnern, der sich in dem von einer festen Mauer umgebenen Kirchhof verschanzt hat. Mehrmals stürmen die Regimenter vergeblich an, bis es dem Hauptmann v. Möllendorf, dem späteren Generalfeldmarschall, mit einigen Leuten gelingt, das Kirchhoftor zu sprengen und einzu-

Links: Franz Graf Nádasdy gelang es trotz größter Tapferkeit in der Schlacht von Leuthen nicht, mit seiner Kavallerie eine Wende des Kampfgeschehens herbeizuführen.
(Stich von Johann Gottfried Haid.)

dringen. Nach blutigem Handgemenge wird der zähe Widerstand der tapferen Verteidiger schließlich gebrochen."

Aber die endgültige Entscheidung in der Schlacht von Leuthen brachte die Kavallerie. General v. Lucchesi stürzte sich, als er sah, daß die Preußen den Kirchhof gestürmt hatten, mit seiner gesamten Reiterei auf den entblößten linken Flügel der preußischen Infanterie, doch da fiel ihm die preußische Kavallerie, die bisher, von den Österreichern unentdeckt, hinter den Höhen gehalten hatte, in die Flanke. Der österreichische Reiterangriff kam ins Stocken, die heftige Attacke der Preußen verwirrte Roß und Reiter. Panik brach aus; erneut prallte die österreichische Reiterei gegen die eigene Infanterie. Das Chaos wurde ein totales, die Österreicher flohen, tausende gerieten in Gefangenschaft. 6500 Österreicher waren tot oder verwundet, 20.000 wurden gefangengenommen, darunter zehn Generale. Die Preußen verloren 6000 Mann an Toten und Verwundeten.

Es herrschte tiefe Nacht, und es schneite, als der Gefechtslärm verstummte. Da und dort flammten

Auf diesem Plan der Schlacht von Leuthen ist die scharfe Rechtswendung der Preußen, durch die sie den Österreichern voll in die linke Flanke fallen und so den Sieg sichern konnten, deutlich erkennbar.

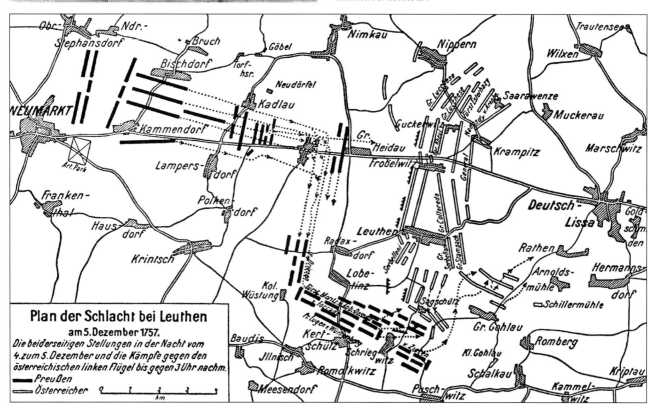

Plan der Schlacht bei Leuthen
am 5. Dezember 1757.
Die beiderseitigen Stellungen in der Nacht vom 4. zum 5. Dezember und die Kämpfe gegen den österreichischen linken Flügel bis gegen 3 Uhr nachm.
▬▬ Preußen
══ Österreicher

Friedrich II. vor der Schlacht bei Leuthen 1757 im Kreise seiner Generäle.

Lager- und Wachtfeuer auf, und plötzlich erhob sich aus dem Dunkel eine Stimme und begann zu singen; kein Soldatenlied, nein, ein Kirchenlied, einen Choral, den „Choral von Leuthen", wie er in die Geschichte eingegangen ist. Es war das berühmte Lied „Nun danket alle Gott", in dem es unter anderem heißt:

„Gib, daß ich tu' mit Fleiß, was mir zu tun gebühret,
Wozu mich Dein Befehl in meinem Stande führet,

Gib, daß ich's tue bald, zu der Zeit, da ich's soll,
Und wenn ich's tu', so gib, daß es gerate wohl!"

Im heute polnischen Lutynia kennt man diesen Choral freilich nicht mehr. Es ist, als handelte es sich nur um eine alte Legende, die gut in die Geschichtsbücher von einst gepaßt hat. Aber heute…?

Ein Sieg, der nichts brachte
Hochkirch, 14. Oktober 1758

Fährt man von Bautzen nach Osten, in Richtung polnische Grenze, erblickt man schon von weitem den hohen Turm der Pfarrkirche von Hochkirch, das diesem Bau seinen Namen verdankt. Auf alten Gemälden beherrscht der Turm das gesamte Dorf, und so ist es naheliegend, als erstes die Kirche aufzusuchen, denn rings um dieses Gotteshaus tobte damals, am 14. Oktober 1758, die Schlacht, ließ die Häuser in Flammen aufgehen, die Bevölkerung in verzweifelte Armut und Not stürzend. Selbst Friedrich II. konnte hier, in Hochkirch, nur mit Mühe sein Leben retten, allerdings nicht über 9000 Mann seines Heeres.

Unmittelbar neben dem halbrunden Eingang zum Friedhof steht der „Alte Fritz". Nein, nicht er selbst, auch nicht sein Denkmal, sondern ein alter

Die Schlacht von Hochkirch am 14. Oktober 1758.
(Zeitgenössisches Gemälde.)

Gasthof, der diesen Namen trägt. Man hat den preußischen König in Hochkirch bis heute nicht vergessen, auch wenn in der einstigen DDR alles, was nach Preußen sowie nach preußischem Junker- und Soldatentum klang, verpönt war. Doch den „Alten Fritz" tolerierte man.

Im Friedhof, von hohen Laubbäumen umstanden, finden sich einige schwarze Gedenksäulen zur Erinnerung an die Gefallenen jenes für die Preußen ebenso schwarzen Tages. Aus dem Westen verirrt sich selten jemand hierher in das Sorbenland, wo die Ortsschilder noch heute zweisprachig sind (Hochkirch heißt in der Sorbensprache „Bukecy"). So ist man nicht lange allein, wenn man durch den Friedhof geht, die Denkmäler und den „Alten Fritz" fotografiert; doch niemand spricht einen an.

1758. Der „Siebenjährige Krieg" zwischen Maria Theresia und Friedrich II. währte schon das zweite

Jahr. Dreizehn Schlachten hatte er bereits gesehen; hier, in Hochkirch, sollte die 14. stattfinden. Auf seiten der Österreicher waren es vor allem drei Männer, die diesem Treffen am 14. Oktober ihren Stil und ihren Erfolg aufprägten: Leopold Graf Daun, Feldmarschall und oberster Stratege; General Gideon Ernst Freiherr von Laudon; und nicht zuletzt General Franz Moritz Graf Lacy, Generalquartiermeister des Grafen Daun.

Das österreichische Heer zählte, als es sich Hochkirch näherte, an die 70.000 Mann; Friedrich II. verfügte über nur knapp 30.000 Soldaten, die er in Hochkirch in der Nacht zum 14. Oktober 1758 lagern ließ. Angesichts einer derart numerischen Übermacht hätte es – so schien es wenigstens – für die Österreicher ein leichtes sein sollen, die Preußen in einem einzigen Handstreich zu überrumpeln und vernichtend zu schlagen. Nun aber traten die drei divergierenden Charakterzüge der österreichischen Feldherren zu Tage. Im Buch „Unser Heer – 300 Jahre österreichisches Soldatentum", dem man weiß Gott nicht nachsagen kann, es weise eine anti-österreichische Tendenz auf, ist nachzulesen:

„Schon in den ersten Kämpfen dieses Krieges hatte sich der 1756 zum General beförderte Franz Moritz Graf Lacy das Vertrauen Dauns erworben, so daß er ihn zum Generalquartiermeister beförderte. Als solcher lebte sich Lacy vollständig in die Kriegführung Dauns hinein, so daß er schließlich als deren Haupturheber anzusehen war. Kluge Berechnung aller in Betracht kommenden Umstände, gepaart mit ängstlicher Unentschlossenheit und äußerster Vorsicht, bildeten sich schon damals zu einem Gegensatz zu dem zwar weniger kenntnisreichen, aber ebensoviel kühneren und unterneh-

Feldmarschall Franz Moritz Graf Lacy (1725–1801).

Im alten Friedhof von Hochkirch, unmittelbar neben dem Gasthof „Zum Alten Fritz", stehen diese beiden Denkmäler, die an die Schlacht vom 14. Oktober 1758 erinnern.

menden Laudon heraus, der sich während seiner und Lacys Laufbahn in recht greller Weise bemerkbar machte. Während der vielfachen Untätigkeit Dauns spotteten die Wiener, die Armee Dauns sei verloren gegangen, da er gedachte, möglichst ohne eine Schlacht zu wagen, Preußen systematisch auszuhungern. Einem solchen Gegner gegenüber konnte sich Friedrich II. viel erlauben, mit Ausnahme des direkten Angriffs auf seine starken Stellungen... So schlug Friedrich am 13. Oktober, gewissermaßen unter den Augen des rings um Hochkirch die Höhen besetzt haltenden Daun, sein Lager auf. Friedrich schätzte Daun als großen Taktiker, der meisterhaft eine Stellung zu wählen verstand und, wenn er nicht wollte, zur Schlacht nicht zu zwingen war. Diesmal suchte aber auch Daun die Schlacht, um den Leichtsinn Friedrichs zu strafen. Lacy hatte die Disposition zum Überfall auf Hochkirch gemacht, welcher in der Nacht zum 14. Oktober auf das preußische Lager durchgeführt wurde, worauf der eigentliche Kampf begann. Doch als Friedrich besorgen mußte, von dem den linken Flügel der Österreicher führenden Laudon umgangen und von seiner Rückzugslinie abgeschnitten zu werden, brach er den Kampf ab. Lacy war es nun zuzuschreiben, daß man aus dem erfochtenen Sieg, für welchen er das Großkreuz des Theresien-Ordens erhielt, fast keinen Nutzen zog. Nicht verfolgt durch Dauns übergroße Vorsicht, war für Friedrich, trotz großer Verluste, das Spiel nicht verloren. Er zog in weiterer Folge nach Schlesien ab, entsetzte Neiße und Kosel, und damit endete der Feldzug von 1758, trotz des glänzenden Sieges, ohne jedes Ergebnis für die Sache Maria Theresias.

Die Nachricht vom gelungenen Überfall bei Hochkirch erreichte die Kaiserin an ihrem Namenstag, dem Theresientag, und bereitete ihr große Freude. Doch hätte mit dieser Schlacht der Krieg bald seinen Abschluß und das Leben Friedrichs ein tragisches Ende gefunden. Der österreichische Oberstleutnant Ledrün, der auch den Prinzen Moritz von Anhalt gefangen hatte, erfuhr, daß die Person, die dem Prinzen gefolgt war und ihn soeben verlassen hatte, der König von Preußen sei. In gestrecktem Galopp jagte der Oberstleutnant sogleich dem König nach und rief ihm zu, sich zu ergeben. Der König antwortete mit einem Pistolenschuß, der jedoch sein Ziel verfehlte. Darauf traf der Schuß Ledrüns das Pferd Friedrichs, der König fand aber noch so viel Zeit, das Pferd eines ihn begleitenden Offiziers zu besteigen und so der Gefangennahme zu entgehen, indes der Offizier dabei sein Leben verlor.“

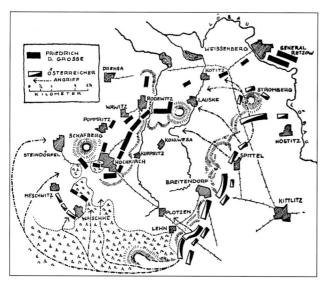

Franz Moritz Graf Lacy entwarf den Plan zu dem kühnen Überfall auf König Friedrichs Lager bei Hochkirch.

„General Laudon, Laudon rückt an!“ hieß es in einem alten Soldatenlied der Österreicher. Es symbolisierte die kaltblütige Entschlossenheit des Reitergenerals, Maria Theresias Krone und Reich zu erhalten, was ihm auch gelang.

Unter den gefallenen Preußen befanden sich auch Herzog Franz von Braunschweig und Feldmarschall Keith; ebenso fiel den Österreichern neben dem gesamten Train der Preußen auch deren Artillerie in die Hände. Preußen verlor 9230 Mann an Toten, Verwundeten, Gefangenen und Vermißten, aber auch die Österreicher büßten 7260 Männer ein.

So psychologisch wichtig die Schlacht von Hochkirch auch sein mochte – nicht zuletzt im Hinblick auf eine Neuformierung der österreichischen Heere und ihrer Bewaffnung –, so wenig ausschlaggebend war sie für den Fortgang des Siebenjährigen Krieges. Neun weitere Schlachten waren notwendig, um diese Auseinandersetzung zu beenden.

„Von 48.000 Mann habe ich keine 3000 mehr!"
Kunersdorf, 12. August 1759

Diesen erschütternden Satz schrieb König Friedrich der Große von Preußen am Tag nach der Schlacht von Kunersdorf unweit von Frankfurt an der Oder. Und er fügte hinzu: „Alles ist verloren. Mein Unglück ist, daß ich noch am Leben bin. Es ist ein grausamer Schlag. Ich werde ihn nicht überleben."

Der Siebenjährige Krieg war in sein viertes Jahr gegangen, als hier, in Kunersdorf (heute: Kunowice), eine militärische Tragödie Preußen erschütterte. Sie fand in der deutschen Geschichte so gewaltigen Nachhall, daß gegen Ende des Zweiten Weltkriegs Hitler und Goebbels diese Niederlage

Friedrich Wilhelm Freiherr von Seydlitz (1721–1773), k. preuß. General der Kavallerie, wurde in der Schlacht von Kunersdorf schwer verwundet. Der verwegene Reitergeneral, der bei Zorndorf und Roßbach gesiegt hatte, wurde nur 52 Jahre alt.

bei Kunersdorf und das überraschende Ende, das „Miracle", heraufbeschwören sollten.

Das Jahr 1759 stand für Friedrich von allem Anfang an unter keinem guten Stern. Österreicher, Franzosen, Russen und Schweden, die sich zu einer großen militärischen Allianz gegen Preußen zusammengeschlossen hatten, waren in der Lage, ein Heer von 300.000 Mann zu formieren, dem Friedrich mit seinem einzigen Verbündeten, dem Herzog von Braunschweig, nur 150.000 Mann entgegenstellen konnte. Beide Seiten verfügten über ausgezeichnete Feldherrn: die Österreicher über Laudon und Daun, die Russen über Saltykow, die Preußen hatten General Seydlitz – und natürlich ihren König selbst. Die russische Armee hatte sich in Polen gesammelt und am 30. Juli Frankfurt a. d. O. besetzt. Preußen wie Österreicher hatten in den Tagen und Wochen zuvor in Sachsen, Schlesien und in der Lausitz zahlreiche taktische Bewegungen durchgeführt, um die Vereinigung eines österreichischen Korps mit den Russen – aus der Sicht der Preußen – zu vereiteln bzw. – aus österreichischer Sicht – zu ermöglichen. Schon am 26. Juli hatte Daun, dem der Oberbefehl über das österreichische Heer übertragen worden war, von der Ankunft der Russen vor Frankfurt erfahren und General Laudon befohlen, sich mit seinem 20.000 Mann starken Korps mit General Pjotr Semjenowitsch Saltykow zu vereinigen. Laudon gelang das Husarenstück, sich mitten durch die preußischen Truppen nach Frankfurt durchzuschlagen und die Vereinigung mit den Russen herbeizuführen. Auf einem Höhenrücken bei Kunersdorf, nur sechs Kilometer östlich von Frankfurt an der Oder, bezogen die 75.000 Mann Österreicher und Russen ihre befestigten Stellungen. Friedrich erkannte die Gefahr, die nun der nur 65 Kilometer entfernten Hauptstadt Berlin drohte. Mit rasch zusammengezogenen 50.000 Mann rückte er auf Kunersdorf zu.

Am 12. August, um 11 Uhr, eröffnete Friedrich mit heftigem Artilleriefeuer auf die russisch-österreichischen Stellungen auf den Hügeln rings um Kunersdorf den Kampf. Nach einstündiger Kanonade warf er den Russen unter General Galyzin die ersten acht Bataillone entgegen; sie konnten die Russen überrennen, ebenso ein zweites und drittes Treffen; mehr als achtzig russische Geschütze gingen dabei verloren oder fielen den Preußen in die Hände. Erst bei einer gemeinsamen österreichisch-russischen Auffangstellung brach der schwungvolle preußische Angriff zusammen.

Nun wollte Friedrich seine Hauptstreitmacht ins Treffen führen, aber der Anmarsch hatte sich wegen des schwierigen, bergigen und morastigen Geländes verzögert. Unterdessen konnten sich Österreicher und Russen neu formieren, ihre Stellungen ausbauen, neue Geschütze heranbringen und die Kavallerie für einen Flankenangriff bereitstellen. Als zwischen 2 und halb 4 Uhr nachmittags die Hauptmacht der Preußen endlich zum Großangriff antreten konnte, rannte sie gegen ein mörderisches Feuer aus den Musketen und Kanonen der Verbündeten. In den engen Gräben richteten die pausenlos einschlagenden russischen und österreichischen Granaten wahre Blutbäder an. Friedrich II. stellte sich selbst an die Spitze des Angriffs, aber auch er vermochte dem entsetzlichen Kugelhagel nicht standzuhalten. Nun setzte Saltykow seine Schwadronen ein, die mit unvorstellbarer

Wucht den preußischen Feind zurücktrieben. Friedrich befahl seinem Reitergeneral Seydlitz, noch mehr Kavallerie in die Schlacht zu werfen, aber auch diesem gelang es nicht, die Verbündeten aus ihren verbissen umkämpften Verteidigungsstellungen zu vertreiben. Seydlitz wurde dabei schwer verwundet; die Verluste seiner Reiterei wuchsen ins Ungeheure.

Mittlerweile waren nun auch die Infanterieregimenter zum Einsatz gekommen, aber obwohl die Preußen Unglaubliches leisteten, konnten sie Kunersdorf und die ringsum gelegenen Anhöhen nicht nehmen. Drei- und viermal wurden sie in die Schlacht geworfen, wurden zurückgetrieben, mußten neu formiert und abermals an die Front geschickt werden. Die Zahl der Toten und Verwundeten wuchs von Minute zu Minute. Die Schlacht dauerte nun schon acht Stunden, und noch immer gab Friedrich nicht nach, obwohl er einsah, daß es das Schicksal an diesem Tag nicht gut mit ihm meinte.

Besonders blutig ging es an der Seenkette bei Kunersdorf zu. In den engen Landstreifen zwischen den Wassern häuften sich die Angreifer und ballten sich zusammen – ideale Ziele für die ausgezeichnet feuernden Kanoniere der Russen und Österreicher. Die Preußen kamen nicht weiter; im Gegenteil, auch hier mußten sie weichen.

General Laudon in der Schlacht von Kunersdorf. Seine Attacke brachte die Wende zugunsten der arg bedrängten Russen und Österreicher. (Lithographie von A. Grill nach einem Entwurf von W. v. Lindenschmidt.)

Die Hofseite von Schloß Schönbrunn in einem berühmten Gemälde von Bernardo Belotto (genannt Canaletto) im Kunsthistorischen Museum in Wien. Soeben trifft die Siegesbotschaft von Kunersdorf ein.

In diesem Augenblick griff General Laudon mit 10.000 Reitern an. Hans-Jochen Richnow schreibt über diese Attacke:

„Einen besseren Zeitpunkt hätte General Laudon nicht wählen können. Schon brechen seine mehr als 10.000 russischen und österreichischen Reiter aus den Wäldern hervor und stoßen in den ungeordneten Rückzug der Preußen. Die Verwirrung ist vollkommen. Eine Zeitlang schieben sich die Reitermassen auf der Ebene noch hin und her, sobald aber noch starke Kosakenverbände aus dem Frankfurter Forst auftauchen und die preußische Kavallerie von drei Seiten eingekeilt ist, gibt es kein Halten mehr. Weil die Seen den Rückzug versperren, flutet die Masse auf das Dorf zu. Die dort haltende Infanterie wird niedergeritten, ebenso die durch die Schluchten der Mühlberge abziehende Artillerie. Um sich Platz zu verschaffen, schlagen die kopflosen Reiter die Stränge der Zugtiere durch und reißen Mann und Pferd mit sich, so daß bereits hier ein Teil der Geschütze verloren geht.

Zur gleichen Zeit führt Friedrich im Zentrum die notdürftig formierten Reste der Infanterie noch einmal über den Kuhberg vor. Zwei Pferde werden unter ihm zusammengeschossen, zwei Kugeln durchlöchern seinen Rock. Eines der Geschosse wird von seiner Schnupftabakdose aufgehalten. Das Beispiel ihres Königs reißt die Grenadiere mit, noch einmal geben sie ihr Letztes. Und tatsächlich gelingt es, den Gegner wieder zurückzuwerfen, und auch Saltykow muß nun seine letzten Reser-

ven in den Kampf werfen. Ihrem Ansturm sind die gelichteten Reihen der Preußen nicht gewachsen, zumal die Panik der Kavallerie nun auch auf die Infanterie übergreift. Der Rückzug auf den Mühlberg wird zwar von der dortigen Artillerie vorbildlich gedeckt, doch ist die Schlacht endgültig verloren."

Friedrich war verzweifelt. In einem Bauernhaus verbrachte er die Nacht zum 13. August. Von dort schrieb er nach Berlin: „Die Folgen der Affaire werden schlimmer sein als die Affaire selbst. Ich habe keine Hilfsmittel mehr und, um nicht zu lügen, ich glaube alles verloren. Ich werde den Untergang meines Vaterlandes nicht überleben. Adieu für immer!" Noch übersah er das gesamte Ausmaß der Katastrophe nicht: 7500 Mann tot, 10.700 verwundet, Tausende desertiert, versprengt, verschwunden. Nicht einmal die Häfte seiner Armee, nur knapp 18.000 Mann, darunter viele Verwundete, konnte er auf den Brücken über die Oder führen; die Brücken selbst ließ er nach dem letzten Mann sprengen. Aber auch die Österreicher und vor allem die Russen hatten schwere Verluste erlitten: an die 18.000 Tote, Verwundete und Vermißte.

Dies mag der Grund dafür gewesen sein, daß Saltykow zögerte, die so schwer angeschlagene preußische Armee zu verfolgen und ihr den Todesstoß zu versetzen, auf den Friedrich geradezu wartete, als er sein geschlagenes Heer nach Berlin zurückführte. Laudon flehte Saltykow an, die Preußen zu verfolgen, aber der lehnte ab: Er sähe keinen Grund, sie endgültig auszuradieren.

Mit seinem angeschlagenen Heer stellte sich Friedrich zwischen Berlin und Frankfurt zum letzten Gefecht auf. In einem Brief an seinen Bruder Heinrich schrieb er: „Ich habe mich hier auf ihre Straße aufgestellt. Weiß nicht, ob sie heute kommen werden oder morgen, aber wenn sie kommen, werde ich kämpfen."

Doch die Russen kamen nicht. Friedrich begriff die Welt nicht mehr. Weshalb verzichteten sie darauf, ihm den Fangstoß zu geben und sein Königreich endgültig zu vernichten? Auf diese Frage gab es keine Antwort. Nur ein Wunder, ein „Miracle", konnte es gewesen sein, das Preußen – noch einmal – gerettet hatte.

Ein eisiger „Finkenfang"
Maxen, 20. und 21. November 1759

„Wo ist der beste Hort
zum Vogelfang in Sachsen?
Bey Falkenhayn, nicht weit
vom Rittergute Maxen!
Auf einen Ruck fing Daun,
wer sollte das wohl meinen,
ja, es wird aller Welt
gantz lügenhafftig scheinen,
ein Fink, acht große Staare
und 18.000 Meisen,
zum Braten taugen sie,
doch nicht zum Speisen."

Der „Fink", von dem in diesem Spottlied die Rede ist, war der preußische General Friedrich August von Finck, die „acht großen Staare" acht preußische Generale, und die „18.000 Meisen" waren jene preußischen Soldaten, die bei Maxen durch die Österreicher unter Feldmarschall Daun gefangen wurden. Der „Finkenfang von Maxen" ging in die Geschichte ein.

Maxen liegt nur wenige Kilometer südöstlich von Dresden in den hügeligen Ausläufern der Sächsischen Schweiz und des Elbsandsteingebirges, mitten in fruchtbaren Feldern und Obstplantagen. Etwas oberhalb des in einer leichten Senke gelegenen Dorfes erhebt sich ein niedriger Turm über einem langgestreckten Gebäude: der „Finkenfang". Einst war dies ein Aussichtsturm über einer Gaststätte und einem Museum, in dem die Geschichte der Schlacht von Maxen durch einige Privatliebhaber historischer Dinge lebendig gehalten wurde, bis sie aus finanziellen Gründen ein Stück nach dem anderen verkauften, so daß heute keine Erinnerungen an den „Finkenfang" übriggeblieben sind.

Bis 1989 war diese Anlage zu einem „VEB-Ferienheim Finkenfang" um- und ausgebaut, in dem junge und alte Werktätige Ferien machen konnten. Nichts mehr war vom „Rittergute Maxen" übrig, nichts mehr von Rittern und Schloßbesitzern; VEB bedeutete „Volkseigener Betrieb". Wo dereinst Könige und Kurfürsten regiert hatten, herrschte nun angeblich das „Volk".

In diesem Ferienheim, das bis zum Ende der DDR der Berliner Akademie der Wissenschaften unterstand, gab es eine alte Chronik, der über den „Finkenfang" zahlreiche Details zu entnehmen waren – eine Abschrift des „Journals des Krieges Anno 1756 –1763" aus dem Kriegsarchiv des Staatsarchivs Dresden, wo man, aus österreichischer Sicht, die „Relation der Affaire am 20t 9br. bey Maxen" (= 20. November) nachlesen kann:

„Maxen ist historisch merkwürdig wegen eines im November 1759 hier vorgefallenen Treffens und der darauf erfolgten Gefangennahme eines preußischen Korps unter dem General Finck von Finckenstein, welch letztere deshalb unter dem Namen des ‚Finkenfangs' bekannt ist. Der König von Preußen hatte den General Finck, einen guten, muthigen Feldherrn, am 15. Novembris über Freiberg nach Dippoldiswalde geschickt, um in hiesiger Gegend den Österreichern, welche bei Dresden gelagert waren, die Zufuhr aus Böhmen abzuschneiden. Finck befehligte von Dippoldiswalde aus den Generalmajor Wunsch, mit der Hälfte seiner aus etwa 18.000 Mann bestehenden Macht als Vortrupp nach Maxen. Feldmarschall Daun, der Oberbefehlshaber der Österreicher, setzte diesen eine Masse leichter Truppen unter dem Generalmajor v. Brentano entgegen und zog eine andere Heerabtheilung nach Rippchen, um den Rücken des ersteren zu decken.

Am 17. Novembris brach Finck mit dem Rest des Heeres auch nach Maxen auf, und später zog er, auf des Königs Befehl, sogar die in Dippoldiswalde zur Offenhaltung der Straße nach Freiberg gelassenen drei Bataillone und ein Kürassierregiment nach. Daun war, so wie die sächsischen Prinzen Albrecht und Klemens, selbst beim kaiserlichen Heere, dessen Marsch in vier Kolonnen geschah. Die Höhen von Maltern hatte der Generalfeldwachtmeister v. Seekendorf besetzt, ein Korps hatte sich nach Röhrdorf gezogen, die Reichsarmee bei Gieshübel sollte gegen Dohna rücken, um das Finck'sche Heer auch dort einzuschließen. Finck, der außer Acht gelassen hatte, die Höhen zu besetzen, wußte von den feindlichen Bewegungen durch die umliegenden Wälder nichts, die mit Husaren und Kroaten besetzt waren. Wunsch, der nach Bloschwitz gerückt war, schickte nichts zum Beistand. Die Kaiserlichen brachten indeß Kanones auf die Anhöhe vor dem Wald und fingen an, die preußischen Linien in der Tiefe zu beschießen.

Unweit des kleinen Dorfes Maxen fand der „Finkenfang" statt.

Eine Stunde darauf ging Dauns Kavallerie in der Tiefe nach und durch Hausdorf. Alle Versuche der Preußen scheiterten jedes mal an der außerordentlichen Entschlossenheit der österreichischen Grenadiere und Karabiniers..."

Vielleicht wäre die Schlacht von Maxen trotz der „außerordentlichen Entschlossenheit" der Österreicher anders ausgegangen, hätte das Wetter mitgespielt; in allen Berichten kann nachgelesen werden, daß am 20. November jenes Jahres eisige Kälte, tiefer Schnee, also strenger Winter herrschte, der das Manövrieren für alle Teile zur mörderischen Strapaze machte. Gerade dieser tiefe Schnee machte es den preußischen Truppen, die bei Wilsdruff standen, unmöglich, rechtzeitig nach Maxen zu gelangen. Das „Eislager von Wilsdruff" blieb für alle, die dort dabei waren, ein unvergeßliches Erlebnis, das ihnen mindestens ebensoviel Leid brachte wie die Kanonen der Österreicher.

In der Chronik heißt es weiter: „Daun ließ recognoszieren und fand, daß man dem Feind von den Anhöhen aus in die Flanke kommen konnte, von

der linken Anhöhe aus aber der Feind mit gutem Erfolg kannoniert werden konnte. Mithin ließ man ohne Verzug die schwere Artillerie auffahren und zu feuern anfangen, die Colonnen aber in möglichster Eil verdeckt am Abfall der Anhöhen bis zum Angriff postieren und den Angriff ohngesäumt vornehmen. Es geschahe bey der Infantrie in Colonnen, bei der Cavallerie aber hintereinander, und zwahr durchgehend mit einer entschiedenen Tapferkeit, daß der Feind in Kurtzen von seiner Hauptanhöhe nach Hinterlassung vieler Cannons abgetrieben wurde. Hierbei schien es, als wollte die Infanterie und Cavallerie sich dem Vorzuge in der Unerschrockenheit wechselseitig erwerben; annebst bezeigten die sämtlichen Truppen ohngeachtet des so hitzigen Angriffs eine solche Gelassenheit, daß auff Befehl des commandierenden Generals sich alles auf die Anhöhen im 2. Treffen augenblicklich rangierte, die Grenadiere hingegen sofort auf das Dorf Maxen ansetzten und den Feind mit ungeheurer Tapferkeit daraus verjagten.

Kaum waren die Regimenter in Ordnung gestellet, so wurde man gewahr, daß sich der Feind auf der Anhöhe bei Maxen wieder gesetzet, seine

Stücken (= Geschütze) aufgepflanzet und den weiteren Angriff allda erwartete. Der ausnehmende Muth aber der diesseitigen sämtlichen Truppen brachte ihn gar bald dahin, auch diese und danach eine Anhöhe nach der anderen zu verlassen und sich bis zum Dorf Bloschwitz zu flüchten..."

Der Raum, in dem die Preußen manövrieren konnten, wurde zunehmend kleiner, die Umzingelung Fincks und seines Korps immer perfekter, bis der preußische General einsah, daß er, wollte er nicht seine ganze Armee zusammenschießen lassen, nur noch eines tun konnte: sich ergeben. Zwar kam es in der Nacht zum 21. November noch zu mehreren Kämpfen, aber am Morgen des nächsten Tages streckte Finck die Waffen.

Die Kriegsbeute bestand laut Chronik aus „neun Generalen, 6 Obristen, 3 Obristleutnants, 32 Majors, 88 Capitäns, 168 Oberleutnants, 84 Unterleutnants, 100 Fähndrichs, 50 vom Stabe, acht von der Artillerie, in Summa 549 Offiziere, 12.000 Gemeine = 12.549 Mann. Die eroberten Kriegszeichen bestunden aus 3 Paar Paucken, darunter eine große silberne, 24 Standarten und 96 Fahnen. An Artillerie: 24 Dreipfünder, 2 Vierpfünder, 19 Sechspfünder, 16 Zwölfpfünder Kannons und 9 Haubitzen."

Die rechtzeitige Kapitulation Fincks hatte ein Blutvergießen größten Ausmaßes verhindert. Die Zahlen der Gefangenen gehen auseinander: in der Chronik ist von 12.500 die Rede, im Spottlied von 18.000, in anderen Darstellungen von 15.000. Sicher jedoch ist, daß die Verluste an Toten und Verwundeten auf beiden Seiten relativ gering waren. So schreibt die Chronik, die Kaiserlichen hätten bei der Infanterie „vier todte und 26 blessierte Offiziere sowie 297 todte und 586 blessierte Gemeine, bei der Cavallerie 1 blessierter Offizier und 18 blessierte Gemeine" zu verzeichnen gehabt.

In der Chronik vom „Finkenfang" ist ein handgeschriebenes Blatt eingefügt, das aussieht, als hätte es ein Schüler bei einem Aufsatzwettbewerb verfaßt. Unter dem Titel „Welcher Fink wurde in der Nähe dieses Dorfes gefangen?" steht der Lebenslauf von Friedrich August von Finck, der am 25. November 1718 in Strelitz geboren wurde und am

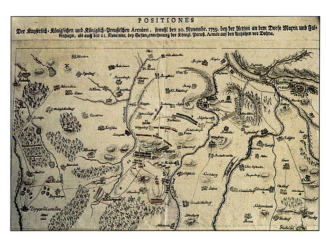

Position der preußischen Truppen am 20. November 1759, bevor sie beim Dorfe Maxen eingeschlossen wurden.

22. Februar 1766 in Kopenhagen gestorben ist. „Er trat 1735 in österreichische, dann in russische, 1743 als Major in preußische Dienste, wurde Friedrichs II. Flügeladjutant, 1755 Oberstleutnant, nach der Schlacht von Kolin Oberst, bald darauf Generalmajor und Anfang 1759 Generalleutnant. Im gleichen Jahr wurde er dem Prinzen Heinrich, dem Friedrich die Verteidigung Sachsens zugewiesen hatte, zur Unterstützung beigegeben. Durch das Gefecht bei Korlitz zwang Finck das österreichische Heer unter Daun zum Rückzug, wurde von Friedrich trotz seiner Gegenvorstellung, um Dauns Rückzug abzuschneiden, am 17. 11. über Dippoldiswalde nach Maxen geschickt, aber hier am 20. 11. von einer Übermacht angegriffen und mußte sich nach rühmlicher Gegenwehr am 21. 11. mit dem Rest seines Korps ergeben. Deswegen nach dem Hubertusburger Frieden von einem Kriegsgericht zu einjähriger Festungshaft und zur Kassation verurteilt, obwohl nach allgemeiner Überzeugung die Schuld seines Unfalles auf der Seite des Königs zu suchen war, ward er 1764 in dänische Dienste berufen. Friedrich der Große sorgte nach Fincks Tod für seine Töchter."

Und in roter Tinte steht der Schlußsatz darunter: „Wir anerkennen seine humanistische Tat, durch die er vielen Menschen das Leben rettete."

Niederlage statt Siegesfeier
Torgau, 3. November 1760

Torgau, die Stadt an der Elbe, ist am Ende des Zweiten Weltkriegs weltberühmt geworden, trafen einander doch hier 1945 erstmals amerikanische und sowjetische Einheiten.

Durch die Elbebrücke hatte die Stadt schon sehr früh wirtschaftliche und militärische Bedeutung erlangt, wie Schloß Hartenfels beweist, dessen erste Anlage bereits 973 auf hohem Porphyrfelsen errichtet worden war. Die alte Burg wurde im Lauf der Jahrhunderte in einen stattlichen Herrensitz umgewandelt, den sich sogar der sächsische Kurfürst zum Wohnsitz auserkoren hatte. Noch heute ist über einem mächtigen Portal hinter einer hohen Brücke über den Schloßgraben, in dem sich Bären tummeln, das prachtvolle Wappen des Kurfürsten Johann Georg I. zu sehen, mit Löwen, Kronen, Stierhörnern und gekreuzten Schwertern. Derzeit birgt das Schloß ein Museum.

Torgau war durch viele Jahrhunderte hindurch so etwas wie ein Tor sowohl zum Osten wie auch zum Westen. Im Dreißigjährigen Krieg wurde es verwüstet, und auch der Siebenjährige Krieg zwischen Maria Theresia und Friedrich dem Großen brachte der Stadt namenloses Elend. Nach der Schlacht vom 3. November 1760 machte Friedrich II. aus dem Schloß, dem einzigen erhaltenen Frührenaissancebau auf dem Gebiet der ehemaligen DDR, eine Festung.

Der Krieg zwischen Österreich und Preußen war schon im vierten Jahr, als es zum Treffen der beiden feindlichen Heere bei Torgau kam; an einem stürmischen, kalten Herbsttag, dem 3. November 1760. Die Österreicher unterstanden wiederum Feldmarschall Graf Daun, die Preußen kommandierte – wie fast immer in diesem Krieg – Friedrich der Große selbst. Die Österreicher, mit rund 60.000 Mann den 44.000 Mann zählenden Preußen weit überlegen, hatten auf den Höhen rings um Torgau äußerst gute Positionen bezogen, die nicht nur für die Artillerie, sondern auch für die Kavallerie und die Fußtruppen ideal waren. Daun konnte beruhigt die Dispositionen des „Alten Fritz" abwarten; er befand sich nicht nur in der Lage des Stärkeren, sondern auch des strategisch Überlegenen. Doch gerade in Torgau erwies sich, daß zwischen Strategie und Taktik himmelhohe Unterschiede bestehen können. Dauns strategischer Vorteil wurde inner-

halb weniger Stunden durch Friedrichs kühne Taktik zunichte gemacht.

Am Anfang sah es allerdings nicht gut für die Preußen aus. Friedrich hatte seine Armee geteilt; während er General von Zieten mit seiner starken Kavallerie Dauns Zentrum frontal attackieren ließ, stürzte er sich selbst mit der Infanterie auf die Nachhut der Kaiserlichen. Obwohl die preußische Reiterei ebenso wie Friedrichs Fußtruppen mit dem ganzen Elan und der verbissenen Zähigkeit, die sie schon so oft zum Sieg geführt hatten, gegen die Österreicher anstürmten, zurückgeschlagen wurden und wieder angriffen, schien es, als wäre gegen „diese Österreicher" kein Kraut gewachsen. Als der frühe Herbstabend hereinbrach, sah alles nach einem überstürzten Rückzug der Preußen und einem grandiosen Sieg der Österreicher aus.

Friedrich aber gab nicht auf, und noch weniger gab er sich geschlagen. Trotz der hereingebrochenen Nacht gelang es ihm, seine Truppen neu zu sammeln, ihnen frischen Mut zuzusprechen, seine Offiziere und Generale aufs neue zu bewegen, das Blatt durch einen überraschenden Nachtangriff doch noch zu wenden. Es steht in keinem Rapport, welche Gedanken sich die angeschlagenen Preußen machten, als sie die neue Ordre erhielten,

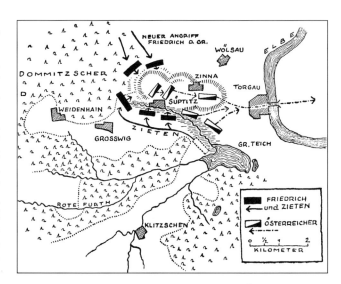

Die Schlacht von Torgau und der Rückzug der Österreicher auf das östliche Elbeufer.

Ein Kuriosum: barocke Emaildose mit der Darstellung der Schlacht bei Torgau. Links Gesamtansicht mit aufgeklapptem Deckel, rechts Außenansicht des Deckels.

aber angesichts der preußischen Disziplin kann man sich vorstellen, daß sich weder Offizier noch Gemeiner einen „Hundsfott" nennen lassen wollte. Und so sammelten sich die Truppen erneut, ohne Trommeln und Musik, in tiefer Nacht, Kavallerie und Grenadiere, und rückten fast lautlos gegen die österreichischen Höhen vor.

Dort ging es bereits hoch her, denn die Österreicher freuten sich ihres Sieges, es wurde gebechert und gewürfelt, gesungen und gefeiert, und auch die Wachtposten wurden von diesem lärmenden Siegestaumel angesteckt. So konnte es geschehen, daß Friedrichs Mannen urplötzlich aus der Nacht in die von den Feuern erhellten Lager der Österreicher wie ein Wirbelwind hereinbrachen, niederhieben und niederstachen, wer immer sich ihnen in den Weg stellte, und dann in einem einzigen, rasanten, blitzartigen Überfall die gesamte österreichische Artillerie erbeuteten. In dieses Chaos brach nun auch noch Zietens Reiterei herein; das Gemetzel nahm unvorstellbare Ausmaße an. Gegen diesen preußischen Furor war jeder Widerstand sinnlos geworden, die Österreicher streckten die Waffen.

Erst am nächsten Tag, als eine fahle Sonne das Schlachtfeld erhellte, wurde das Ausmaß der Katastrophe sichtbar. Die Verluste waren auf beiden Seiten entsetzlich. Die Österreicher hatten 11.260 Mann an Toten, Verwundeten und Vermißten zu beklagen, die Preußen an die 13.000 Mann.

Doch mit dieser Schlacht war der Siebenjährige Krieg noch lange nicht zu Ende; er zog sich noch fast drei Jahre hin. Eine unerwartet günstige Wende für die Preußen ergab sich durch den Tod der russischen Zarin Elisabeth am 5. Januar 1762. Ihr Nachfolger, Zar Peter II., war ein begeisterter Verehrer des Preußenkönigs; bereits am 5. Mai

1762 schloß er mit Friedrich II. einen Sonderfrieden, ja er stellte ihm sogar ein 20.000 Mann starkes Heer zur Verfügung. Doch schon am 9. Juli wurde Peter von seiner Gattin Katharina entmachtet, und die erhoffte russische Hilfe für Preußen blieb aus.

Friedrich verzagte deshalb noch lange nicht, im Gegenteil: Er rückte wieder gegen Österreich vor, um die Schmach vergangener Niederlagen zu rächen. Am 21. Juli 1762 erstürmte er den Paß von Burkersdorf nahe Scheidnitz und siegte am 29. Oktober bei Freiberg in Sachsen. Erst 1763 ging dieser unselige Krieg mit dem über sächsische Vermittlung zustande gekommenen Frieden von Hubertusburg, einem Schloß bei Leipzig, zu Ende. Österreich verzichtete endgültig auf Schlesien und die Grafschaft Glatz; die Kluft zwischen Österreich und Preußen, das seine Stellung als europäische Großmacht nach diesem Krieg wesentlich gefestigt hatte, wurde nur noch mehr vertieft.

Für Österreich war der Siebenjährige Krieg äußerst verlustreich verlaufen. Zwar hatten auch die Preußen an die 200.000 Mann sowie viel Gerät und Waffen verloren, aber die Bilanz der Österreicher war weit schlimmer: ihre Armee verzeichnete fast 304.000 Mann an Toten, Verwundeten, Invaliden und Gefangenen, den Verlust von rund 83.000 Pferden, 554 Munitionswagen, 397 Kanonen, 31 Mörsern, 89 Fahnen, 23 Standarten und einer Pauke (!). Die Beute hingegen sah folgendermaßen aus: 522 Kanonen, 34 Haubitzen, 15 Mörser, 8 Steinbüchsen, 89 metallene Doppelhaken, 101 Munitionswagen, 250 Fahnen, 32 Standarten sowie 8 Pauken.

„Friedrich und Maria Theresia", schreibt Gertrud Fussenegger, „gingen aus dieser ihrer letzten Konfrontation als Veränderte, Verwandelte, als zutiefst Verwundete hervor. Beide, er als knapper Sieger, sie als mit Anstand Unterlegene, hatten eine Hölle durchschritten. In dieser Hölle hatten sie ihre Jugend, ihre Spannkraft, Friedrich seine Gesundheit, Maria Theresia einen Gutteil ihrer weiblichen Potenz eingebüßt. Er war ein gichtbrüchiger alter Mann geworden, sie hatte 1756 ihr letztes Kind geboren. Beide waren menschlich bis ins Mark getroffen und leckten ihre Wunden…"

Beide, die Kaiserin und der König, herrschten noch viele Jahre, bis zu ihrem Tode. Maria Theresia starb 1780, Friedrich 1786. Als der „Alte Fritz" die Nachricht vom Tod seiner großen Gegenspielerin erhielt, war er betroffen. In einem Brief schrieb er: „Ich habe den Tod der Kaiserin-Königin bedauert; sie hat ihrem Haus und ihrem Geschlecht Ehre gemacht. Ich habe mit ihr Krieg geführt, aber ich war nie ihr Feind."

VII.

Das Zeitalter des Korsen

Er wurde nur 51 Jahre alt, der Korse Napoleon Buonaparte, aber zwischen 1796 und 1815, in knapp zwanzig Jahren, schwang er sich zum „Herrn Europas" auf, verwandelte er den Kontinent wie kaum ein anderer vor ihm, opferte er Millionen Menschen auf den Schlachtfeldern zwischen Oberitalien und Moskau, wurde er zur lebenden Legende und zum Inbegriff der „Grande Nation". Napoleon, Kaiser der Franzosen, „l'Empereur", erlebte die größten Triumphe und die schwersten Niederlagen, den steilsten Aufstieg und den tiefsten Fall, machte die Verbannungen auf Elba und St. Helena durch, bis ihm, der 1821 in der Verbannung starb, 1840 mit der Überführung seiner Leiche in den Invalidendom zu Paris die größte Ehre widerfuhr, die Frankreich zu vergeben hat. Das „Ungeheuer", der „Menschenfresser", die „gierige Bestie" hatte sich abermals wunderbar zum „Kaiser aller Franzosen" gewandelt.

Wer heute vor dem Arc de Triomphe in Paris steht, liest mit Staunen die Vielzahl von Ortsnamen, die in seine Wände gemeißelt sind: alles Namen von Schlachten, die der Kaiser in seinen vielen Feldzügen gewonnen hat. Insgesamt sind es zehn Kriege, die Napoleon in den zwanzig Jahren seiner Macht führte: die drei „Koalitionskriege" (1792–1797, 1799–1802, 1805), der Ägyptenfeldzug (1798/99), der Krieg gegen Preußen und Rußland (1806–1807), der Krieg gegen Österreich (1809), der Krieg gegen Rußland (1812), die „Befreiungskriege" (1813/14), der Krieg in Spanien (1808–1814) sowie der Krieg

der Herrschaft der Hundert Tage (1815), der mit der Katastrophe von Waterloo endete.

Von seinen Feinden wie der Teufel gehaßt und wie die Pest gefürchtet, war Napoleon für seine Soldaten der „Grande Armée" weit mehr als nur ein siegesbewußter Feldherr, mehr als ein Soldatenvater, mehr als ein Mitkämpfer, der mit ihnen Biwak und Schlacht teilte – er war ein Übermensch, ein Heros, für den selbst die Kaiserkrone zu gering schien, für den Frankreich allein zu klein und ganz Europa gerade groß genug war.

Er selbst sagte von seinen Erfolgen: „Vor dem, was ich erzielt habe, wird schließlich das Wort meiner Gegner verstummen. Hätte ich, wie sie behaupten, nur meine Macht im Auge gehabt, so hätte ich versucht, das Licht unter den Scheffel zu stellen; statt dessen aber habe ich mich bemüht, es hell scheinen zu lassen."

Seinen letzten Wunsch, den er in seinem Testament zum Ausdruck brachte, hat ihm Frankreich erfüllt: „Ich hege den Wunsch, meine Asche möchte am Ufer der Seine mitten unter dem französischen Volke ruhen, das ich so sehr geliebt habe."

Dieser Satz läßt vergessen, daß er noch wenige Jahre zuvor von seinem Volk und seinen Soldaten ganz anders gedacht hat, als er schrieb: „Der Ruhm und die Ehre der Waffen sind die ersten Pflichten, an die ein Feldherr, wenn er eine Schlacht liefert, zu denken hat; das Wohl und die Erhaltung der Mannschaft stehen erst an zweiter Stelle..."

Wo Goethe Kriegsberichterstatter war
Valmy, 20. September 1792

Halbherzigkeit. Nichts anderes prägte die erste Schlacht des Ersten Koalitionskrieges (1792–1797), eine Halbherzigkeit, die nicht nur die deutsche Führung betraf, sondern auch den wohl berühmtesten Kriegsberichterstatter, den es je auf ein Schlachtfeld verschlagen hat: Johann Wolfgang von Goethe. Trotzdem ging Valmy in die Geschichte ein, als eine Bataille, die Auftakt zu allen späteren, aus der Französischen Revolution resultierenden Kriege war und die durch Goethe ihre literarische Würdigung in seiner allerdings erst fast 30 Jahre später erschienenen „Campagne in Frankreich" erhielt – eine Schrift, aus der ein Satz Bedeutung weit über den eigentlichen Anlaß hinaus bekam: „Von hier und heute geht eine neue Epoche der Weltgeschichte aus", sagte er am Abend der „Kanonade von Valmy" zu den Soldaten, „und ihr könnt sagen, ihr seid dabeigewesen!"

Es war einer der seltsamsten Feldzüge, den Preußen, Süddeutsche und Österreicher in jenem Jahr 1792 unternahmen. Anlaß war die 1789 ausgebrochene Französische Revolution, durch die die Vorrangstellung von Adel und Klerus gebrochen und der „dritte Stand", das Bürgertum, ausschließlicher Machthaber werden sollte; das Königtum Ludwigs XVI. wurde anfangs gerade noch geduldet, allerdings unter beachtlicher Einschränkung seiner Machtbefugnisse. Vor den Revolutionshaufen, die in immer größerer Anzahl Land und Stadt unsicher machten, flüchteten zahlreiche adlige Familien ins benachbarte Ausland, vor allem nach Deutschland, wo sie die deutschen Fürsten bestürmten, etwas gegen den französischen Pöbel zu unternehmen, bevor die Flammen der Revolution Könige, Länder, ja die gesamte Welt verzehrten.

Die deutschen und österreichischen Fürsten hatten die Ereignisse in Frankreich seit Jahren mit Aufmerksamkeit und Befremden verfolgt; sie wußten, die „Flamme der Revolution" würde, sollte sie nicht baldigst erstickt werden, über die Grenzen schlagen und ganz Europa erfassen. Die Fürsten beschlossen einen Interventionsfeldzug gegen das revolutionäre Frankreich, das ihnen jedoch zuvorkam und am 20. April 1792 Österreich den Krieg erklärte. Ziel des Feldzuges war nach den Worten des Oberbefehlshabers, des Herzogs von Braunschweig, „die Anarchie im Innern von Frankreich zu beheben, den Angriffen auf den Thron und die Kirche Einhalt zu tun, die gesetzmäßige Gewalt wiederherzustellen, dem König wieder die Sicherheit und Freiheit zu geben, deren er beraubt ist, und ihn in den Stand zu setzen, die gesetzliche Würde auszuüben, die ihm zukommt". Dieses Manifest, erlassen am 25. Juli 1792 im Hauptquartier zu Koblenz, war an die Bewohner Frankreichs gerichtet und sollte eine aufputschende, die Leidenschaften steigernde Wirkung erzielen.

34.000 Preußen und Österreicher machten sich als „konterrevolutionäre Armee" auf den Marsch. Inmitten dieses Heerhaufens reiste in einer „vierspännigen Chaise" kein Geringerer als Johann Wolfgang von Goethe, den Fürst Karl-August von Sachsen-Weimar als literarischen Kriegsberichterstatter auf den Feldzug mitgenommen hatte. Der 43jährige war nicht nur als Anwalt und Inhaber höherer Staatsämter, vor allem in Weimar, wohin ihn der junge Karl-August berufen hatte, bekannt

Johann Wolfgang von Goethe, wie er ausgesehen haben dürfte, als er 1792 den Feldzug gegen Frankreich als „Kriegsberichterstatter" mitmachte und über die „Kanonade von Valmy" berichtete.

Die Kanonade von Valmy. (Lithographie von François Bellay nach einem Gemälde von Horace Vernet.)

geworden, sondern vor allem seit 1774 durch „Die Leiden des jungen Werthers" berühmt. Seither jedoch hatte er sich nicht nur als Lyriker, sondern auch als Dramatiker einen Namen gemacht: „Götz von Berlichingen" war bereits erschienen, ebenso „Clavigo", „Stella", „Egmont", „Iphigenie" und „Torquato Tasso". Ein Jahr bevor Goethe zur „Campagne" nach Frankreich aufbrach, war er zum Leiter des Weimarer Hoftheaters ernannt worden. Von einem so universell gebildeten Mann mit dem Nimbus des hervorragenden Dichters konnte sich Fürst Karl-August ebenso wie der Herzog von Braunschweig einen verläßlichen, authentischen und vor allem „Preußens Gloria" hervorhebenden Bericht erwarten.

Aber es sollte ganz anders kommen: Wer heute die „Campagne in Frankreich" liest, ist verblüfft ob der geringen Anteilnahme Goethes an diesem Krieg, ist erstaunt, wie dieser Dichter alles andere beschrieb als das Wesen eines Feldzuges oder einer Schlacht. Weit mehr äußerte er sich über Essen und Trinken, die Unannehmlichkeiten einer solchen „Reise", das schlechte Wetter, die elenden Quartiere, darüber hinaus aber auch über Philosophie, Farbenlehre, Mineralogie usw. Es war typisch für Goethe, daß er auch hier weit mehr Wissen-

schafter denn Reporter war. Nur einmal, eben bei der „Kanonade von Valmy", ging er ein wenig mehr aus sich heraus.

Der Dichter hielt sich ständig in der Nähe der obersten Befehlshaber auf: des Herzogs Karl-Wilhelm Ferdinand von Braunschweig, des Königs Friedrich Wilhelm II. von Preußen und seines (Goethes) fürstlichen Gönners Karl-August von Sachsen-Weimar. Im Spätsommer 1792 ging der Feldzug über Erfurt, Frankfurt, Mainz und Trier nach Longwy, das nach einer kurzen Kanonade ebenso eingenommen wurde wie bald darauf Verdun. Dann richtete sich der Marsch weiter gegen Westen, nach Châlons-sur-Marne und Reims; er sollte unaufhaltsam gegen Paris vorstoßen. Aber am Rand der Argonnen lag ein kleines, unscheinbares Nest: Valmy. Hier sollte sich das Schicksal der preußischen Armee und ihrer Verbündeten erfüllen.

Auf den Hügeln um Valmy und La Lune hatte sich die französische Revolutionsarmee unter den Generalen Dumouriez und Kellermann – zwei eigenwilligen, starken Persönlichkeiten – zur Verteidigung aufgestellt. Charles François Dumouriez (1739–1823) war französischer Kriegsminister, der zum General befördert wurde, und Oberbefehlshaber der Nordarmee in der ersten Phase des Krieges. Er hatte sich ernsthaft um einen Frieden mit Preußen bemüht, wenn auch vergeblich. Auch seine Bemühungen, den König zu retten, scheiterten. Kellermann (1735–1820) war Befehlshaber der Mittelarmee und bildete mit seiner Artillerie auf der Windmühlenhöhe von Valmy den linken Flügel.

Die Koalitionstruppen eröffneten aus ihren Batterien das Feuer auf Valmy, „und nun begann", wie Goethe schrieb, „die Kanonade, von der man viel erzählt, deren augenblickliche Gewaltsamkeit jedoch man nicht beschreiben, nicht einmal in der Einbildungskraft zurückrufen kann… Die Unsrigen brannten vor Begierde, auf die Franzosen loszugehen, Offiziere wie Gemeine hegten den glühenden Wunsch, der Feldherr möge in diesem Augenblick angreifen; auch unser heftiges Vordringen schien darauf hinzudeuten. Aber Kellermann hatte sich zu vorteilhaft gestellt…"

Dennoch avancierte das Heer geordnet in die Schlacht. Goethe befand sich auf dem rechten Flügel, der gegen das Vorwerk von La Lune gerichtet war: „Bald aber fanden wir uns in einer seltsamen Lage, Kanonenkugeln flogen wild auf uns ein, ohne daß wir begriffen, wo sie herkommen konnten; wir avancierten ja hinter einer befreundeten Batterie, und das feindliche Geschütz auf den entgegengesetzten Hügeln war viel zu weit entfernt, als daß es uns hätte erreichen sollen. Ich hielt seitwärts vor der Fronte und hatte den wunderbarsten Anblick: die Kugeln schlugen dutzendweise vor der Eskadron nieder, zum Glück nicht rikoschettierend (mehrmals aufprallend, Anm. d. Verf.) in den weichen Boden hineingewühlt; Kot aber und Schmutz bespritzte Mann und Roß; die schwarzen Pferde, von tüchtigen Reitern möglichst zusammengehalten, schnauften und tosten; die ganze Masse war, ohne sich zu trennen oder zu verwirren, in flutender Bewegung… Indessen dauerte die Kanonade immer fort: Kellermann hatte einen gefährlichen Posten bei der Mühle von Valmy, dem eigentlich das Feuern galt; dort ging ein Pulverwagen in die Luft, und man freute sich des Unheils, das er unter den Feinden angerichtet haben mochte… Von jeder Seite wurden an diesem Tage zehntausend Schüsse verschwendet, wobei auf unserer Seite nur 200 Mann und auch diese ganz unnütz fielen. Von der ungeheuren Erschütterung klärte sich der Himmel auf: denn man schoß mit Kanonen völlig, als wär' es Pelotonfeuer, zwar ungleich, bald abnehmend, bald zunehmend. Nachmittags ein Uhr, nach einer Pause, war es am gewaltsamsten, die Erde bebte im ganz eigentlichsten Sinne, und doch sah man in den Stellungen nicht die mindeste Veränderung. Niemand wußte, was daraus werden sollte."

Heute wissen wir es: Es wurde die erste Niederlage der Preußen und Österreicher von so vielen, die in den drei Koalitionskriegen erlitten werden sollten, denn immerhin stellten diese drei Kriege,

die 23 Jahre lang währten, die längste kriegerische Auseinandersetzung seit dem Dreißigjährigen Krieg dar. Sie endete erst mit Napoleons Niederlage bei Waterloo im Juni 1815.

Goethe beschrieb mit plastischen Worten die Niedergeschlagenheit der Preußen, die nach vielen Stunden Artillerieduells einsehen mußten, daß es ihnen nicht gelingen konnte, die Franzosen auch nur einen Meter zurückzudrängen oder sie gar zur Flucht zu bewegen: „So war der Tag hingegangen; unbeweglich standen die Franzosen, Kellermann hatte auch einen bequemern Platz genommen; unsere Leute zog man aus dem Feuer zurück, und es war eben, als wenn nichts gewesen wäre. Die größte Bestürzung verbreitete sich über die Armee. Noch am Morgen hatte man nicht anders gedacht, als die sämtlichen Franzosen anzuspießen und aufzuspeisen, ja mich selbst hatte das unbedingte Ver-

General François Christophe Kellermann (1735–1820), der heldenhafte Verteidiger von Valmy.

trauen auf ein solches Heer, auf den Herzog von Braunschweig zur Teilnahme an dieser gefährlichen Expedition gelockt; nun aber ging ein jeder vor sich hin, man sah sich nicht an, oder wenn es geschah, so war es, um zu fluchen oder zu verwünschen... Den 21. September waren die wechselseitigen Grüße der Erwachenden keineswegs heiter und froh, denn man ward sich in einer beschämenden, hoffnungslosen Lage gewahr. Am Rande eines ungeheuren Amphitheaters fanden wir uns aufgestellt, wo jenseits auf den Höhen der Feind einen kaum übersehbaren Halbzirkel bildete. Diesseits standen wir völlig wie gestern, um zehntausend Kanonenkugeln leichter, aber ebensowenig situiert zum Angriff... So schlaglustig und -fertig man gestern auch gewesen, gestand man doch, daß ein Waffenstillstand wünschenswert sei, da selbst der Mutigste, Leidenschaftlichste nach weniger Überlegung sagen mußte: ein Angriff würde das verwegenste Unternehmen von der Welt sein... An den Stellen, wo die Kanonade hingewirkt, erblickte man großen Jammer: die Menschen lagen unbegraben, und die schwer verwundeten Tiere konnten nicht ersterben. Ich sah ein Pferd, das sich in seinen eigenen, aus dem verwundeten Leib herausgefallenen Eingeweiden mit den Vorderfüßen verfangen hatte und so unselig dahinhinkte..."

Fast eine Woche harrten die Alliierten noch auf dem Schlachtfeld aus, dann begannen sie den Rückzug – doch unter welchen Strapazen! Zwar hatten die Kanonade und die einzelnen kleineren Gefechte der Kavallerie und der Infanterie bei den Deutschen nur etwas über 200 (und bei den Franzosen knapp 500) Tote gefordert, doch der Rückzug wurde zur Katastrophe. Nahrungsmangel, Verwundungen, Seuchen, Fieber forderten einen entsetzlichen Zoll: Nahezu 19.000 Mann des alliierten Heeres blieben auf der Strecke. Mit einem geschlagenen, zerlumpten, abgerissenen und halbverhungerten Haufen kehrten Herzog, König und Fürst nach Deutschland zurück. Goethe widmete sich auf der strapaziösen Rückreise, teils zu Pferd, teils in seiner „Chaise", wieder wissenschaftlichen und kulturgeschichtlichen Studien. Am 16. Dezember 1792 war er wieder in Weimar. Er blieb zeitlebens ein Gegner der Französischen Revolution; er trat

immer wieder für das Feudalsystem ein, und noch 1813, als man in Deutschland zum Befreiungskrieg gegen Napoleon – mit dem Goethe dreimal zusammenkam – aufrief, rief er den Anhängern dieses nationalen Kampfes entgegen: „Laßt meinen Kaiser in Ruh!"

Valmy heute. Ein ruhiges, leicht verschlafen wirkendes Städtchen unweit jener Gabelung, wo die Straße von Verdun nach Châlons-sur-Marne im Südwesten und nach Reims im Nordwesten auseinandergeht. Die Autobahn führt nur wenige hundert Meter am Dorf vorbei, die Normalstraße D 31, die nach Reims führt, berührt bei Suippes die Katalaunischen Felder, wo 451 Attila von den Römern, Germanen und Franken besiegt worden war. Es ist interessant, daß Goethe in seiner „Campagne in Frankreich" auch darauf Bezug nimmt.

Etwas oberhalb des Ortes Valmy, dort, wo die Windmühle heute noch steht, von der schon Goethe spricht und wo Kellermann seine Artillerie aufgestellt hatte, erhebt sich heute diesem General zu Ehren ein mächtiges Denkmal, umgeben von zwölf Kanonen. Der General, den Säbel in der Hand und seinen Zweispitz triumphierend hoch in die Luft reckend, wurde nach dieser Schlacht mit dem Titel eines „Herzogs von Valmy" ausgezeichnet.

Wenn man sich schon auf diesem Höhenrücken befindet, sollte man auch zur Windmühle hinübergehen, die, nur einige hundert Schritte vom Denkmal entfernt, auf einer weiten, baumlosen Ebene steht, von wo aus man einen herrlichen Blick über einen weiten Teil der nördlichen Champagne werfen kann. An den vier Ecken des Mühlengevierts befinden sich, heute allerdings leicht beschädigt, vier Sockel mit Marmortafeln, auf denen die Stellungen der einzelnen Truppen und Verbände jenes Treffens vom 20. September 1792 eingezeichnet sind, so daß man sich einen guten Überblick über das Geschehen von damals machen kann. Und hier sollte man das kleine Reclam-Büchlein der „Campagne in Frankreich" zur Hand haben, um an dieser Stelle jene Seiten zu lesen, die Goethe einst geschrieben hat. Sie sind lesenswert, auch wenn der spätere „Dichterfürst" nicht immer ganz bei der Sache war – ganz einfach deshalb, weil Dichter und Krieger sich nur in den seltensten Fällen in einer Person vereinigt finden.

Napoleon ehrte den Besiegten
Mantua, 4. Juni 1796 bis 2. Februar 1797

Beim Sturm auf die Tuilerien durch die Revolutionstruppen im Jahre 1792, bei dem die berühmte Schweizergarde mit nahezu 1000 Mann einen grausamen Tod fand, war der junge Napoleon Buonaparte erst Artilleriekapitän, doch noch im gleichen Jahr wurde er Bataillonskommandant. 1793 legten die Engländer mit ihrer Flotte eine Blockade vor Frankreichs Küste und besetzten Toulon. Napoleon war verantwortlich beteiligt, als eine französische Armee die Belagerung sprengte und Toulon befreite. Der Lohn für diese Tat war seine Ernennung zum Brigadegeneral. 1794 wurde Napoleon Oberbefehlshaber über die französische Artillerie, doch als im Juli dieses Jahres der Revolutionsführer Robespierre gestürzt und hingerichtet wurde, bedeutete dies auch für Napoleon das vorläufige Ende, galt er doch als Freund des Jakobiners. Erst im September wurde er aus der Haft entlassen und in seinen bisherigen Rang zurückversetzt. 1795 – nach einem kurzen Zwischenspiel als Zivilist – wurde er zum Oberbefehlshaber der Armee des Inneren ernannt. Von nun an änderte er seinen korsischen Namen von Buonaparte auf Bonaparte. Im Februar des Jahres 1796 erhielt er den Oberbefehl über die gesamte französische Armee in Italien.

Gehen wir drei Jahre zurück. Als 1793 Frankreichs König Ludwig XVI. hingerichtet wurde, schlossen sich England, Holland, Spanien und Rußland der österreichisch-preußischen Koalition an. Diesen beiden Ländern hatte Frankreich schon zuvor in der Absicht, die „Errungenschaften" seiner Revolution zu exportieren, den Krieg erklärt. Dieser Krieg wurde in viele Länder getragen: in die Niederlande, nach Deutschland, in die Schweiz, nach Österreich und nach Italien, das damals noch nicht geeint war, sondern aus mehreren Königreichen bestand. Zwar mußten in diesen Kriegen auch die Franzosen ab und zu Niederlagen hinnehmen, aber, im ganzen gesehen, hefteten sie Sieg auf Sieg an ihre Fahnen. Die Verbündeten sahen mit Staunen, welche Menschenmassen Frankreich aufzubieten in der Lage war: die „Levée en masse" hatte es ermöglicht, daß bis Anfang 1794 500.000 Mann in 14 Armeen an seinen Grenzen aufmarschieren konnten. Diesem ungeheuren Massenaufgebot der gesamten französischen waffenfähigen Männer hatten die übrigen europäischen Staaten nichts Gleichwertiges entgegenzustellen.

Im Verlauf des Jahres 1795 war es den Franzosen gelungen, Savoyen und Nizza einzunehmen, weiter vorzustoßen und sich praktisch in den Besitz aller wichtigen Alpenpässe zu setzen, die Frankreich, die Schweiz und Piemont-Lombardei miteinander verbinden. Ende März 1796 übernahm Napoleon das Kommando über Frankreichs „italienische Armee": vier Divisionen mit 32.000 Mann, zu denen noch 15.000 Mann unter General François Kellermann kamen, der sich schon bei der „Kanonade von Valmy" wenige Jahre zuvor einen Namen gemacht hatte.

In den Kampf um die Tuilerien (1792) war Napoleon Buonaparte als junger Artilleriekapitän nicht aktiv involviert, aber Augenzeuge des Gemetzels, über das er in seinen Memoiren schrieb: „Auf keinem meiner Schlachtfelder habe ich seither den Eindruck erhalten, so viele Leichen zu sehen wie hier beim Anblick der großen Masse toter Schweizer…"

Graf Dagobert Sigmund Wurmser, hier in der Uniform eines Oberstinhabers eines Husarenregiments mit dem Kommandeurkreuz des Maria Theresien-Ordens.

Auf seiten der Österreicher, zu denen auch Sardinier und Piemontesen zählten, waren unter dem Oberbefehl von General Beaulieu an die 70.000 Mann zusammengezogen worden, deren einzelne Teile allerdings relativ weit auseinanderlagen und sich erst dann zu konzentrieren begannen, als Napoleons Absicht, auf Turin vorzustoßen, erkennbar wurde. Es kam zu mehreren Gefechten, die fast allesamt von ihm und seinen Generälen gewonnen wurden. Turin schloß einen Separatfrieden und gewährte Napoleon das Recht, kampflos durch Piemont zu marschieren. Damit war der Weg nach Mailand frei, in das die Franzosen am 15. Mai einzogen. Der österreichische k.u.k. Feldmarschallleutnant Adolf von Horsetzky schrieb in seinen „Feldzügen der letzten 100 Jahre": „Schon bei diesen ersten Operationen zeigte Bonaparte alle die Feldherreneigenschaften, die ihn später so große Erfolge erzielen lassen sollten: abgesehen von seinem organisatorischen Genie, die rastlose und doch so überlegte, alles voraussehende Tätigkeit, das Zusammenfassen der Kraft im entscheidenden

Moment und das nackte Hinstreben zum taktischen Schlag, womöglich in der Richtung auf die Verbindungen des Gegners."

Aber der Korse zeigte noch mehr: Kaum in Mailand, organisierte er die Verwaltung des Landes und brachte das Direktorium in Paris von dem Gedanken ab, er solle mit General Kellermann das Kommando in Italien teilen. Solcherart im besetzten Land wie in der Heimat abgesichert, nahm er den Kampf gegen General Beaulieu wieder auf. Hauptziel des neuen Vorstoßes war die Festung Mantua.

Beaulieu hatte 30.000 Mann längs des Mincio an den wichtigsten Übergangspunkten – Peschiera, Valeggio und Goito – gleichmäßig verteilt und 10.000 Mann nach Mantua verlegt. Am 30. Mai stieß Napoleon bei Borghetto mit 20.000 Soldaten auf eine 6000 Mann starke österreichische Abteilung und warf sie zurück, worauf Beaulieu sofort die Verteidigung des Mincio aufgab und sich nach Südtirol zurückzog. Am 4. Juni schloß Napoleon Stadt und Festung Mantua ein.

Auf die Nachricht vom Rückzug Beaulieus aus der Lombardei wurde unverzüglich der am Oberrhein stehende General Dagobert Sigmund Wurmser mit 25.000 Mann in Marsch gesetzt, um endlich den Vormarsch der Franzosen aufzuhalten. Wurmser traf Mitte Juli in Südtirol ein und vereinigte sein Heer mit den 20.000 Mann Beaulieus; dann zog er in zwei Kolonnen gegen Mantua.

Aber Napoleon war auf der Hut. Er warf sich auf die eine Kolonne der Österreicher unter General Quosdanovich, die westlich des Gardasees gegen Brescia vorgerückt war, und konnte sie zum Rückzug nach Saló zwingen. Dann wandte er sich Wurmser zu und stellte ihn am 5. August zur Schlacht. Der Ort, an dem dieses Treffen stattfand, heißt Medole.

Dieses Medole ist ein Flecken, der heute knapp 3500 Einwohner zählt. Er liegt nur wenige Kilometer von Mantua entfernt, in das General Wurmser in jenem Jahr 1796 nicht nur Hilfe für die in Stadt und Festung Eingeschlossenen bringen wollte, sondern vor allem Lebensmittel, an denen die Belagerten größten Mangel litten. Hunger hat schon so manche belagerte Festung zur Kapitulation gezwungen, von La Rochelle zu Richelieus Zeiten bis zu Przemyśl im Ersten Weltkrieg.

Aber Lebensmittel waren in dieser Gegend knapp, hatten doch die beiden feindlichen Heere in den letzten Monaten und Jahren nicht nur alles aufgebraucht, was die Felder trugen oder die Magazine und Scheunen bargen, sondern auch mit ihren Kanonen, Wagen und Pferden das gesamte Land verwüstet, tausende Zelte auf den Feldern aufgeschlagen, Gehöfte und landwirtschaftliche Gebäude in Brand geschossen – kurz: sie hatten ein zerstörtes Land zurückgelassen.

Ein Teil der Festung von Mantua: das Kastell des Herzogs von Gonzaga.

Dennoch bemühte sich General Wurmser, Nahrungsmittel aufzutreiben. Dabei aber gerieten seine Requirierungstruppen nur allzuoft an den Feind. Troßkolonnen wurden überfallen und niedergemacht, aus Scharmützeln wurden Gefechte und aus Gefechten richtige Schlachten, die hunderte Tote, tausende Verwundete und oft gleich viele Gefangene forderten.

Nachdem es am 1. August dem französischen General Augereau gelungen war, Brescia einzunehmen und Napoleon am 3. August General Quosdanovich in den schweren Gefechten von Lonato und Desenzano zum Rückzug zwang, entschloß sich Wurmser, Napoleon entgegenzuziehen. Er übersetzte mit seinem Heer den Mincio bei Goito, um Napoleon bei Brescia zu treffen. Aber der Korse hatte seinen Plan durchschaut; er löste sich von Quosdanovich und marschierte Wurmser entgegen. Bei Castiglione stießen die beiden Heere aufeinander, und gleich nach Beginn des Treffens vereinigte sich General Augereau mit Bonaparte. Es kam, wie es kommen mußte: der Vorstoß Wurmsers endete mit Tausenden von Toten, Verwundeten und Gefangenen; seine Armee hatte im Lauf

dieser wenigen Tage an die 20.000 Mann eingebüßt.

Wurmser zog sich nach Medole zurück, aber Napoleon und Augereau folgten ihm auf dem Fuß. Und wieder gelang es dem Österreicher nicht, den überlegenen Gegnern standzuhalten. Er verlor neuerdings 2000 Mann an Toten und Verwundeten sowie nahezu 1000 Gefangene. An eine Hilfe für das belagerte Mantua war nun nicht mehr zu denken. Wurmser mußte froh sein, wenigstens einen Teil seiner Armee heil nach Rovereto zurückzubringen, wo sie nach den Strapazen der letzten Wochen neu ausgerüstet und nach wenigen Tagen der Ruhe erneut in den Kampf gegen die Franzosen geschickt wurde.

Wieder war das Ziel das belagerte Mantua. Wurmser warf sich mit allen zur Verfügung stehenden Mitteln auf den Blockadering, der Stadt und Festung einschloß. Es gelang ihm tatsächlich, den Ring zu sprengen, aber da griff einer von Napoleons fähigsten Generälen, Masséna, am 15. September außerhalb der Festungsmauern an und zwang Wurmser mit seinem Heer, in der Festung Zuflucht zu suchen. Nun waren 30.000 Mann in Mantua eingeschlossen.

Unterdessen hatten die Österreicher neue Kräfte zusammengezogen, aber diese waren infolge der geographischen Verhältnisse weit voneinander entfernt – die einen standen im Etschtal, die anderen weit im Osten am Isonzo. Napoleon aber saß in Verona und harrte der Dinge. Er fühlte sich siegessicher, und die Geschichte sollte ihm recht geben.

Immer wieder kam es zu schweren Gefechten, so bei Caldiero, bei Arcole und besonders bei Rivoli, wo – es war inzwischen Winter geworden – am 14. und 15. Januar 1797 zwischen Franzosen und Österreichern unter General Alvinczy eine heftige Schlacht entbrannte. Hier nun geschah etwas Seltsames, das ein bezeichnendes Licht auf die kriegerische Vorgangsweise jener Zeit wirft: Obwohl Napoleon auf den Anhöhen von Rivoli 30.000 Mann und 60 Kanonen stehen hatte, bedrängten ihn die Österreicher sosehr, daß er um eine einstündige Waffenruhe bat. Alvinczy, der ritterliche Soldat bester altösterreichischer Schule, gewährte sie. In dieser einen Stunde sammelte Napoleon sein Heer, stellte es erneut zur Schlacht auf und besiegte in mörderischem Kampf die Österreicher. General Masséna, der an diesem Erfolg herausragend beteiligt gewesen war, wurde dafür mit dem Titel eines „Herzogs von Rivoli" ausgezeichnet.

Durch diese Niederlage der Österreicher war das Schicksal Mantuas besiegelt. Napoleon konnte die Belagerung der Festung, die seit dem 4. Juni des Vorjahres gedauert hatte, mit allen Kräften fortsetzen. Schweren Herzens mußten sich ihr Kommandant und mit ihm General Wurmser zur Kapitulation und Übergabe entschließen, wollten sie den 30.000 Eingeschlossenen den Hungertod ersparen. Am 2. Februar 1797 wurden Stadt und Festung Mantua übergeben; acht Monate Belagerung waren vorüber.

Napoleon aber zeigte sich überraschend großmütig: Er gewährte – entgegen der Weisung des

Der österreichische General J. P. von Beaulieu († 1819) war für Napoleon kein ebenbürtiger Gegner im Kampf um Oberitalien. (Lithographie von F. Schier.)

Direktoriums in Paris – General Wurmser, seinem Stab und einigen Hundert Mann freien Abzug, „aus Achtung vor seinem Alter, Mut und Unglück", wie er sagte.

Suworows letzter Triumph
Novi, 15. August 1799

Die Männer in der kleinen Trattoria in Novi Ligure sind sehr gesprächig. „Si, si, signore, man weiß hier noch allerlei von der großen Schlacht von 1799, aber sie war nicht so groß und so bedeutend wie die von Marengo ein Jahr später!"

Der alte Mann wischt sich den Schnurrbart und trinkt einen tiefen Schluck des köstlichen Rotweins, den es hier, 40 Kilometer nördlich von Genua, gibt. Und er fügt hinzu: „Ich meine, die Schlacht von Novi war nur eine Episode im Vergleich zu der von Marengo, zwanzig Kilometer von hier."

Nur eine Episode? Mit 15.000 Toten und Verwundeten nur eine Episode? Wenn man ihm das sagt, wird er stutzig. „15.000 Tote und Verwundete? Und Marengo?"

„Ungefähr gleich viel, allerdings mehr Gefangene!"

Er schüttelt den Kopf, und seine Freunde, alle zwischen 70 und 80, tun es ihm gleich. „Nun ja", gibt er dann zu, „vielleicht kommt das daher, daß man uns in der Schule mehr über Marengo als über Novi erzählt hat. In Novi haben die Österreicher gesiegt, in Marengo aber die Franzosen. Und unsere Sympathien sind mehr bei den Franzosen als bei den Österreichern."

Nein, Novi war keine „Episode", sondern eine der blutigsten Schlachten des Zweiten Koalitionskriegs gegen Frankreich. Dieser war ausgebrochen, weil sich Napoleon sowohl in der Schweiz als auch in den Gebieten des Papstes und Neapels territoriale Übergriffe erlaubt hatte, besonders aber wegen seines Feldzugs gegen Ägypten und die Inbesitznahme der Insel Malta. Österreich, England und Rußland schmiedeten eine neue Koalition, die zum neuen Krieg führte, der von 1799 bis 1802 währen sollte.

Alle drei Partner hatten verschiedene Ziele: Österreich wollte die Lombardei wiederhaben; Rußland in Frankreich die Bourbonen von neuem an die Macht bringen; und England schließlich wollte ganz einfach Frankreichs Macht brechen und die Räumung Ägyptens erzwingen. Drei, später vier Kriegsschauplätze waren vorgesehen: Süddeutschland unter dem österreichischen Erzherzog Karl, die Schweiz unter dem österreichischen

General Bellegarde, Italien mit einer österreichisch-russischen Armee unter Feldmarschall Alexander Suworow, und letztlich Holland, wo sich die Engländer im Verein mit einem russischen Hilfskorps gegen die Franzosen wenden wollten.

Um das Wort „Episode" zu widerlegen, sei hier kurz die Mannschaftsstärke der einzelnen Heere aufgezählt: Bei den Koalitionspartnern standen 15.000 Mann unter General Sztáray bei Neumarkt, Erzherzog Karl mit 80.000 Mann am Lech, General

Marschall Alexander Suworow, der in Novi – wie in vielen anderen Schlachten auf den Kriegsschauplätzen Europas – Sieger blieb und hier seinen letzten Triumph feiern konnte. Dieses Denkmal steht in Simferopol auf der Krim, wo Suworow zahlreiche Städtesiedlungen und Festungsanlagen errichten hatte lassen.

General Michael von Melas war es zu verdanken, daß die Schlacht von Novi zu einem überwältigenden Sieg der Österreicher wurde. (Gravüre von J. Neidl.)

ausschließlich die Kriegsminister der Kombattantenstaaten: in Frankreich Minister Carnot, in Österreich Minister Thugut, der seinem Namen freilich keine Ehre machte. Erzherzog Karl selbst schrieb über ihn: „Wohl kaum hat in einem Krieg die Diplomatie so unumschränkt und bleibend die Oberhand behalten wie in diesem. Weder das große Ziel des Krieges, noch die allgemeine Richtung und Tendenz der Operationen wurden dem Feldherrn bekanntgegeben. Die Befehle aus Wien griffen rücksichtslos auch in die Details ein."

Und auch Marschall Suworow klagte: „Auf 1000 Werst wollen sie die Operationen leiten und wissen nicht, daß jede Minute an Ort und Stelle dieselben zu verändern veranlaßt. Wie kann dieser Kanzleischreiber – und wenn er mit dem Schwerte Skanderbegs umgürtet wäre – aus seinem dunklen Nest eine Armee befehligen und über die im Felde jeden Augenblick sich ändernden Umstände gebieten?" (Skanderbeg war ein berühmter albanischer Freiheitsheld und Feldherr im Kampf gegen die Türken; Anm. d. Verf.)

Über Marschall Suworow gibt es die widersprüchlichsten Aussagen. Die einen nennen ihn einen Haudegen, die anderen einen Zauderer; die einen sagen, er könne sich nicht in Strategien der obersten Kriegsführung einfühlen, wieder andere heißen ihn einen Despoten, der seine Soldaten ohne Rücksicht verheizte. Man soll aber Suworow gerecht werden: immerhin war er, als er den Feld-

Hotze mit 25.000 Mann in Vorarlberg bzw. bei Chur in der Schweiz, Bellegarde mit 50.000 Mann in Tirol, General Kray (später Suworow) mit 80.000 Mann bei Verona und Legnago (General Rosenberg kam mit 30.000 Russen später hinzu), und Marschall Korsakow rückte mit der gleichen Anzahl Russen nach Deutschland und später in die Schweiz vor. Insgesamt also mehr als 300.000 Mann.

Anders bei den Franzosen. Unter General Bernadotte standen 8000 Mann bei Mannheim, unter Jourdan 40.000 bei Basel und Straßburg, 30.000 unter Masséna in der Schweiz, 10.000 unter Lecourbe zwischen Vierwaldstätter See und St. Gotthard. General Scherer stand mit rund 60.000 Mann in der Lombardei zwischen Chiese und Mincio und General MacDonald mit nahezu 40.000 im Neapolitanischen. Zusammen zählte die französische Armee nicht ganz 200.000 Mann.

Hier sei eine interessante Randbemerkung erlaubt: Als diese beiden gewaltigen Armeen in ihren Bereitschaftsräumen formiert und kampfbereit gemacht wurden, hatten nicht etwa die jeweiligen Feldherrn und Oberbefehlshaber die Entscheidung über Einsatz und Strategie zu tragen, sondern

Marschall Joubert wurde von Napoleon der Oberbefehl über die französischen Heere bei Novi übertragen. Er konnte sich dieses Kommandos nicht lange erfreuen: beim ungestümen Angriff der Österreicher kam er selbst ums Leben. (Stich von N. Lambert.)

zug in Italien leitete, bereits 69 Jahre alt, und er hatte zahllose Gefechte und Schlachten hinter sich, als er – unter dem Kommando des „Kanzleischreibers" Thugut – einen Krieg gegen Napoleon führen mußte. Und er hatte nur mehr ein knappes Jahr zu leben.

Während die französische Offensive in Deutschland bereits Anfang März begann, kam es in Italien erst am 24. März 1799 zu den ersten Angriffen der Franzosen, die jedoch alle von den Österreichern und Russen zurückgeschlagen wurden. Suworow folgte den sich zurückziehenden Feindtruppen und konnte dabei sogar eine Division einschließen und gefangennehmen. Nun folgten große Bewegungen der Heere, die bis Turin reichten (Suworow nahm Turin am 26. Mai ein). Überall, fast bis hinunter nach Genua, standen die feindlichen Heeresteile. Suworow wußte, daß sich die beiden französischen Generäle MacDonald und Moreau mit ihren Armeen gegen Tortona zu bewegten, um ihn in die Zange zu nehmen. Er brach am 15. Juni mit 25.000 Mann auf und zog sich in Richtung Piacenza zurück, wo der Fluß Trebbia in den Po mündet. Und hier, an der Trebbia, sollte es zum ersten großen Schlagabtausch kommen.

MacDonald nahm am 18. Juni am Ufer Stellung und wartete auf seine beiden Divisionen, die er zur Deckung seiner rechten Flanke zurückgelassen hatte, um dann, am 19. Juni, Suworow angreifen zu können. Aber der Russe wartete nicht so lange; bereits am 18. Juni ließ er angreifen, und es gelang ihm, die Franzosen über die Trebbia zurückzuwerfen. Doch in der Nacht trafen die beiden Divisionen im Lager MacDonalds ein.

Wie geplant, griff MacDonald am 19. Juni wieder an, wegen der Übermüdung seiner Truppen erst um 10 Uhr. Aber es gelang ihm nicht, die vereinten Heere zu schlagen; im Gegenteil: die österreichische Kavallerie unter dem Fürsten Liechtenstein griff die eine französische Flanke an und, als diese wich, sofort die andere. Dieses Husarenstück entschied die Schlacht. Die Franzosen wichen bis Reggio zurück, und auch General Moreau, der MacDonald zu Hilfe kommen wollte, kehrte nach Genua zurück, als er von der Niederlage seines Mitstreiters erfuhr.

Statt bei Tortona trafen die beiden französischen Heere einander einen Monat später bei Genua, um sich hier neu zu formieren und nun gemeinsam gegen Suworow vorzugehen. Anfang August übernahm General Joubert das Oberkommando über beide Armeen. Er entschloß sich zu einer sofortigen Offensive, da er glaubte, Kray habe sich noch nicht mit Suworow vereinigt, was mittlerweile jedoch bereits geschehen war. Suworow rückte aus Tortona nach Süden, die Franzosen unter Joubert von Genua aus gen Norden. Fast auf halbem Weg, bei Novi, trafen sie am 15. August aufeinander.

General André Massena (1758–1817), Oberbefehlshaber der 1799 in der Schweiz und später in Oberitalien und Süddeutschland stehenden französischen Armee.

Joubert hatte an diesem Tag frühmorgens die Stadt und die beiderseitigen Höhen besetzt. Dies sicherte ihm einen wesentlichen Vorteil. Dennoch gab Suworow Befehl zum Angriff. Er schickte General Kray gegen den linken Flügel Jouberts und General Bagration – der ein Dutzend Jahre später in Borodino vor Moskau fallen sollte – gegen das Zentrum vor, aber alle Angriffe scheiterten. Da ergriff der österreichische General Melas die Initiative: Ohne auf einen Befehl zu warten, stürmte er mit seiner Division gegen die rechte Flanke der Franzosen, drückte sie ein und zwang die in völlige Unordnung geratenen Feinde zur Flucht. General Joubert fand den Tod; mit ihm waren 6500 seiner Männer gefallen oder verwundet worden, über 3000 gerieten in Gefangenschaft. Aber auch die Verbündeten hatten einen schweren Blutzoll zu zahlen: an die 6000 Tote und Verwundete.

Nach dieser verlustreichen und für die Franzosen so unerwartet negativ ausgegangenen Schlacht, bei der sich – das sei hier besonders erwähnt – der junge Major Graf Radetzky ausge-

*Die Schlacht von Marengo am 14. Juni 1800, durch die der
Zweite Koalitionskrieg zuungunsten der Österreicher
entschieden wurde und die Lombardei sowie Piemont in die
Hände Napoleons fielen. (Stich von Muller und Helland.)*

zeichnet hatte, welcher dereinst österreichischer
Feldmarschall und einer der bedeutendsten Heerführer des alten Österreich werden sollte, wurde
die geschlagene Armee nach Genua zurückge-
führt, ohne daß Suworow sie verfolgt hätte. Das
war mit ein Grund, weshalb es bald nach Novi zu
einer Neugruppierung der Streitkräfte der Koalition kam. In Italien blieben 60.000 Österreicher unter General Melas, dem der Sieg von Novi zu verdanken war; die Russen unter Suworow sollten
über die Berge in die Schweiz vorstoßen, um dem
russischen Heer unter General Korsakow zu Hilfe
zu kommen; Erzherzog Karl hingegen sollte weiterhin in Deutschland bleiben, um von dort aus mit
Russen und Engländern in Holland einzudringen
und den französischen Marschall Brune zu vertreiben.

Im Verlauf all dieser Reorganisationen und Trup-
penverschiebungen kehrte Napoleon am 9. Oktober nach eineinhalbjähriger Abwesenheit aus
Ägypten zurück. Mit ungeheurem Elan stürzte er
sich nicht nur in die Politik; er reorganisierte sofort
auch die Armee und änderte die Pläne, durch die er
in Italien, der Schweiz und in Deutschland verlo-
rengegangenes Terrain wiederzugewinnen hoffte.
Schon im Dezember 1799 begann er mit der Aufstellung einer Reservearmee, die er unauffällig in
den Lagern von Lyon, Dijon und Châlons ausbil-
dete. Sie sollte in der Schweiz General Moreau verstärken und, nach Niederwerfung der Russen, über
den St. Gotthard-Paß in Italien einfallen.

Doch Melas, der Marschall Masséna in Genua
belagerte, zwang Napoleon, seine Pläne erneut zu
ändern: Während er selbst mit dem Gros der Truppen den Großen St. Bernhard überschritt, drang
General Thurreau mit 5000 Mann über den Mont
Cenis nach Turin vor, General Chabran mit 5000
Mann über den Kleinen St. Bernhard ins Tal der
Dora Baltea, eines linken Nebenflusses des Po, General Bethancourt mit 3000 Mann über den Sim-
plon und General Moncey mit 15.000 Mann über

den St. Gotthard in die Lombardei nach Mailand. Für die 200 Kilometer lange Strecke von Lausanne bis Ivrea benötigte Napoleons Armee – rund 35.000 Mann und 40 Geschütze – nur 16 Tage, obwohl die Märsche durch das Hochgebirge äußerst mühsam waren und durch zahlreiche Gefechte verzögert wurden.

Bereits am 1. Juni konnte Bonaparte in Mailand einziehen. Der in Genua eingeschlossene Masséna erfuhr davon nichts; dies war der Grund, weshalb er mit den Österreichern Verhandlungen aufnahm, die am 4. Juni zu seiner Kapitulation führten. Napoleon ließ sich aber nicht beirren: er rückte sofort gegen die Österreicher vor. Diese zogen sich gegen Alessandria zurück, sammelten sich erneut und warfen die Franzosen in einem einzigen großen Angriff zurück.

Bei Marengo, wenige Kilometer außerhalb Alessandrias, kam es am 14. Juni 1800 zur Schlacht. Melas gelang es, seine gesamte Armee, mehr als 30.000 Mann, in günstige Formation zu bringen, die Franzosen aus Marengo zu vertreiben und bis St. Giuliano zurückzuwerfen. Sofort rief Napoleon seine Truppen aus Novi zu Hilfe, und den beiden frischen Divisionen unter General Desaix, durch die Napoleons Heer auf 28.000 Mann aufgestockt wurde, gelang es, die Österreicher durch eine plötzliche Offensive gegen deren rechte Flanke zu überrumpeln und in die Flucht zu schlagen.

Damit hatte sich der Korse in Italien behauptet. Österreich mußte Genua, Piemont und die Lombardei räumen und sich bis hinter den Mincio zurückziehen. Da Napoleons Truppen noch im gleichen Jahr, am 3. Dezember 1800, bei Hohenlinden östlich von München die österreichische Armee unter Erzherzog Johann schlugen, beherrschte Napoleon um die Jahrhundertwende die Schweiz, Oberitalien bis zur Etsch und so gut wie

Hoch über Novi erhebt sich dieser Turm der alten Fortifikation als letzter Rest ihrer einstigen Größe.

den gesamten süddeutschen Raum. Am 9. Februar 1801 wurde der Friede von Lunéville geschlossen. Er sollte bis 1805 währen.

„Neuntausend ist eine große Zahl"
Hohenlinden, 3. Dezember 1800

Hohenlinden, knapp 40 Kilometer östlich von München, liegt am Rande des Ebersberger Forstes und zählt heute an die 2000 Einwohner. Damals, am 3. Dezember 1800 – an jenem Tag, da der Ort in die Geschichte einging – lebten hier nur etwa 300 Menschen. Dieser 3. Dezember ist bis heute in der Erinnerung der Einheimischen lebendig geblieben, bezeichnet er doch das einschneidendste Kapitel in der Geschichte dieses kleinen Ortes.

War es Zufall, war es Strategie, oder war es nur eine Laune des Schicksals, daß hier, in diesem schönen, waldigen, leicht hügeligen Landstrich unweit von Bayerns Hauptstadt eine der bedeutendsten Schlachten am Ende des 18. und am Beginn des 19. Jahrhunderts ausgetragen wurde? Wozu mußten hier, in und um Hohenlinden und seinen Nachbarorten Maitenbeth, Mühldorf, Haag, Erding, Birkach, Kreith und Kronacker, tausende junge Männer sterben – Bayern, Franzosen, Österreicher? Hunderttausend Soldaten traten hier gegeneinander an; sie lieferten sich eine Schlacht, die nach einigen Stunden in ein grauenvolles Gemetzel ausartete und den Österreichern eine vernichtende Niederlage bescherte.

Hier in Hohenlinden ging an jenem 3. Dezember 1800 der Zweite Koalitionskrieg zu Ende. Nur elf Jahre zuvor war die Französische Revolution ausgebrochen. Die europäische Politik geriet aus dem Gleichgewicht; Krieg war die „natürliche" Folge.

Ab 1799 waren vor allem Süddeutschland und Österreich einem dreifachen Angriff ausgesetzt. Die mit Begeisterung kämpfenden Franzosen rückten unter Napoleon, der 1800 Erster Konsul wurde, in Oberitalien ein, die Rheinarmee unter General Moreau über Schwaben bis nach München, das am 29. Juni 1800 eingenommen wurde, und die Armee Jourdan drang bis zur Oberpfalz vor. Die Österreicher, durch bayerische Truppen verstärkt, traten diesen Heeressäulen entgegen, wichen aber schließlich bei Landshut über die Isar und bis zum Inn zurück. Am 15. Juli kam es in Parsdorf zu einem Waffenstillstand, der jedoch am 28. August von Moreau wieder aufgekündigt wurde.

Zum Höchstkommandierenden der österreichischen Streitkräfte war unterdessen der erst 18 Jahre alte Erzherzog Johann bestimmt worden (der später eine bedeutende Rolle als Reformer und Initiator verschiedenster zukunftsträchtiger Unternehmungen in Tirol und der Steiermark spielen sollte – der „Erzherzog-Johann-Jodler" kündet von seiner großen Beliebtheit im Volk). Ihm standen 60.000 Mann mit 150 Kanonen zur Verfügung, General Moreau hingegen nur 40.000 Mann und 100 Kanonen. So sah die Ausgangslage dieser bedeutsamen Schlacht aus.

Damals herrschte hier tiefer Winter. Es läßt sich vorstellen, was die meist nur schlecht ausgerüsteten Soldaten in ihren bunten Uniformen mitmachen mußten, die Österreicher und Bayern, die in fünf getrennten Kolonnen durch diese Gegend zogen, und die Franzosen, welche von der anderen

Erzherzog Johann von Österreich war knapp 18 Jahre alt, als er 1800 in der Schlacht bei Hohenlinden den Oberbefehl über die österreichischen Streitkräfte übernahm.

Seite in geschlossenem Block gegen sie antraten. Am 20. September 1800 hatten die Oberbefehlshaber in diesem Hohenlinden erneut eine 45tägige Waffenruhe vereinbart, da sich im französischen Lunéville neue Friedensverhandlungen anbahnten. Aber die Hoffnungen erfüllten sich nicht, es kam dort zu keiner Einigung. Die Franzosen kündigten am 12. November 1800 den Waffenstillstand erneut. Ihre Truppen marschierten aus den Quartieren in Schwaben, Württemberg und Franken zum zweitenmal gegen Hohenlinden.

Hohenlinden – ein schöner, romantischer Name, der so gar nicht zu einer militärischen Auseinandersetzung paßt. Einen ganzen Tag lang tobte die Schlacht. Genau genommen waren es mehrere Schlachten: zwischen Reiterei und Infanterie, zwischen Dragonern und Artillerie. Moreaus General Richepance, der den rechten Flügel der Franzosen befehligte, berichtete später über den Beginn der Kämpfe (nachzulesen in der „Hohenlindener Gemeindechronik"):

„Auf der Hauptstraße angekommen, lasse ich jede der Kolonnen eine Schwenkung nach links machen, und so ist dann die ganze Kolonne auf dieser Chaussee. Das Bataillon, das sich am meisten

General Jean Victor Moreau (1763–1813). (Aus der „Gemeindechronik" von Hohenlinden.)

links befindet, ist nur mehr 200 Schritte vom Wald entfernt (vom Großhaager Forst, in dem sich die Hauptmacht der Österreicher befand; Anm. d. Verf.). Man sendet ihm drei Kartätschenlagen entgegen, und es empfängt auch das Feuer eines feindlichen Bataillons, das auf den Lärm des Gefechtes herbeieilte. Unsere Soldaten ziehen sich zusammen, schließen sich, fällen das Bajonett und marschieren vorwärts. ‚Grenadiere', schrie ich in diesem entscheidenden Augenblick, ‚was denkt ihr von jenen Menschen dort?' – ‚General, sie sind Dünger!' Dieses Todesurteil aussprechend, stürzen sich unsere Braven in das Gehölz und auf die Landstraße. Alles, was sich nicht zerstreut, um ihnen Platz zu machen, wird gefangen, füsiliert, niedergesäbelt oder mit dem Bajonett niedergemacht."

Stundenlang wogte der Kampf hin und her, aber immer deutlicher zeichnete sich die Niederlage der Österreicher in allen umliegenden Dörfern ab, aus denen die Bevölkerung längst in die Wälder geflüchtet war. Ein Augenzeuge, Landkommissar Ritter von Haag, beschrieb am 9. Dezember das Schlachtfeld von Hohenlinden folgendermaßen:

„Der Anblick des Schlachtfeldes, wo am 3. die schreckliche Niederlage war, ist wirklich für jedermann entsetzlich. An beiden Seiten der durch den Forst führenden Chaussee und besonders auch im Holze sieht man noch allenthalben todte Soldaten

Noch heute erinnern vier Kanonenkugeln und diese Tafel an einem Haus in Hohenlinden an die schwere Schlacht vom 3. Dezember 1800.

Darstellung der Schlacht bei Hohenlinden in der „Galerie des Batailles" in Versailles.

und Pferde und die Merkmale der erstaunlichsten Blutströme. Die Luft ist, ungeachtet der jetzigen Kälte, durch den ganzen Forst inficirt und faul, und ich werde, soviel an mir ist, trachten, daß für die baldige Beerdigung der todten Krieger gesorgt werde."

Die Verlustbilanz dieser einen Tag dauernden Schlacht: Die Österreicher verloren an Toten nahezu 1000 Mann, an Verwundeten 3700, an Gefangenen 7200, zusammen 11.900 Mann, 50 Geschütze und 85 Wagen; die Bayern insgesamt 1860 Mann, 30 Geschütze und 36 Wagen. Die Franzosen gaben ihre Verluste mit rund 2500 Mann an. Zwei Monate später, am 9. Februar 1801, wurde endlich der Friede von Lunéville geschlossen. Der Zweite Koalitionskrieg war zu Ende.

Neben der hohen, grauen Kirche steht heute eine Gedenksäule mit den Jahreszahlen 1914–18 und 1939–45. Keine Erinnerung an 1800? Kein Gedenkkreuz? Kein Massengrab? Nicht eine Stätte des Gedenkens an jene Schlacht, die Hohenlinden in die Weltgeschichte hat eingehen lassen?

O doch, man muß nur suchen! Auf dem Haus der Apotheke ist eine Gedenktafel angebracht. Neben einem stilisierten Baum, einem Säbel und zwei Gewehren, die in den Stein eingemeißelt sind, stehen folgende Zeilen:

1800

im Dezember I. II. u. III
War hier eine große Schlacht.
Sind gefallen Bayern, Deutsche
und auch Franzosen.
Neuntausend ist eine große Zahl.

In dieselbe Wand sind vier Kanonenkugeln eingemauert, wie sie im „natürlichen Kugelfang" in den Höhen um Hohenlinden vielfach gefunden wurden. Eine große von etwa 10 cm Durchmesser kann an der Außenmauer der Nordwestecke der Filialkirche von Kronacker nördlich von Hohenlinden bewundert werden. Der Pfarrer von Hohenlinden weiß noch mehrere Details:

„Franzosengräber gibt es im Friedhof von St. Christoph und das ‚Franzosenbrünnl' im Haager Forst. In Mittbach heißt heute noch ein Haus ‚Zum Moroschneider'. General Moreau hat sich dort angeblich einen Uniformrock flicken lassen und in diesem Haus vorübergehend seinen Gefechtsstand eingerichtet. Hier soll auch die 45tägige Waffenruhe ausgehandelt worden sein. Im Rathaus der Stadt Erding kann man zahlreiche Waffen aus jener Zeit sehen."

Auch noch etwas anderes ist in Hohenlinden lebendig: die „Kinderprozession", die am Tag der Schlacht stattfand und von der ein Fries in dem 1973 erbauten Schulhaus von St. Wolfgang (ca. 15 km von Hohenlinden entfernt) kündet. Um 1800 besuchten auch Kinder aus St. Wolfgang die zwei bis drei Stunden entfernt gelegene Schule von Hohenlinden. Als am Morgen der Schlachtenlärm begann, holte der Klausner, der in der Eremitenschule Unterricht erteilte, aus der alten Kirche von Hohenlinden ein großes Kruzifix, stellte die Kinder paarweise auf und zog in dieser Prozessionsordnung an den Franzosen vorbei. Diese wußten nicht, wie ihnen geschah, als die kleine „Armee" auftauchte und stumm zwischen den feindlichen Heeren hindurchtrippelte. Wohlbehalten kamen die Kinder nach einigen Stunden bei ihren Eltern an, während hinter ihnen die Schlacht voll entbrannte.

Mehrere Votivbilder in den einzelnen Kirchen der Umgebung von Hohenlinden, eine Ode auf die Schlacht, die der englische Dichter Thomas Campell († 1844) verfaßt hat, der Roman „Der rote Forst" von Franz Wichmann, nicht zuletzt aber der Name „Hohenlinden" am Arc de Triomphe in Paris unter den vielen anderen Schlachtenorten Napoleons künden bis zum heutigen Tag von diesem denkwürdigen Ereignis.

Mit Dummheit gegen Napoleon
Ulm, Oktober 1805

Fährt man von der Tiroler Grenze über Füssen und Kempten nach Norden, stößt man alle 30 oder 50 Kilometer auf Orte, die in den Napoleonischen Kriegen, besonders im Dritten Koalitionskrieg, entscheidende Rollen gespielt haben: Memmingen, Ulm, Elchingen, Günzburg. Alle wurden für zehntausende österreichische Soldaten zu Schicksalsorten, in Ulm gingen durch die Unfähigkeit eines einzigen Mannes zehntausende junge Männer in Gefangenschaft: des österreichischen Feldmarschalleutnants Freiherrn von Mack, eines gebürtigen Bayreuthers, über den die eigene Geschichtsschreibung folgendermaßen urteilte:

„FML Freiherr von Mack, der durch nervöse Vielgeschäftigkeit und selbstbewußtes, wortgewaltiges Auftreten viele über den Mangel jeglicher Führereigenschaften zu täuschen vermochte, erlangte dank der Protektion des Staatskanzlers Cobenzl als Chef des Generalquartiermeisterstabes größten Einfluß auf die militärische Vorbereitung des von ihm gewünschten Krieges."

Europa wußte zu Beginn des 19. Jahrhunderts, daß Kriege weiterhin in der Luft lagen, solange Napoleon Bonaparte das Sagen hatte – trotz des Friedensschlusses von Lunéville 1801 zwischen Frankreich und den übrigen kriegführenden Nationen mit Ausnahme von England, mit dem die Grande Nation erst ein Jahr später den Frieden von Amiens schloß. Aber England hielt sich nicht an die Bestimmungen dieses Friedensvertrages; vor allem weigerte sich „das perfide Albion", die Insel Malta aufzugeben. Napoleon wollte es den Briten zeigen; er plante, mit seiner Flotte, die er rasch ausbauen und vergrößern ließ, England anzugreifen. England, das die Gefahr erkannte, bat wieder Rußland und Österreich in einer dritten Koalition um Hilfe. Napoleon sollte auf dem Kontinent so intensiv beschäftigt werden, daß er seine Invasionspläne aufgeben mußte.

Die Russen sagten sofort zu, die Österreicher zögerten ein wenig, denn nach den Niederlagen im Zweiten Koalitionskrieg hatte Erzherzog Karl eine umfassende Heeresreform begonnen, die 1805 noch nicht abgeschlossen war. Doch dem hartnäckigen Drängen Englands gab die österreichische Regierung nach, da auch aufgrund der vorhergehenden Kriege Frankreichs Stellung in Ita-

lien für Österreich bedrohlich stark geworden war; im August 1805 erklärte sie Frankreich den Krieg, obwohl die russischen Verbündeten noch tief in Polen standen. Der Kriegsplan der Koalition sah vor, daß 60.000 Österreicher und 90.000 Russen unter Erzherzog Ferdinand d'Este und General Feldmarschalleutnant von Mack im Donautal der französischen Armee entgegentreten sollten, die zwischen dem 27. August und 24. September ihren Aufmarsch über Rhein und Main durchgeführt hatte. Die einzelnen Korps standen unter dem Befehl so berühmter Marschälle und Generale wie Ney, Soult, Lannes, Bernadotte, Davoust und Marmont,

Den Oberbefehl über die vereinigte österreichische und russische Armee bei den Kämpfen um Elchingen und Ulm 1805 hatte der österreichische Erzherzog Ferdinand d'Este inne, der bereits ein Jahr später, 1806, starb.

Nächtlicher Überfall einer französischen Feldwache durch österreichische Husaren.

auf österreichischer Seite waren es die Generale Auffenberg, Werneck, Riesch u. a. Die russischen Verbündeten, rund 90.000 Mann stark, unter dem Befehl von Marschall Kutusow, standen, als Mack Ende August mit seinem Heer der Donau entlang Napoleon entgegenzog, erst bei Teschen. Das bedeutete, daß sie nicht vor Mitte Oktober am Inn sein konnten, wo Mack mittlerweile seine Armee konzentriert hatte. Sein Plan, die Bayern auf seine Seite zu ziehen, schlug fehl; die bayerische Armee zog sich nach Bamberg zurück und erwartete dort die französischen Korps, mit denen sie sich vereinigte. Mack rückte bis an die Iller vor, wo er am 18. September eintraf und seine Armee gleichsam vom Bodensee bis Ulm wie zu einem Sperriegel gegen Napoleon aufstellte.

In seinen „Feldzüge der letzten 100 Jahre" schreibt Adolf v. Horsetzky: „Als Napoleon am 20. September von Macks Vormarsch an die Iller hört, verschiebt er das Schwergewicht seines Aufmarsches nach links, zu dem Zwecke, von Mannheim aus rasch die Donau bei Donauwörth zu erreichen und auf der kürzesten Linie Paris – Wien vorzurücken. Er trifft alle Anstalten, Mack an der Iller festzuhalten, ihn, wenn möglich, in der rechten Flanke zu umgehen und sich zwischen ihn und die näherrückenden Russen zu werfen. Am 2. Oktober

erreicht Napoleon mit seinen Vorhuten den Abschnitt Stuttgart – Würzburg (150 km breit). Beim Vormarsch vom Neckar an die Donau wird seine Front immer enger. Er erwartet, weil er Mack die vernünftigste Gegenmaßregel zumutet, einen Zusammenstoß bei Donauwörth – Nördlingen. Die französische Front Heidenheim – Eichstädt beträgt nur mehr 70 Kilometer. Seine Armee kann binnen eines starken Marsches auf die Mitte, binnen zweier Märsche auf einen Flügel konzentriert werden. Da sich aber von Mack nichts zeigt, setzen am 7. Oktober Murat, die Garden und das IV. Corps bei Donauwörth über die Donau, am 8. passieren das V. Corps bei Münster, Davoust und Marmont bei Neuburg, am 9. Bernadotte bei Ingolstadt die Donau. Die Frontbreite der Armee beim Übergang beträgt nur noch 50 Kilometer. Ney deckt die rechte Flanke der übergehenden Armee durch eine Stellung an der Brenz mit Front gegen Ulm.

Mack erfuhr Napoleons Umgehungs-Bewegungen erst am 5. Oktober, worauf er sofort seine Kräfte mehr gegen Ulm zusammenzog. Auf die Nachricht vom französischen Donau-Übergang konzentrierte er sich am 8. zwischen Ulm und

KARL FREIH. MACK
v. LEIBERICH

Mit 23.000 Mann und 17 Generalen ging Generalstabschef Karl Freiherr von Mack-Leiberich in Ulm in Gefangenschaft. (Lithographie von F. Schier.)

den Weg nach Tirol zu verlegen. Am 11. Oktober kommt es daher zwischen Mack und der am nördlichen Ufer gebliebenen Division Dupont zum Gefecht bei Haslach. Mack dringt mit den Vorhuten nicht gleich durch, traut sich nicht, das Gros einzusetzen, weil er Dupont für viel stärker hält, als er tatsächlich ist. Er gibt nun den Rückzug nach Böhmen auf und will in Ulm bleiben. Aber schließlich gibt er einen Tag später dem Drängen seiner Generale nach, doch nach Böhmen abzumarschieren.

Infolgedessen bricht er am 13. Oktober, und zwar mit der 1. Staffel unter Werneck, neuerdings von Ulm auf, Riesch soll bei Elchingen Stellung nehmen und die rechte Flanke der Armee gegen Günzburg, wo Ney steht, decken und dann der Armee folgen. Aber Napoleon rückt schon am 14. Oktober gegen Ulm auf beiden Ufern der Donau vor. Ney greift Riesch bei Elchingen an und wirft ihn nach hartem Kampf auf Ulm zurück, 3000 Österreicher geraten in Gefangenschaft." – Marschall Michel Ney wurde für diesen Sieg zum „Herzog von

Der französische Marschall Michel Ney wurde nach seinen Siegen bei Elchingen und Ulm über die Österreicher mit dem Titel eines „Herzogs von Elchingen" ausgezeichnet. Neys Schicksal ist typisch für die Napoleonische Zeit: Der begabte Feldherr war auch bei den großen Schlachten von Borodino und Waterloo dabei, doch nach der endgültigen Verbannung Napoleons nach St. Helena und der Rückkehr der Bourbonen wurde er vor ein Kriegsgericht gestellt, zum Tode verurteilt und hingerichtet.

Günzburg und schob General Auffenberg mit acht Bataillonen und 13 Eskadronen von Augsburg nach Wertingen vor; er will ihm mit dem Gros folgen und Napoleon noch während des Überganges anfallen. Aber er sieht bald, daß es dafür schon zu spät ist, und ändert noch am Abend des 8. seinen Plan. Er will sich über Augsburg zurückziehen, wobei Auffenberg die Nachhut bilden soll, aber noch am gleichen Abend wird Auffenberg bei Wertingen von Lannes und Murat zersprengt.

Am 9. erfährt Mack die Niederlage Auffenbergs. Er glaubt nun, nicht mehr über Augsburg abmarschieren zu können, beschließt, nach Norden abzurücken und bei Günzburg die Donau zu überschreiten. Er stößt dabei auf Marschall Ney und gibt nach einem kurzen Nachtgefecht auch diesen Plan auf. Am 10. geht er auf Ulm zurück, um über Nördlingen nach Böhmen aufzubrechen, wo er sich mit den Russen vereinen will.

Napoleon seinerseits glaubt Mack im Rückzuge nach Tirol, und Ulm nur schwach besetzt. Er gibt Ney Befehl, sich Ulms zu bemächtigen, während das Gros auf Memmingen marschiert, um Mack

Die siegreichen Franzosen nehmen die Kapitulation der Österreicher und Russen vor den Ulmer Festungsmauern entgegen. Links der Bildmitte Napoleon hoch zu Roß.

Elchingen" ernannt. Sieben Jahre später, 1812, erhielt er nach der Schlacht von Borodino in Rußland das Prädikat „Fürst von der Moskwa".

Mack selbst war in Ulm geblieben und hatte beschlossen, sich hier zu halten. Aber als Ney am 15. Oktober den Michelberg mit heftigem Artilleriefeuer angriff und Macks Truppen in die schlecht befestigte Stadt zurückwarf, entschied sich General Werneck, der ja bereits auf dem Marsch nach Böhmen war, umzukehren, um seinem Generalstabschef zu helfen. Doch er kam zu spät; bei Trochtelfingen wurde sein Korps von den Truppen Murats gestellt und zur Kapitulation gezwungen. So ging es auch jener Abteilung Macks, die in Memmingen lag; sie wurde von Soult eingeschlossen und kapitulierte ebenfalls. Nun sah Mack keine Chance mehr: Am 17. Oktober war auch er zur Ka-

pitulation bereit. Mit 23.000 Mann ging er in Gefangenschaft.

Die wochenlangen Kämpfe hatten das Leben von tausenden Österreichern und ebensovielen Franzosen gefordert. Das Land um Ulm war weitgehend verwüstet und ausgeplündert, aber der Vormarsch der Franzosen in Richtung Wien konnte nicht aufgehalten werden. Als Feldmarschalleutnant von Mack freigelassen wurde, stellte man ihn in Österreich vor ein Kriegsgericht, das ihn zu zwanzig Jahren Haft verurteilte, doch wurde er wegen seiner angegriffenen Gesundheit vorzeitig entlassen.

Kriegstrommeln statt Lautenspiel
Dürnstein, 11. November 1805

Zwar gibt es ein Franzosendenkmal in Dürnstein in der romantischen, direkt an der Donau gelegenen Wachau, aber die Erinnerung an den Kaiser der Franzosen ist gering, auch wenn die Verbindung von Dürnstein zu Napoleon viel weniger Jahre zurückliegt als jene zu König Richard Löwenherz von England. Denn Richard Lionheart, Cœur du Lion, ist in Dürnstein heute noch lebendig. Es gibt einen Gasthof „Richard Löwenherz", es gibt einen Gasthof zum „Sänger Blondel", es gibt an der Wachaustraße ein Denk-

Der russische Marschall Kutusow (1745–1813) siegte zwar bei Dürnstein über die Franzosen, unterlag ihnen jedoch wenig später bei Austerlitz (1805) und bei Borodino (1812). Er bezwang sie aber im gleichen Jahr bei Smolensk, was ihm den Titel „Fürst Smolenskij" eintrug. Ein Jahr später starb der Marschall im Alter von 68 Jahren.

mal, das die beiden zeigt – und vor allem: die Geschichte um diesen Mann ist nicht nur in der Wachau, sondern in ganz Österreich populär.

Erinnern wir uns: 1188 hatte der dritte Kreuzzug ins Heilige Land begonnen. Kaiser Friedrich I. Barbarossa löste sein dem Papst gegebenes Versprechen ein und zog mit dem christlichen Heer nach Jerusalem, um die von Sultan Saladin besetzte Stadt zurückzuerobern. An diesem Unternehmen beteiligten sich auch Frankreichs König Philipp II., der englische König Richard Löwenherz sowie der Babenbergerherzog Leopold V. von Österreich. Noch auf der Hinreise ertrank Kaiser Friedrich Barbarossa bei einem Bad im Fluß Saleph. Daraufhin kam es unter den Anführern des Heerzuges zu Streitigkeiten, wer nun den Kaiser vertreten solle. Bei der Eroberung von Akkon fühlte sich der Babenbergerherzog von Richard Löwenherz um seine Beute betrogen, außerdem hatte der Engländer das österreichische Banner in den Kot geworfen. Leopold V. kehrte nach Österreich zurück und sann auf Rache.

Die kam früher, als er dachte. Auf dem Heimweg von Akkon erlitt Richard Löwenherz vor der italienischen Küste Schiffbruch und versuchte nun, auf dem Landweg nach England zu gelangen. In Erdberg, einem Vorort von Wien, wurde er erkannt, gefangengenommen und in der Burg von Dürnstein festgehalten, bis ein Lösegeld eintraf. Hier setzt nun die berühmte Geschichte von seinem treuen Diener Blondel ein, der mit seiner Laute solange von Burg zu Burg zog und vor den Mauern ein altes englisches Lied sang, bis er in Dürnstein endlich ein Echo erhielt: aus dem dicken Gemäuer erscholl die zweite Strophe. Blondel hatte seinen Herrn gefunden. Das Lösegeld wurde bezahlt, und Richard Löwenherz konnte in seine Heimat zurückkehren.

Nun, über sechshundert Jahre später, als die französische Armee 1805 in Österreich einrückte, gab es keinen Anlaß zu romantischen Geschichten wie dieser. Da erklangen keine sehnsüchtigen Lieder zur Laute, da dröhnten vielmehr Kriegstrommeln und Hornsignale durch die Weingärten. Da

Bild rechts:
Österreichischer Ulan zur Zeit der Napoleonischen Kriege.

General Edouard Mortier, später Marschall von Frankreich, verniedlichte seine Niederlage bei Dürnstein in seinem offiziellen, sicherlich übertriebenen Bulletin, in dem er zwar erwähnte, daß die Russen 4000 Mann, ebensoviele Verwundete, 1300 Gefangene und mehrere Kanonen verloren hatten, nicht aber, daß seine Verluste mindestens ebenso schwer waren und daß er, um der totalen Vernichtung zu entgehen, fluchtartig den Rückzug über die Donau hatte antreten müssen. (Lithographie von N. Dopler nach einem Gemälde von F. Albert.)

marschierte und ritt eine gewaltige Armee durch das Donautal, um Österreichs Hauptstadt Wien zu erobern.

Nach der Kapitulation der Österreicher in Ulm hatte Napoleon seine Streitmacht an der Isar konzentriert. Fünf Tage später waren die verbündeten Russen mit rund 30.000 Mann unter Marschall Kutusow in Braunau am Inn eingerückt, wo sie auf den österreichischen General Merveldt warteten, der mit 25.000 Mann nachrücken sollte. Das Gros der Franzosen war zu diesem Zeitpunkt nur mehr rund 100 Kilometer entfernt, allerdings noch immer 250 Kilometer von Wien, was 17 Tagesmärschen entsprach.

Napoleon plante, die Russen womöglich noch vor Wien zu einer Schlacht zu zwingen. Deshalb rückte er in konzentrischem Vormarsch auf den Inn zu, um von dort aus in möglichst breiter Front gen Wien zu marschieren. Kutusow war diesen anrückenden Armeen nicht gewachsen; er entschloß sich, bei Mautern, südlich von Krems, keine zehn Kilometer östlich von Dürnstein, die Donau zu überqueren und sich in Richtung Brünn zurückzuziehen, wo er Verstärkung durch General Buxhöwden abwarten wollte. Am 26. September hatte er

den Rückzug von Braunau begonnen, am 3. November war er mit seiner Armee bei Melk, die Nachhut befand sich allerdings erst bei Amstetten, etwa fünfzig Kilometer weiter westlich.

Napoleon hatte gut vorgesorgt, um seine riesige Armee so geschützt wie möglich nach Wien zu bringen. Der Donau entlang konnte sich ein 100.000-Mann-Heer nicht bewegen, es wäre in der engen Landschaft unendlich weit auseinandergezogen worden. So ließ er seine Korps Davoust und Marmont rechts über Waidhofen nach Mariazell und Lilienfeld vorrücken und das Korps Mortier von Linz aus am linken Donauufer marschieren, wobei es auch die Aufgabe hatte, den auf der Donau nachfolgenden Nachschub zu decken. Napoleon selbst rückte von Melk aus, nicht mehr der Donau folgend, in Richtung St. Pölten, wo er hoffte, Kutusow zur Schlacht stellen zu können.

General Merveldt wollte mit seiner Division von Südosten aus zu Napoleon heranrücken, doch wurde er am 8. November vom Korps Davoust bei Mariazell geschlagen. Kutusow mußte über die Donau auf das linke Ufer zurück, wollte er nicht mit seinen 30.000 Mann gegen das Gros Napoleons prallen. Bei Mautern setzte er über die Donau und ließ die Brücke hinter dem letzten Mann abbrennen. Dann wandte er sich nach Westen, in Richtung Dürnstein, wo das isoliert anrückende Korps Mortier ahnungslos auf der engen Donauuferstraße vorrückte. Bei dem kleinen Dorf Loiben, heute ein Ortsteil von Dürnstein, trafen die feindlichen Heere aufeinander.

Schon am 10. November hatte die französische Vorhut Dürnstein erreicht und die russisch-österreichische Avantgarde hinter Unter- und Oberloiben zurückgeworfen, wo sie sich vom Donauufer durch die schmale Ebene über einen Hohlweg bis hinauf zum sogenannten Höhereckberg – heute steht dort das Franzosendenkmal – verschanzte. Das Gelände nördlich von Dürnstein, von Krems im Osten bis Weißenkirchen im Westen, ist äußerst gebirgig, steil, von Schluchten durchzogen und zum Teil mit Weingärten bestanden; es wird allerdings nicht von so gewaltigen Felsen beherrscht, wie sie eine alte französische Darstellung zeigt. Immerhin stellte es sowohl für Russen und Österreicher wie für die Franzosen so manches Hindernis bei der Entfaltung ihrer Kräfte dar. Auf einer Länge von knapp acht Kilometern reiht sich ein Berg an den andern: Braunsdorfer Berg, Pfaffenberg, Loibenberg, Schloßberg, Vogelberg, Jägerberg und Sandlberg. Um den Franzosen in den Rücken fallen zu können, mußten Feldmarschalleutnant von Schmidt und General Kutusow über diese Höhenzüge nach Westen vorrücken und dann nach Süden wieder zur Donau vorstoßen, damit die Zange geschlossen werden konnte.

Noch in der Nacht vom 10. auf den 11. November

Der Kampf bei Dürnstein in einer französischen Darstellung. Die hier gezeigte heroische Landschaft besteht in Wirklichkeit freilich nicht.

– es war sehr kalt, und die Wege über die Berge waren teilweise vereist – hielt Kutusow einen Kriegsrat ab, bei dem Feldmarschalleutnant v. Schmidt vorschlug, Mortier am kommenden Morgen in der Ebene von Loiben anzugreifen, während er, Schmidt, mit dem russischen General Dochtorow, dem 16 Bataillone, zwei Eskadronen und zwei Geschütze zur Verfügung standen, das beschwerliche Umgehungsmanöver unternehmen wollte. Kurz nach Mitternacht brach die kleine Armeeabteilung zu ihrem eisigen, anstrengenden Marsch auf.

Diese Wege werden heute nicht nur von den Weinbauern bei ihrer Arbeit benützt, sondern dienen auch Urlaubern als beliebte Wanderpfade. Sie führen durch eine romantische Hügellandschaft. Bei diesen Wanderungen kann man sich leicht vorstellen, wie beschwerlich der Marsch der Russen und Österreicher war: bergauf und bergab, eisig, mitten in der Nacht, wobei weder Licht noch Lärm gemacht werden durften, ja es wurden sogar die Hufe der Pferde mit Lappen umwickelt, um ihre Tritte zu dämpfen und die Umgehung dem Feind nicht zu verraten. All diese Schwierigkeiten brachten es notgedrungen mit sich, daß am Morgen zwi-

schen Dürnstein und Stein/Krems die Schlacht bereits voll entbrannte, von den Umgehungstruppen aber noch keine Spur zu sehen war.

Auf allen Höhenrücken nordöstlich von Dürnstein traten die feindlichen Truppen zum Angriff an: am Gaisberg und am Braunsdorfer Berg ebenso wie am Pfaffenberg und am Loibenberg. Stundenlang wogte der Kampf hin und her, Angriff und Gegenangriff wechselten in rascher Folge, aber gegen Mittag erwies sich, daß die Russen allmählich die Oberhand erhielten. In der Zwischenzeit hatte die rund 10.000 Mann starke Umgehungskolonne unter Dochtorow und v. Schmidt dank der Führung des ortskundigen Jägers Andreas Bayer die Überquerung der Höhenrücken geschafft, aber die Truppe war durch den anstrengenden Nachtmarsch und da sie seit zwei Tagen fast keinen Nachschub mehr erhalten hatte, äußerst erschöpft; sie konnte nicht unverzüglich ins Feuer geschickt werden. Nördlich von Dürnstein teilte sich die Ko-

Der österreichische Generalfeldmarschalleutnant Heinrich von Schmidt (1743–1805), dem ob seines taktischen Geschicks der Sieg über die Franzosen bei Dürnstein-Loiben zu verdanken war, konnte seinen Triumph nicht auskosten. Er starb an den Folgen einer Verwundung, die er in der sechsstündigen Schlacht erlitten hatte. (Lithographie von L. v. Rittersberg.)

lonne. Während der eine Teil direkt auf Ruine und Stadt Dürnstein hinunterstoßen sollte, wo sich Mortiers Gefechtsstand befand, sollte v. Schmidt mit sechs Bataillonen und zwei Eskadronen zur Donau in Richtung Weißenkirchen vordringen, die nachrückenden französischen Divisionen aufhalten und, falls sie schon weiter vorangekommen waren, im Rücken angreifen.

Am frühen Nachmittag hatte die erste Kolonne Ruine und Stadt Dürnstein eingenommen, aber gegen 16 Uhr traf die Vorhut des Mortier folgenden Generals Dupont ein, und es kam zwischen Weißenkirchen und Dürnstein zu einem heftigen Gefecht, das angesichts der französischen Übermacht sicher zuungunsten der Russen ausgegangen wäre, hätte in dieser kritischen Phase der Schlacht nicht Feldmarschalleutnant Schmidt mit seiner Kolonne eingegriffen. Ein Teil der französischen Truppen wurde in die Flucht geschlagen, ein anderer vernichtet. Über die letzte Phase dieser Schlacht schreibt Rainer Egger in seinem Werk über das „Gefecht von Dürnstein-Loiben":

„Die auf der Donauinsel gelandete französische Abteilung konnte sich nicht lange halten und mußte sich nach schweren Verlusten auf Schiffe ihrer Donauflotille zurückziehen, mit denen sie das

jenseitige Ufer erreichte... So in ihrer linken Flanke vom Feind befreit, griffen die Russen in Richtung Weißenkirchen an, gleichzeitig umging ein Teil der Gruppe Schmidt das erste französische Treffen und griff es im Rücken an, während das Gros mit Schmidt selbst zur Talstraße vordrang. Hier kam Schmidt zwischen die feindlichen Fronten, die Dunkelheit vergrößerte noch die allgemeine Verwirrung, so daß Freund und Feind nicht mehr voneinander zu unterscheiden waren, was große Verluste, besonders bei der Gruppe Schmidt, zur Folge hatte. Der schwerste Verlust aber war Feldmarschalleutnant v. Schmidt selbst, der, von vier – wahrscheinlich russischen – Kugeln getroffen, ein Opfer dieses letzten Gefechtes des Tages wurde.

Inzwischen war es etwa 19 Uhr geworden, und Dupont zog sich aus seiner unhaltbaren Stellung nach Weißenkirchen zurück... Schmidt soll auf dem Schlachtfeld beerdigt worden sein; sein Grab konnte nicht wiedergefunden werden."

Den ganzen Nachmittag über hatte aber auch im Osten von Dürnstein-Loiben die Schlacht angehalten, doch gegen 18 Uhr zeigte sich, daß Mortier, der

Hundert Jahre nach der Schlacht von Dürnstein-Loiben, 1905, wurde dieses Denkmal errichtet, das die Inschrift trägt: „Ihren tapferen Kriegern – Frankreich, Österreich, Rußland".

Am Fuß der Burgruine von Dürnstein, zwischen der kleinen Stadt und dem Dorf Loiben, fand die Schlacht vom 11. November 1805 statt, in der das französische Korps Mortier durch die vereinigten Österreicher und Russen vernichtend geschlagen wurde.

nach der Einnahme von Dürnstein nun gegen drei Seiten Front machen mußte, völlig eingekesselt war, so daß ihm nur mehr die Flucht über die Donau blieb. Auch bei diesem überstürzten Rückzug kamen zahlreiche Franzosen ums Leben oder gerieten in Gefangenschaft.

Die Verluste waren auf beiden Seiten schwer. Von jener französischen Division, die von General Garzan befehligt wurde und rund 6000 Mann stark gewesen war, konnten sich höchstens 1000 in Sicherheit bringen. Ähnlich hoch waren die Verluste der Russen und Österreicher. Auch die Bevölkerung hatte unter dieser Schlacht schwer zu leiden. Nicht nur, daß Unter- und Oberloiben im Verlauf des Kampfes niederbrannten, es wurden auch in Dürnstein, Stein und Krems zahlreiche Häuser beschädigt und, was die Weinbauern besonders schwer traf: Millionen Weinstöcke wurden durch die Kämpfe, aber auch durch die Soldaten beider Armeen vernichtet, die sie als Brennholz verwendeten.

Über die Bedeutung der Schlacht vom 11. November 1805 schreibt Rainer Egger: „Wenn die Bulletins der Großen Armee vom 12. und 14. November auch von einem großen Erfolg der französischen Waffen bei Dürnstein sprachen, so wurde doch schon bald auch von den Franzosen die schwere Niederlage Mortiers zugegeben. Für die verbündeten Russen und Österreicher bedeutete das Gefecht den einzigen wirklichen Erfolg des ganzen unglücklichen Feldzuges; immerhin war es gelungen, ein feindliches Korps praktisch auszuschalten und Zeit zur Vereinigung der Armee Kutusow mit der nachrückenden Armee Buxhöwden zu gewinnen. Der allzufrühe Verlust der unzerstörten Wiener Donaubrücke nahm dem Erfolg von Dürnstein freilich viel von seiner Wirkung."

Kutusow wurde von Kaiser Franz am 14. November 1805 mit dem Großkreuz des „Militärischen Maria Theresien-Ordens" ausgezeichnet, „zur steten Erinnerung an Mich und den glücklichen Sieg", wie es in dem kaiserlichen Handschreiben heißt. Aber der Russe konnte sich im Raum Krems nicht halten; er mußte zurückweichen, die Große Armee Napoleons war zu stark. Die nächste militärische Auseinandersetzung zwischen dem russischen Marschall und dem Kaiser der Franzosen erfolgte schon 18 Tage später, am 2. Dezember, in Austerlitz.

In und um Dürnstein ist die Erinnerung an die Begegnung zwischen Russen und Franzosen bei Dürnstein-Loiben noch immer lebendig. So gibt es einen Franzosengraben, ein Franzosenhölzl, ein Russengrab und ein Russenkreuz. An manchen Häusern von Unterloiben sind eingemauerte Kanonenkugeln aus jener Zeit zu finden. Am Steiner Tor von Dürnstein steht heute noch das sarkophagähnliche Denkmal an Feldmarschalleutnant Heinrich von Schmidt, das über Auftrag Kaiser Franz' von dem italienischen Bildhauer Giuseppe Pisano geschaffen und am 22. Mai 1811 feierlich eingeweiht wurde.

Auf dem Schlachtfeld selbst wurde 1905 ein Denkmal errichtet, und zwar auf dem äußersten Vorsprung des Höhereckberges, der letzten Stellung Mortiers am Abend des 11. November 1805. Über einem mächtigen Steinsarkophag erhebt sich eine kreuzgeschmückte hohe Kuppel, ebenfalls aus Stein. Im Unterbau befinden sich eine Kapelle und ein Ossarium, in dem die Gebeine der Gefallenen, die bis dahin an verschiedenen Stellen der Loibener Ebene begraben waren, beigesetzt wurden. Neben diversen Gruppen Kämpfender sind Mortier, Kutusow, Schmidt und der Jäger Bayer in Reliefs dargestellt. Inschriften in deutscher, französischer und russischer Sprache erinnern an die Schlacht von 1805. Als dieses Denkmal am 27. Juni 1905 eingeweiht wurde, nahmen Vertreter der österreichischen, französischen und russischen Armeen teil.

Auch die Weltliteratur blieb vom kriegerischen Geschehen um Dürnstein nicht unberührt: in Tolstojs „Krieg und Frieden" kommt auch diese Schlacht vor. Daß die Franzosen und Napoleon selbst die Niederlage in einen Sieg umzuwandeln verstanden, beweist der Name „Durrenstein" auf dem Arc de Triomphe in Paris, einer von vielen Namen, die von den „Siegen" des Kaisers der Franzosen künden...

Sonne über der Drei-Kaiser-Schlacht
Austerlitz, 2. Dezember 1805

Man hat Austerlitz oft die Drei-Kaiser-Schlacht genannt. Dieses geflügelte Wort erfaßt aber nicht das Wesentliche, durch das diese Schlacht berühmt wurde. Sie hat die Zeitgenossen frappiert und ist in die Geschichte eingegangen nicht nur deshalb, weil hier ein Kaiser die anderen zwei besiegte. Die Zeitgenossen sahen in der Schlacht bei Austerlitz kein Kräftemessen dreier Monarchen auf dem Schlachtfeld, sondern etwas bedeutend Wichtigeres – das entscheidende Treffen der neuen und alten Welt" (A. Z. Manfred).

Austerlitz war die letzte Schlacht des Dritten Koalitionskrieges, der innerhalb eines einzigen Jahres (1805) ein Dutzend Schlachten der verbündeten Engländer, Russen, Österreicher und Schweden gegen Napoleon gebracht hatte. Preußen blieb, wie schon in den vorhergehenden Kriegen, neutral; mit Napoleon verbündeten sich Spanien und die süddeutschen Staaten. Fast alle zwölf Schlachten dieses Dritten Koalitionskrieges gewannen die Franzosen, nur bei zweien gingen die Verbündeten als Sieger hervor: am 21. Oktober 1805 hatte die britische Flotte unter Admiral Nelson die französische bei Trafalgar vernichtet, und in der dreitägigen Schlacht bei Caldiero in Italien gelang es Erzherzog Karl, die Franzosen unter Marschall Masséna so schwer anzuschlagen, daß die Grande Armée sich zurückziehen mußte. Aber alle anderen Gefechte und Schlachten, von Günzburg über Elchingen und Ulm bis zur Schlacht von Austerlitz, gewann der Korse, freilich: unter welch immensen Opfern! Auch in dieser Hinsicht stellte Austerlitz alle übrigen Treffen in den Schatten.

Man kann noch so viele Abhandlungen über Austerlitz, das heute Slavkov u Brna (Ruhmberg bei Brünn) heißt, studieren: das gesamte Ausmaß dieser gigantischen Schlacht läßt sich erst vorstellen, wenn man auf dem Žuráň-Hügel steht, einige Kilometer westlich von Austerlitz, jener Stelle, von der aus Napoleon die Schlacht leitete.

Von hier heroben, unter zwei stattlichen Kastanienbäumen, wo ein Gedenkstein, den man „Napoleons Tisch" nennt, mit einer Bronzetafel die Aufmarsch- und Kampffronten festhält, hat man einen Überblick über das ganze, zehn Kilometer weite Schlachtfeld jenes kalten 2. Dezembers 1805. Auf diesem Hügel versteht man plötzlich, welche Be-

deutung die „Sonne von Austerlitz" für den Ausgang dieses Treffens hatte: Die Verbündeten standen, etwa acht Kilometer vom Žuráň-Hügel entfernt, auf den Anhöhen um Prace, wo sich heute ein Friedensmal erhebt. Dazwischen erstreckt sich eine lange Senke, die am Morgen, bei Beginn der Schlacht, von winterlichem Morgennebel erfüllt war. Vom Žuráň aus, der oberhalb des Nebelfeldes in der Sonne lag, konnte Napoleon alle Bewegungen des Feindes verfolgen. Die Österreicher und Russen hingegen sahen nicht, wie die Franzosen langsam durch das Nebelfeld näherrückten und ihre Artillerie ein furchtbares Bombardement begann.

Vom Žuráň aus sind auch all die kleinen Dörfer und Hügel zu erblicken, die damals Geschichte machten: Telnice, Sokolnice, Prace, Blazovice, Jiricovice, Holubice und Kruh, Santon und Tvarozna. Nur Slavkov – das alte Austerlitz – kann man von hier aus nicht sehen; es liegt an die 15 Kilometer weiter östlich. Die Verbündeten unter dem Oberbefehl von Fürst Kutosow wollten mit dem linken, im Süden stehenden Flügel, der sich vorwiegend aus Österreichern zusammensetzte, den rechten Flügel Napoleons bei Telnice und Sokolnice umgehen und damit dem Zentrum der Grande Armée in den Rücken fallen. Aber das Manöver mißlang: Während Österreicher und Russen diese Umgehung vornahmen, brachen aus dem dichten Nebel die Franzosen hervor und drängten die Angreifer nach Süden zurück, so daß eine mächtige Lücke zwischen der linken österreichischen Flanke und dem Zentrum entstand. In diese warf nun Napoleon seine gesamte Streitmacht, die nun sowohl die Flanke als auch das Zentrum der Verbündeten getrennt schlagen konnte. Um 16 Uhr war die Schlacht entschieden.

Auf dem Žuráň-Hügel kann man sich den Aufmarsch der feindlichen Heere vorstellen; auf der einen Seite die Franzosen unter Napoleon Bonaparte, auf der anderen die Heere der Monarchen Kaiser Franz' I. von Österreich und Zar Alexanders I. von Rußland. Dazu die Generale und Marschälle, deren Namen europäische Militärgeschichte machten: bei den Franzosen Berthier, Bernadotte, Davout, Soult, Lannes und Murat, bei den Verbündeten Kutusow, Bagration, Buxhövden,

Auf dem Žuráň-Hügel nordwestlich von Austerlitz hielt sich Napoleon während der Schlacht auf. Heute erinnert ein Gedenkstein daran. Ihn ziert eine bronzene Platte mit dem Schlachtverlauf und den Worten Napoleons: „Soldaten! Mein Volk wird Euch freudigst begrüßen, und wenn einer von Euch sagt: ,Ich war bei Austerlitz', wird jeder rufen: ,Seht her, hier steht ein Held!'" – jene Worte, die der Kaiser nach der siegreichen Schlacht seinen Soldaten zugerufen hat.

Kronprinz Konstantin, Dochturov, Langeron, Miloradovic und Fürst Liechtenstein.

Im Schloß von Austerlitz, in dem damals zuerst die Russen und Österreicher, dann, nach dem Sieg, Napoleon residierte, gibt es ein ausgezeichnet gestaltetes Museum über die Schlacht, mit sehr gründlich zusammengetragenen Objekten, mit allen Details eines solch historischen Ereignisses. Dort kann man sich vor dem Besuch des Schlachtfeldes gründlich informieren, und auf dem Žuráň selbst werden sie gleichsam wieder lebendig, die einzelnen Abteilungen in ihren bunten Uniformen, bei denen das revolutionäre Blau der Franzosen, das Weiß der Österreicher und das Grün der Russen überwog. Ein imposantes Bild, bunt und präzise im Aufmarsch: Bärenfellmützen und Lederhelme, hohe Tschakos, Pferdeschwänze auf Kürassierhelmen, rote, gelbe, schwarze Ärmelaufschläge, goldene Epauletten, weiße Bandoliers,

schwere Säbel in funkelnden Scheiden, Pferdeschabracken in allen Farben, Signal- und Regimentsfahnen, und natürlich überall die Musikkorps mit ihren blitzenden Trompeten und rasselnden Trommeln. An strategischen Stellen die Kanonen, Hunderte von ihnen, dazwischen Munitionswagen, Lafetten, Pferde.

Das Kräfteverhältnis der gegnerischen Armeen war ein ungleiches: 60.000 Russen und 25.000 Österreichern mit 280 Kanonen standen 78.000 Franzosen mit nur 139 Kanonen gegenüber. Aber Napoleon hatte die Sonne auf seiner Seite, die die gegnerischen Stellungen deutlich erkennen ließ. Sein zweiter Verbündeter war der Nebel. Dazu kam aber noch etwas, das der Militärhistoriker B. Engels mit wenigen Worten umschrieben hat:

„Napoleons unvergängliche Verdienste beruhen darin, daß er die einzig richtige Weise des taktischen und strategischen Einsatzes der gewaltigen bewaffneten Massen fand..."

Das Ausmaß der Niederlage war gewaltig: die Russen hatten 21.000 Mann an Gefallenen, Verwundeten und Gefangenen zu beklagen, die Österreicher an die 6000, die Franzosen 12.000 Mann. Zwei Tage später, am 4. Dezember, traf Napoleon mit Kaiser Franz I. bei der „Verbrannten Mühle" unweit von Zarosice zusammen, wo in zweistündi-

26 Meter hoch ragt das imposante „Friedensmal" bei Prace, einer der Schwerpunktstellungen in der Schlacht von Austerlitz, in den Himmel. Die sphärische Pyramide wird von einem altchristlichen Kreuz gekrönt.

ger Verhandlung die Waffenstillstandsbedingungen ausgehandelt wurden. Am 6. Dezember wurden sie akzeptiert und unterzeichnet, worauf die Russen das Land verließen. Am 26. Dezember kam es in Preßburg zum Friedensschluß; der Dritte Koalitionskrieg war damit endgültig zu Ende.

In Österreich begann nun die Franzosendiktatur mit ihren brutalen Kontributionen und Gebietsabtretungen: Venetien, Istrien und Dalmatien fielen an das neue Königreich Italien, Tirol an Bayern – 1809, drei Jahre später, sollte es sich gegen die Besatzer erheben.

Das Thema „Austerlitz" ist mit einem Besuch des Napoleonischen Feldherrnhügels auf dem Žuráň nicht erschöpft. Man muß auch die anderen Orte aufsuchen, man muß auf den verschiedensten Friedhöfen die Massengräber sehen, von denen meist nur kleine Erinnerungstafeln künden, vor allem aber muß man zum „Mohyla Miru", zum „Friedensmahnmal" auf dem Hügel von Prace, fahren, 8 Kilometer vom Žuráň entfernt. Hier, an einem Schwerpunkt der Schlacht von Austerlitz, im Ge-

Das Friedensmal birgt eine schöne Jugendstilkapelle: Oben der Eingang, unten der Altar.

Napoleon nach der siegreichen Schlacht bei Austerlitz (1805).

meindegebiet von Prace, wurde zwischen 1910 und 1911 ein Friedensmal errichtet, das gleichzeitig auch Kapelle und Ossarium ist. Man sieht es schon von weitem über die waldarme Gegend emporragen. Es ist im späten Jugendstil errichtet und reckt sich als sphärische Pyramide 26 Meter hoch in den Himmel. Auf seinem Fundament stehen an den vier Ecken riesige Heldengestalten mit den Wappenschildern der Nationen, die hier gekämpft haben: Rußland, Österreich und Frankreich. Die vierte Statue stellt Mähren dar, auf dessen Boden die blutige Schlacht stattgefunden hat. Gekrönt wird diese Pyramide von einer Erdkugel, auf der ein mächtiges altchristliches Kreuz mit dem Corpus Christi und dem Haupt Adams steht. Mittelpunkt des Friedensmales ist jedoch die Kapelle im Erdgeschoß, zu der ein ebenfalls im Jugendstil gehaltenes Tor mit den Gestalten einer trauernden jungen Frau und einer alten Mutter führt.

Unter der Kapelle befindet sich das Ossarium, in dem die im Lauf der Jahre gefundenen Gebeine der Gefallenen von 1805 ruhen. In einem schlichten braunen Sarg links neben dem Altar der Kapelle fanden dann noch jene sterblichen Überreste von Soldaten der Schlacht von Austerlitz ihre letzte Ruhestatt, die man erst in jüngster Vergangenheit bei Aushubarbeiten entdeckt und hier beigesetzt hat.

„Napoleon" steht noch immer im Dorf
Eggmühl, 22. April 1809

Seit 1630 gibt es den alten Gasthof von Eggmühl, aber erst seit wenigen Jahrzehnten trägt er den Namen „Napoleon", dessen Konterfei das Wirtshausschild über dem Eingang ziert. Eggmühl, zur Gemeinde Schierling gehörend, liegt im Landkreis Regensburg. Es hält auf vielfache Weise die Erinnerung an die grauenhaften Kriegstage im Frühjahr 1809 fest.

Der Gasthof „Napoleon" ist nur eine dieser Reminiszenzen. Zur Hundert-Jahr-Erinnerungsfeier wurde ein riesiges Denkmal errichtet, dessen Sockel einen aufrecht sitzenden Löwen zeigt, der über den Toten der Schlacht von Eggmühl Wache hält. Der Denkmalverein Eggmühl schrieb damals, es sei „der bayerische Löwe, in Bronze gegossen, der in Trauer um die Gefallenen das Schlachtfeld überblickt". Und weiter: „Der Löwe, der König der Tiere, gilt als das Zeichen des Mutes und der Kraft, seit alters aber auch als Symbol der Grabwache. Dieser Sinn liegt im Löwendenkmal von Eggmühl. Der Erdhügel wölbt sich als gemeinsamer Grabhügel für die in der Schlacht am 22. April 1809 Gefallenen, gleich welcher Seite. Der wachsame Löwe auf dem Steinsockel schützt ihre Totenruhe."

Zum 175-Jahr-Gedenken (1984) wurde eine große Feier veranstaltet, die mit einem Festzug endete, an dem neben zahlreichen Spielmannszügen und Musikkapellen auch die verschiedenartigsten historischen Bürgerwehren teilnahmen. Aus diesem Anlaß wurde auch eine Festschrift herausgegeben, in der neben den geschichtlichen Details in Wort und Bild auch manche Histörchen aus jener tragischen Zeit zum besten gegeben werden.

Im Jahre 1809 waren Frankreich und Rußland die tragenden Kräfte in Europa. Preußen hatte seine Vormachtstellung längst eingebüßt, und nur Österreich befand sich noch in der Lage, dem Korsen, dem die Fürsten des Rheinbundes zur Seite standen, vielleicht als einzige Macht wirksam entgegenzutreten. Bayern, das zwar ebenfalls dem Rheinbund angehörte, war noch unsicher, ob es sich Napoleon anschließen, neutral bleiben oder mit Österreich gehen sollte. Als sich Österreich im April 1809 entschloß, den Krieg gegen Frankreich zu eröffnen, hoffte es, daß sich Bayern zu seinen Gunsten entscheiden würde – eine Hoffnung, die allerdings trog.

Oberbefehlshaber der Österreicher war Erzherzog Karl, der Bruder von Kaiser Franz I., dem ehemaligen römisch-deutschen Kaiser. Ihm unterstanden vier Armeekorps mit rund 112.000 Mann Fußtruppen, fast 14.000 Mann Kavallerie und 380 Geschützen. Am 6. April gab Karl einen Tagesbefehl an die Armee heraus, der in der Militärgeschichte seinesgleichen sucht: „Die Freiheit Europas hat sich unter unsere Fahnen geflüchtet. Euere

Louis Nicolas Davoust (auch Davout geschrieben), Marschall von Frankreich, erhielt den Titel eines „Fürsten von Eggmühl". Davoust, den dieses Bild während des ägyptischen Feldzugs Napoleons zeigt, wurde 1770 geboren, 1815 Kriegsminister und zog sich nach Napoleons Sturz ins Privatleben zurück. (Aquatinta von Louis François Charon nach einem Gemälde von Aubry.)

1909, hundert Jahre nach der Schlacht von Eggmühl, wurde ein mächtiges Löwendenkmal errichtet. Der „König der Tiere" soll hier ewige Grabwache für die vielen Toten beider Seiten halten.

Siege werden ihre Fesseln lösen und Euere deutschen Brüder – jetzt noch in feindlichen Reihen – harren auf ihre Erlösung!" Und dann gab er seinen Soldaten den Rat mit auf den Weg in die Schlachten, welche vor ihnen lagen: „Der wahre Soldat ist nur dem Feinde furchtbar. Ihm dürfen die bürgerlichen Tugenden nicht fremd sein. Außer dem Schlachtfeld, gegen den wehrlosen Bürger und Landmann ist er bescheiden, mitleidig und menschlich. Er kennt die Leiden des Krieges und sucht sie zu mildern. Ich werde jeden mutwilligen Frevel umso strenger ahnden, als die Absicht unseres Monarchen nicht dahin geht, benachbarte Völker zu unterdrücken, sondern sie von ihren Bedrückern zu befreien..."

Als Erzherzog Karl am 10. April den Inn überschritt und in Bayern einmarschierte, stand Napoleons Marschall Oudinot am Lech, Marschall Masséna zwischen Lech und Iller, die Württemberger hatten sich bei Heidenheim, die Badenser bei Pforzheim, die Hessen bei Mergentheim konzen-

triert. Marschall Davoust, Herzog von Auerstedt, der noch in diesem Jahr den Titel eines „Fürsten von Eggmühl" erhalten sollte, stand mit seiner Armee auf der Linie Nürnberg – Bayreuth – Hof. Die Division St. Hilaire hatte er zur Sicherung des strategisch wichtigen Donauübergangs in Regensburg stationiert. Den einmarschierenden Österreichern am nächsten stand zu diesem Zeitpunkt und bei noch ungeklärtem Freund-Feind-Verhältnis die bayerische Armee zwischen Isar und Donau. Ihre drei Divisionen – Kronprinz Ludwig, Wrede und Deroy – mit etwa 27.000 Mann zu Fuß, 3000 Reitern und 72 Geschützen hatte Napoleon Marschall Lefebvre unterstellt.

Bis zum 15. April konnten die Österreicher, trotz äußerst schlechten Wetters, das ein Vorwärtskommen vor allem der Artillerie und der Trainkolonnen fast unmöglich machte, den Inn an mehreren Stellen überschreiten und in Bayern einrücken, ohne daß es zu Gefechten gekommen wäre. Die begannen erst am 15., als König Max Joseph von Bayern die Erklärung abgab, sein Land wolle an der Seite Napoleons bleiben. Was nun folgte, war Krieg mitten in Europa auf relativ kleinem Raum, waren zahlreiche Gefechte und Scharmützel, waren Erfolge und Mißerfolge für beide Seiten, so bei Schneidhart, bei Hausen und Teugn, bei Arnhofen und Biburg, bei Dünzling und Abensberg. Besonders hier kam es am 20. April zu einer richtigen Schlacht, als fast 100.000 Österreicher gegen ungefähr gleichviel Franzosen und Bayern antraten. Von morgens 9 Uhr bis weit nach Mitternacht währte dieses Treffen, das mit einem hastigen Rückzug der Österreicher, der fast einer Flucht gleichkam, endete. Sie verloren an die 7000 Mann, Franzosen und Bayern rund 3000.

Der 21. April war ein Tag des Sammelns zum letzten, alles entscheidenden Treffen, das sich in und um Eggmühl abspielen sollte. Dann brach der 22. April an. Georg Rötzer, der Verfasser der Gedenkschrift von Eggmühl, beschreibt den Anbruch dieses Tages folgendermaßen:

„Eine unruhige Nacht, erhellt vom prasselnden Feuerschein und durchbrochen vom Spatengeklirr der Beerdigungskommandos – in Laichling nutzen die Österreicher zudem den Schutz der Nacht, den Ort zu verrammeln – verdämmert in den nebligen Morgen des 22. April. Ein Tag bricht an, wie Mensch und Kreatur des stillen Tales noch keinen erlebt haben und nie mehr erleben zu müssen hoffen. Der blutige Schicksalswürfel liegt bereit, von den verfeindeten Mächten nochmals über ein Schlachtfeld gerollt zu werden, um die Entscheidung, hie Sieger – hie Besiegte, zuzuteilen. Doch Tausende werden seinen verrollenden Donner nicht mehr vernehmen. Kein Siegesjubel wird sie mehr beschwingen, kein Unterlegenenjammer mehr bedrücken."

Über den Beginn der Schlacht schreibt Rötzer: „Der Vormittag verläuft ruhig, nichts weist auf den gewaltigen blutigen Orkan hin, der in wenigen Stunden über das Labertal fegen wird... Nach vereinzeltem Störfeuer mit Kanone und Gewehr seit den frühen Morgenstunden rücken die Österreicher gegen 11 Uhr in die Schlachtlinie vor. Noch ehe die Gegner mit voller Wucht aufeinanderprallen, kommt die Meldung zu den Österreichern, daß von Landshut her feindliche Kolonnen in unbekannter Stärke näherrückten. Hier kommt es zum ersten richtigen Gefecht, und die Österreicher müssen sich auf das linke Laberufer zurückziehen. In der Mittagsstunde trifft Napoleon mit seinem alten Kämpen Masséna in Buchausen ein Er gönnt sich auf der ‚Post' eine Stunde Rast, dann reitet er weiter auf die Höhen von Lindach. Die Schlacht ist bereits in erbitterten Einzelgefechten voll entbrannt. Napoleon spielt mit dem Gedanken, auf der Regensburger Straße durchzubrechen, um die gegnerische Armee zu spalten und im Rücken zu fassen. Aber der verbissen verteidigte Laberübergang mit dem gut besetzten Ort und Schloß Eggmühl dahinter legt sich dieser Absicht als Sperriegel in den Weg. Ihn zu zersplittern ist vorrangig."

Das beschließt das Schicksal von Eggmühl und gibt der Schlacht ihren Namen. Das Kanonenfeuer verstärkte sich, Kavallerie und Infanterie griffen in starken Wellen an, aber Ort und Schloß wurden von den Österreichern mit zäher Wut verteidigt. Bayerische, württembergische und französische Kavallerie versuchten, die österreichischen Batterien auf dem Bettelberg zu stürmen, aber die Husaren unter Fürst Hohenzollern hielten diese vehemente Reiterattacke auf und retteten so die österreichische Artillerie.

Anders verlief die Schlacht zwischen Ober- und Unterlaichling nordwestlich von Eggmühl. Hier gelang es den Franzosen, den Wald einzunehmen und die Österreicher aus ihren Stellungen zu vertreiben, so daß es möglich wurde, den bei Eggmühl kämpfenden Österreichern in den Rücken zu fallen. Diese Gefahr erkennend, warfen sie ihre Ka-

vallerie in die Schlacht, und es gelang ihnen in mörderischem Kampf, der fast zwei Stunden dauerte, die Franzosen zurückzuschlagen, obwohl diese numerisch überlegen waren.

Aber unterdessen war Marschall Lannes mit zwei Divisionen gegen Eggmühl vorgerückt, wo nun die Entscheidung fiel. Um Dorf und Schloß wurde erbittert gerungen, doch die Übermacht der Franzosen zwang die Österreicher zum Rückzug. Ein bayerischer Augenzeuge berichtete: „Eggmühl wurde erstürmt. Da lagen bald bedeutende Mannschaften, Pferde, Wagen, Kanonen und Gewehre, Patronentaschen, Füße, Hände, Arme, Köpfe umher, viele tote Körper in den Häusern und im Schloß, Österreicher und Anstürmende."

Rötzer über die letzten Stunden der Schlacht: „Mit der Eroberung Eggmühls ist eine tragende Säule der österreichischen Verteidigung zersplittert. Verzweifelt, doch vergebens warten die Generäle auf Weisungen ihres Oberbefehlshabers. Auch die von ihm erbetene Hilfe bleibt ihnen versagt. So sind sie, ohne Gesamtüberblick und Schlachtenplan, auf eigene Entscheidungen angewiesen, indes Napoleon virtuos auf sämtlichen Registern seines Feldherrentalents spielt.

Den Österreichern ist einzig die Bastion auf dem Bettelberg mit 16 Kanonenschlünden geblieben. Unablässig schleudern sie Tod und Verderben in die Reihen der Angreifer. Hinter ihnen steht ein tiefgestaffelter Schutzwall von Reiterei und Infanterie."

Rechts: „Dem Andenken der bei Erstürmung von Eggmühl am 22. April 1809 Gefallenen" steht auf diesem alten Gedenkstein unweit des seit 1630 existierenden Gasthofes (oben), der seit einigen Jahren „Napoleon" heißt.

Napoleon läßt seine Kavallerie diese Bastion erstürmen. Zweimal werden die Reiter zurückgeschlagen, erst der dritte Angriff, den General Graf von Seydewitz selbst anführt, hat Erfolg; die Batterie wird genommen. Als von Seydewitz wieder bei Napoleon war, rief der Kaiser begeistert aus: „General, Sie haben mir ein schönes Schauspiel gegeben!" und ernannte ihn zum Offizier der Ehrenlegion.

Von allen Seiten rückten nun die Franzosen, Bayern und Württemberger gegen die sich hastig zurückziehenden Österreicher vor. Im später verfaßten Gefechtsbericht heißt es: „Bei dem ungestümen Nachdrängen des Gegners, der angesichts der bald einbrechenden Nacht seinen Vortheil mit Aufgebot der letzten Kraft auszunützen strebte, wurde die Lage der österreichischen Armee umso gefährlicher, als sie eben im entscheidenden Augenblicke der leitenden Hand ihres Feldherrn entbehrte. Erzherzog Carl hatte sich auf die Nachricht von dem ersten Mißerfolge eilends auf den linken Flügel begeben, um persönlich die Führung zu übernehmen. Doch kam er schon zu spät. In fast unheimlicher Schnelle hatte sich dort das Geschick der österreichischen Reiterei erfüllt; bevor der Generalissimus noch das Gefechtsfeld erreichte, riß ihn die wildfluthende Woge der Flüchtenden mit sich fort und, als wäre des Mißgeschicks noch nicht genug gewesen, stießen diese mit einem entgegenkommenden Artillerieparke zusammen, wodurch sich die Verwirrung über alles Maß steigerte. Erst vor Regensburg, als es bereits Nacht war, kam die wirre Masse zum Stehen und konnte sich der Generalissimus dieser lähmenden Umklammerung entwinden."

Resigniert berichtete Erzherzog Karl am 23. April seinem kaiserlichen Bruder nach Wien: „Die Truppen haben sich durch vier Tage sehr gut geschlagen, aber mein Verlust an Offizieren ist außerordentlich und gestern ging auch viel Geschütz verloren. In dieser Lage, wo die halbe Armee aufgelöst ist, bleibt mir nichts übrig, als mich mit dem Rest bei Regensburg über die Donau zu machen und nach Böhmen zu marschieren... Napoleon verstärkt sich täglich und ich werde viel Glück haben, wenn ich nach dem gestrigen Schlage die Armee noch mit Ehren über die Donau bringe."

Die Verluste der Schlacht von Eggmühl waren beträchtlich. Napoleon hatte 1200 Tote, darunter zwei Generäle, und 4000 Verwundete zu beklagen, die Österreicher über 1000 Tote, 5000 Mann gerieten in Gefangenschaft.

Der Name Eggmühl steht noch heute neben vielen anderen auf dem Arc de Triomphe in Paris, er steht aber auch auf mancher Regimentsfahne der Grande Armée und ihrer Nachfolgetruppen. Und noch eine Erinnerung an diese Schlacht gibt es: Bei Penmarche in der Bretagne steht ein Leuchtturm, „Le Phare d'Eggmühl", der am 18. Oktober 1897 eingeweiht wurde. Er ist das Vermächtnis der einzigen Tochter von Marschall Louis Nicolas Davoust, Herzog von Auerstedt und Fürst von Eggmühl, einem der fähigsten Feldherrn Napoleons, der in der Schlacht von Eggmühl ein Armeekorps mit überragender Umsicht geleitet und wesentlich zum Sieg Napoleons beigetragen hatte. Seine Tochter hatte in ihrem Testament 300.000 Franc zur Errichtung des Leuchtturms ausgesetzt. Ihrem Willen gemäß sollte dadurch „der edle Name ihres Vaters gesegnet und für die über das unselige Verhängnis der Kriege vergossenen Tränen gesühnt werden durch die aus dem Seesturm geretteten Leben".

Ein blutiges Pfingstfest
Aspern, 21. und 22. Mai 1809

D as Marchfeld – jene weite, fruchtbare Ebene im Nordosten Österreichs, im Osten von der March, im Süden von der Donau begrenzt, ist Kampfgebiet seit uralten Zeiten. Germanen und Slawen, Attilas Reiterscharen und Osmanen sind hier durchgezogen, Tschechen und Magyaren haben hier gekämpft, gesiegt und verloren. Dieses Gebiet war in der Tat des Reiches Ostmark, der starke Wall des Germanentums gegen das Slawentum. Doch die Schlacht, von der hier die Rede ist, richtete sich weder gegen die Hunnen noch gegen die Magyaren – sie richtete sich gegen ein Kulturvolk Europas, gegen die Franzosen.

Österreich hatte am 9. April 1809 Frankreich erneut den Krieg erklärt, um dem Eroberungszug Napoleons quer durch Europa Einhalt zu gebieten. Tirol war längst bayerisch geworden, da Bayern in Allianz mit den Franzosen stand. Sein Name wurde von der Landkarte getilgt; Tirol hieß nun „Bayerischer Innkreis". Aber Österreich wollte nicht französisch werden. Schon Ende Januar beschloß Erzherzog Johann mit dem Tiroler Schützenhauptmann Andreas Hofer die bevorstehende Volkserhe-

Die Erstürmung des Kirchhofs von Aspern durch das Regiment Benjowsky am 22. Mai 1809.

Erzherzog Karl, der Sieger von Aspern (Stich von Luigi Schiavonetti nach einem Gemälde von Martin Kellerhoven.)

bung gegen die französisch-bayerische Besatzung; am 9. April marschierten österreichische Truppen in Bayern ein. In Tirol kam es zu den ersten Gefechten. Sechs Tage später wurde im „Wiener Diarium" das „Österreichische Kriegsmanifest" zum Befreiungskampf gegen Napoleon veröffentlicht, aber niemand schien darauf zu hören. Preußen blieb neutral, auch Rußland hatte sich mit Frankreich arrangiert. Österreich war allein. Kaiser Napoleon konnte ungehindert in Wien einziehen und dort Quartier für sich und seine Armee nehmen.

1809 war Wien noch von zahlreichen kleinen Dörfern umgeben, die heute längst eingemeindet sind. Aspern, heute Teil des 22. Wiener Gemeindebezirkes, war ein solches Dorf. Zwar hat es zum Teil noch seinen ehemaligen Charakter bewahrt, aber es ist stark angewachsen, es ist auch mit der Bundeshauptstadt zusammengewachsen. Gute Verkehrswege führen aus dem Wiener Stadtzentrum hinauf nach Nordosten. Die typischen niederösterreichischen Häuser säumen die sauberen Straßen, viele Bäume beleben das idyllische Bild des kleinen Ortes. Wenn man heute zum Kirchplatz bummelt, kann man sich nicht vorstellen, daß

hier, genau hier, zu Pfingsten 1809, am 21. und 22. Mai, eine blutige Schlacht mit über 40.000 Toten und Verwundeten stattgefunden hat – die erste entscheidende Niederlage Napoleons, des bisher ungeschlagenen „Empereurs".

Nach dem Einmarsch des Korsen in Wien hatten sich die österreichischen Truppen unter ihrem Oberbefehlshaber Erzherzog Karl nach Nordosten und Osten zurückgezogen. Napoleon besetzte die in dieser Richtung liegenden Orte, vor allem Aspern. Hier setzte Erzherzog Karl am Pfingstsonntag seine Truppen erstmals ein: 84.000 Österreicher mit 288 Kanonen griffen 77.000 Franzosen mit nur 152 Kanonen um 16 Uhr an; bei Einbruch der Dunkelheit hatten die Österreicher Aspern erstürmt und konnten sich im Ort festsetzen. Napoleon warf seine besten Kavallerieeinheiten in die Schlacht, aber es gelang ihnen nicht, die Österreicher zu vertreiben. Unterdessen ließen letztere die Donaubrücken sprengen, so daß Napoleon keine Reserven aus Wien herbeiholen konnte.

In der Nacht wurde die Schlacht für mehrere Stunden unterbrochen. Beide Armeen ordneten sich neu, versorgten die Verwundeten und bargen die Toten, aber schon am Morgen des Pfingstmontags ging Erzherzog Karl erneut zum Angriff über. Hauptschwerpunkt der Schlacht war nun das nur wenige Kilometer entfernte Eßling, aus dem die Franzosen nach schweren Kämpfen vertrieben wurden. Sie zogen sich auf die befestigte Donauinsel Lobau zurück. Die Schlacht hatte sie rund 35.000 Mann gekostet, die Österreicher 23.000. Beide Armeen waren mit ihren Kräften am Ende.

Erzherzog Karl konnte seinen Sieg nicht ausschöpfen und die Franzosen aus Wien vertreiben; dennoch ging er als „Sieger von Aspern" in die Geschichte ein. Sein triumphales Reiterstandbild auf

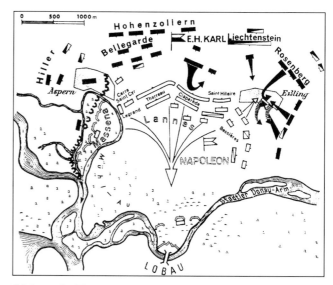

Rückzug der Franzosen am Nachmittag des 22. Mai, dem zweiten Tag der Schlacht.

Die berühmte Szene aus der Schlacht bei Aspern, als Erzherzog Karl die Fahne des 1. Bataillons des Infanterieregiments Freiherr von Zach Nr. 15 ergreift, um das wankende Bataillon zu sammeln und erneut gegen den Feind zu führen. (Fresko von Carl Blaas in der Ruhmeshalle des Heeresgeschichtlichen Museums in Wien.)

dem Heldenplatz in Wien steht ebenbürtig neben dem Denkmal des Prinzen Eugen. Es ist nur wenig von Bedeutung, daß Karl schon kurze Zeit später, in Deutsch-Wagram, die zweite Schlacht gegen Napoleon verlor: einmal Sieger, immer Sieger.

Mit diesen blutigen Pfingsttagen hatte Aspern sein Heldenzeitalter erlebt. Vor der Kirche steht ein gewaltiges Denkmal: ein weidwunder Löwe, der auf zerbrochenen napoleonischen Fahnen und Standarten ruht. Das Monument wurde von Anton Fernkorn geschaffen und 1859, fünfzig Jahre nach der Schlacht, feierlich enthüllt. Es erinnert lebhaft an den „Löwen von Luzern", ein Denkmal, das aus Anlaß des Untergangs der Schweizergarde nach der Erstürmung der Tuilerien geschaffen wurde.

Von der alten Friedhofsmauer, um die so schwer gekämpft wurde, steht heute nur mehr ein kleiner Rest. Neben dem Löwendenkmal sind Parkbänke aufgestellt. Hier sitzen junge Mütter mit ihren Kindern, plaudern und lachen und lassen nichts mehr von dem ahnen, was sich anno 1809 hier, an eben dieser Stelle, abgespielt hat, welches Drama hier abrollte, wieviel Leid, Schmerz und Trauer dieser Platz gesehen hat. Für die Kinder ist der Löwe eine sehenswerte Attraktion, die sie weder mit Krieg noch mit Tod in Verbindung bringen. Für sie ist der „Löwe von Aspern" ein Fabelwesen wie aus einem Märchen.

Seit 1859 steht der mächtige Marmorblock mit dem sterbenden „Löwen von Aspern", geschaffen von dem Bildhauer A. Fernkorn, vor der Kirchhofmauer des kleinen Ortes, wo 1809 Österreich gegen die Franzosen siegreich blieb.

Die Schlacht, durch die ein Land dreieinhalb Millionen Menschen verlor

Deutsch-Wagram, 5. und 6. Juli 1809

Nach der Niederlage Napoleons bei Aspern herrschte am Wiener Hofe Jubelstimmung. Österreich erwartete, daß sich der Korse nun verhandlungsbereit zeigen würde. Kaiser Franz I. hatte daher nach Aspern an die Tiroler geschrieben: „Nach bedeutenden Unglücksfällen, und nachdem der Feind selbst die Hauptstadt der Monarchie eingenommen hat, ist es Meiner Armee gelungen, die Französische Hauptarmee unter Napoleons eigener Anführung im Marchfelde am 21.

und wiederholt am 22. May zu schlagen, und nach einer großen Niederlage über die Donau zurückzuwerfen. Die Armee und die Völker Österreichs sind von höherem Enthusiasmus als je beseelt; alles berechtigt zu großen Erwartungen. Im Vertrauen auf Gott und Meine gerechte Sache, erkläre ich hiermit Meiner treuen Grafschaft Tyrol, mit Einschluß des Vorarlbergs, daß sie nie mehr von dem Körper des Österreichischen Kaiserstaates soll getrennt werden..."

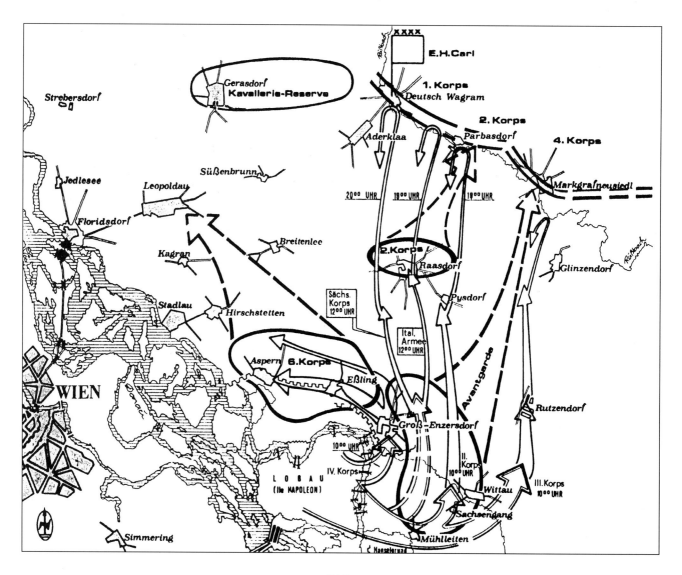

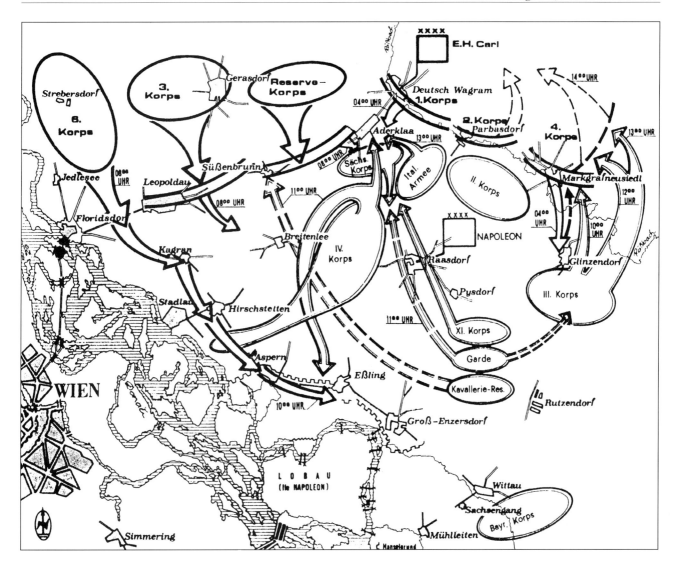

Der zweite Tag von Deutsch-Wagram: Napoleon, der sein Hauptquartier bei Raasdorf aufgeschlagen hatte, gelang es, die österreichischen Linien bei Deutsch-Wagram gegen 14 Uhr mit drei Korps zu durchbrechen, während sein IV. Korps bei Eßling die Entscheidung herbeiführte.

Kein Wunder, daß sich die Tiroler durch solche Worte veranlaßt sahen, nun ihrerseits alles zu tun, um die verhaßte bayerische Regierung zu verjagen. Die Bergisel-Kämpfe bewiesen, daß sie es konnten. Aber Napoleon fühlte sich noch immer stark genug, den Österreichern zu trotzen, ja ihnen sogar eine Entscheidungsschlacht anzubieten.

In der Nacht zum 5. Juli überschritt seine Armee mit 180.000 Mann und 554 Kanonen die Donau und stellte sich dem Heer Erzherzog Karls – 136.000 Mann und 480 Kanonen – bei Deutsch-Wagram nordöstlich von Aspern zum Kampf. Karl verständigte sofort Erzherzog Johann, der mit 12.000 Mann bei Preßburg (dem heutigen Bratislava, der Hauptstadt der Slowakei) stand. Aber es war nicht mehr möglich, diese Reserve rechtzeitig heranzu-

Linke Seite: Der erste Tag der Schlacht von Deutsch-Wagram: Napoleon zwang die Österreicher von der Lobau aus nach Norden und Nordwesten, doch kam sein Angriff zwischen Deutsch-Wagram und Markgrafneusiedl zum Stehen.

führen und in den Kampf zu werfen. Den ganzen Tag lang griff der Kaiser die Österreicher an, die jedoch verbissen standhielten. Aber am zweiten Tag, als der Druck der Franzosen und die österreichischen Verluste immer größer wurden, mußte Karl den Rückzug antreten; die Übermacht war zu groß.

Für die Niederlage ausschlaggebend war die Artillerie der napoleonischen Garde, die der Kaiser zusammen mit 8000 Mann des Korps von Marschall MacDonald in der kritischesten Phase in die Schlacht warf. Gleichzeitig umging Marschall Davoust den linken Flügel der Österreicher und machte dadurch ihre Stellung unhaltbar. Um 15 Uhr befanden sich Erzherzog Karls Truppen in vollem Rückzug, nachdem sie 20.000 Tote und Ver-

Gedächtnisfeier an die Schlacht von Wagram im 19. Jahrhundert.

wundete sowie 6700 Gefangene, darunter vier Generale, verloren hatten. Die französischen Verluste beliefen sich auf rund 24.000 Tote, Verwundete und Gefangene.

Am 11. Juli kam es bei Znaim zum letzten Gefecht des österreichisch-französischen Krieges; während es noch im Gang war, handelten Parlamentäre einen Waffenstillstand aus, der am gleichen Tag um 17 Uhr verkündet wurde. Erzherzog Karl schloß ihn gegen den Willen von Franz I., der hoffte, im Kampf gegen Napoleon mit ungarischer Hilfe letztlich doch noch siegreich zu bleiben. Am 19. Juli mußte aber auch der Kaiser dem Waffenstillstand zustimmen. Österreich war endgültig besiegt.

Drei Monate später, am 14. Oktober 1809, kam es zum Frieden von Schönbrunn. Zwei Tage darauf verließ Napoleon Wien, wo er 158 Tage lang im kaiserlichen Schloß Schönbrunn residiert hatte. Die Bedingungen des Friedens waren hart: in 18 Artikeln wurde das Kaiserreich Österreich zur Abtretung von mehr als 2000 Quadratmeilen Landes (das entspricht 110.000 km^2) mit 3,5 Millionen Einwohnern gezwungen. Ein Geheimartikel verlangte zudem eine Kriegsentschädigung in Höhe von 85 Millionen Franc sowie die Beschränkung der österreichischen Truppenstärke auf 150.000 Mann.

In Deutsch-Wagram ist diese historische Schlacht noch sehr lebendig. 1859 wurde eine Kapelle, 1909 ein Denkmal erbaut, 1959 ein Heimatmuseum eingerichtet, das von Funden, die auf dem Schlachtfeld im Lauf der Jahre gemacht wurden, geradezu überquillt. Dioramen wechseln ab mit den Porträts aller wichtigen Persönlichkeiten auf beiden Seiten, mit Fahnen, Büsten, Uniformstücken, alten Briefen und napoleonischen Briefmarken (es gibt auch eine französische Wagram-Briefmarke); ja es ist sogar ein Totenschädel mit

Anläßlich des 150-Jahr-Gedenkens an die Schlacht widmete das Bundesministerium für Landesverteidigung Deutsch-Wagram diese Gedenktafel.

Zwischen Deutsch-Wagram und Aspern, bei Raasdorf, befand sich Napoleons Feldherrnhügel, den heute ein Gedenkstein ziert.

Privatinitiative geschichtsbewußter Bewohner dieses Hauses schuf dieses Sgraffito.

Hundert Jahre nach der Schlacht bei Deutsch-Wagram, am 1. Juli 1909, wurde dieses Denkmal „Den Helden der Schlacht zum ewigen Gedächtnis" errichtet.

Kopfschuß zu sehen. Auch der Degen von Maximilian von Wimpffen, dem österreichischen Feldmarschall, kann bewundert werden, in dessen Klinge die französischen Worte eingraviert sind: „Zieh mich nicht unüberlegt und bring mich nicht ohne Ehre zurück!"

Wie auf vielen Schlachtfeldern gibt es auch hier, zwischen Wagram und Aspern, einen Feldherrnhügel. Unmittelbar neben der Straße am Waldesrand steht ein Dreikantstein mit einer Kanonenkugel obendrauf. In französischer und deutscher Sprache sind auf dem Stein die Worte zu lesen: „Hier stand am 6. Juli 1809 das Hauptquartier von Kaiser Napoleon".

Man steht an dieser Stelle und blickt in das weite Land; man sieht die gelben Rapsstreifen und grünen Wiesen, die dunkelgrünen Baumgruppen und die asphaltierte Straße, auf der nur ab und zu ein Wagen fährt. Die meiste Zeit ist es lautlos still.

Nicht vorzustellen, daß einmal – vor 185 Jahren – auf diesen weiten Fluren zwei Tage lang ein mörderischer Kampf getobt hat, mit zehntausenden Toten und Verwundeten, mit brennenden Dörfern, darüber der Qualm des Feuers und des Pulverdampfes. Und hier, inmitten dieser Stille, stand Napoleon selbst, der große Dirigent der Schlachten, von hier aus schickte er seine Soldaten in den Tod – und in den Sieg.

Hier spürt man, was es bedeutet, Frieden zu haben...

„Nur nit auferlassen!"
Bergisel, Frühjahr, Sommer und Herbst 1809

Blickt man vom Innsbrucker Olympia-Eisstadion nach Süden, so hat man die gesamte Szenerie der Bergiselschlachten von 1809 vor Augen, als sich die Tiroler gegen die bayerischen, sächsischen und französischen Truppen Napoleons erhoben und sie in drei blutigen Gefechten aus dem Land jagten. Diese Szenerie fängt bereits weit im Osten an, wo der damals so heiß umkämpfte Paschberg beginnt; heute ist er von der 1000 Meter langen Stelzenbrücke der Brenner-Autobahn durchzogen, welche hier ihren Anfang nimmt. Die Mitte des Szenariums bildet die Sillschlucht, neben der der Bergisel, Tirols „Heldenberg", aufragt. Man steigt nur knapp eine Viertelstunde durch den Mischwald hinauf, wo seit Ende des letzten Jahrhunderts die mächtige Bronzestatue Andreas Hofers steht, auf hohem, mit Adlern, Fahnen, Waffen und dem ehernen „Für Gott, Kaiser und Vaterland" geschmückten Sockel. Nur wenige Meter entfernt befindet sich das Kaiserjägermuseum mit vielen historischen Gemälden, Waffen und Uniformen aus allen Kriegen, in denen die Tiroler Kaiserjäger mitgefochten haben – bis herauf zum Ersten Weltkrieg.

Nur wenige Gebäude, die dieses dichtbesiedelte Innsbrucker Stadtrandgebiet beiderseits des Sillflusses prägen, gab es bereits damals auf dem Boden des „Grenzgebietes" zwischen den Stadtteilen Wilten und Pradl. Freilich stand schon das altehrwürdige Stift Wilten, die 1765 erbaute Wiltener Basilika, auch das „Leuthaus", in dem sich heute das Tiroler Kaiserschützenmuseum befindet, und die bereits von Maria Theresia erbaute Triumphpforte. Aber sonst befanden sich hier nur Wiesen, Äcker und Felder und einige wenige Bauern- und Gasthäuser. Die Orte Wilten und Pradl waren noch selbständige Gemeinden; Innsbruck hatte damals nur knapp 5000 Einwohner; heute sind es rund 120.000.

Die Tiroler Landeshauptstadt zählte schon früh zu den wichtigsten Verkehrsknotenpunkten in diesem Teil der Alpen, 1809 ebenso wie heute, da den Bergisel sieben Tunnelröhren durchbohren: zwei der Südumfahrung Innsbrucks, zwei der Autobahn Kufstein – Brenner, zwei der Autobahn Brenner – Arlberg sowie eine Röhre der Eisenbahn Innsbruck – Brenner. Es gab manche Tiroler, die sich dagegen wehrten, daß man ihren Heldenberg „wie einen Schweizer Käse durchlöcherte".

Kein Wunder also, daß Napoleon in seinem Expansionsstreben, das ihn durch Norditalien, Mittel- und Süddeutschland nach Osten führte, dieses Paßland durchqueren mußte, um seine Süd- und Nordarmee vereinen zu können. Doch er hatte die Rechnung ohne den Wirt gemacht. Und dieser Wirt war Andreas Hofer, der Sandwirt vom Passeiertal.

Für den Touristen, der heute nach Innsbruck kommt, sind die Schlachten am Bergisel immer noch lebendig: Keine Stadtführung ohne „Heldenberg", man fährt durch die Andreas Hofer-Straße,

Andreas Hofer, der Anführer der Tiroler Schützen im Kampf gegen die französischen und bayerischen Armeen in Tirols „Heldenjahr 1809". (Italienische Darstellung.)

„Schlacht am Bergisel 1809". Im Hintergrund Innsbruck vor der Kulisse der Nordkette, in der Bildmitte die zweitürmige Basilika von Wilten, daneben das „Leuthaus", in dem heute das Tiroler Kaiserschützenmuseum untergebracht ist, ganz rechts das Prämonstratenserstift Wilten. (Gemälde von L. Altmann in Privatbesitz.)

es gibt eine Speckbacher- und eine Haspinger-straße – benannt nach Hofers treuesten Mitstreitern. Ein Besuch im „Riesenrundgemälde" ist Pflicht, denn hier wird die ganze Dramatik dieser Kämpfe auf 1000 Quadratmetern Leinwand in leuchtenden Farben festgehalten. 1909, 1959 und 1984 gab es Gedenkfeiern mit Massenaufmärschen der Tiroler Schützen und Musikanten – 1984 waren es mehr als 35.000, die in fünfstündigem Marsch durch Innsbruck zogen –, um die Hundert-, Hundertfünfzig- und Hundertfünfundsiebzig-Jahr-Erinnerung an 1809 lebendig zu halten. So gesehen, versteht es sich wohl von selbst, daß die offizielle Tiroler Landeshymne das „Andreas Hofer-Lied" ist.

Als 1945 die nicht existente „Alpenfestung" fiel, waren es Amerikaner, die Tirol besetzten. Aber schon zwei Monate später lösten die Franzosen die GIs ab; es war, als wollte die Grande Nation endlich wieder in einem Land Fuß fassen, aus dem sie 1809 so schimpflich hinausgejagt worden war. Zur Ehrenrettung der Franzosen muß jedoch gesagt werden, daß sich ihr ranghöchster General Bethouart von allem Anfang an mit den Tirolern bestens verstand. Kurze Zeit nach Kriegsschluß erlaubte er ihnen sogar wieder ihre Schützengewehre! Die Überreichung eines Ehrensäbels war der Dank der Tiroler Schützen für diese noble Ge-

ste. Und als der greise General das Zeitliche segnete, war es Ehrensache für die Tiroler, daß sie eine Schützenabordnung zu seiner Beerdigung entsandten. Tempora mutantur...

Von solchen Gunst- und Freundschaftsbeweisen konnten die Tiroler 1809 nicht einmal träumen. Für sie, die sie schon 1703 und 1797 gezwungen gewesen waren, ihr Land gegen feindliche Eindringlinge zu verteidigen, war es nicht verständlich, daß sie durch die Politik plötzlich aus dem „Haus Österreich" vertrieben und dem Königreich Bayern angegliedert werden sollten. Vielleicht wäre alles nicht so schlimm gekommen, hätten die Bayern den Tirolern ihr Brauchtum und ihre Religion gelassen; so aber wüteten sie wie die Elefanten im Porzellanladen: sie verboten Glockenläuten und Christmette, führten rigorose Steuern ein und zwangen die freiheitsliebenden Tiroler Burschen sogar in die bayerische Armee. Dabei galt in Tirol seit Maximilian I., genau seit 1511, das sogenannte „Landlibell", das die Tiroler Schützen ausdrücklich vom Wehrdienst außerhalb der Landesgrenzen freistellte und sie nur zur Verteidigung ihrer Heimat zu den Waffen rief.

All dies ließ die Tiroler begeistert zu den Waffen greifen, als Österreich im April 1809 erneut Krieg mit Frankreich begann. In mehreren kühnen Handstreichen im heutigen Südtirol, bei Franzensfeste und Sterzing, vor allem aber am 12. April am Bergisel in Innsbruck, überwältigten die Tiroler Landstürmer die französisch-bayerischen Garnisonen; ja sie blieben sogar im Kampf gegen ein von Süden über den Brenner nachrückendes französisches Armeekorps unter General Bisson siegreich und machten 6000 Gefangene. Als wenig später österreichische Truppen nach Tirol kamen, zogen sie in ein von den Feinden bereits restlos gesäubertes Land ein. Die ganze Welt horchte auf: sieggewohnte, eisern disziplinierte Heeresstreitkräfte vom Format der Grande Armée wurden von „wilden Bauernhaufen" besiegt und in die Flucht geschlagen.

Der Kampf am Bergisel am 13. August 1809, der mit einem Sieg der Tiroler endete. Zum drittenmal innerhalb eines halben Jahres konnte die bayerisch-französische Armee aus dem Land geworfen werden.

Aber so rasch gab sich der kleine Korse nicht geschlagen. Wutentbrannt entsandte er neue Truppen gegen die „Insurgenten in den Bergen". Am 11. Mai überschritten starke Verbände trotz heftiger tirolerischer Gegenwehr den Paß Strub zwischen Salzburg und Tirol und marschierten mit zwei Divisionen in Innsbruck ein. Auf dem Weg durch das Unterinntal verübten sie entsetzliche Greuel: Schwaz ging in Flammen auf, 366 Wohnhäuser wurden ein Raub der Flammen.

Wieder griffen die Tiroler zu den Waffen. Unter Führung von Andreas Hofer, Josef Speckbacher und dem Kapuzinerpater Joachim Haspinger stellten sie sich am 25. Mai am Bergisel den Franzosen und Bayern zur Schlacht. Sie dauerte vier Tage. Dann mußten die Feinde abermals geschlagen das Land verlassen. Tirol war zum zweitenmal frei.

Der Triumph währte nicht lange. Nachdem die österreichischen Truppen in offener, zwei Tage währender Feldschlacht unter Erzherzog Karl die Franzosen bei Aspern besiegt hatten, mußten sie am 5. und 6. Juli bei Wagram eine schwere Niederlage hinnehmen, die Kaiser Franz zum Frieden zwang. Damit aber war Tirol von jeder österreichischen Hilfe abgeschnitten. Für Napoleon gab es

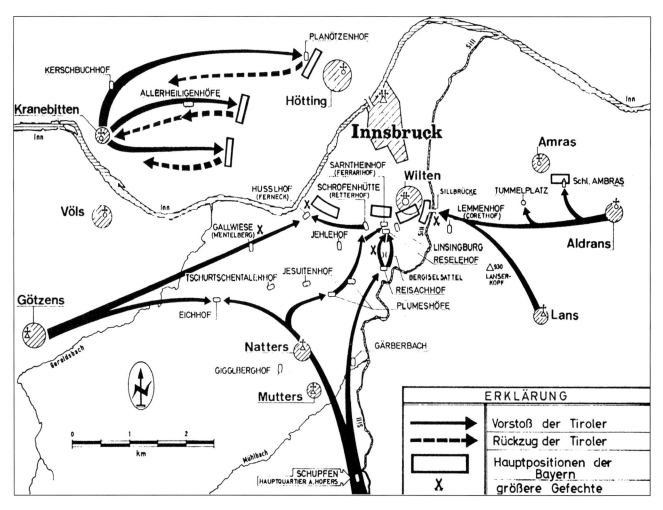

nun nur eines: das Land im Gebirge mit aller Gewalt zu besiegen, um endlich, im Rücken unbehindert, manövrieren zu können. Er warf 50.000 Franzosen, Bayern und Sachsen nach Tirol; Oberbefehlshaber war der berüchtigte Marschall Lefebvre. Am 30. Juli zogen die napoleonischen Truppen kampflos in Innsbruck ein, in eine Stadt, die ihnen bereits zweimal zum Schicksal geworden war. Aber die Ruhe trog.

In aller Heimlichkeit wurden die einzelnen Schützen- und Landsturmaufgebote versammelt und strategisch postiert. Drei Einzelschlachten, sämtliche für die Tiroler siegreich, bereiteten den großen Entscheidungskampf am Bergisel Mitte August 1809 vor: an der Lienzer Klause in Osttirol, bei Pontlatz unweit von Landeck und in der Eisackschlucht bei Sterzing, die heute noch „Sachsenklemme" heißt, weil dort die sächsischen Truppen zur Gänze aufgerieben oder gefangengenommen worden waren.

Nun marschierten die Tiroler von allen Seiten auf Innsbruck zu, wo sich Marschall Lefebvre mit dem Hauptkontingent seiner Armee festgesetzt hatte. Vom Westen kam der Oberinntaler Landsturm, vom Unterland rückten die Schützen aus allen Tälern und Dörfern vor, aus Süden kam Andreas Hofer selbst mit seinen Südtirolern. Im kleinen Ort Schönberg, heute ein beliebtes Feriendorf unmittelbar am Rand der Brennerautobahn, hielt der Sandwirt mit seinen Mitstreitern „Bauernkriegsrat". Der 13. August wurde als Tag der großen Befreiungsschlacht festgesetzt. Speckbacher erhielt den Auftrag, den rechten Flügel östlich des Sillflusses über den Paschberg zu führen; im Zentrum sollten Pater Haspinger und Peter Mayr (der nach dem Krieg mit vielen anderen standrechtlich erschossen wurde) mit ihren Kompanien stehen; den linken Flügel in Richtung Oberinntal befehligte der Schützenkommandant Georg Bucher aus Axams, nach dem die dortige Kompanie noch heute benannt ist. Hofer selbst quartierte sich mit seinem Stab im alten Gasthof „Schupfen" an der Brennerstraße ein.

Wo heute die grauen Bänder der Autobahnen die waldigen Hügel durchschneiden, lagen an jenem 13. August – einem Sonntag – an die 15.000 Tiroler zum Kampf bereit. Sie hatten keine Artillerie und auch keine Reiterei, aber dafür ausgezeichnete Scharfschützen sowie Männer, die mit dem Gewehrkolben umzugehen verstanden: rauflustige Burschen, die sich selbst gerne „Robler" nannten. Sie brannten geradezu darauf, sich mit dem Feind im Nahkampf zu messen.

Lefebvres Armee bestand aus 10.600 Mann sächsisch-bayerischer Infanterie, 1400 Reitern sowie 43 Kanonen. Bei Hall, östlich von Innsbruck, standen 1400 Tirolern 4200 Feinde gegenüber. Die gesamte „Frontlinie" betrug rund zehn Kilometer. Das fran-

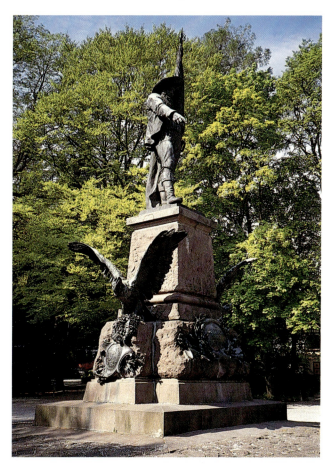

Auf dem Bergisel, dem Tiroler „Heldenberg", erhebt sich das monumentale Standbild Andreas Hofers von Heinrich Natter.

zösisch-bayerische Zentrum lag in der Ebene von Wilten mit seinem alten Prämonstratenserstift und der 1765 erbauten Basilika, neben der heute die Eisenbahn nach Westen und Süden fährt.

Die Schlacht begann am frühen Morgen, nachdem Pater Haspinger in Mutters, einem kleinen Dorf unweit des Bergisels, eine Messe gelesen und seinen Schützen nach dem Vorrücken die Generalabsolution erteilt hatte. Andreas Hofer feierte die sonntägliche Messe in der Kirche von Schönberg mit, dann ging er zu seinen Truppen und schickte sie mit folgenden Worten in die Schlacht: „Seid's beinand, Tiroler? Nachher gehn wir's an! Die Mess' habt's g'hört, euren Schnaps habt's trunken, also auf in Gott's Namen!" Und als letzte Mahnung gab er ihnen mit auf den Weg: „Nur nit auferlassen tut's sie!" („Laßt sie – die Feinde – nur nicht den Hügel herauf!")

Zwischen fünf und sechs Uhr früh begannen zwischen den Tirolern und den feindlichen Vorposten die ersten Geplänkel, gegen acht Uhr war die Schlacht voll entbrannt. Welle auf Welle der bayerischen Infanterie stürmte gegen die Höhen, aber das Scharfschützenfeuer der Tiroler zwang sie immer wieder unter schweren Verlusten zurück. Frauen aus den umliegenden Dörfern brachten den Verteidigern Essen, Wasser und Wein, versorgten die Verwundeten und brachten die Schwerverletzten zurück in Sicherheit.

Um 14 Uhr befahl Lefebvre den Entscheidungsangriff. Obwohl seine Truppen mit größter Verbissenheit und unvorstellbarem Mut die Höhen stürmten, warf sie das Feuer der Tiroler, oft in erbitterten Nahkämpfen, immer wieder in die Ebene zurück. Nun setzte Lefebvre verstärkt seine Artillerie ein; zahlreiche Gehöfte gingen in Flammen auf, die Kanonade zwang die Tiroler, ihre Front zurückzunehmen. Am späteren Nachmittag, als Lefebvre bereits seine Reserven einsetzte, mußte Andreas Hofer Verstärkung anfordern. Er sandte Boten mit „Laufzetteln" aus, auf denen stand: „Der Vorzeiger erhält hiemit den schärfsten Auftrag, alle Landesverteidiger, welche sich im Stubai und den umliegenden Orten befinden, eiligst nach dem Bergisel zu befördern, um den dort im Feuer stehenden Brüdern Hilfe zu leisten, und denke auch nicht, daß einer unter ihnen sein sollte, der nicht augenblicklich Hilfe leistet, indem wir es nur wegen Gott und dem Glauben tun!"

Sie kamen alle – und brachten neuen Mut und neue Kraft. Die Schlacht zog sich bis in die Abendstunden hin, Häuser und Wälder brannten, Rauch zog über die Stadt und die Hügel. Beide Teile hatten über 1000 Mann an Toten und Tausende von Verwundeten. Aber noch immer wichen die Tiroler nicht. Da gab Lefebvre auf. Er sammelte seine Truppen und rückte ab. Innerhalb weniger Tage befand sich kein einziger feindlicher Soldat mehr auf Tiroler Boden. Andreas Hofer zog als „Bauernregent" in die Innsbrucker Hofburg ein.

Marschall Lefebvre beschönigte seine Niederlage am Bergisel wenig später in einem Bericht an den bayerischen König mit folgenden Worten: „Nachdem der Feind meine rückwärtigen Stellungen hatte unterbrechen lassen, griff er mich am 13. bei Innsbruck an. Ich behauptete meine Stellung, aber der Kampf, welcher übrigens wenig Bedeutung hatte(!), kostete eine Menge Offiziere und beeinflußte die Moral der Armee. Die sich verbreitenden Gerüchte, daß der Feind unsere rückwärtigen Verbindungen besetzt hätte, verursachten einen so starken Einfluß auf die Armee, daß ich nicht Gefahr laufen wollte, sie gänzlich zu verlieren, was mir wohl begegnet wäre, wenn ich von neuem angegriffen hätte. Diese Erwägung hat mich, ebenso wie die Schwierigkeit, Lebensmittel zu beschaffen, bestimmt, eine rückgängige Bewegung zu machen!" – Diplomatie einer Niederlage!

Die weitere Geschichte der Tiroler Erhebung von 1809 ist bekannt. Am 14. Oktober mußte der Friede von Schönbrunn geschlossen werden; nach den schweren Niederlagen gegen Napoleon hatte Kaiser Franz keine andere Möglichkeit, das Reich

Der französische Marschall Lefebvre mußte sich trotz numerischer und waffentechnischer Überlegenheit seiner Truppen den verbissen kämpfenden Tirolern am Bergisel geschlagen geben. (Stich von G. Fiesinger nach einem Gemälde von Mengelberg.)

zu erhalten. Tirol blieb sich – wieder einmal – selbst überlassen. Als Frankreich erneut seine Truppen nach Tirol sandte, trafen die 50.000 Mann auf ein ausgeblutetes Volk in einem verwüsteten Land. Und dennoch rafften sich die Tiroler noch einmal auf, um das Unmögliche zu wagen. Sie zweifelten am Wiener Frieden; sie konnten es nicht glauben, daß „der gute Kaiser Franz" sie im Stich lassen würde. Wieder sammelte Andreas Hofer 10.000 Mann um sich, zur vierten Bergiselschlacht. Doch diesmal war der übermächtige Feind nicht zu schlagen: der Allerheiligentag 1809 ging als blutiger Tag des heroischen Unterganges in die Geschichte Tirols ein.

Napoleons Rache war fürchterlich: Allenthalben traten die Erschießungspelotons zusammen, Dutzende Tiroler Anführer wurden exekutiert, auf die Flüchtigen, vor allem auf Andreas Hofer, wurde Jagd gemacht. Sein Ende ist bekannt: Durch Verrat gefangengenommen, wurde er in einem Scheinprozeß zum Tode verurteilt und auf persönliche Weisung Napoleons am 20. Februar 1810 auf den Festungswällen von Mantua erschossen.

In seinem letzten Brief steht geschrieben: „Ade, du schnöde Welt, so leicht kommt mir das Sterben vor, daß mir nicht einmal die Augen naß werden. Geschrieben um 5 Uhr in der Früh, und um 9 Uhr reis ich mit Hilf aller Heiligen zu Gott…"

Die erste „Völkerschlacht"
Leipzig, 16. bis 19. Oktober 1813

Gigantisch! Gigantisch ist alles, was mit der Völkerschlacht von Leipzig im Jahre 1813 zusammenhängt.

Die Zahl der Kombattanten: Napoleons Armee zählte 191.000 Soldaten (Franzosen, Belgier, Holländer, Italiener, Polen, Badenser, Hessen, Württemberger und Sachsen) mit 690 Geschützen; auf der Seite der Alliierten 127.000 Russen – darunter Kosaken, Kalmücken und Baschkiren, die zum Teil nur mit Pfeil und Bogen bewaffnet waren –, 89.000 Österreicher – unter ihnen die mit Österreich liierten Ungarn, Tschechen und Kroaten –, 72.000 Preußen sowie 18.000 Schweden, insgesamt 306.000 Mann mit 918 Geschützen; nach heutigen Ländergrenzen Angehörige von 13 Nationen!

Gigantisch aber auch die Zahl der Toten, Verwundeten und Gefangenen: Die Preußen verloren im Verlauf der viertägigen Schlacht 16.000 Mann, die russischen Verluste beliefen sich auf 22.000 Tote und Verwundete, jene der Österreicher auf nahezu 12.000. Im Vergleich zu den etwa 52.000 Mann an Gesamtverlusten der Verbündeten verlor

Napoleon rund 73.000 Mann und an die 35.000 Gefangene. Roger Parkinson hat es in seinem Buch über Marschall Blücher ausgerechnet: „Alles in allem wurden Tag und Nacht jede Stunde im Durchschnitt etwa 1500 Mann getötet oder verwundet, seit die Schlacht am Morgen des Samstags, dem 16. Oktober, begann."

Gigantisch schließlich auch das Denkmal, das man 85 Jahre später begann und das pünktlich nach 15jähriger Bauzeit zur Hundert-Jahr-Gedenkfeier 1913 fertiggestellt war: 91 Meter hoch; 120.000 Kubikmeter Stampf- und Eisenbeton; 26.500 Granitporphyrblöcke, 1200 bis 18.000 Kilogramm schwer; ein künstlicher Hügel von 30 Meter Höhe, der das Mammutwerk trägt; ein zwölf Meter hoher Erzengel Michael an der Vorderseite des Unterbaus; ein 60 Meter breites Steinrelief mit Darstellungen der Schlacht; die Ruhmeshalle mit einer lichten Höhe von 68 Metern; in der Kuppel elf übereinanderliegende Reihen mit 324 beinah lebensgroßen marmornen Reitern; im Innern die vier riesigen Symbolgestalten „Tapferkeit", „Selbstvertrauen", „Opferbereitschaft" und „Volkskraft", jede 9,35 Meter hoch und 200 Tonnen schwer. Die Schulterbreite dieser Kolosse beträgt 4 Meter; ein Finger ist 1,10 Meter lang; die Säuglinge, die eine dieser Figuren, die „Volkskraft", trägt, sind 4,70 Meter groß...

Schon 1814, ein Jahr nach der Völkerschlacht, hatte Ernst Moritz Arndt („Der Gott, der Eisen wachsen ließ") die Idee zu einem derartigen Ruhmestempel gefaßt. Clemens Thieme, mit Arndt geistesverwandt, nahm sie auf und gründete den „Deutschen Patriotenbund". Es gelang ihm, durch Pfennigsammlungen, Einzelspenden und Denkmalslotterien 6 Millionen Mark zusammenzubringen und damit den gigantischen Bau nach Entwürfen von Bruno Schmitz in 15jähriger Arbeit zu erstellen. Er sollte „ein Dankeszeichen" sein „für den allmächtigen Gott, der mit uns war, ein Ehrenmal für die gefallenen Helden, ein Sinnbild des kettensprengenden, zum Lichte drängenden deutschen Gedankens, ein Ruhmestempel der deutschen Art".

Später einmal sollte die Sache freilich anders angesehen werden. In einem Leipziger Führer des Jahres 1975 heißt es: „Der Einweihung des Völkerschlachtdenkmals, die am Vorabend des ersten im-

Feldmarschall Karl Fürst zu Schwarzenberg, Oberbefehlshaber der vereinigten Armeen in der Völkerschlacht von Leipzig.

Die k.k. Kürassier-Division des Generales Graf Nostitz greift sächsische und französische Kavallerie an und wirft sie zurück.

perialistischen Weltkrieges gefeiert wurde, mußten die linken Sozialdemokraten als die damals fortschrittlichsten Kräfte des Proletariats reserviert oder gar ablehnend gegenüberstehen, erkannten sie doch in aller Deutlichkeit, daß die Erinnerung an 1813 zum Chauvinismus mißbraucht wurde." Das klingt genauso, als wären die späteren „Ostdeutschen" damals, 1913 und 1914, keine Deutschen gewesen...

Aber das Völkerschlachtdenkmal ist nicht die einzige Erinnerung in Leipzig, die noch heute an 1813 gemahnt. Da kann man im Alten Rathaus, in dem das Stadtgeschichtliche Museum Räume gefunden hat, ein großes Diorama der Schlacht bewundern. Etwas südöstlich des Völkerschlachtdenkmals liegt der Stadtteil (das frühere Dorf) Probstheida, dessen Kirche, während der Schlacht zerstört, 1818 wiederaufgebaut und 1966 restauriert wurde. In allernächster Nähe befindet sich der „Monarchenhügel", von dem aus die Herrscher der verbündeten Armeen – Franz I. von Österreich,

Alexander I. von Rußland und Friedrich Wilhelm III. von Preußen – die Schlacht beobachtet haben. Etwas nördlich des Denkmals erhebt sich die russische Gedächtniskirche, die 1912/13 zu Ehren der im Jahre 1813 gefallenen russischen Soldaten nach dem Vorbild der Nowgoroder Kirchen erbaut wurde. Hier sind auch noch alte Kosakenfahnen sowie eine prächtige Ikonostase zu bewundern.

Doch zurück zum Anfang. Aus welchem Grund war die Schlacht von Leipzig so bedeutend, daß man ein derartiges Monstermonument errichten mußte, einen „Ruhmestempel" für den „zum Lichte drängenden deutschen Gedanken" – was immer das auch sein mag?

Karl Philipp Fürst zu Schwarzenberg, der österreichische Oberkommandierende der vor Leipzig angetretenen alliierten Befreiungsarmee, drückte es in seinem Aufruf an die Truppen am Vorabend der Völkerschlacht mit folgenden Worten aus:

Rechte Seite: 91 Meter hoch ragt das Völkerschlachtdenkmal empor – weithin sichtbares Symbol jenes Nationalismus, wie er im 19. Jahrhundert zunehmend die Völker erfüllte und etwa auch im Arc de Triomphe zu Paris Ausdruck gefunden hat.

Napoleon Bonaparte, Kaiser der Franzosen, begab sich während der Völkerschlacht von Leipzig oft selbst ins Kampfgetümmel. (Gemälde von Pallerie.)

gleichen Jahr erklärte Preußen Napoleon den Krieg; es kam zur berühmten Doppelschlacht von Jena und Auerstedt, die mit einer schweren Niederlage der Preußen endete. Von Berlin aus verfügte Napoleon die Kontinentalsperre gegen England, durch die die Einfuhr britischer Waren verhindert wurde. Der Kaiser schloß ein Bündnis mit dem Kurfürsten von Sachsen, der – als König – dem im Frühjahr 1806 gegründeten Rheinbund beitrat. Damals waren 16 süddeutsche Fürsten aus dem Reich ausgetreten und hatten unter dem Protektorat Napoleons diesen Bund geschaffen; bis 1811 schlossen sich ihm zwanzig weitere deutsche Territorien an.

Am 14. Juni 1807 siegte Napoleon in der Schlacht von Friedland über die Russen und besetzte Königsberg. Drei Wochen später kam es zum Frieden von Tilsit; Rußland trat der Kontinentalsperre bei, und Preußen mußte seine Besitzungen westlich der Elbe an das neugeschaffene Herzogtum Warschau unter dem König von Sachsen abtreten. 1809 begann Österreich, das 1805 nach der verlustreichen Drei-Kaiser-Schlacht von Austerlitz große Gebietseinbußen hatte hinnehmen müssen, Krieg gegen Frankreich. Napoleon wurde in der Schlacht von Aspern im Mai 1809 von Erzherzog Karl geschlagen, siegte aber seinerseits bereits kurze Zeit später bei Deutsch-Wagram. Es kam zum Frieden von

„Die wichtigste Episode des heiligen Kampfes ist erschienen, die entscheidende Stunde schlägt; bereitet Euch zum Streite! Das Band, das mächtige Nationen zu einem Zwecke vereint, wird auf dem Schlachtfelde fester und enger geknüpft. Russen, Preußen und Österreicher! Ihr kämpft für eine Sache, kämpft für die Freiheit Europas, für die Unabhängigkeit Eurer Sache, für die Unsterblichkeit Eurer Namen. Alle für Einen! Jeder für Alle! Mit diesem erhabenen, mit diesem männlichen Rufe eröffnet den heiligen Kampf! Bleibt ihm treu in der entscheidenden Stunde, und der Sieg ist Euer!"

Es ging also – kurz gesagt – um Europa. Aber hatte Napoleon nicht erst den grauenvollen russischen Feldzug hinter sich gebracht, mit der größten Schlappe, die ein Kaiser je erlitt? Hatte er nicht Hunderttausende seiner Soldaten verloren? Waren die Reste der Grande Armée nicht völlig zerlumpt, halb verhungert, halb erfroren aus den unendlichen Weiten Rußlands zurückgekehrt? Und nun, ein knappes halbes Jahr später, stand er abermals im Herzen Europas und bedrohte den Kontinent?

Blenden wir einige Jahre zurück. 1806 hatte Kaiser Franz II. – seit 1804 als Franz I. Kaiser von Österreich –, um eine Usurpation durch Napoleon zu verhindern, die römisch-deutsche Kaiserwürde niedergelegt und damit das Ende des Heiligen Römischen Reiches Deutscher Nation besiegelt. Im

Marschall Poniatowski, der bei der Sprengung der Elsterbrücke in Leipzig ums Leben kam. (Pastell von J. H. Schmidt.)

Wien, und die politische Entwicklung fand ihren Höhepunkt in der Hochzeit Napoleons mit Marie Luise, der Tochter des österreichischen Kaisers.

1811 befand sich Napoleon im Zenit seiner Macht; Marie Luise gebar ihm einen Sohn, der den Titel eines „Königs von Rom" erhielt und 1832 als „Herzog von Reichstadt" starb. Ein Jahr später durchbrach Rußland die Kontinentalsperre gegen England, und Napoleon rüstete zu seiner so fatal ausgehenden Expedition gegen Moskau. Bereits im Dezember 1812 – als sich die schwer geschlagene „Grande Armée" auf dem Rückweg befand – schloß der preußische General Yorck bei Tauroggen einen Neutralitätsvertrag mit dem russischen General Diebitsch. Allmählich begann sich etwas herauszukristallisieren, das unter dem Begriff „Deutsche Befreiungskriege" in die Geschichte eingehen sollte. Am 28. Februar 1813 schlossen Preußen und Rußland das Bündnis von Kalisch, am 17. März erließ König Friedrich Wilhelm III. in Breslau den Aufruf „An Mein Volk", durch den er alle Preußen aufrütteln wollte und sie geradezu anflehte, in dem nun beginnenden Freiheitskampf eine Aufgabe aller und nicht nur eine Angelegenheit der Regierung zu sehen. Und Theodor Körner, der im Jahre 1813 bei Gadebusch fiel, sang im Stil seiner Zeit:

> „Das Volk steht auf, der Sturm bricht los!
> Wer legt noch die Hände feig in den Schoß?
> Pfui über dich Buben hinter dem Ofen,
> Unter den Schranzen und unter den Zofen!
> Bist doch ein ehrlos erbärmlicher Wicht;
> Ein deutsches Mädchen küßt dich nicht,
> Ein deutsches Lied erfreut dich nicht,
> Und deutscher Wein erquickt dich nicht.
> Stoßt mit an,
> Mann für Mann,
> Wer den Flamberg schwingen kann!"

Der gewaltigen Völkerschlacht gingen zahlreiche kleinere, aber ebenso blutige Kämpfe und Scharmützel voraus: in Lützen und Großgörschen am 2. Mai 1813, bei Bautzen am 20. Mai, an der Katzbach am 26. August, bei Dennewitz am 6. September, kurze Zeit später bei Hagelbach. Marschall St. Cyr schrieb nach diesen Schlachten: „Furcht kroch in Napoleons Herz." Innerhalb weniger Wochen hatten seine Generale und Marschälle vier Schlachten verloren, 70.000 Franzosen waren gefallen, verwundet oder gefangengenommen, 298 Geschütze waren verlorengegangen. Doch das Schlimmste stand dem Kaiser noch bevor – Leipzig!

Die Alliierten begannen von Osten her, einen Halbkreis um die Stadt zu ziehen. Ihr Ziel war es, Napoleon einzuschließen, indem sie den Halbkreis unaufhaltsam zum Kreis vollendeten. Erste Ge-

Gebhard Leberecht von Blücher, der berühmte „Marschall Vorwärts". (Punktierstich von Fr. Wilh. Bollinger nach einem Gemälde von Frank d. J.)

fechte bei den südöstlich von Leipzig liegenden Dörfern Liebertwolkwitz und Wachau kündigten ihr Vorhaben an, und „Napoleon war sich der Gefahr wohlbewußt".

Die eigentliche Völkerschlacht begann aber erst am Morgen des 16. Oktober. General Yorck hatte zu früher Stunde seine Stabsoffiziere zu einem Frühstück versammelt, als in der Ferne Kanonendonner zu hören war. Im gleichen Augenblick kam eine Ordonnanz mit den neuesten Befehlen Marschall Blüchers. Yorck erhob sich, wie ein Offizier später berichtete, das Glas in der Hand, und sprach folgende berühmten Worte, die er zu seiner Maxime erhoben hatte: „Den Anfang, Mitt' und Ende, ach, Herr, zum Besten wende!" Dann, so schreibt der Offizier weiter, „leerte er sein Glas und stellte es ruhig ab. Wir alle taten das Gleiche. In einer feierlichen und gehobenen Stimmung zogen wir in die Schlacht..."

Diese gehobene Stimmung wich innerhalb kürzester Zeit tiefer Niedergeschlagenheit: Yorcks Korps verlor in knapp drei Stunden 7000 Mann an Toten und Verwundeten. Die Schlacht hatte mit einem furchtbaren Artillerieduell von 1600 Geschützen begonnen, das stundenlang anhielt – die größte Kanonade seit Erfindung der Artillerie. Um jedes

Feldmarschall Karl Fürst zu Schwarzenberg empfängt für den Sieg in der Völkerschlacht aus den Händen von Kaiser Franz I. das Großkreuz des Militärischen Maria Theresien-Ordens. (Fresko von Carl Blaas in der Ruhmeshalle des Heeresgeschichtlichen Museums zu Wien.)

einzelne Dorf wurde verbissen gekämpft: Liebertwolkwitz, Wachau, Möckern, Markkleeberg, Pfaffendorf, Wiederitzsch, Stötteritz, Connewitz, Lössnig und Probstheida. Die Franzosen verteidigten hartnäckig jedes Gehöft; ebenso hartnäckig griffen Preußen, Österreicher und Russen immer und immer wieder an.

Als endlich die Nacht hereinbrach, war die militärische Situation unentschieden: Zwar hatten sich die Franzosen nach Leipzig zurückziehen und mehrere – von ihnen stundenlang gehaltene – Dörfer räumen müssen, aber ihren rund 26.000 Mann an Verlusten standen weit über 30.000 Tote und Verwundete der Alliierten gegenüber. Zum erstenmal hatte der moderne Krieg gezeigt, welch eine Massenvernichtungsmaschinerie er in Bewegung setzen konnte.

Der 17. Oktober war ein Tag der Ruhe, so man das Versorgen der zehntausenden Verwundeten und das Auffüllen der Lücken durch Reserven „Ruhe" nennen kann. Aber es kam zu keinen nennenswerten Gefechten. Freilich: Reserven nachziehen konnten nur die Verbündeten, nicht aber der in der Stadt so gut wie eingeschlossene Napoleon. Als am 18. Oktober die Schlacht von neuem entbrannte, war der Kaiser im Vergleich zum 16. um nahezu 30.000 Mann und zahlreiche Geschütze ärmer. Die Alliierten hingegen hatten ihre Verluste nicht nur wettgemacht, sie verfügten sogar über

90.000 Mann und 442 Geschütze mehr als zwei Tage zuvor.

Bald schon schlugen die ersten Granaten in Leipzig ein, Vororte wie Pfaffendorf und Schönefeld gingen in Flammen auf. Dann drangen die Alliierten mit Reiterei und Infanterie in die Stadt selbst ein, und es kam zu entsetzlichen Straßenkämpfen. Napoleons Lage wurde immer verzweifelter, vor allem, als seine sächsischen und württembergischen Verbände zu den Preußen überliefen. In der Innenstadt herrschte unbeschreibliches Chaos: „Munitionswagen, Marketender, Gensdarmes und Kanonen, Kühe und Schafe, Weiber, Grenadiere und Chaisen, Gesunde, Verwundete und Sterbende – alles häufte sich im bunten Gewirre so eng aneinandergepreßt, daß kaum an ein Fortkommen, noch weniger an eine Gegenwehr zu denken war", schrieb ein Augenzeuge. Und ein anderer erblickte mitten in diesem Chaos Napoleon:

„Er war im schlechten, kotbespritzten Überrock; sein Gesicht (ich stand ganz nahe, um es zu erkennen) war weder verlegen noch verwegen, sondern in der starren, scheue Ehrerbietung erzeugenden Kälte, die oft an ihm vor entscheidenden Momenten, eben wenn's in ihm kocht und sprudelt, bemerkt worden ist." Neben ihm ritt der polnische General Poniatowski, den Napoleon wenige Tage zuvor auf dem Schlachtfeld zum Marschall von Frankreich ernannt hatte. Er sollte sich dieses Titels allerdings nicht lange erfreuen.

Besonders heftig umkämpft waren die Tore der Stadt, das Grimmaische Tor im Südosten, das Hintere Tor im Nordosten, das Gerber Tor und das Hallesche Tor im Westen bzw. Nordwesten. Überall

häuften sich die Leichen, das Chaos wurde unüberschaubar. Die Franzosen planten einen Ausfall nach Westen; ihr Ziel war das äußere Ranstädter Tor, von dem aus die Straße nach Lindenau führte, das Fluchtziel der geschlagenen Armee. Ein kleiner Teil erreichte tatsächlich die rettende Straße. Ein Brücke führte hier über die Elster, die letzte, noch unversehrt und noch nicht von den Alliierten besetzt. Napoleon befand sich unter den ersten, die mit den Truppen über die Brücke marschierten. Kaum am anderen Ufer angelangt, befahl er einem Pionierobersten, sie sofort zu sprengen, sobald der Feind auftauchte. Aber die Lunte wurde zu früh gezündet; die Brücke flog in dem Augenblick in die Luft, als die polnische Nachhut unter Marschall Poniatowski eben darüberrücken wollte. Hunderte wurden zerschmettert, stürzten in die Fluten und ertranken, darunter der Fürst selbst. Der Rest, nahezu 15.000 Mann, wurde gefangengenommen.

Ganz Leipzig war ein einziges Inferno. Besonders entsetzlich gestaltete sich das Los der tausenden Blessierten. In der Stadt allein lagen 20.000, in Halle mehr als 7000. Viele waren in Häuserruinen, Friedhofskapellen und Kirchen untergebracht

Zum Gedenken an die russischen Gefallenen der Völkerschlacht bei Leipzig wurde eine schöne Kirche errichtet. Eine Gedenktafel am Haupteingang verkündet: „Dem Gedenken der 22.000 russischen Krieger, gefallen für die Befreiung Deutschlands 1813 bei Leipzig. An der Völkerschlacht zu Leipzig vom 16.–19. Oktober 1813 nahmen teil: Russen 127.000, Österreicher 89.000, Preußen 72.000, Schweden 18.000. In diesen Schlachten fielen: 22.000 Russen, 16.000 Preußen, 12.000 Österreicher, 300 Schweden."

Links unten: An jener Stelle in Leipzig, an der Marschall Poniatowski mit vielen seiner Männer fiel, wurde dieses Denkmal errichtet. Heute gibt es hier keine Brücke mehr; die Elster wurde in einen unterirdischen Kanal gezwängt, über sie hinweg führt eine der Hauptausfallstraßen nach Westen.

Mitte unten: Auf dem „Monarchenhügel" von Leipzig, heute inmitten einer hübschen Wohnsiedlung gelegen, wurde dieses Denkmal errichtet. Von hier aus leiteten die drei Monarchen Franz I. von Österreich, Zar Alexander I. von Rußland und König Friedrich Wilhelm III. von Preußen die Völkerschlacht.

Rechts unten: Unweit des Völkerschlachtdenkmals, inmitten eines kleinen Parks, erhebt sich dieser mächtige Quader, auf dem die Worte stehen: „Hier weilte Napoleon am 18. Oktober 1813, die Kämpfe der Völkerschlacht beobachtend".

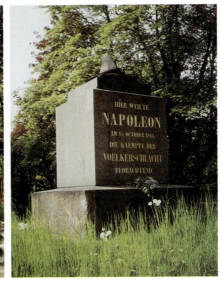

Feldmarschall Karl Fürst Schwarzenberg überbringt den drei verbündeten Monarchen die Siegesbotschaft nach der Schlacht von Leipzig.

worden. Es gab keine Pfleger, kaum Ärzte, fast keine Nahrung, und täglich starben sie zu Hunderten. Unter den Fenstern der Notlazarette stapelten sich tausende, draußen in den Dörfern zehntausende Tote. Es gab keine Totengräber, die ihre traurige Pflicht hätten erfüllen können; die Ernte des Todes war zu groß. Verzweifelt schrieb Johann Christian Reil, Professor der Medizin an der Universität Berlin, einer der bedeutendsten Wissenschafter seiner Zeit, an den Freiherrn vom Stein über die katastrophalen Verhältnisse:

„Helfen Sie bald, an jeder versäumten Minute klebt Blutschuld. Legen Sie einen Schock kranker Baschkiren in die Betten der Bankiersfrauen und geben Sie in jedes Krankenzimmer einen Kosaken, der für die Aufrechterhaltung der Ordnung verantwortlich ist. Diese Maßregel, die gewiß Lust und Liebe zum Dinge macht, scheint mehr hart zu sein, als sie es wirklich ist. Der Kranke muß ins Bett und die Gesunden zu seiner Wartung vor demselben kommen." Vier Wochen später war Reil tot; er hatte

sich bei der Versorgung der Verwundeten mit Typhus infiziert.

Blücher, der hier, in Leipzig, von König Friedrich Wilhelm den Titel „Marschall" verliehen bekam, schrieb am 20. Oktober an seine Gattin: „Den 18. und 19. ist die größte Schlacht geliefert, die je auf Erden stattgefunden hat... Um 2 Uhr nachmittags nahm ich Leipzig im Sturm... Napoleon hat sich gerettet, aber er ist noch nicht durch. Diesen Augenblick bringt meine Kavallerie wieder 2000 Gefangene, die ganze feindliche Armee ist verloren. Der Kaiser von Rußland hat mich in Leipzig auf öffentlichem Markt geküßt und den Befreier Deutschlands genannt. Auch der Kaiser von Österreich überhäufte mich mit Lob, und mein König dankte mich (sic!) mit Tränen in den Augen..."

Von seinen nahezu 200.000 Mann brachte Napoleon nur mehr knapp 50.000 nach Frankreich. Sein Rückzug quer durch Deutschland ließ seine klein gewordene Armee immer mehr zusammenschmelzen. Auf dem ganzen Weg von Leipzig bis Frankfurt fanden die Verfolger Tote und Verwundete, ebenso Ausrüstungsstücke, Wagen, Kanonen, verendete Pferde – kurz, die Relikte einer zerschlagenen Armee.

Frankreich – und mit ihm ganz Europa – hatte nun endgültig genug von seinem Kaiser. Am 6. April 1814 mußte Napoleon abdanken; die Insel Elba wurde ihm als „Wohnsitz" zugewiesen. Aber ein knappes Jahr später gelang es ihm, Elba zu verlassen, nach Frankreich zurückzukehren, eine neue Armee zu formieren und sich wieder an die Spitze des Staates zu stellen. Doch diese Herrschaft sollte nur hundert Tage währen: Bei Waterloo, südlich von Brüssel, wurde Napoleons Grande Armée von den Engländern unter dem Herzog von Wellington und den Preußen mit Marschall Blücher an der Spitze am 18. Juni 1815 endgültig besiegt. Diesmal wurde der Korse auf die Atlantikinsel St. Helena verbannt, wo er am 5. Mai 1821 verstarb.

VIII.

Zwei Jahrzehnte, die Europa veränderten

Was man in Österreich „Biedermeier" nennt – mit Musikern wie Beethoven und Schubert, mit Malern wie Moritz von Schwind oder Ferdinand Waldmüller, mit Dichtern wie Grillparzer, Raimund und Nestroy –, präsentiert sich uns heute als eine verklärte, friedliche Zeit, in der die Menschen mehr oder weniger nur vom Singen und Tanzen lebten, wie es ihnen der Wiener Kongreß von 1814/15 vorgezaubert hatte. Aber nichts wäre falscher als dieses. Staatskanzler Metternich hielt das Volk – und vor allem die Intellektuellen – unter strenger Kontrolle, Zensur gehörte zum Alltag, Pressefreiheit war ein unbekanntes Wort, Arbeiter und Handwerker litten zunehmend Not, gegen aufmüpfige Studenten ging die Polizei mit aller Härte vor.

Inmitten von Europa gab es ein Gebilde, das sich „Deutscher Bund" nannte und sich aus drei Dutzend „souveräner" Staaten zusammensetzte. „Souverän" unter Anführungszeichen, zumal ihre Herrscher nur wenig zu sagen hatten, denn Staatskanzler Metternich, der „Kutscher Europas", gab mit seiner Peitsche den politischen Takt an. Not herrschte allenthalben; sie zwang allein zwischen 1841 und 1847 über 260.000 Deutsche zur Auswanderung in die USA.

Aber auch in zahlreichen anderen Ländern Europas sah es in den Jahren nach dem Sturz Napoleons nicht anders aus: überall wuchs der Zorn der Völker auf die feudalen Herren, die jede demokratische Regung unterdrückten, wie sie die Französische Revolution einige Jahrzehnte zuvor in die Wege geleitet hatte.

Der erste Anstoß zu einer neuen Revolution kam abermals aus Frankreich: Im Februar 1848 erhob sich die Bevölkerung von Paris zum bewaffneten Aufstand und verjagte den „Bürgerkönig" Louis Philippe. Frankreich wurde Republik. Die Wirkung auf Deutschland war eine ungeheure, und jene Stimmen, die nach Pressefreiheit, Schwurgerichten, Volksbewaffnung und nach einem gesamtdeutschen Parlament riefen, wurden immer lauter. Im März 1848 griff die Empörung auch auf Süddeutschland und Österreich über. Als in Wien Kaiser Ferdinand fragte, was der Tumult auf den Straßen seiner Haupt- und Residenzstadt bedeute, sagte man ihm, die Arbeiter und Studenten machten eine Revolution.

Da soll er entgeistert ausgerufen haben: „Ja, dürfen's denn das?"

Bald ging es drunter und drüber. In Bayern bewaffnete sich das Volk und zwang Ludwig I., seine Mätresse Lola Montez zu verjagen und selbst abzudanken. Auch in Hessen, Hannover und Braunschweig sowie in Württemberg mußten die Herrscher weitgehende liberale Zugeständnisse machen. Es ist für diese Monate des Jahres 1848 charakteristisch, daß gerade jetzt das „Kommunistische Manifest" von Karl Marx und Friedrich Engels erschien,

Der österreichische Erzherzog Johann, ein Bruder von Kaiser Franz, wurde im Revolutionsjahr 1848 von der ersten Deutschen Nationalversammlung in der Paulskirche zu Frankfurt am Main zum Reichsverweser gewählt.
(Lithographie von Josef Kriehuber.)

das eine Epoche der bewußten Klassenkämpfe einleitete.

In Wien ging es so stürmisch zu, daß sogar Metternich Hals über Kopf fliehen mußte. Der Jubel in allen deutschen Landen war groß. Am 18. Mai 1848 traten zum erstenmal in der deutschen Geschichte Abgeordnete des Volkes politisch in Erscheinung: Unter Geschützdonner, Glockengeläute und dem Jubel der Bevölkerung zogen nahezu sechshundert Abgeordnete in die Paulskirche zu Frankfurt am Main ein, zur ersten Deutschen Nationalversammlung. „Ein Volk und ein Reich" schien Wirklichkeit zu werden. Zum Reichsverweser wurde der österreichische Erzherzog Johann gewählt.

Doch die Euphorie währte nur wenige Monate. Im September 1848 wollte die Nationalversammlung eine Deutsche Reichsverfassung für ein Deutsches Reich schaffen, das aus den Gebieten des Deutschen Bundes bestehen sollte. Dieses hätte zwar Böhmen und Mähren miteingeschlossen – wogegen sich wiederum die Tschechen wehrten, nicht jedoch Ungarn, so daß die Habsburgermonarchie zerrissen worden wäre. In Ungarn wiederum radikalisierte sich die Revolution, die Aufständischen konnten die Macht an sich reißen und ein Heer aufstellen. Gleichzeitig wurden in den slawischen Gebieten panslawische Töne laut, und die italienischen Provinzen drohten überhaupt abzufallen. Das Ende des Habsburgerreiches schien gekommen – doch jetzt war der Hof bereit, hart durchzugreifen. Dies bedeutete das Ende der Revolution. Am 27. Oktober ließ Feldmarschall Fürst Windischgrätz das aufständische Wien, in dem soeben Kriegsminister Latour öffentlich gelyncht worden war, von tschechischen und kroatischen Truppen stürmen, es gab an die zweitausend Tote. Der deutsche republikanische Abgeordnete Robert Blum wurde hingerichtet, die Revolution mit eiserner Härte abgewürgt.

Genauso ging Österreich auch in Ungarn und Oberitalien vor, wo Feldmarschall Radetzky mit harter Hand durchgriff. Aber es bedurfte schwerer Schlachten, um auch dort die Revolution und die Unabhängigkeitsbestrebungen zu unterdrücken. Damit begannen zwei Jahrzehnte, die Europas Geschichte veränderten, vor allem im Jahr 1866, als Preußen Österreich auf dem Schlachtfeld von Königgrätz seine Vorherrschaft im Deutschen Bund für immer entriß und selbst zur Großmacht aufstieg.

Stolze Siege für das Haus Österreich
Custoza, 25. Juli 1848 und 24. Juni 1866

Es gibt Orte, die geradezu dafür prädestiniert scheinen, Geschichte zu machen. Custoza, unweit des südlichen Ufers des Gardasees, ist ein solcher. Zweimal in weniger als zwanzig Jahren – 1848 und 1866 – erlebten dieser Ort und seine Umgebung blutige Schlachten, die weder aus der italienischen Geschichte noch aus der österreichischen wegzudenken sind. Italien freilich möchte sie am liebsten vergessen, denn beide Treffen endeten mit eindrucksvollen Siegen der Österreicher.

Die gesamte Gegend südlich des Gardasees ist geschichtsträchtiger Boden. So gut wie alle Orte dort haben den Krieg in seiner ganzen Härte erlebt – von der Einquartierung eigener und feindlicher Heere bis zu Requirierungen von Hab und Gut, von der nur unwesentlichen Teilnahme am Kriegsgeschehen bis zur völligen Zerstörung ganzer Landstriche. Diese Orte kommen immer wieder in den militärischen Berichten vor: Verona, Peschiera, Bussolengo, Sommacampagna, Custoza (auch: Custozza), Villafranca, Medole, Solferino, Mantua u. v. a. bis hinüber nach Brescia, Mailand, Magenta, Novara, Mortara, Pavia, Piacenza, Novi und Lodi nach Turin.

Italien war in der Mitte des 19. Jahrhunderts noch nicht jener Staat, wie wir ihn heute kennen. Die Halbinsel war aufgesplittert in zahlreiche Territorialstaaten: in den Kirchenstaat, das Königreich beider Sizilien unter einer Sekundogenitur der Bourbonen, das Königreich Piemont-Sardinien unter den Savoyern, das Großherzogtum Toskana unter einer Sekundogenitur der Habsburger, die Herzogtümer Parma und Modena unter österreichischem Einfluß sowie in das Königreich Lombardo-Venetien, das seit dem Wiener Kongreß 1814/15 zu Österreich gehörte. Die nationalen Unabhängigkeitsbestrebungen, die nun überall in Europa spürbar wurden, machten sich auch in Italien bemerkbar. Dabei waren auf der einen Seite Piemont-Sardinien mit den Königen Karl Albert und Viktor Emanuel II. sowie dem Minister Graf Cavour, auf der anderen der Revolutionsführer Giuseppe Garibaldi die treibenden Kräfte.

Das Jahr 1848 ist in vielen Teilen Europas als „Revolutionsjahr" in die Geschichte eingegangen; so auch in Österreich und Italien. In Wien waren es vor allem Arbeiter und kleine Gewerbetreibende, aber auch Studenten und Beamte, die sich gegen Hungerlöhne, Elendsquartiere, unmenschliche Arbeitsmethoden und überlange Arbeitszeiten erhoben. Da nützte es nichts mehr, daß der greise Staatskanzler Fürst Metternich endlich zurücktrat, daß billige Rumford-Suppen an Arme ausgeteilt und der „Erste allgemeine Arbeiterverein" gegründet wurde, daß Kaiser Ferdinand I. die bäuerliche Leibeigenschaft aufhob – alle Maßnahmen nur Trostpflaster für die triste Situation der Bevölke-

Joseph Wenzel Graf Radetzky von Radetz (1766–1858) war bereits 82 Jahre alt, als er, der bei seinen Soldaten so überaus beliebte Feldmarschall, einen großen Sieg an seine Fahnen heftete: jenen über die Piemontesen am 25. Juli 1848 bei Custoza. (Ölgemälde eines unbekannten Künstlers.)

rung. Die Unruhen griffen dermaßen um sich, daß der Kaiser abdanken mußte. Aber auch sein Bruder Erzherzog Franz Karl war nicht fähig, in so schwierigen Zeiten die Regierungsgeschäfte zu übernehmen – er verzichtete zugunsten seines Sohnes Franz Joseph auf die Kaiserwürde. Der erst 18jährige wurde in Wien als Franz Joseph I. zum Kaiser von Österreich gekrönt. Und Fürst Windischgrätz proklamierte für die Residenzstadt den Belagerungszustand.

Anders in Italien, vor allem in der zu Österreich gehörenden Lombardei. Zwar hatte es dort auch schon seit Jahren gegärt; die Unabhängigkeitsbestrebungen – das Risorgimento, die „Wiedererhebung" des Volkes zu nationaler Größe und Einheit – waren immer deutlicher und stärker geworden.

Auf seine Tiroler konnte sich der Kaiser in Wien verlassen, nicht nur in der Auseinandersetzung mit Napoleon, auch im Revolutionsjahr 1848 – weshalb der Wiener Hof auch eine Zeitlang nach Innsbruck verlegt wurde. Dieser Aufruf stammt aus dem Jahr 1859, kurz vor der Schlacht von Solferino, und nimmt auf Andreas Hofer, aber auch auf Radetzkys Aufruf von 1848 Bezug.

Zu Neujahr 1848 kam es in mehreren oberitalienischen Städten, vor allem in Mailand, Padua und Brescia, zum sogenannten „Zigarrenrummel". Tausende Italiener demonstrierten mit Parolen wie „Kauft keine Tabakwaren" durch die Straßen, waren doch die „k.k. Tabac-Fabricationen" augenfälliges Symbol der österreichischen Monopolherrschaft in der Lombardei. Diese Demonstrationszüge führten zu Zusammenstößen mit dem österreichischen Militär, das erste Blut floß. Und Blut ist stets ein ausgezeichneter Nährboden für Revolutionen.

Landesgouverneur und Oberbefehlshaber der österreichischen Streitkräfte in der Lombardei war Joseph Wenzel Graf Radetzky von Radetz, ein äußerst verdienter Berufssoldat, und als die Unruhen von Neapel und Rom auch auf den Norden des Landes übergriffen, bat er Wien um Verstärkungen seiner Armee, besonders als ruchbar wurde, daß auch Sardinien offen zu rüsten begann. Am 15. März war die Revolution in Wien ausgebrochen, am 18. folgte Mailand, wo Radetzky mit dem Gros seiner Armee lag. Er wollte jedoch keinen offenen

Die Schlacht von Custoza im weiten Gelände Oberitaliens.

Krieg, keine Straßenschlachten mit Zivilisten, und so zog er seine Truppen aus der Zitadelle von Mailand sowie aus den umliegenden Garnisonen ab und marschierte hinter die Adda zurück, um, wie es in einer zeitgenössischen Schrift heißt, „momentan vor der Aufstandsbewegung zurückzuweichen, ihrer später aber umso sicherer Herr zu werden".

Dies gelang dem greisen Feldmarschall, der 1848 bereits 82 Jahre alt war, aber noch immer alle Strapazen seiner Soldaten auf sich nahm, wenn auch zunächst unter einer Reihe von äußerst bitteren Verlusten für die Österreicher: 17 italienische Bataillone, die in österreichischen Diensten standen, waren fahnenflüchtig geworden. 17.000 Mann hatten nicht ihrem Eid, sondern ihrer Sprache Folge geleistet. Dazu kam, daß dadurch die Garnisonen von Udine, Treviso, Padua, Cremona, Brescia sowie die Depotfestungen Ossoppo und Palmanova in die Hände der Rebellen fielen. Und mehr noch: „Um ein Blutvergießen zu vermeiden", hatten der Gouverneur von Venedig, Graf Palffy, und der in Venedig kommandierende General Feldmarschalleutnant Graf Zichy die Stadt kampflos den Rebellen übergeben. In Eile wurde eine Reservearmee von 17.000 Mann aufgestellt, die die Lücken füllen sollte.

König Karl Albert von Sardinien-Piemont war unterdessen langsam vorgerückt und hatte am 8. April den Mincio erreicht. Nach einem Gefecht bei Goito, bei dem auf österreichischer Seite der Kaiserjägerleutnant Andreas von Hofer, ein Enkel des „Helden vom Bergisel" von 1809, fiel, setzte er über den Fluß. Es gelang den Piemontesen, die Hochebene von Rivoli und Custoza zu nehmen, aber als sie auch Sta. Lucia, wo Radetzky stand, angreifen wollten, holten sie sich eine schwere Niederlage. Hier bestand der erst 18jährige Erzherzog Franz Joseph, der spätere Kaiser, im Stab von Marschall Radetzky seine Feuertaufe.

Nun schickte der Vatikan für die Piemontesen und Sardinien Verstärkung, ebenso Modena und Toskana. An der Spitze dieser „Crociati" („Kreuzfahrer", wie sie sich nannten), stand General Durando. Am 7. Mai erreichte er mit 30.000 Mann die Piave. Radetzky standen damals nur 46.000 Mann zur Verfügung; die gegnerischen Truppen waren durch diese Verstärkung auf 95.000 Mann angewachsen. Allerdings erhielt Radetzky im Verlauf der nächsten Monate durch Zuzug aus dem Innern der Monarchie ebenfalls neue Truppen, so daß sich die Stärke seiner Armee vor der Schlacht auf rund 76.000 Mann erhöhte.

Am Morgen des 29. Mai begannen die Österreicher den Angriff auf die Linie des Curtatone, aber wolkenbruchartige Regengüsse erschwerten das Unternehmen; damals konnten die Feldbefestigungen erstürmt und 2000 Gefangene gemacht werden. Der piemontesische Befehlshaber Generalleutnant Bava zog alle verfügbaren Verstärkungen an sich, um sich schon bei Goito zu stellen. Da erfuhr Radetzky, daß sich die Besatzung von Peschiera wegen völligen Mangels an Lebensmitteln ergeben habe. Sofort entschloß sich der Feldmarschall, den geplanten Angriff abzubrechen und zuerst hinter der eigenen Front, im Venezianischen, „aufzuräumen", wo General Durando noch immer das stark befestigte Vicenza hielt. Radetzky zog gegen die Stadt, eroberte den Monte Berico und beschoß Vicenza mit seiner Artillerie so lange, bis sich General Durando ergeben mußte. Am 11. Juni zog Radetzky in Vicenza ein. Als nächste fielen Padua und Treviso.

König Karl Albert rückte unterdessen gegen Mantua vor, das er zu belagern und zu erobern gedachte. Radetzky aber faßte den Entschluß, von Verona aus in das Hügelland von Custoza vorzustoßen und die fast 50 Kilometer lange Linie des Gegners zu durchbrechen. Drei Tage lang tobten schwere Gefechte in und um Sona, Sommacampagna und Valeggio, vom 22. bis zum 24. Juli, bis es Radetzky gelang, den Feind am 25. Juli bei Custoza

Sieger der zweiten großen Schlacht von Custoza vom 24. Juni 1866 war Erzherzog Albrecht von Österreich (1817–1895), der älteste Sohn von Erzherzog Karl, dem Sieger von Aspern.

endgültig zu schlagen. In Hast und völlig ungeordnet zogen sich die Piemontesen über den Mincio gegen Mailand zurück, stets gefolgt von den Österreichern. In mehreren kleineren Gefechten wurden die gegnerischen Nachhuten stark bedrängt. Am 4. August stürmte Radetzky die Stellungen vor Mailand, am 6. wurde die Stadt übergeben. Eine Abordnung aus der lombardischen Metropole bat um ehestes Einrücken der kaiserlichen Truppen, um Mord und Zerstörung durch den rebellierenden Mob zu verhindern. Grillparzer, dem die Revolution trotz seiner liberalen Grundhaltung wohl viel zu weit gegangen war, rief Radetzky in dieser Situation die berühmten Worte zu: „In Deinem Lager ist Österreich!"

Ganz anders verlief die zweite Schlacht von Custoza, achtzehn Jahre später, am 24. Juni 1866. Es gab keinen „Vater" Radetzky mehr; der war bereits 1858 im hohen Alter von 92 Jahren gestorben und Erzherzog Albrecht als Oberbefehlshaber an seine Stelle getreten. Schon seit dem Deutsch-Dänischen Krieg von 1864, an dem auch Österreich teilgenommen hatte, war es zu einer Verschlechterung des Verhältnisses zwischen Preußen und Österreich gekommen, was nicht zuletzt zu einem geheimen Angriffsbündnis zwischen Preußen und Italien zum Ausdruck kam. Als sich die Lage im Jahre 1866 zuspitzte und immer deutlicher wurde, daß es zum Krieg zwischen den beiden deutschen Staaten kommen würde, entschloß sich Italien, gegen Österreich vorzugehen.

Die Italiener begannen bereits Mitte Mai 1866, ihre Armee an der österreichisch-italienischen Grenze in zwei großen Gruppen zu sammeln, und stellten unter dem Kommando von König Viktor Emanuel II. mit seinem Generalstabschef La Marmora 80.000 Mann ins Feld. Die Österreicher hatten in ihrer in Venetien stehenden Südarmee rund 75.000 Mann unter dem Kommando von Feldmarschall Erzherzog Albrecht zusammengezogen; Generalstabschef war Generalmajor Baron John.

Am 11. Juni häuften sich die Meldungen, daß die italienischen Armeen sich immer mehr dem Mincio und dem Po näherten. Erzherzog Albrecht befahl die sofortige Konzentrierung seiner Truppen in und um Verona. In der darauf folgenden Nacht traf aus Wien die Nachricht ein, daß die diplomatischen Beziehungen Österreichs zu Preußen abgebrochen worden waren; dies bedeutete, daß der Krieg nun unabwendbar war. Schon acht Tage später, am 20. Juni morgens, wurde bei Le Grazie vor Mantua die italienische Kriegserklärung übergeben. Sie traf um 1 Uhr in Verona ein. Ihrem Wortlaut zufolge sollten die Feindseligkeiten nach drei Tagen, am 23., beginnen. In diesem Punkt kam es zu Mißverständnissen: Das italienische Hauptquartier rechnete die drei Tage von Mitternacht des 20. und begann daher bereits um Mitternacht zum

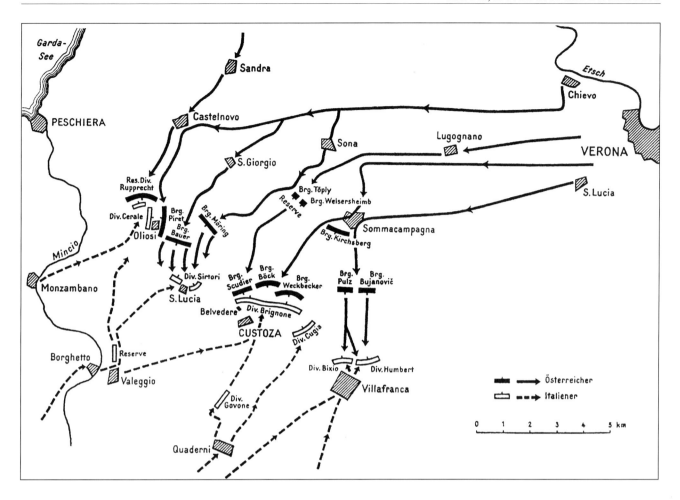

23. Juni den Übergang über den Mincio bei Goito und Pozzolo. Die Österreicher hingegen berechneten die drei Tage nach Erhalt der Kriegserklärung, demnach sollten die Kämpfe erst zu Mittag des 23. beginnen.

Die beiden Armeen stießen am Vormittag des 24. Juni im Raum Monte Cricol, San Rocco di Palazzuolo, Belvedere und Villafranca aufeinander. Auf dem westlichen Flügel entwickelte sich die Schlacht sehr bald zugunsten der Österreicher, da hier eine Kavallerieattacke mit voller Wucht in die Flanke der Italiener stieß und sie zum fluchtartigen Rückzug zwang. Anders im Zentrum: Hier setzte sich eine italienische Division auf den Höhen des Monte Croce fest. Auf dem rechten Flügel gelang es den Österreichern, die italienischen Divisionen bei Villafranca in die Defensive zu drängen, so daß sie, wie es in einem Bericht heißt, „wie festgebannt stehen bleiben mußten".

Nun warfen die Italiener neue Truppen ins Zentrum, auf den Monte Croce und nach Custoza, jenen kleinen Ort, der im Verlauf des Tages mehrmals den Besitzer wechselte, bis Erzherzog Albrecht die Armeereserve in die Schlacht eingreifen ließ und es endlich gelang, Custoza ein letztes Mal einzunehmen und die Gegner von den Höhen um

Nach der ursprünglichen Anlage der Schlacht sollten die im Vormarsch nach Osten angenommenen Italiener vom Mincio abgedrängt werden. Während der Schlacht änderte Erzherzog Albrecht seine Pläne und durchbrach bei Custoza das italienische Zentrum.

den Ort in die Ebene zurückzuwerfen. In dem erwähnten Kriegsbericht heißt es ferner: „Eine Verfolgung auf dem Schlachtfelde fand infolge Erschöpfung der Kavallerie nicht statt. Trotzdem ordnete König Victor Emanuel den sofortigen Rückzug über den Mincio an, der auch im Laufe der Nacht vor sich ging."

Am Morgen des 25. Juni besetzte das österreichische V. Korps Valeggio und schickte sich ebenfalls an, den Mincio zu überschreiten. Das Gros seiner Armee hielt Erzherzog Albrecht jedoch zurück, um sich, nachdem er die Armee des Königs geschlagen hatte, den übrigen italienischen Armeen zuzuwenden. Aber infolge der Schlacht des Vortages hatten auch diese Truppen es vorgezogen, sich zurückzuziehen und über den Po auszuweichen.

Der siegreiche österreichische Feldherr hätte nun seinen Sieg weidlich auskosten können, wäre nicht mittlerweile die niederschmetternde Nachricht von der Katastrophe von Königgrätz eingetroffen, wo die österreichische Nordarmee in einer

Das große Ossarium auf einem Hügel oberhalb von Custoza ist von weither zu sehen. In seinem Innern birgt es die Schädel und Gebeine von tausenden gefallenen Italienern und Österreichern (rechts unten).

mörderischen Schlacht am 3. Juli von den Preußen besiegt worden war. Erzherzog Albrecht mußte auf allerhöchsten Befehl seine Truppen aus Venetien abziehen; der grandiose Sieg von Custoza, der die Österreicher allerdings mehr als 7950, die Italiener über 8100 Mann gekostet hatte, konnte weder militärisch noch politisch ausgenützt werden. Im Gegenteil: an das mit Preußen verbündete Italien mußte auch noch die Lombardei abgetreten werden.

Von den Wunden, die beide Schlachten Custoza und den Nachbarorten geschlagen haben, ist heute nichts mehr zu sehen. Das hügelige Gelände mit den malerischen Dörfern ist mit Weingärten, Zypressen und Olivenbäumen bedeckt, gute Straßen verbinden die einzelnen Orte miteinander. Da und dort findet sich ein Denkmal: für eine besonders tapfere italienische Kompanie, für einen Offizier, der hier gefallen ist, für einen General, der sich hier ausgezeichnet hat. Aber das schönste und größte Erinnerungsmal steht hoch über Custoza

auf jenem Hügel, der die Stadt überragt: ein gewaltiger Turm auf einem mächtigen Achteck, das tief in die Erde hineingebaut wurde. Steigt man die Treppe hinunter, findet man eine Krypta mit unzähligen Totenschädeln italienischer wie österreichischer Soldaten, die in beiden Schlachten hier gefallen sind. Die Nischen in der Mitte sind voll mit Gebeinen, aufgeschichtet wie Holzscheiter.

In halber Höhe des Turmes, von dem aus weithin das einstige Schlachtfeld überblickt werden kann, befindet sich ein kleines Museum mit Waffen, Gewehrkugeln, Bildern und persönlichen Habseligkeiten jener Männer, die hier gekämpft haben.

Man wird still hier heroben, und sogar eine lärmende Schulklasse, die mit ihrer Lehrerin die Krypta besucht, verstummt mit einem Mal, als sie vor den Reihen der Schädel steht. Sie verstummt ebenso wie die Touristen, die dieses schaurige Gewölbe besuchen: Italiener, Österreicher, Deutsche, Franzosen. Denn hier wird der Krieg lebendig, so lebendig, wie es kein noch so blutrünstiges Schlachtengemälde aufzuzeigen vermag. Lebendig, da er den Tod in seiner ganzen Größe zeigt.

Doch die Schwermut, die einen angesichts dieser über zweitausend Schädel befällt, weicht bald einem ungläubigen Staunen, wenn man eine halbe Stunde später in einer gemütlichen Trattoria bei einem Glas Wein sitzt und ein Plakat an der Wand erblickt, das eine Weinflasche zeigt, die wie ein Kanonenrohr auf einer Lafette liegt. Dahinter stehen zwei Soldaten in den alten Uniformen der Mitte des 19. Jahrhunderts und darüber groß die Worte: „Finalmente una Vittoria – La Bottiglia di Custoza" – „Endlich ein Sieg – die Flasche von Custoza".

Ja, mit diesem Wein hat Custoza „endlich einen Sieg" errungen, mit diesem Vino bianco di Custoza. Und man muß dem Werbefachmann gratulieren, der das Plakat entworfen hat; es ist ihm gelungen, aus einer verlorenen „Battaglia" (Schlacht) eine siegreiche „Bottiglia" (Flasche) zu machen!

Als „Vater" Radetzky kam und siegte
Novara, 23. März 1849

Der junge Kaiser Franz Joseph I. hatte ein schweres Erbe angetreten. Europa stand im Umbruch. Die Revolutionen, welche seit jener in Frankreich ein halbes Jahrhundert zuvor nicht mehr aufgehört hatten, die Nachwirkungen der Napoleonischen Kriege, die Feldzüge in Italien und Ungarn, die industrielle Revolution, die soziale Lage – all dies ließ keine allzu rosige Zukunft erwarten. Und der Pessimismus sollte recht behalten.

Ein besonders heikles Gebiet war und blieb auch weiterhin Oberitalien, wo zwar am 9. August 1848 ein Waffenstillstand geschlossen worden war, der jedoch – und das wußte man in Österreich ebenso-gut wie in Sardinien – nicht von langer Dauer sein würde. Der junge Kaiser, der den 82jährigen „Va-ter" Radetzky, wie ihn seine Soldaten nannten, selbst wie einen Vater verehrte, ging auf alle Wün-sche des Feldmarschalls ein und verstärkte dessen Italienarmee, bis sie über 120.000 Mann verfügte, obwohl sich noch ganz Ungarn in Erhebung be-fand und kaum abzusehen war, wie man dort der Lage Herr werden könnte. Davon mußten aller-dings fast 50.000 zur Sicherung der befestigten Plätze Verona, Mantua, Peschiera und anderer strategischer Punkte abgezogen werden.

Szene aus der Schlacht von Novara 1849.

Auch Sardinien hatte gerüstet. Seine Armee war 135.000 Mann stark, über die König Karl Albert den Oberbefehl behielt, aber als Generalstabschef berief er den polnischen General Chrzanowski, was dem sardinischen Offizierkorps allerdings weniger gefiel.

Der Krieg war unausbleiblich, und die Spannung auf beiden Seiten ließ erst nach, als Sardinien am 12. März 1849 den Waffenstillstand aufkündigte. Es spricht für die Stimmung jener Tage, wenn Radetzky folgenden Tagesbefehl an seine Armee erließ:

„Soldaten! Eure heißesten Wünsche sind erfüllt! Der Feind hat den Waffenstillstand aufgekündigt... Der Kampf wird kurz sein; es ist derselbe Feind, den ihr bei Santa Lucia, bei Sommacampagna, bei Custoza, bei Volta und vor den Thoren Mailands besiegt habt... Noch einmal folgt eurem greisen Führer zu Kampf und Sieg... Vorwärts also, Soldaten! Nach Turin! lautet die Losung. Dort finden wir den Frieden. Es lebe der Kaiser! Es lebe das Vaterland!"

Der „greise Führer" sollte recht behalten. Es wurde ein kurzer Krieg, er dauerte nur fünf Tage lang und beendete nicht nur eine Schlacht, sondern auch das kurze Königtum von Carlo Alberto von Sardinien-Piemont.

Radetzky war nicht nur ein „greiser Führer", er war auch ein alter Fuchs. Jedermann erwartete sich, daß er nun aus seiner „Residenz" Mailand dem Feind entgegenziehen werde. Aber er ließ seine Truppen durch die Porta Romana abrücken, also nicht dem Feind entgegen, so daß Mailands Bevölkerung – und auch die zahllosen Spione, die sich in der Stadt aufhielten – annahmen, Radetzky wolle eine Rückwärtsbewegung machen und im Osten seine Stellungen beziehen. Aber schon nach wenigen Kilometern ließ der Feldmarschall seine Armee nach Südwesten, in Richtung Pavia, abschwenken. Damit kam er den Piemontesen in die Flanke und zwang sie zu einem sofortigen Wechsel ihrer Aufmarschbewegungen. Friedrich der Große hatte einen solchen „fliegenden Wechsel" manchmal zustande gebracht, aber Karl Albert war kein „Alter Fritz".

Johann Heinrich Blumenthal schreibt in seinem Bericht „Vom Wiener Kongreß zum Ersten Weltkrieg" über die nächsten Tage:

„Plangemäß überschritt Radetzky am 20. März mit Ablauf des Waffenstillstandes um 12 Uhr den Tessin bei Pavia. Dadurch wurden die Piemontesen völlig überrascht, die ihrerseits am gleichen Tag über die Grenze in Richtung Mailand den Vormarsch begonnen hatten, ohne sich über die Feindlage im klaren zu sein. Noch in der Nacht disponierte der piemontesische Oberbefehlshaber seine Truppen nach Vigevano und Mortara zurück.

König Karl Albert von Sardinien dankte nach der verlorenen Schlacht von Novara zugunsten seines Sohnes Viktor Emanuel II. ab.

Schon am 21. kam es bei diesen beiden Orten – zwischen Tessin und Agogna – zu schweren Kämpfen. Bei Mortara stieß am Nachmittag des 21. die den Anfang des II. Korps d'Aspre bildende Division FML Erzherzog Albrecht auf zwei sardische Divisionen, Durando und Herzog von Savoyen. Das vielfach durchschnittene Gelände erschwerte den Truppen das Vorwärtskommen, die zunehmende Dunkelheit die Führung. An der Spitze eines Bataillons seines Regiments Gyulai Nr. 35 drang Oberst Ludwig von Benedek (der spätere Sündenbock der Schlacht von Königgrätz 1866; Anm. d. Verf.) gegen 19 Uhr in Mortara ein, wo unbeschreibliche Verwirrung herrschte.

Er bahnte sich durch vielfache Übermacht den Weg bis an den Westausgang der Stadt. Eine feindliche Kolonne unter General La Marmora, die ihn im Rücken angriff, brachte er durch sein sicheres Auftreten zur Kapitulation. Damit war die Entscheidung gefallen. Das Gefecht kostete die Piemontesen 2600 Mann und sechs Geschütze. Das nördlich zurückweichende Heer Karl Alberts sammelte sich im Laufe des 22. März bei Novara, wo man sich den Österreichern zu stellen gedachte."

Geht man heute durch das Städtchen Mortara, findet man kaum jemanden, der einem sagen kann, ob es irgendwelche Denkmäler an diese denkwürdige Schlacht von 1849 gibt. Nur ein alter Mann erinnert sich, daß draußen vor dem Ort, in

Nach der Schlacht von Novara: provisorisches „Lazarett" in einer Kirche.

einer halbverfallenen, dem hl. Albino geweihten Kirche eine Gedenktafel angebracht ist.

Mortara ist ein Nest, aber dennoch ist es schwierig, San Albino zu finden. Zahlreiche Straßen führen in alle Himmelsrichtungen zu den Autobahnen Mailand – Genua, Piacenza – Alessandria, Genua – Turin. Doch dann steht man endlich vor der kleinen braunen Kirche, einer Ruine, ebenso baufällig wie der ehemalige Gutshof, der dazu gehörte.

Eine Frau hat einen Schlüssel. „Aber Sie werden nichts finden!" Und dem ist auch so. Die Kirche ist leer, es gibt weder Statuen noch Gemälde, der Boden zerbröckelt wie die Wände, die ganze Kirche ist eine Schande. Aber wo befindet sich die Erinnerungstafel an die Schlacht von Mortara? „Draußen, hoch droben an der Wand", sagt die „Führerin". Ja, irgend etwas Graues, Undefinierbares ist in die Wand eingelassen, aber diese Tafel ist voller Sprünge, nichts läßt sich mehr entziffern. Schade. Das einzige Erinnerungsmal an den 21. März 1849 ist verfallen wie das Gotteshaus.

Fährt man weiter, gelangt man nach Novara, wo zwei Tage später, am 23. März, die Entscheidung stattfand. Wohin auch immer man blickt – Schlachtfelder, heute fruchtbarer Boden, von menschlichem Blut gedüngt.

Die Piemontesen hatten den Ort gut gewählt. Sie hatten die Hügel südlich von Novara besetzt, sich einen Rückzugsweg freigehalten und konnten die Stadt sowie das ganze weite Land im Osten, von wo die Österreicher kommen mußten, überschauen. Drei Divisionen bildeten die erste Linie, zwei weitere standen als Reserve hinter den beiden Flügeln. Das Feld, auf dem die Schlacht stattfinden sollte, wurde in südöstlicher Richtung von der Poststraße nach Mortara durchschnitten und von einem festen Gehöft namens La Bicocca überragt.

Das österreichische II. Korps stieß am 23. März gegen 11 Uhr bei Olengo, 5 km südöstlich von Novara, auf den Feind. Feldmarschalleutnant Erzherzog Albrecht, der hier eine Vorhut vermutete, griff unverzüglich an, ohne zu wissen, daß er es mit der Hauptmacht zu tun hatte. Die Piemontesen ergriffen die Flucht, aber ein Gegenangriff mit Verstärkungen zwang gegen Mittag die Österreicher zum Halt. Doch eine neue Division rückte vor, und es gelang den Österreichern sogar, das befestigte La Bicocca, einen strategisch äußerst wichtigen Punkt, zu erobern.

Der piemontesische Generalstabschef Chrzanowski entsandte die Reserve und drängte die Österreicher abermals bis Olengo zurück. Aber hier kam der Angriff zum Stehen. Ein junger Major Hubel, der später den Titel eines „Freiherrn von Olengo" erhielt, behauptete die Stellungen stundenlang mit Tiroler Kaiserjägern, bis Verstärkung eintraf und der Gegenangriff erfolgen konnte. Nun trat das III. österreichische Korps in Aktion und trieb die Piemontesen von Gehöft zu Gehöft, von Dorf zu Dorf zurück. Um 17 Uhr griff auch das IV. Korps in die Schlacht ein; sie wurde am Abend entschieden. In stürmischer Flucht strömten die geschlagenen Piemontesen in die Stadt Novara und fanden hinter den mittelalterlichen Befestigungen Schutz. Aber ihre Verluste waren enorm: 8000 Mann waren gefallen, verwundet oder gefangen, tausende deser-

tiert. Die Österreicher hatten insgesamt 120 Offiziere und 3000 Mann zu beklagen.

König Karl Albert, dessen Armee sich in völliger Auflösung befand, erbat einen Waffenstillstand, um wenigstens die spärlichen Reste seiner Truppen zu retten. Gleichzeitig dankte er zugunsten seines Sohnes Vittorio Emanuele ab. Drei Tage später traten die Bedingungen dieses Waffenstillstands in Kraft. Der Krieg gegen Sardinien wurde dank der klugen Dispositionen Radetzkys so rasch beendet, daß die Lombarden und Venetianer keine Zeit mehr fanden, sich gegen Österreich zu erheben. Für Radetzky war es nun ein einfaches, überall die Ordnung wiederherzustellen und der „Pax Austriaca" neue Geltung zu verschaffen.

„...und gab sich selbst und den Kampf verloren"
Magenta, 4. Juni 1859

In der Mitte des 19. Jahrhunderts war Europa von einem aufblühenden Wohlstand gekennzeichnet, von einer überreichen Kultur, einer rasch fortschreitenden Technisierung und Industrialisierung, vor allem in England, Deutschland und Frankreich. Und gerade England und Frankreich, die so lange erbitterten Feinde, fanden durch gemeinsame außenpolitische Interessen zunehmend wieder zusammen.

Königin Victoria und Prinzgemahl Albert statteten der französischen Hauptstadt Besuche ab, Weltausstellungen, Versöhnungsfeiern – vor allem nach dem gemeinsam erfochtenen Sieg im Krimkrieg –, Galadiners und Opernbesuche standen auf der Tagesordnung. 1852 wurde Louis Napoleon Bonaparte Kaiser der Franzosen; ihm, dem ehrgeizigen Monarchen, schwebte ein französisches Imperium vor, wie es vor ihm noch kein anderer geschaffen hatte.

Ebenfalls seit 1852 war Camillo Graf Cavour Ministerpräsident von Sardinien-Piemont. Diesem fanatischen und doch kühl berechnenden Politiker und unumstrittenen Führer des „Risorgimento" gelang es, Napoleon III. auf seine Seite zu ziehen und ihn zu einem Bündnis gegen Österreich zu bewegen. Zwar hatte Österreich im Wiener Kongreß 1814/15 Belgien an die Niederlande und den Breisgau an Baden und Württemberg abgetreten, dafür aber die von Napoleon abgetrennten Länder Tirol, Vorarlberg, Kärnten, Krain, Triest, Galizien, Mailand, Venetien, Salzburg und das Innviertel zurückerhalten. Gerade das Gebiet um Mailand war Cavour jedoch ein Dorn im Auge, solange es österreichisch blieb. Es mußte um jeden Preis wieder italienisch werden.

Napoleon III. war mit dem Handel, den ihm Cavour vorschlug, einverstanden: Falls er, Napoleon, einem Bündnis gegen Österreich zustimmte, wollte Cavour Savoyen und Nizza an die Franzosen abtreten. Mit diesem Pakt in der Tasche, begann das kleine Piemont gegen das für damalige Verhältnisse riesig große Österreich zu rüsten und zu hetzen. Wien reagierte prompt und heftig: Sollten nicht sofort die Rüstungen eingestellt werden, würde Österreich mit einer Kriegserklärung reagieren. Genau *das* war es, was Cavour wollte. Mit Napoleons Rückendeckung konnte er es sich erlauben, das österreichische Ultimatum abzulehnen. Österreich zog die Konsequenzen und erklärte den Krieg. Die unverzüglich „auf Kriegsfuß" gesetzte 2. Armee mit 107.000 Mann und 364 Geschützen wurde dem Oberbefehl von Feldzeugmeister Franz Graf Gyulai unterstellt. Sie war fast doppelt so stark wie die der Piemontesen, welche lediglich 60.000 Mann und 90 Geschütze zählte. Die militärische Ausgangslage war also günstig, denn die Truppen Napoleons waren noch nicht in Piemont eingerückt.

In seinem Aufsatz „Vom Wiener Kongreß zum Ersten Weltkrieg" schreibt Johann Heinrich Blumenthal:

„FZM Gyulai verdankte die Berufung auf seinen Posten der Gunst des Generaladjutanten Feldmarschalleutnant Grünne, nicht aber militärischer Be-

Ludwig Freiherr von Gablenz hätte die Schlacht von Magenta sicher auch am 5. Juni zugunsten Österreichs entscheiden können, wie er es, in seinem Abschnitt, bereits am 4. getan hatte, hätte nicht der Oberkommandierende die Nerven verloren und aufgegeben. (Stich von Johannes Klaus.)

Kaiser Napoleon III. (Gemälde von Alfred Dedreux aus der Sammlung Charpentier in Paris.)

gabung. Diesen Mangel suchte er durch Eigendünkel zu kompensieren. Oberst Franz Freiherr von Kuhn, der Chef seines Stabes, ein genialer, kenntnisreicher Offizier aus der Schule Heß' (des späteren Generalstabschefs), verstand sich nur wenig mit seinem Vorgesetzten. Dieser ließ meist Kuhns wohlüberlegte operative Vorschläge außer Acht. Dafür gängelte ihn die Generaladjutantur, Grünne und dessen Stellvertreter FML Baron Schlitter. Selbst im Feld vermochte der Generalstab nicht, sich gegen diese Herren Gehör zu verschaffen.

Gyulai überschritt Ende April 1858 den Tessin (Ticino). Turin erwartete den baldigen Einzug der Österreicher. Der Armeekommandant ermüdete jedoch nur seine Truppen durch dauernde Hin- und Hermärsche – je nach dem Inhalt von Grünnes Depeschen –, ließ vier Wochen verstreichen und damit die einmalige Gelegenheit, die Piemontesen zu schlagen. Wie gebannt beobachtete er nur das Defilé von Piacenza, von wo er den Anmarsch der Franzosen erwartete. In der ersten Dekade des Mai erfolgten die ersten Zusammenstöße. Inzwischen war schon das Expeditionskorps des französischen Kaisers, 116.000 Mann mit 312 Geschützen, größtenteils eingetroffen und hatte sich mit den Pie-

montesen vereinigt. Bei Montebello und Palestro kam es zu ersten größeren Gefechten; beide zeigten deutlich die Führungsschwäche der Österreicher auf."

Die vorläufige Entscheidung fiel am 4. Juni beim Tessinübergang vor Magenta, einer kleinen Stadt westlich von Mailand, wo 56.000 Österreicher mit 167 Geschützen und 44.000 Franzosen mit 88 Geschützen aufeinanderstießen. Nach einem Wort Moltkes, der damals preußischer Generalstabschef war (und sieben Jahre später, 1866, bei Königgrätz der große Gegenspieler der Österreicher), „standen am Tessinübergang Gyulais Truppen genau dort, wo sie sechs Wochen zuvor, bei Beginn der Feindseligkeiten, gestanden waren, allerdings ohne die Truppen durch sinnlose Gewaltmärsche ermüdet und einige Gefechte verloren zu haben".

Ein gefährlicher Flankenmarsch, gefährlich bei jedem anderen Gegner als Gyulai, hatte die Franzosen in die Nordflanke der Österreicher gebracht und damit Mailand bedroht. Unverzüglich schlug Kuhn vor, die noch weit auseinandergezogenen Heereskörper Napoleons anzugreifen und einzeln zu schlagen – vergebens.

Am Abend des 4. Juni waren die Österreicher im Zentrum und an ihrem linken Flügel noch immer ungeschlagen. Es gelang ihnen sogar, alle Angriffe

Feldzeugmeister Franz Graf Gyulai trug durch seine Unentschlossenheit und Überängstlichkeit Schuld an der Niederlage von Magenta. (Lithographie von Josef Kriehuber.)

Sturm auf ein von k.k. Truppen besetztes Haus in der Schlacht von Magenta, 4. Juni 1859.

gegen die Brücken des Naviglio grande – eines den Lauf des Tessin begleitenden Kanals – abzuweisen. In der Mitte ihrer Aufstellung hatte, nach anfänglichen Erfolgen der französischen Garde gegen die matt fechtenden ungarischen Regimenter des Korps Clam-Gallas, ein glänzender Gegenangriff der Brigade des Generalmajors Ludwig Freiherr von Gablenz (der im dänischen Krieg von 1864 als Feldmarschalleutnant das österreichische Expeditionskorps bravourös zum Sieg führen sollte) den Gegner zum Stehen gebracht. Auf dem südlichen Flügel, mit dem feindlichen Schlüsselpunkt des Ponto Nuovo, war dem französischen Feldmarschall Canrobert ebenfalls kein Erfolg gegen die Österreicher beschieden. Auf dem rechten, nördlichen Flügel von Gyulais Aufstellungen hingegen konnte am Abend des 4. Juni Marschall Mac Mahon das Dorf Magenta stürmen.

Der französische General MacMahon (1808–1893) erhielt nach der Schlacht den Titel eines „Herzogs von Magenta".

Szene aus der Schlacht bei Magenta.

In der Nacht vom 4. auf den 5. Juni beschloß Gyulai auf Kuhns Vorschlag, den Kampf am nächsten Morgen fortzusetzen, da die militärische Situation – mit Ausnahme des Verlustes von Magenta – an allen Abschnitten des Schlachtfeldes günstig stand und weil er, darüber hinaus, über zwei anmarschierende Korps verfügte, die noch nicht ins Gefecht gekommen waren. Erst jetzt erhielt er vom Nordflügel die Meldung von der Rücknahme der Truppen nach Osten – eine Aktion, die der Verlust von Magenta notwendig gemacht hatte. Für Gyulai bedeutete dies eine Katastrophe; er gab sich selbst und die Schlacht verloren, befahl den sofortigen Rückzug und die Räumung Mailands.

Vergebens protestierte Kuhn, vergebens bestürmten Gyulai seine Offiziere. Ein Kommuniqué, das Napoleon nach Paris telegrafierte und abgefangen wurde, bewies, daß der Franzose sich selbst alles eher denn als Sieger fühlte; ja er führte seine Truppen sogar zum Teil über den Tessin zurück und ließ sie neue Stellungen beziehen. Aber Gyulai blieb nach wie vor uneinsichtig; für ihn war die Schlacht verloren, und er wollte keinen weiteren Mann mehr für eine neuerliche „Niederlage" opfern.

Der junge Kaiser Franz Joseph I. hatte nun von den strategischen Kunststücken seines Feldzeugmeisters genug; er übernahm selbst den Oberbefehl über die sich im Festungsviereck Verona – Peschiera – Mantua – Legnano befindlichen Truppen, die er in zwei Armeen gliederte, mit General Graf Schlick und Feldzeugmeister Graf Wimpffen als Kommandanten. Generalstabschef wurde Feldzeugmeister Baron Heß. Aber selbst die Autorität des Kaisers vermochte nicht, die bitteren persönlichen Gegensätze auszugleichen, welche innerhalb der Führung herrschten.

Kleinmut, persönliche Rivalitäten und Eifersüchteleien hatten dazu geführt, daß aus einem Beinahe-Sieg eine Niederlage für die Österreicher wurde. Das wäre vielleicht nicht so schlimm gewesen, hätte sich daraus nicht jene Katastrophe entwickelt, die sich wenige Wochen später ereignete: die Katastrophe von Solferino.

Die Schlacht, die der „Herr in Weiß" gewann
Solferino, 24. Juni 1859

Nach der Schlacht von Magenta hatten sich Franzosen und Österreicher neu formiert. Das österreichische Oberkommando entschloß sich um den 20. Juni zu einer neuen Offensive: am Chiese sollte Napoleon III. ein Treffen angeboten werden.

Auf dem Vormarsch trafen die beiden Heere, je etwa 160.000 Mann stark, beim Dorf Solferino am 24. Juni 1859 zusammen. Es kam zu einer typischen Bewegungsschlacht; vom Hügelland um den Gardasee bis tief hinein in die Ebenen erstreckten sich die beiden Linien. Auf der österreichischen Seite sprang aus den Höhen eine steile, turmgekrönte Spitze, die „Spia d'Italia", gegen die Ebene vor, die mit dem Dorf Solferino den Schlüsselpunkt der österreichischen Stellungen bildete. Hier sollte sich das Korps Stadion defensiv verhalten; die Entscheidung suchte man an den beiden Flügeln: dem nördlichen unter Feldmarschalleutnant v. Benedek auf den Höhen von San Martino gegen die Piemontesen und dem starken, südlichen, unter Feldzeugmeister Graf Wimpffen auf der Heide von Medole gegen die französischen Korps MacMahon und Niel. Hier konnte sich auch die kavalleristische Überlegenheit der Kaiserlichen auswirken.

Aber Wimpffen, wegen seiner Unbeholfenheit und schlechten Figur im Sattel nicht zu Unrecht der „Armenvater" genannt, zersplitterte seine Kräfte mit ungenügenden Truppen in Einzelaktionen; er kam praktisch nicht von der Stelle. Die dringendsten Befehle aus dem kaiserlichen Hauptquartier ließen ihn völlig kalt. So geschah es, daß die französische Garde gerade in dem Augenblick – um 14 Uhr – zum entscheidenden Stoß auf das österreichische Zentrum ansetzte, als dort die schon seit fünf Stunden im Feuer gestandenen Korps abgelöst werden sollten. Außerdem hatte Wimpffen ohne zwingenden Grund den Rückzug angetreten. Dadurch erhielt MacMahon Bewegungsfreiheit; er eilte der Garde zu Hilfe und konnte so den Durchbruch durch das österreichische Zentrum erzwingen. Damit war die Schlacht entschieden – trotz des Erfolges, den Benedek auf dem rechten Flügel gegen die unter König Viktor Emanuel stehenden Piemontesen errungen hatte. Erst nach dem Abzug der Kaiserlichen, nach 20 Uhr, als Benedek schon Pozzolengo erreicht hatte, „eroberten" die Piemontesen die Höhe von San Martino.

Alle Beteiligten – Franzosen, Piemontesen und Österreicher – hatten sich tapfer geschlagen, aber entscheidende Fehler auf seiten der letzteren hatten das Kriegsglück der Gegenpartei zugespielt. Die Kaiserlichen zogen sich in das Festungsviereck zurück. Kaiser Franz Joseph I. gab die Lombardei preis und schloß mit Napoleon III. den Frieden von Villafranca.

Die Schlacht von Solferino war geschlagen, aber unter welchen Opfern! Auf den Hügeln und in der

Kaiser Franz Joseph I. von Österreich war erst 29 Jahre alt, als er in Solferino persönlich den Oberbefehl über seine Truppen übernahm. (Lithographie von Eduard Kaiser, 1855.)

Henri Dunant im Alter – die wohl bekannteste Aufnahme dieses Mannes, dem die Welt so wenig Dank entgegenbrachte, daß er in Einsamkeit und Verbitterung starb. Daran konnte auch der Friedensnobelpreis, den er 1901 erhielt, nichts ändern.

Mann, mit Gewehren, Säbeln, Bajonetten und bloßen Fäusten. Gehöfte, Hügel, Stellungen wurden vier-, fünf-, sechsmal erobert und wieder verloren. Von Mal zu Mal waren die Leichenberge gewachsen.

Wohl bemühten sich die Einwohner von Solferino und den umliegenden Dörfern rührend um die unübersehbare Menge der Verwundeten, aber es fehlte jegliche Organisation, es fehlte an Verbandstoffen, an Ärzten und geschulten Helfern. All dies erlebte ein junger Mann, der durch Zufall unbeteiligter und faszinierter Beobachter der Schlacht geworden war: Henri Dunant, damals 31 Jahre alt, Schweizer Geschäftsmann. Er hatte Kaiser Napoleon III. aufsuchen wollen, um ihn für ein großes Projekt in Algier zu gewinnen. Dunant trieben keine patriotischen Gefühle nach Solferino, er reiste „in Busineß", ohne zu ahnen, wie ein einziger Tag, der 24. Juni 1859, sein ganzes Leben verändern sollte.

Eine Seite aus Henri Dunants erschütterndem Buch „Un Souvenir de Solferino".

Ebene, in Häusern und auf den Gassen, in Kirchen, Scheunen und an den Bachufern lagen zehntausende Tote und Verwundete; die Österreicher hatten 22.000 Mann an Gefallenen, Verwundeten und Vermißten zu beklagen, die vereinigten Franzosen und Piemontesen rund 18.000.

Der nächste Morgen enthüllte ein schreckliches Bild. Im Morast, in den ein nächtlicher Wolkenbruch das Gelände verwandelt hatte, lagen neben und über toten Menschen- und Pferdeleibern die Verwundeten, der wachsenden Sonnenglut hilflos preisgegeben, voll von Schlamm und Blut. Von der wütenden Erbitterung, die während der stundenlangen Schlacht geherrscht hatte, war nun nichts mehr übriggeblieben, auch nichts mehr vom stolzen Aufmarsch der bunt Uniformierten, den wehenden Fahnen, der schmetternden Musik, den blitzenden Waffen. Die Truppen hatten verbissen und voll Todesverachtung gekämpft, Mann gegen

Nach dem Gemetzel: Kaiser Napoleon III. bei den Opfern der mehr als zwölf Stunden währenden Schlacht. Auch leichte Verwundungen konnten schon den Tod bedeuten.

Als Dunant nach Brescia kam, konnte er bereits den Aufmarsch der feindlichen Heere miterleben. Auf abenteuerlichen Wegen gelangte er nach Castiglione – und hier, am Morgen dieses denkwürdigen Tages, vergaß er auf seine geschäftliche Mission. Denn das, was er von den Höhen aus erblickte, die Solferino umgeben, war so faszinierend, war so gigantisch, daß er atemlos, wie er später schrieb, dieses Schauspiel genoß. Tief unter ihm traten die Heere zur Schlacht an, an die 300.000 Männer in bunten Waffenröcken und mit blitzenden Waffen. Noch nie zuvor hatte er ähnliches gesehen; noch nie hatte er den Zauber wohlgedrillter Armeen erlebt wie hier.

Dann aber eröffnete die Artillerie das Feuer. In die bunten Massen kam Bewegung, die Bajonette blitzten wie ein Wald von scharfen Stacheln aus Silber, die Hornsignale schmetterten zum Angriff, die Kavallerie preschte vor. Innerhalb weniger Minuten dröhnten Erde und Himmel unter den Detonationen der hunderten Kanonen, stiegen Rauchwolken auf und zogen wie graue und weiße Schleier über das weite Gelände. Die weißen, grünen und

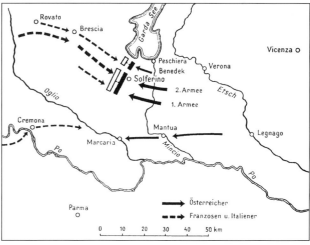

Die Schlacht von Solferino am 24. Juni 1859. Der am rechten Flügel stehende Benedek hatte die Piemontesen schon arg in Bedrängnis gebracht, als Wimpffen den Rückzug befahl.

blauen Linien krümmten sich; da und dort bildeten sich bunte Knäuel, der Lärm wurde zum Inferno. Innerhalb kürzester Zeit war aus dem exerziermäßigen Aufmarsch in strenger Ordnung ein grauenvolles Chaos geworden, ein irrer, wirrer Kampf Mann gegen Mann, Reiter gegen Reiter, Batterie gegen Batterie.

*Attacke des k.k. Husarenregiments Nr. 10 auf die französische
Infanterie. (Anton Straßgschandtner zugeschriebenes Gemälde
im Heeresgeschichtlichen Museum, Wien.)*

Voll Entsetzen sah Dunant die ersten Verwundeten, die sich mühsam aus dem Getümmel zurückzogen; er sah mit Grauen die furchtbaren Blessuren; er sah Männer, die durch den Staub krochen und vor Schmerzen brüllten; andere brachen wimmernd zusammen, streckten sich und starben. Die Faszination der ersten Minuten dieser Schlacht wich dem Grauen; fast magisch wurde Dunant zu den Feldspitälern hingezogen, zu denen man die Verwundeten schleppte, wo sich eine Handvoll Ärzte fieberhaft bemühte, die plötzlich in Massen Eintreffenden zu versorgen.

Dunant konnte später nie sagen, wann er zum erstenmal mit Hand anlegte. Er, der als bloßer „Tourist" in geschäftlicher Mission nach Solferino gekommen war, griff plötzlich zu, ohne auf seinen eleganten weißen Anzug zu achten, der ihm den Titel „Der Herr in Weiß" eintragen sollte. Dunant half mit, Verwundete zu tragen, er organisierte Decken und Wasser und Tragbahren, er bettete die

Wimmernden auf Stroh und versuchte, Verbandmaterial aufzutreiben.

Schon am Nachmittag öffneten sich die Schleusen des Himmels; ein Wolkenbruch verwandelte das riesige Schlachtfeld in ein Schlammfeld; es wurde empfindlich kalt. Die tausenden Verwundeten, welche stundenlang ohne Pflege, ohne schmerzlindernde Mittel, ohne menschlichen Trost im Schlamm lagen, weithin verstreut auf einem mehrere Kilometer breiten Feld, begannen zu frieren; viele von ihnen starben an Lungenentzündung.

Bald schon mußte Henri Dunant erkennen, daß alles, was hier von vielen freiwilligen Händen getan wurde, viel zuwenig war, um dieses unvorstellbar große Leid auch nur ein wenig zu lindern. Waren es zunächst ein paar hundert Verwundete gewesen, die man hatte versorgen müssen, so waren es am Nachmittag bereits tausende und in der Nacht und am nächsten Morgen zehntausende: Franzosen, Piemontesen, Österreicher, Ungarn, Algerier, Türken, ein Gemisch unzähliger Menschen, die alle nur eines gemeinsam hatten: die Schmerzen, die Hilflosigkeit und den Tod, dem sie auf dem

Schlachtfeld entronnen waren, dem sie aber hier noch immer ins Auge sehen mußten, weil es ganz einfach zuwenig Hilfe gab. Es existierte keine Organisation, die es gelernt hatte, mit solchen Menschenmassen fertigzuwerden, solch grauenvolle Verletzungen zu behandeln. Viele dieser elend zugerichteten Soldaten starben an Blutverlust, weil sie nicht rechtzeitig verbunden werden konnten. Es gab keine Narkosemittel; das Schreien der Männer, denen die Sägen der Ärzte bei vollem Bewußtsein in Fleisch und Knochen fuhren, gellte tagelang durch die Straßen und Gassen der Dörfer.

Und noch etwas hatten Dunants aufmerksame Augen entdeckt: einige Feldlazarette und Sammelplätze von Verwundeten waren mit schwarzen Flaggen gekennzeichnet. Aber obwohl es eine Art stillschweigenden Übereinkommens gab, die so markierten Örtlichkeiten zu verschonen, wurden dennoch mehrere von ihnen von Kanonenschüssen getroffen. Die schwarzen Fahnen waren viel zu schlecht zu sehen. Bereits hier dachte Dunant über ein neues, besser sichtbares Zeichen nach, aber es sollte noch Jahre dauern, bis sich das „Rote Kreuz" nicht nur als Organisation, sondern auch als international anerkanntes Emblem durchsetzte.

Vier Tage lang arbeitete Dunant Seite an Seite mit anderen Helfern in diesem grauenvollen Chaos aus Schmerz und Tod, aus Gestank und Geschrei. In einem Brief an eine bekannte Gräfin schrieb er: „Seit Tagen pflege ich nun die Verwundeten von Solferino, und ich habe mehr als tausend dieser Unglücklichen unter meiner Obhut. Wir haben über 40.000 Verwundete, Österreicher und Verbündete, bei diesem furchtbaren Ereignis. Die Ärzte sind unzulänglich; ich mußte sie wohl oder übel durch einige Bauersfrauen und Gefangene ersetzen... Ich kann nicht wiedergeben, was ich gesehen habe... Ich schreibe inmitten eines Schlachtfeldes, aber das Schlachtfeld mit seinen Haufen Toten und Sterbenden ist nichts im Vergleich mit einer Kirche, in der 500 Verwundete übereinander liegen... Seit Tagen sehe ich jede Viertelstunde Menschen unter unausdenklichen Qualen sterben. Ein Schluck Wasser, eine Zigarre, ein freundliches Lächeln – und Sie finden veränderte Wesen, die tapfer und ruhig die Todesstunde ertragen. Verzeihen Sie mir, aber ich weine unaufhaltsam beim Schreiben... Wir haben hier nichts... Hundert Zigarren in einer Kirche, in der Hunderte von Verwundeten liegen, reinigen die verpestete Luft und mildern die entsetzlichen Ausdünstungen."

Nach Solferino eilte Dunant nach Brescia, wo er weitere zwölf Tage lang Sanitäter, Organisator, Trostspender und barmherziger Samariter war. Als die schwerste Arbeit getan war, begab er sich nach Mailand, wo er immer wieder in den gehobenen Kreisen auf eine Idee zu sprechen kam, die ihm in Solferino gekommen war: Man sollte eine Gesell-

Tausende Schädel der Gefallenen befinden sich im Ossarium von Solferino. Immer wieder bringen Verbände des Internationalen Roten Kreuzes aus allen Teilen der Welt hierher Blumen und Kränze.

Auf dem Burghügel von Solferino wurde ein eindrucksvolles Denkmal des Roten Kreuzes errichtet.

schaft zur Versorgung der Verwundeten gründen; Ärzte, Schwestern, Sanitäter sollten eigens dafür ausgebildet werden. Man sollte für sie ein Zeichen schaffen, das alle Staaten anerkennen würden und wodurch Personen, Fahrzeuge und Lazarette, die durch dieses Zeichen gekennzeichnet waren, geschützt sein würden.

Diese Gesellschaft *wurde* gegründet, allerdings erst viel später, und auch das Zeichen, das rote Kreuz, wurde geschaffen. Henri Dunant hatte nicht zuletzt durch seine unermüdliche Tätigkeit, aber auch durch sein Buch „Un Souvenir de Solferino" („Erinnerung an Solferino") die notwendige Vorarbeit geleistet.

So gesehen, ist Solferino zu einem Synonym für Nächstenliebe und Barmherzigkeit geworden. Es gab auf seinem Schlachtfeld nur einen einzigen Sieger: den „Herrn in Weiß".

Mit schuld an der verheerenden Niederlage der Österreicher bei Solferino war Feldzeugmeister Franz Graf von Wimpffen, der von seinen Soldaten spöttisch „Armenvater" genannt wurde. (Lithographie von Josef Kriehuber.)

Feuertaufe für das Rote Kreuz
Düppel, März und April 1864

———◆———

Dies wäre eine schwierige Frage bei einem Quiz: „Wo und wann wurde das Rote Kreuz zum erstenmal in einem Krieg als international anerkanntes Symbol eingesetzt?" – Die Antwort dürfte nur wenigen Menschen geläufig sein: Im Deutsch-Dänischen Krieg von 1864.

Die zum Deutschen Bund gehörenden norddeutschen Herzogtümer Schleswig, Holstein und Lauenburg waren mit Dänemark in Personalunion verbunden. Diese lockere Bindung genügte 1863 der Partei der „Eiderdänen" nicht mehr; sie setzte bei König Friedrich VII. eine Gesamtstaatsverfassung durch, die Schleswig Dänemark einverleibte und Holstein in engere Verbindung zu diesem Kö-

nigreich brachte. In der Folge ließ der deutsche Bundestag „Exekution führen": sächsisch-hannoveranische Truppen rückten in die Herzogtümer Holstein und Lauenburg ein, Friedrich VIII. von Augustenburg wurde in Itzehoe zum Herzog ausgerufen. Gleichzeitig jedoch erklärten Preußen und Österreich unabhängig von den Bundesbeschlüssen Dänemark den Krieg und rückten in Schleswig-Holstein ein.

Im Hintergrund dieser Entwicklung stand der preußische Ministerpräsident Otto von Bismarck,

Trotz ungewöhnlicher Kälte siegten die Österreicher in der Schlacht bei Oeversee am 6. Februar 1864.

Der Schweizer General Guillaume Dufour setzte sich besonders dafür ein, daß Henri Dunants Idee verwirklicht werden konnte.

Der Schweizer Geschäftsmann Henri Dunant hatte – wie im vorigen Kapitel beschrieben – 1859 in Norditalien durch Zufall die Schlacht von Solferino und ihre entsetzlichen Folgen selbst erlebt. Und er hatte wenig später sein Buch „Erinnerung an Solferino" verfaßt und veröffentlicht, ein dünnes, nur 80 Seiten umfassendes Werk, das aber innerhalb weniger Monate die Welt aufrüttelte. Nach der Schilderung des Furchtbaren, das er in und um Solferino erlebt hatte, fragte er:

„Sollte es nicht möglich sein, in allen Ländern in Friedenszeiten Hilfsgesellschaften zu gründen zu dem Zweck, die Verwundeten in Kriegszeiten ohne Unterschied der Volksangehörigkeit durch Freiwillige pflegen zu lassen, die für eine solche Arbeit gut vorbereitet sind? Da die Menschen sich auch fernerhin töten werden, ohne sich zu hassen, und da der höchste Kriegsruhm darin besteht, so viel Menschenleben als möglich zu vernichten, da man immer noch zu behaupten pflegt, der Krieg sei etwas Göttliches, da man jeden Tag mit einer Ausdauer, die einer besseren Sache würdig wäre, immer furchtbarere Zerstörungsmittel ersinnt und die Erfinder dieser Mordwerkzeuge durch die um die Wette rüstenden Staaten Europas noch aufgemuntert werden – warum sollte man da nicht eine Zeit verhältnismäßiger Ruhe und Stille benutzen, um die von uns gestellte, vom Standpunkt der Menschlichkeit wie des Christentums gleich hochbedeutende Frage zu lösen?"

Worte, die bis dahin noch nie gehört worden waren und die auch noch heute ihre Geltung haben – mehr denn je. Gewiß waren manche Militärs anderer Meinung. Der französische Kriegsminister Marschall Radon äußerte sich dazu: „Das ist ein Buch, das gegen Frankreich gerichtet ist." Und der kaiserliche Hausminister Marschall Vaillant bedauerte in einem amtlichen Schreiben, daß die Zeiten vorbei seien, in denen man die eroberten Städte verbrannte, die Gefangenen umbrachte und die Verwundeten vollends niedermetzelte. Und er fügte hinzu, er lege Wert darauf, daß diese seine Meinung, die er sich zur Ehre anrechne, öffentlich bekannt würde...

Auch in Genf wurde Henri Dunants Buch „verschlungen". Hier machten sich vor allem vier Männer über seine Vorschläge besondere Gedanken: der Jurist Gustave Moynier, General Guillaume Dufour, der Kommandant der Schweizer Armee, sowie die beiden Mediziner Dr. Theodore Maunoir und Dr. L. P. Appia, alle Mitglieder der „Gesellschaft für öffentliche Wohlfahrt" mit Sitz im Athenäum zu Genf. Ihnen war es zu verdanken, daß Dunants Anregungen zu einer internationalen Organisation für die Betreuung von Verwundeten auf den Schlachtfeldern Europas publik wurden. An der ersten Konferenz Ende 1863 in Genf nahmen 26 Vertreter aus 17 Nationen teil. General Dufour

von dem der Ausspruch stammt: „Wenn Preußen und Österreich einig sind, so sind sie Deutschland, und die Aufstellung eines anderen Deutschland neben ihnen kommt in kriegerischen Zeiten einem Verrat der deutschen Sache gleich. Sind Preußen und Österreich aber uneinig, so besteht Deutschland politisch überhaupt nicht; sind sie einig, so gebührt ihnen die Führung."

Wilhelm Mommsen schreibt in seiner Bismarck-Monographie: „Es war Bismarck gelungen, in der Sache Schleswig und Holstein ein Zusammengehen der beiden Mächte gegen Dänemark zu erreichen. Dadurch ergab sich die ungewöhnliche Lage, daß Österreich und Preußen gemeinsam gegenüber den Mittelstaaten und dem Bundestag vorgingen. Es zeigte sich, daß der Deutsche Bund bedeutungslos war, wenn die beiden deutschen Großmächte sich einigten."

Der Krieg begann. Es wurde kein außergewöhnlich heftiger Krieg, mit immensen Zahlen an Gefallenen, Verwundeten und Gefangenen, obwohl auch er Blut und Tränen kostete. Das außergewöhnliche Moment dieses Krieges war ein völlig anderes. Doch um dieses zu verstehen, müssen wir ein Jahr zurück, nach Genf, gehen.

war ihr Präsident – jener Mann, der 1831 die Schweizer Flagge entworfen hatte, das weiße Kreuz auf rotem Grund, und dessen humane Befehle an seine Soldaten weit über die Grenzen hinausgedrungen waren: „Bleibt stets mäßig im Kampfe, erniedrigt euch nicht zu Rohheiten... Verhindert um jeden Preis die Zerstörung der Kirchen... Wenn der Feind geschlagen ist, pflegt seine Verwundeten, als wären es die unseren... Entwaffnet die Gefangenen, aber fügt ihnen nichts Böses zu... Laßt sie zu den Ihren zurückkehren, wenn sie sich auf Ehrenwort verpflichten, die Uniform auszuziehen und nicht mehr zu den Waffen zu greifen... Wenn Gewalttaten auf der Seite des Gegners vorkommen, sorgt dafür, daß man *uns* nichts Derartiges vorwerfen kann... Zähmt nach einem Kampf den Furor des Soldaten, schont die Besiegten... Ich stelle unter euren Schutz die Kinder, die Frauen, die Greise und die Geistlichen... Wer Hand legt an einen harmlosen Menschen, macht sich ehrlos und besudelt die Fahne seines Landes...“

Am Ende dieser viertägigen Konferenz schlug Dr. Appia vor – angesichts der Tatsache, daß Henri Dunant Schweizer Staatsbürger war –, die Farben der Schweizer Fahne umzukehren und dieses Zeichen – rotes Kreuz auf weißem Grund – künftig als Symbol für die zu gründende Rettungsgesellschaft im Krieg wie im Frieden zu verwenden. Die Delegierten erklärten sich mit diesem Antrag einstimmig einverstanden – das Rote Kreuz war geboren.

Doch dieser Appia tat noch mehr, und damit sind wir wieder beim Deutsch-Dänischen Krieg von 1864, bei dem die Österreicher erstaunlicher Weise weit mehr Opfer an Toten und Verwundeten zu verzeichnen hatten als die Preußen. Der Grund lag, wie eine preußische Militärzeitschrift nach dem Krieg urteilte, darin, „daß die österreichischen Schützen keine Deckung suchen, sie dringen direkt vorwärts, gefolgt von den Soutiens (d. s. die den Plänklerketten folgenden geschlossenen Ab-

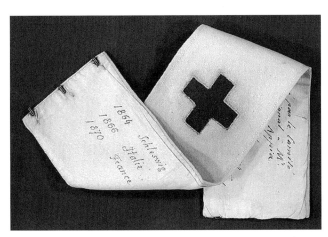

Die Rot-Kreuz-Armbinde, die Dr. Appia 1864 in Schleswig, 1866 in Italien und 1870 in Frankreich trug.

Dr. Louis Appia trug im Deutsch-Dänischen Krieg als Arzt erstmals eine Rot-Kreuz-Binde.

teilungen), so daß in der Regel gleich die ersten, starken Schützenschwärme viel leiden, ohne daß die Dänen, die in Deckung liegen, vom Feuer erschüttert werden; daher sind die österreichischen Verluste so groß.“

Dies bewies bereits das erste größere Gefecht zwischen Österreichern und Dänen bei Oeversee: Obwohl erstere trotz der für sie ungewöhnlichen Kälte siegreich blieben, verloren sie 433 Mann, die Dänen hingegen nur 206; allerdings wurden 676 Dänen gefangengenommen.

Anders bei den Preußen – und sie bewiesen es beim Sturm auf die berühmten Düppeler Schanzen. Dabei handelte es sich um eine Kette von zehn mächtigen Schanzen, die die Festung Düppel (dänisch: Dybbøl) schützten, in der sich 22.000 Dänen unter General von Gerlach aufhielten. Am 28. März 1864 wurde sie von 16.000 Preußen unter Prinz Friedrich Karl eingeschlossen. Die drei Wochen dauernde Belagerung wurde am 18. April mit einer schweren Kanonade und einem massiven Sturm auf die Schanzen, der die Festung zu Fall brachte, abgeschlossen. Die Verluste der Preußen beliefen sich auf 1300 Mann, die der Dänen auf 5000 einschließlich der Gefangenen.

Nachdem es am 9. Mai noch zu einem Seegefecht bei Helgoland zwischen der österreichisch-preußischen Flotte (unter Tegetthoff, dem späteren großen Sieger von Lissa über die italienische Flotte) und mehreren dänischen Schiffen (unter Admiral Suenson) gekommen war, fand am 29. Juni bei Alsen die letzte Schlacht dieses Krieges

Auf der Anhöhe von Düppel stehen heute noch alte Geschütze, befindet sich aber auch noch jene alte Windmühle, die als Beobachtungsposten der dänischen Artillerie diente.

Christian IX., noch weiter den Hügel hinab, in Richtung Sönderborg, die alte Windmühle, die schon damals stand und als Beobachtungsposten für die Artillerie gedient hatte. Da und dort finden sich Steine mit kargen Inschriften. Sie künden davon, daß hier ein Mann gefallen ist. Nur mehr wenige Steine existieren noch heute.

Auch in Oeversee ist die Erinnerung an jene Tage Anfang 1864 noch lebendig. Dieser kleine Ort liegt knapp 10 km südlich von Flensburg. Unmittelbar neben der Straße, auf einem niedrigen, von Eichen bewachsenen Hügel, erhebt sich ein mächtiger, aus Steinquadern aufgemauerter Tumulus, der von einem Kreuz überhöht wird. Auf dem Sockel stehen die Worte: „Friede ihrer Asche", auf einer großen Bronzetafel sind die einzelnen Opfer der österreichischen Kontingente von jenem 6. Februar 1864 aufgereiht. Noch heute findet an diesem Tag der „Oeversee-Marsch" statt, zur Erinnerung an jene denkwürdige Zeit, die von den Menschen dieser Gegend noch immer nicht vergessen ist. Doch auch in der steirischen Landeshauptstadt Graz, deren Regiment „König der Belgier" an der Schlacht teilgenommen hatte –, erinnert ein Oeversee-Gymnasium in der gleichnamigen Gasse an jenes Ereignis.

statt. Die Preußen setzten in Booten auf die Insel über, erreichten unter heftigem Feuer die dänischen Schanzen und nahmen sie im Sturm. Damit war der letzte Widerstand gebrochen. Dänemark kapitulierte und trat im Frieden von Wien die Herzogtümer Schleswig, Holstein und Lauenburg an Österreich und Preußen ab.

Der Krieg von 1864 hatte etwas Neues gebracht: Dr. Appia auf deutscher und der Holländer C. W. M. van de Velde auf dänischer Seite waren die ersten Männer, die in einem Feldzug die Rot-Kreuz-Armbinde ebenso trugen wie ihre freiwilligen Helfer, und das Rote Kreuz wehte auch auf den Fahnen über den einzelnen Verbandplätzen und Lazaretten. Alle Kombattanten hatten sich zuvor bereit erklärt, dieses Zeichen zu respektieren und zu schützen. Das Rote Kreuz hatte in Oeversee, in Düppel und auf Alsen seine Feuerprobe bestanden.

Man ist überrascht, wenn man heute zu den Düppeler Schanzen kommt. Die weiten Ebenen bei Flensburg werden – kaum hat man die dänische Grenze überschritten – von Hügeln abgelöst, die Straße führt immer wieder bergauf und bergab. Düppel und seine Schanzen liegen auf einem dieser Hügel, nur bestehen die Schanzen – dereinst ein gewaltiges Fünfeck mit wuchtigen Mauern, mit Kanonen und Palisaden – heute nur mehr aus moosüberwachsenen Mauertrümmern. Der gesamte Höhenrücken ist ein einziges Denkmal. Vor einem hohen Flaggenmast, von dem der Danebrog, die dänische rote Flagge mit dem durchgehenden weißen Kreuz, weht, stehen vier Kanonen. Dahinter, auf schlankem Sockel, die Büste von König

Zur Erinnerung an die im Gefecht bei Oeversee gefallenen Österreicher wurde südlich von Flensburg dieses Denkmal errichtet.

Denkmal für König Christian IX. vor der alten Windmühle bei Düppel.

In Flensburg kann man in der Speisenkarte im „Deutschen Haus" über die Geschichte dieses Gebäudes einen interessanten Nachtrag zur weiteren Entwicklung des Gebietes finden:

„Gemäß Artikel 109 des Versailler Vertrages, der auf Initiative der dänischen Regierung aufgenommen worden war, wurde im deutsch-dänischen Grenzgebiet 1920 eine Volksabstimmung durchgeführt. Auf diesem Ergebnis basiert die heutige Grenze. In Flensburg stimmten 27.081 für Deutschland, 8944 für Dänemark. Als Dank für diesen Abstimmungserfolg schenkte das Deutsche Reich 1928 der Stadt Flensburg das ‚Deutsche Haus'. Über dem Haupteingang stehen die Worte: ‚Reichsdank für deutsche Treue!'"

Das „Deutsche Haus" birgt eine Reihe verschiedener Säle für große und kleine Veranstaltungen; es stellt eine Art Kulturzentrum dar. Auch dänische Gruppen treten hier öfters auf. Man kann sich nicht mehr vorstellen, daß um diese Grenze heute gekämpft werden könnte, wie dies vor eineinviertel Jahrhunderten der Fall war. Es ist ein friedliches, gutnachbarliches Gebiet geworden, mit einer Grenze, die man kaum noch spürt.

Die letzte „klassische" Schlacht
Königgrätz, 3. Juli 1866

Wann immer auch mit Historikern, besonders mit Militärhistorikern, über die Schlacht von Königgrätz diskutiert wird, sieht man sich mit zahlreichen Meinungen konfrontiert: Das strategische Genie Moltkes sei dem österreichischen Generalstab haushoch überlegen gewesen; der österreichische Oberbefehlshaber, Feldmarschalleutnant Ludwig Ritter von Benedek, sei an seinem eigenen Wankelmut gescheitert; das preußische Zündnadelgewehr sei den österreichischen Vorderladern nicht nur hinsichtlich Feuergeschwindigkeit, sondern auch Treffsicherheit mehr als eine Waffengeneration vorausgewesen; die Zugsverbindungen der Preußen wären wesentlich besser gewesen als jene der Österreicher; die Anwesenheit des preußischen Königs und Bismarcks auf dem Schlachtfeld habe die Moral der Preußen unwahrscheinlich gehoben. Auch der berühmt-berüchtigte „Nebel von Chlum" wird immer wieder ins Treffen geführt.

Von alldem trifft zweifelsohne etwas zu, doch die Tragödie der österreichischen Armee von Königgrätz liegt auf einer ganz anderen Ebene: nämlich vor allem in den verschiedenartigen Strukturen der preußischen und der österreichischen militärischen Strategie, in der differenzierten Handhabung der einzelnen Waffengattungen und, besonders, auch in der allerhöchsten Führung, die auf österreichischer Seite sehr zu wünschen übrig ließ. Kaiser Franz Joseph I. weilte im wahrsten Sinn des Wortes „weit vom Schuß" in Wien; Preußens König Wilhelm I. hingegen stand mit seinem Kronprinzen sowie dem preußischen Ministerpräsidenten und späteren Kanzler Otto von Bismarck den ganzen Tag lang an der Front.

Königgrätz hat die Geschichte Europas verändert: „Dreißig Dynastien sind hinweggespült, das Schicksal von 20 Millionen zivilisierter Menschen ist für immer betroffen", schrieb der Reporter des Londoner „Spectator" nach dieser Schlacht. Am Morgen des 3. Juli 1866 hatte Österreich noch als die stärkste Macht Mitteleuropas gegolten; abends hatte Preußen seine Unbezwingbarkeit unter Beweis gestellt. Dabei hatte Königgrätz selbst – westlich von Brünn gelegen, heute: Hradec Králové – mit der Schlacht nur am Rande zu tun. Die schwersten Kämpfe wurden im Westen, Nordwesten und Norden geführt, und Orte wie Sadowa oder Chlum hätten viel mehr Berechtigung gehabt, in die Geschichte einzugehen.

Was war diesem blutigen Treffen der beiden seit langem um die Vormacht in Deutschland rivalisierenden Länder vorausgegangen? Helmuth von Moltke, der Chef des preußischen Generalstabs, sprach es in seinen „Gesammelten Schriften und Aufsätzen" nüchtern und offen aus: „Der Krieg von 1866 ist nicht aus Notwehr gegen die Bedrohung der eigenen Existenz entsprungen, auch nicht hervorgerufen durch die öffentliche Meinung und die Stimme des Volkes; es war ein im Kabinett als notwendig erkannter, längst beabsichtigter und ruhig

Feldmarschalleutnant, später Feldzeugmeister Ludwig Ritter von Benedek (1804–1881), der große Sündenbock von Königgrätz. (Lithographie von Eduard Kaiser.)

Den österreichischen und sächsischen Batterien war es bei der Schlacht von Königgrätz zu verdanken, daß die Niederlage der k.k. Armee nicht noch furchtbarer endete. (Xylographie nach einer Zeichnung von S. Beck.)

vorbereiteter Kampf nicht für Ländererwerb, Gebietserweiterung oder materiellen Gewinn, sondern für ein ideales Gut – für Machtstellung. Dem besiegten Österreich wurde kein Fußbreit seines Territoriums abgefordert, aber es mußte auf die Hegemonie in Deutschland verzichten."

Der Mann, der diese „Machtstellung" seit Jahren intensiv zu erreichen suchte, war Fürst Otto von Bismarck, preußischer Ministerpräsident während der Regierungszeit König Wilhelms I. Schon im Deutsch-Dänischen Krieg war es zu Mißstimmungen zwischen Preußen und Österreichern, aber auch innerhalb des Deutschen Bundes gekommen, da immer deutlicher wurde, daß Bismarck mit allen Mitteln die Vormachtstellung Preußens innerhalb dieser lockeren Gemeinschaft erringen wollte. Dabei wurden gerade in jenen Jahren Deutschland und Preußen von sozialdemokratischen Unruhen geplagt: Männer wie Friedrich Engels, Wilhelm Liebknecht, Friedrich Albert Lange, August Bebel, Julius Vahlteich u. a. agierten vehement gegen die Bismarcksche Expansionspolitik, und ein bezeichnendes Gedicht von Georg Herwegh klagt über den Mißbrauch der preußischen Soldaten gegenüber dem Volk:

„Und immer mehr und immer mehr,
und immer mehr Soldaten!
Herr Wilhelm braucht ein großes Heer.
Er sinnt auf große Taten.

Er braucht es nicht wie Friedrich
auf fernen Siegesbahnen –
Herr Wilhelm braucht es innerlich
für seine Untertanen.

Herr Wilhelm braucht ein großes Heer,
braucht Pulver und Patronen:
An Jesum Christum glaubt er sehr,
doch mehr noch an Kanonen.

Er kann, o Volk, wie einen Hund
aufs Bajonett dich spießen.
Kann dich zusammenreiten und
kann dich zusammenschießen..."

Schon vier Jahre vor Königgrätz hatte Bismarck beschlossen, die „deutschen Probleme" durch einen Krieg zu lösen. 1862 sprach er im Abgeordnetenhaus die berühmten Worte: „Die großen Fragen der Zeit können nur mit Blut und Eisen gelöst werden." Der Begriff „eiserner Kanzler" rührt von jener Rede her.

Den Anlaß bot die ungelöste Zukunft Schleswig-Holsteins. Bismarck ließ den Konflikt mit Österreich eskalieren, marschierte schließlich sogar in Holstein ein. Auf Antrag Österreichs beschloß der

Zeitgenössische Darstellung der Schlacht bei Königgrätz im „Dresdner Bilderbogen": Während die Österreicher im Vordergrund links noch angreifen, stürmt hinten bereits preußische Kavallerie vor.

Deutsche Bundestag daraufhin die Mobilisierung der gesamten nichtpreußischen Bundestruppen. Daraufhin trat Preußen aus dem Deutschen Bund aus und erklärte ihn für aufgelöst. Damit war der Kriegsanlaß gegeben. Bayern, Sachsen, Württemberg, Hannover, Baden, Kurhessen, Hessen-Darmstadt und die freie Reichsstadt Frankfurt traten auf die Seite Österreichs. Zu Preußen standen nur einige kleinere norddeutsche Staaten; allerdings hatte Bismarck mit dem Königreich Italien ein gegen Österreich gerichtetes militärisches Bündnis geschlossen.

Anfang März 1866 hatte Kaiser Franz Joseph I. die Aufstellung von zwei Armeen befohlen. Die Nordarmee stand unter dem Kommando von Feldzeugmeister Ludwig Ritter von Benedek – er wurde dem Monarchen von der öffentlichen Meinung mehr als nahegelegt –, ihm zur Seite Generalstabschef Feldmarschalleutnant Alfred Baron Henik-

stein und der Chef des Operationsbureaus Generalmajor Gideon Ritter vom Krismanić. Sie umfaßte 7 Korps, 3 Reserve-Kavallerie-Divisionen, 780 Geschütze, zusammen rund 159.000 Gewehre und 17.500 Säbel. Die Südarmee gegen Sardinien-Piemont befehligten Feldmarschall Erzherzog Albrecht und Generalstabschef Generalmajor Franz Baron John. Sie umfaßte 3 Korps, 1 Reserve-Infanterie-Division, 1 mobile Streifbrigade, 1 Kavalleriebrigade, insgesamt rund 78.500 Gewehre, 3500 Säbel und 168 Geschütze.

In der Annahme, die preußische Armee könnte sich in überlegener Stärke vorzeitig versammeln, verfügte Benedek den Aufmarsch im Raum Brünn – Zwittau – Olmütz, gestützt auf diese veraltete Lagerfestung. Einzelne Infanteriebrigaden sicherten ostwärts gegen die Grafschaft Glatz. Am 10. Juni war der Aufmarsch im großen und ganzen beendet.

Das königlich-sächsische Armeekorps unter General der Infanterie Kronprinz Albert, rund 18.500 Gewehre, 2500 Säbel, sammelte sich bei Dresden. Es hatte sich der k.k. Nordarmee anzuschließen.

Preußen hatte seine Streitmacht in drei Armeen geteilt: In die Elbarmee (Generalleutnant Herwarth von Bittenfeld, 40.000 Mann, 144 Geschütze), in die 1. Armee (Prinz Friedrich Karl, 93.000 Mann, 300 Geschütze) und in die 2. Armee (Kronprinz Friedrich Wilhelm, 105.000 Mann, 342 Geschütze). Alle drei waren im Raum Cottbus – Görlitz – Landeshut versammelt.

Der Zusammenstoß der beiden feindlichen Heere erfolgte am 3. Juli 1866 nordwestlich der kleinen böhmischen Festung Königgrätz gegen 7 Uhr früh. Von den Preußen rückte die Elbarmee gegen den linken Flügel der Österreicher, die 1. Armee gegen deren Zentrum vor. Die Kronprinzenarmee, von Norden kommend, war gegen den rechten Flügel der Kaiserlichen angesetzt. Allerdings konnte sie nicht vor den ersten Nachmittagsstunden in die Schlacht eingreifen, da sie noch zu weit nördlich stand.

Die überlegene österreichische Artillerie hielt die Preußen stundenlang fest. An der Naht zwischen Zentrum und rechtem kaiserlichem Flügel setzte sich eine preußische Division in den Besitz des Swiepwaldes, der im Verlauf der Schlacht eine bedeutende Rolle spielen sollte und mehrmals den Besitzer wechselte. Gegen diesen Wald schwenkte das unweit von Chlum, einem kleinen, auf einer Anhöhe liegenden Dorf, den rechten Flügel der Österreicher bildende k.k. IV. Korps auf, obwohl die Befehle eine solche Bewegung eigentlich nicht vorgesehen hatten. Auch das österreichische II. Korps schloß sich diesem Schwenk an, so daß – als von Norden starke preußische Verstärkungen gegen diesen rechten Flügel anrückten – diese Flanke der Benedek-Armee praktisch entblößt war. Der Oberbefehlshaber befahl die beiden Korps unverzüglich in ihre Ausgangspositionen zurück, was angesichts der schweren Kämpfe, in die sie verwickelt waren, alles eher als einfach war. Trotz dieses strategischen Mißgeschicks stand die Lage der Österreicher gut; das ungeheuer wirkungsvolle Feuer der k.k. Artillerie vereitelte nicht nur ein weiteres Vordringen der Preußen, es zwang sie sogar zum Rückzug. Benedek erkannte die günstige Situation und beschloß, seine 58.000 Mann starke Reserve zum alles vernichtenden Stoß in die Schlacht zu werfen.

Da geschah etwas, das man später immer wieder untersuchte, erklärte, beschönigte, lächerlich machte oder ganz einfach als Zufall abtat. Gerd Fesser beschreibt diese Situation in seiner Broschüre „Der Weg nach Königgrätz" mit folgenden Worten:

„Feldzeugmeister Benedek hat sich auf der Höhe von Lipa postiert und verfolgt das Kampfgeschehen. Rings um ihn halten die Offiziere seines Stabes in ihren schneeweißen Waffenröcken, auf dem Kopf goldbetreßte Zweispitze mit flatternden hellgrünen Federbüschen. Da kommt einer von ihnen, Oberst Neuber, auf den Gedanken, sein ermattetes

Unweit des kleinen Schlachtenmuseums von Chlum erhebt sich das Denkmal der „Batterie der Toten" mit der Figur der „Austria".

Roß gegen ein frisches auszutauschen. Er reitet deshalb auf das nahegelegene Chlum zu, das durch eine Bodenwelle verdeckt ist. Als der Oberst sich dem Ort nähert, pfeifen ihm plötzlich Kugeln um die Ohren. Starr vor Überraschung sieht er, daß fliehende österreichische Kavallerie aus dem Dorf heraussprengt. Neuber galoppiert in rasender Eile zum Gefechtsstand zurück. Seine Erregung mühsam unterdrückend, bittet er Benedek, ihm eine Meldung unter vier Augen machen zu dürfen. Der Feldzeugmeister sieht ihn befremdet an. ‚Wir haben keine Geheimnisse.' – ‚Dann habe ich zu melden, daß die Preußen Chlum besetzt haben!' Die Stabsoffiziere sind wie vom Donner gerührt. Benedek reißt sein Pferd herum und jagt auf Chlum zu, sein Stab hinter ihm her. Als die Kavalkade das erste Bauerngehöft erblickt, schlägt ihr ein Bleischauer entgegen, und mehrere Reiter stürzen getroffen zu Boden. Was ist geschehen?

Generalstabschef Moltke hat die Truppen Benedeks zunächst von Nordwesten her durch die preußische 1. Armee und die Elbarmee frontal angreifen lassen. Gleichzeitig hat er die 2. preußische Armee mit 97.000 Mann in Marsch gesetzt, die sich

Helmuth Graf Moltke (1800–1891), Generalstabschef der preußischen Armee, seit 1867 konservativer Reichstagsabgeordneter und ab 1872 erbliches Mitglied des preußischen Herrenhauses.

patronen. Seine Feuergeschwindigkeit betrug fünf gezielte Schüsse pro Minute, seine maximale Schußweite 1200 Meter. Das Gewehr war ohne Bajonett 143 cm, mit Bajonett 193 cm lang und wog inklusive Bajonett 5,34 Kilogramm. Zur Zeit der Schlacht von Königgrätz wurde ein eichelförmiges Geschoß verwendet, das sogenannte Langblei, das eine Anfangsgeschwindigkeit von 296 m/sek. erreichte. Der Name „Zündnadelgewehr" rührte von einer Stahlnadel her, die am Schlagbolzen des Gewehrschlosses angebracht war. Drückte der Schütze den Abzug der Waffe durch, so schnellte der Schlagbolzen vor, die Zündnadel durchstieß die Papierpatrone, drang in deren Zündkapsel ein und löste so den Schuß aus. Das Laden konnte auch im Liegen vorgenommen werden, während die Österreicher ihre Gewehre nur im Stehen umständlich von oben mittels Ladestocks nachladen mußten.

Knapp nach 15 Uhr fiel auch Rosberic in die Hände der preußischen Garde; andere Orte wurden eingenommen, Sadowa etwa, Langenhof, Lochewitz etc. Das österreichische Zentrum war praktisch auseinandergesprengt, aber Artillerie

nördlich der österreichischen Aufstellung befand. Da der Regen alle Wege aufgeweicht hat, ist die 2. Armee aber nur langsam vorangekommen. Gegen 14 Uhr erscheint ihre Angriffsspitze – die 1. Gardedivision – überraschend vor Chlum. Dieser wichtige Ort ist von den Österreichern nur unzureichend besetzt; der Vormarsch zum Swiepwald und der gleich darauf angeordnete Rückzug auf die Höhe von Chlum hatte die Truppen stark mitgenommen. Die preußischen Gardeinfanteristen können deshalb Chlum nach kurzem, wenn auch heftigem Kampf einnehmen. Da zu gleicher Zeit die Elbarmee die ihr gegenüberstehenden österreichischen und sächsischen Truppen weit zurückgeschlagen hat, was Benedek ebenfalls noch nicht weiß, beginnt die preußische Zange sich bereits zu schließen."

Mit allen Mitteln versuchte Benedek, Chlum zurückzuerobern, aber alle Gegenangriffe scheiterten am rasenden Feuer der Preußen. Hier bewährte sich besonders das Zündnadelgewehr, das den Vorderladern der Österreicher weit überlegen war – so überlegen sogar, daß manche den Ausgang der Schlacht von Königgrätz ausschließlich dieser „modernen Waffe" zuschrieben. Dieses Zündnadelgewehr war ein Einzellader für Papier-

Otto Fürst von Bismarck, der „eiserne Kanzler", der „die großen Fragen der Zeit nur mit Blut und Eisen" lösen zu können glaubte. Königgrätz gab ihm recht.

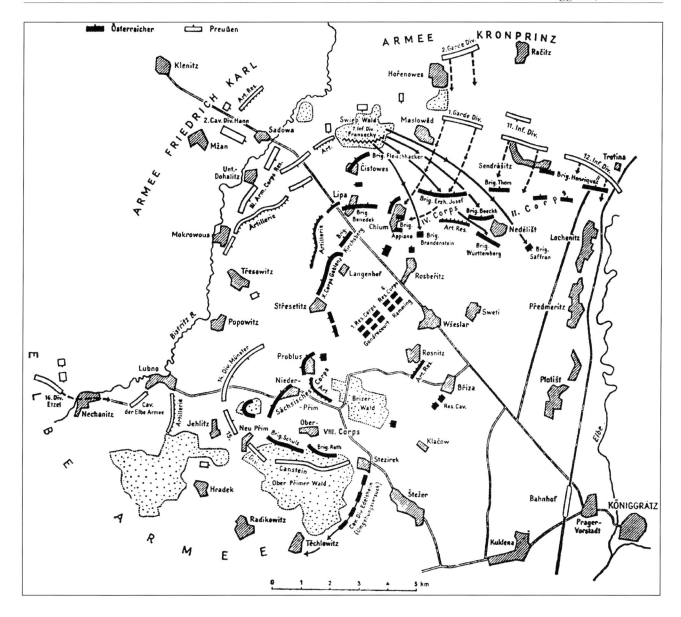

und Kavallerie gaben, während die Infanterie unter schwersten Verlusten zurückflutete, nicht auf. Ihnen war es zu verdanken, daß die verlorene Schlacht mit der Elbe im Rücken nicht zur Katastrophe geriet: sie retteten Österreich eine Armee. Doch die Verluste waren entsetzlich. Dem österreichischen Generalstabswerk zufolge betrugen sie 1313 Offiziere, 41.499 Mann, 6010 Pferde; davon waren 330 Offiziere und 5328 Mann gefallen, 431 Offiziere und 7143 Mann verwundet, 43 Offiziere und 7367 Mann vermißt, 509 Offiziere und 21.661 Mann in Gefangenschaft geraten. Die Sachsen verloren insgesamt 55 Offiziere und 1446 Mann, von denen 15 Offiziere und 120 Mann tot, 40 Offiziere und 900 Mann verwundet und 426 Mann vermißt waren. Im ganzen gesehen, büßte die österreichische Armee ein Fünftel ihrer Effektivstärke ein, darunter die Elite der Truppenführer und Unterof-

Die hier festgehaltene Situation ist die vom Nachmittag, nachdem der Flankenangriff der preußischen 2. Armee wirksam geworden ist. Die aus dem Swiepwald zurückströmenden österreichischen Einheiten (Pfeile) des IV. und II. Armeekorps (Mollinary und Thun) werden von der überraschend einbrechenden preußischen Garde überrannt und ihre Reste gegen die Elbe gedrängt. Auf dem linken österreichischen Flügel hat die rückgängige Bewegung beim VIII. Korps und bei den Sachsen bereits eingesetzt, sie vollzieht sich hier aber in Form eines geordneten Sich-Absetzens, da die preußische Elbarmee die Lage nicht ausnützt und sich die Gelegenheit zu Vorstößen gegen die Rückzugslinien der Österreicher entgehen läßt.

fiziere; ganz zu schweigen vom hohen Prozentsatz an Geschützen, Transportmitteln und Vorräten, die dem Feind in die Hände fielen.

Die preußischen Verluste waren bemerkenswert niedrig: sie betrugen 359 Offiziere, 8794 Mann und 909 Pferde, davon 99 Offiziere und 1830 Mann an

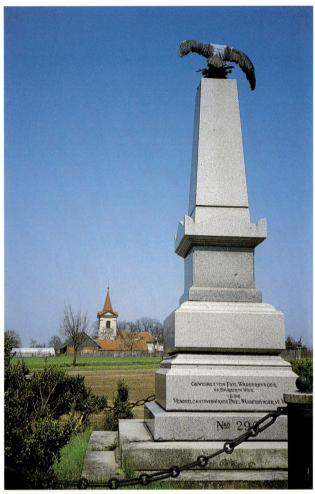

An die vierhundert Denkmäler erinnern heute noch an die Schlacht bei Königgrätz. Dieses unmittelbar vor der seinerzeit so heftig umkämpften Ortschaft Chlum errichtete trägt die Registriernummer 296.

Gefallenen, 260 Offiziere und 6688 Mann an Verwundeten sowie 276 Vermißte.

Zahlreiche Österreicher hätten gerettet werden können, wäre es nicht beim Rückzug über die Elbe zu unvorstellbaren Szenen gekommen. Etwa die Hälfte der zurückflutenden Truppenmassen, zehntausende Männer, Reiter, Kanonen, Bagage- und Trainwagen bewegten sich auf die Festung Königgrätz zu, die durch ein Überschwemmungsgebiet geschützt war, deren Tore jedoch der Kommandant hatte schließen lassen. Als die Nacht hereinbrach und die verzweifelten Truppen auf Dämmen und Brücken das Sumpfgebiet überqueren wollten, kam es zur Panik. Hunderte Soldaten ertranken erbärmlich, andere wurden im Gedränge von den nachströmenden Truppen und Pferden zu Tode getrampelt. Ein Augenzeuge nannte es „einen zweiten Übergang über die Beresina".

Bismarcks Triumph war vollkommen. Nach dem Sieg von Königgrätz jagte er drei „Herrscher von Gottes Gnaden" – den König von Hannover, den Kurfürsten von Hessen-Kassel und den Herzog von Nassau – von ihren Thronen und gliederte deren Länder dem Staat Preußen an.

Am 23. August wurde in Prag der Friedensvertrag zwischen Preußen und Österreich unterzeichnet. Um sich einen möglichen Bündnispartner für die Zukunft zu erhalten, forderte Bismarck Österreich keine Gebietsabtretungen zugunsten Preußens ab. Die besiegte Donaumonarchie mußte nur die Vorherrschaft in Deutschland dem preußischen Militärstaat überlassen und Venetien an Italien abtreten sowie eine Kriegsentschädigung zahlen. Welchen Schock die Niederlage und deren Folgen auslösten, beweist der entsetzte Ausruf des Kardinalstaatssekretärs Antonelli: „Il mondo casca!" – „Die Welt stürzt ein!"

Königgrätz erhielt in der Geschichte Europas seinen festen Stellenwert. Die „Illustrated London News" schrieb bereits am 14. Juli 1866 – einer ihrer Reporter war Augenzeuge der Schlacht: „Auf dem Kriegsschauplatz haben sich Ereignisse von so erschreckender Art und, wie anzunehmen ist, von solcher Bedeutung für die Zukunft zugetragen, daß man bei dem Versuch, ihre wahre Tragweite abzuschätzen, schwindlig wird." Und der Londoner „Spectator" kommentierte eine Woche zuvor, am 7. Juli: „Das politische Gesicht der Welt hat sich verändert, wie es sich sonst nur nach einem Menschenalter des Krieges zu verändern pflegte... In einem einzigen Augenblick hat sich Preußen auf den Platz der ersten Großmacht Europas geschwungen."

Der bekannte Historiker Gordon A. Craig, Ordinarius für neuere Geschichte an der amerikanischen Stanford-Universität, versucht in seinem Buch über Königgrätz zu erklären, aus welchem Grund viele Historiker von diesem militärischen Ereignis so fasziniert sind:

„Zunächst war die Schlacht bei Königgrätz das größte kriegerische Treffen (vor dem Ersten Weltkrieg, Anm. d. Verf.) der modernen Geschichte. Gemessen an der Zahl der daran Beteiligten, erscheinen die Schlachten des Altertums wie auch jene der Zeitalter Gustav Adolfs und Friedrichs des Großen winzig. Selbst in der ‚Völkerschlacht' bei Leipzig im Jahr 1813, an der die Streitkräfte aller Großmächte und mehrerer kleinerer Staaten teilnahmen, standen nur 430.000 Mann auf dem Schlachtfeld. Bei Königgrätz rangen 440.000 bis 460.000 Mann um die Entscheidung. Die Fülle der

Rechte Seite: „Den braven Kämpfern die treuen Kameraden" lautet die Inschrift am Sockel dieses Denkmals am Swiepwald, der wohl am heftigsten umkämpften Gegend des gesamten riesigen Schlachtfeldes von 1866. Es zeigt einen österreichischen Feldjäger und wurde 1896 von Viktor Tilgner geschaffen.

Einzelaktionen dieser Schlacht versetzte die Zeitgenossen in Verwunderung und beeindruckte spätere Geschichtsschreiber. Das massive Artilleriefeuer, das die Österreicher den ganzen langen Tag der Schlacht unterhielten, hat in der europäischen Kriegsgeschichte kaum seinesgleichen; nie wieder sah man etwas, das der großen Reiterschlacht bei Stresetitz und Langenhof an die Seite zu stellen wäre, in der auf beiden Seiten je 5000 Reiter kämpften...

Überdies aber spielte in dieser Schlacht erstmals die fortgeschrittene Technik des Industriezeitalters eine für den Ausgang maßgebliche Rolle. Nur der Fortschritt auf dem Gebiet des Verkehrs machte es möglich, eine so große Anzahl von Menschen auf das Schlachtfeld zu befördern... Ohne Eisenbahn und Telegraph hätte der Feldzug ein ganz anderes Aussehen angenommen, und die Entscheidungsschlacht wäre wahrscheinlich unter völlig anderen Voraussetzungen geschlagen worden. Auf dem Schlachtfeld von Königgrätz erlebten auch die neuen Waffen der Zukunft ihre erste Bewährungsprobe: das Geschütz mit dem gezogenen Gußstahlrohr und der Hinterlader der Infanterie...

Für den Kriegswissenschaftler ist Königgrätz auch deshalb interessant, weil sich hier erstmals der Eindruck eines neuen Stils darbot, der in der Folgezeit stärkste Auswirkungen auf das strategische Planen in Europa haben sollte. Er zeigte, wie im Industriezeitalter unter Ausnutzung von Raum und Schnelligkeit eine Armee umfaßt und vernichtet werden konnte, die sich auf herkömmliche Operationsmethoden verließ."

Wer heute nach Königgrätz kommt, ist ein wenig enttäuscht. Von der Festung von einst finden sich nur mehr spärliche Mauerreste; die Wälle wurden geschleift, um der sich ausdehnenden Stadt Platz zu machen für neue Häuser, Geschäfte, Plätze und Straßen.

Hingegen ist das riesige Schlachtfeld von 1866 eine einzige gigantische Erinnerungsstätte mit über vierhundert Denkmälern in kilometerweitem Umkreis. Sie stehen mitten auf freiem Feld, am Waldrand, in den Wäldern, in und vor den kleinen Dörfern: Pyramiden und Säulen, Soldaten und Löwen, Adler und Fahnen aus Marmor und Bronze, aus Eisen und Stein. Man sollte sich Zeit nehmen und sie aufsuchen – diese Symbole für Kampf und Sieg, für Niederlage und Tod, für Schmerz und Verzweiflung.

Königgrätz – Chlum – Swiepwald – Sadowa: Namen, die man nicht mehr vergißt, wenn man dort gewesen ist; Namen, die mehr sind als Ortsbezeichnungen. Namen, die Geschichte gemacht haben, wie etwa Cannae, Marathon, Verdun oder Stalingrad.

IX.

Der Todeskampf der österreichisch-ungarischen Monarchie

Bis 1914 hatte sich um die beiden europäischen Mittelmächte Deutschland und Österreich-Ungarn, die seit 1879 in einem Verteidigungspakt verbündet waren, ein feindlicher Einkreisungsring gebildet – folgenschweres Ergebnis einer falschen deutschen Außenpolitik, die seit 1890, dem Abtreten Bismarcks, alle guten Lehren des preußischen Reichsgründers in den Wind geschlagen hatte. Die neureiche deutsche Bourgeoisie hatte den altetablierten imperialen Mächten den Fehdehandschuh in Form des wirtschaftlichen Konkurrenzkampfes zugeworfen. Um Flottenverstärkung und Kolonien, um Bagdadbahnbau und Industrien, um Trusts und Kartelle kreiste das politische Bewußtsein dieses deutschen Bürgertums, und die Parolen lauteten: Krupp und Siemens, Großchemie und AEG. Die anderen Großmächte, vor allem England, Frankreich und Rußland, hatten diese Herausforderung angenommen und mit dem bewährten Mittel der Einkreisung begonnen. Daß dies keine Friedenspolitik sein konnte, beleuchtete treffend die Berichterstattung des neutralen belgischen Gesandten in Berlin vom 6. Dezember 1911: „Die Entente cordiale zwischen England und Frankreich ist nicht auf der positiven Grundlage der Verteidigung gemeinsamer Interessen begründet worden, sondern auf der negativen Grundlage des Hasses gegen das Deutsche Reich..."

In Deutschland war nach dem Krieg von 1870/71, in Österreich-Ungarn nach Königgrätz eine Reihe von politischen Neuerungen eingetreten: die politischen Parteien waren erstarkt, Sozialismus und Marxismus wurden zu mehr als bloßen philosophischen Überlegungen, Kulturkampf wurde, besonders in Deutschland, großgeschrieben, in der Habsburgermonarchie erstarkte das Nationalitätsbewußtsein immer mehr. Das Wort vom österreichischen „Völkerkerker" wurde immer lauter.

Trotz dieser politisch unruhigen Zeiten kam es auch jetzt wieder durch verstärkte Industrialisierung zu wirtschaftlicher Blüte, aber auch die Kultur erfuhr neue Impulse: In Wien begann die „silberne Ära der Operette", der Jugendstil eroberte die Welt, und ungeachtet der Tatsache, daß um die Jahrhundertwende immer irgendwo auf der Welt gekämpft wurde – in Südafrika etwa im Burenkrieg, in China während des Boxeraufstandes –, so lebte Europa

doch in einer Euphorie des blühenden Wohlstandes. Aber gleichzeitig war diese Zeit von Tragödien geprägt: 1889 hatte sich Kaiser Franz Josephs Sohn Rudolf in Mayerling gemeinsam mit seiner Geliebten erschossen; 1898 wurde Kaiserin Elisabeth in Genf ermordet; 1914 fiel Thronfolger Franz Ferdinand in Sarajevo einem Attentat, ausgeheckt und durchgeführt von serbischen Nationalisten, zum Opfer. Die

Kaiser Franz Joseph stand bereits im 66. Jahr seiner Herrschaft, als er sein Land mit dem Ultimatum an Serbien in einen Krieg führte, den er zwar nicht wollte, aber für unvermeidlich hielt. Das Ende dieses Krieges und damit auch das Ende seines Reiches und seiner Dynastie sollte Franz Joseph nicht mehr erleben: der Hochbetagte verstarb am 21. November 1916.

Causa belli war gegeben; die verschiedenen Bündnisverpflichtungen der europäischen Staaten untereinander, ja die allgemeine Überzeugung, daß ein Krieg unvermeidlich sei, brachten es mit sich, daß der Konflikt nicht auf den Balkan beschränkt blieb, sondern zu einem Weltkrieg eskalierte, der in vier Jahren über acht Millionen Menschenleben kosten sollte.

Aber obwohl die Soldaten aller kriegführenden Nationen mit Hurra und Begeisterung ins Feld zogen, verlief der Krieg von allem Anfang an nicht so, wie es sich die Herrscher und ihre Feldherrn vorgestellt hatten. In Serbien etwa waren die Truppen Österreich-Ungarns zwar bis Montenegro und Albanien vorgestoßen, mußten sich dann aber wieder bis hinter Save und Drina zurückziehen. Als es im Spätherbst bzw. Frühwinter zu einer Erholungspause kam, hatte Österreich-Ungarn allein an dieser Front 28.000 Tote, 122.000 Verwundete, über 76.000 Gefangene und zehntausende Kranke zu verzeichnen.

Auch gegen Rußland verlief nicht alles nach Plan, obwohl dort die Deutschen unter Hindenburg und Ludendorff bereits in den ersten Kriegswochen den überwältigenden Sieg von Tannenberg an ihre Fahnen heften konnten. Bis zum Frühsommer 1915 drohte hingegen die Gefahr eines russischen Durchbruchs an der Karpatenfront – Wien stellte sich bereits auf eine Belagerung ein! Im Westen dafür blieb der deutsche Angriff nach ersten Erfolgen in den Schlammwüsten von Somme, Marne, Verdun und Ypern liegen und erstarrte zum zermürbenden Stellungskrieg. 1915 mußte eine dritte Front, die gegen Italien, eröffnet werden, als der einstige Dreibundgenosse zum Gegner überging – eine Front, die sich über die Felsen und Berge Süd- und Welschtirols bis nach Kärnten erstreckte.

1916 verstarb Franz Joseph I., der greise Kaiser von Österreich und König von Ungarn, der erste unter den deutschen Fürsten, der bescheidene Monarch und „erste Soldat des Staates". Ihm, der nach den schmerzlichen Tragödien seines Hauses „Mir bleibt nichts erspart" gesagt hatte, mußte wenigstens den letzten, den schwersten Verlust nicht mehr erleben: den Untergang nicht nur seiner stolzen Armee, sondern auch seiner Dynastie und seines Imperiums, der österreichisch-ungarischen Doppelmonarchie.

Auch Deutschland erging es nicht anders. Kaiser Wilhelm II. mußte am Ende des verlorenen Krieges abdanken; er begab sich in die Niederlande ins Exil. Im Reich ging es drunter und drüber: Arbeiter- und Soldatenräte übernahmen nach kommunistischem Vorbild die Macht, Chaos herrschte, Politiker wurden ermordet, und auch als 1919 die „Weimarer Republik" ausgerufen wurde, die bis zu Hitlers Machtergreifung 1933 mehr schlecht als recht Bestand hatte, waren – gerade auch durch die unvernünftig harten Bedingungen des Friedens von Versailles – weder innerer Friede noch eine Basis zu gesamteuropäischer Zusammenarbeit möglich. Die Weltwirtschaftskrise tat ein übriges, um die Unzufriedenheit der notleidenden und in weiten Teilen arbeitslosen Bevölkerung zu steigern und jenem Mann in die Arme zu treiben, von dem einzig und allein man sich Rettung erwartete: Adolf Hitler.

Ein verschollenes Tagebuch bestätigt Trakl

Grodek – Lemberg – Rawa Ruska, August und September 1914

Sind sie nicht erschütternd, diese Zeilen aus dem letzten Gedicht von Georg Trakl mit dem eigenartigen Titel „Grodek"?

„Am Abend tönen die herbstlichen Wälder
Von tödlichen Waffen, die goldnen Ebenen
Und blauen Seen, darüber die Sonne
Düstrer hinrollt; umfängt die Nacht
Sterbende Krieger, die wilde Klage
Ihrer zerbrochenen Münder…"

Georg Trakl, neben Rilke und Weinheber wohl einer der bedeutendsten Lyriker Österreichs des 20. Jahrhunderts, hat die grauenvollen Schlachten zu Beginn des Ersten Weltkriegs zwischen Przemyśl, Grodek und Lemberg selbst miterlebt. Er war Medikamentenakzessist im Leutnantsrang, und er zerbrach angesichts der menschlichen Tragödien in diesen blutigen Gemetzeln. In einem Garnisonsspital in Krakau starb er in der Nacht vom 3. auf den 4. November 1914 an einer Überdosis Kokain.

Grodek, einst im österreichischen Galizien gelegen, dann zu Polen gehörend, liegt heute wenige Kilometer östlich der polnisch-ukrainischen Grenze und nennt sich Gorodok. Über diesen kleinen Ort und die Ereignisse in den ersten Wochen und Monaten des Ersten Weltkrieges gibt es ein erstaunliches Dokument, das 69 Jahre lang verschollen gewesen war und erst 1985 durch Zufall wiederentdeckt wurde: das Kriegstagebuch des aus Vorarlberg stammenden k.u.k. Oberleutnants Dr. Gero von Merhart, der in den verlustreichen Schlachten von Grodek und Lemberg in russische Kriegsgefangenschaft geriet, nach Sibirien kam und dort als Geologe und Prähistoriker bis 1921 am Jenissei und in den Museen von Krasnojarsk wirkte. 1916 hatte er das Tagebuch aus der Gefangenschaft an seinen Vater nach Bregenz geschickt, doch war es dort nie angekommen. Erst 1985 wurde es in den Archiven des Schwedischen Roten Kreuzes in Stockholm gefunden und den Verwandten Dr. v. Merharts zugesandt. Die Greuel, die Georg Trakl in und um Grodek als Sanitäter erlebte, werden durch dieses Tagebuch in allen Details bestätigt. Nur zerbrach der Offizier nicht daran wie der sensible Dichter.

Ludwig von Ficker, Herausgeber der angesehenen Literaturzeitschrift „Der Brenner" in Innsbruck, wohl der erste und beste Kenner und Förderer Trakls, konnte den Kranken noch Ende Oktober 1914 im Garnisonsspital zu Krakau besuchen. Bei dieser Gelegenheit gab ihm der Dichter, welcher einen ruhigen Eindruck machte, seine beiden letzten Gedichte, darunter „Grodek", mit. Ficker schrieb später über diese Begegnung u. a.:

„In der Schlacht von Grodek, kurz vor der Entscheidung und schon im Rückschlag einer an der

Georg Trakl posiert in Uniform bei einem Fototermin. An dem menschlichen Elend des Krieges sollte der Dichter jedoch bald zerbrechen.

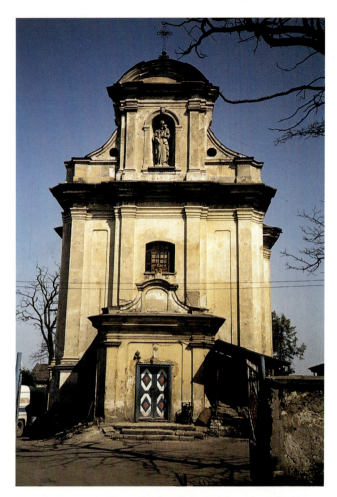

Die alte Kirche von Rawa Ruska diente im Kampf um die kleine Stadt Österreichern wie Russen als Lazarett.

ganzer Jammer, hier habe er einen angefaßt. Nie könne er das vergessen, und auch den Rückzug nicht; nichts nämlich sei so schrecklich wie ein Rückzug in Verwirrung..."

Wie heißt es doch in Trakls letztem Gedicht?

„Doch stille sammelt im Weidengrund
Rotes Gewölk, darin ein zürnender Gott wohnt,
Das vergoßne Blut sich, mondne Kühle;
Alle Straßen münden in schwarze Verwesung..."

Oberleutnant von Merhart hatte diesen Rückzug mitgemacht und selbst die Gehenkten an den Bäumen gesehen: „Wir wußten noch wenig von der ungeheuerlich verräterischen Gesinnung der Ruthenen, die uns so vielen, vielen Schaden tat... Viele Hunderte dieser Ruthenen baumelten im Laufe des Feldzuges an den Bäumen der Straßen, den Balken der Brücken, auf eigenen Galgen, auf den Ringplätzen in den Städten, Spione, Verräter, Zerstörer unserer Leitungen, Aufwiegler, heimtückische Mordschützen im eigenen Lande. Aber mancher und manche von ihnen starben mit den Worten: ‚Ich sterbe für meinen Zar, für unseren Zar!' Trugen sie übermächtigen Drang zum eigenen Volkstum, zum Rassestaat über der Grenze? War es Fanatismus, den Agenten und Chauvinisten gezüchtet? War es Wut derer, die man der Unterdrückung durch polnisches Beamtentum ausgeliefert? Wußte man in Wien von all dem nichts? Sah man nicht die Dutzende neuer orthodoxer Kirchen, die allüberall entstanden oder im Entstehen waren, für uns eine unverständliche Erscheinung bei der ziemlichen Armut der Leute... Erfreulicherweise kam ich nicht in die Lage, solche Kerle hängen zu müssen. Ich hätte sicher keine Gnade geübt, aber ich wäre den Gedanken nicht losgeworden, daß man eben mit Wissen diese Bauern fremden Einflüssen überlassen hat, indem man sie aus leidigen innerpolitischen Gründen in keiner Weise stützte und pflegte..."

Der Erste Weltkrieg war lange schon in der Luft gelegen, noch ehe am 28. Juni 1914 die Schüsse in Sarajevo das österreichische Thronfolgerpaar getötet hatten. Bereits vor der Jahrhundertwende hatten sich in Europa zwei Bündnissysteme entwickelt, die „Entente cordiale" zwischen England, Frankreich und Rußland sowie der Zweibund Deutschlands mit Österreich-Ungarn. Die vielfachen Querelen zwischen den einzelnen europäischen Staaten – etwa die Flottenrivalität zwischen England und Deutschland, die Wut Frankreichs über den Verlust Elsaß-Lothringens nach dem Krieg von 1870/71, die Probleme des Nationalismus und des Panslawismus, wie er vor allem in den österreichisch-ungarischen Kronländern immer stärker wurde – diese Querelen hätten in ihren Details gewiß politisch-diplomatisch gelöst werden

Front ausbrechenden Panik, war die Sanitätskolonne, der er angehörte, zum ersten Male eingesetzt worden. In einer Scheune, nahe dem Hauptplatz des Ortes, hatte er ohne ärztliche Assistenz die Betreuung von neunzig Schwerverwundeten übernehmen und machtlos, selber hilflos, diese Marter durch zwei Tage ausstehen müssen. Noch habe er das Stöhnen der Gepeinigten im Ohr und ihre Bitten, ihrer Qual ein Ende zu machen. Plötzlich, kaum hörbar in dem Jammer, sei eine schwache Detonation erfolgt: Einer mit einem Blasenschuß hatte sich eine Kugel durch den Kopf gejagt, und unversehens klebten blutige Gehirnpartikel an der Wand. Da hatte er hinaus müssen. Aber so oft er ins Freie trat, immer habe ihn ein anderes Bild des Grauens angezogen und erstarren gemacht. Da standen nämlich auf dem Platz, der wirr belebt und dann wieder wie ausgekehrt schien, Bäume. Eine Gruppe unheimlich leblos beisammenstehender Bäume, an deren jedem ein Gehenkter baumelte, Ruthenen (Ukrainer; Anm. d. Verf.), justifizierte Ortsansässige... Tief habe er sich den Anblick eingeprägt: der Menschheit

„Stürmen und Sterben der Kopaljäger", deren Name an Oberst von Kopal erinnert, einen Kriegshelden des Jahres 1848. (Nr. 54 des offiziellen Kriegsbildwerkes „Österreich-Ungarns Wehrmacht im Weltkriege".)

können. Insgesamt aber warteten die Völker geradezu auf einen noch so nichtigen Anlaß, der zu einem Krieg führen könnte. Und Sarajevo bot diesen Anlaß.

Nun ging es Zug um Zug und Schlag auf Schlag. Nur eine Woche nach dem Attentat von Sarajevo erklärte der deutsche Kaiser Wilhelm II. die unbedingte Bündnistreue zu Österreich-Ungarn. Am 23. Juli wurde ein bis zum 25. Juli befristetes Ultimatum der Donaumonarchie an Serbien in Belgrad überreicht, in dem die serbische Regierung aufgefordert wurde, alle anti-österreichischen Aktionen zu unterlassen, österreichische Beamte an den Untersuchungen über das Attentat und seine Hintergründe zuzuziehen und in Militär, Beamtenschaft, Schulwesen und Presse alle österreichfeindlichen Elemente zu eliminieren.

Als am 25. Juli aus Belgrad eine Österreich-Ungarn nicht befriedigende Antwort auf das Ultimatum einlangte, brach die Habsburgermonarchie alle diplomatischen Beziehungen zu Serbien ab. Noch am gleichen Tag ordnete der Balkanstaat die Mobilmachung an. Österreich-Ungarn befahl daraufhin eine Teilmobilmachung. Am 26. Juli trat Rußland, das bereits am 24. Juli erklärt hatte, es werde „in keinem Fall aggressive Handlungen Österreich-Ungarns gegen Serbien zulassen", in die Periode der Kriegsvorbereitung ein. Zwei Tage später erklärte Österreich-Ungarn Serbien den Krieg.

Das genügte Rußland, um am 29. Juli die Teil- und am 30. Juli die Gesamtmobilmachung anzuordnen. Gleichzeitig mobilisierte Frankreich seinen Grenzschutz. Zu Mittag des 31. Juli erklärte Österreich-Ungarn ebenfalls die Gesamtmobilmachung; von den 52,8 Millionen Einwohnern der Doppelmonarchie wurden 8,5 Millionen Männer zwischen 18 und 50 Jahren erfaßt.

Am 1. August machte auch Frankreich mobil; wenige Stunden später ordnete Wilhelm II. die allgemeine Mobilmachung an und erklärte Rußland den Krieg. Da die belgische Regierung das deutsche Ultimatum, das freien Durchzug deutscher Truppen durch Belgien forderte, ablehnte, erklärte Deutschland dem kleinen Nachbarstaat den Krieg. Dies wiederum bot England den Anlaß, nun ebenfalls in den Krieg einzutreten. Der Weltkrieg war nicht mehr aufzuhalten.

Heute vergißt man nur allzuleicht, daß die österreichisch-ungarische Monarchie 1914 eine Fläche von über 676.000 km² umfaßte, fast 53 Millionen Einwohner zählte und daß weite Teile des Balkans, des heutigen Polen und Rußland, die spätere Tschechoslowakei und ganz Ungarn in dieser Doppelmonarchie vereinigt waren.

Das Gebiet, welches uns hier besonders interessiert und das in den ersten Monaten dieses Weltkrieges im Mittelpunkt grauenvoller Schlachten lag, ist Galizien. Es erstreckt sich von Krakau im heutigen Polen bis hinunter nach Czernowitz in der Bukowina und noch weiter. Die vier Orte, die für Österreichs Armeen zu Schicksalsstätten wurden – Przemyśl, Grodek, Lemberg und Rawa Ruska –, sie waren alle einmal österreichisch, liegen heute in zwei Ländern: Przemyśl in Polen, Grodek (Gorodok), Lemberg (Lwiw) und Rawa Ruska in der Ukraine. Während Grodek und Rawa Ruska kleine Bauerndörfer waren, handelte es sich bei Przemyśl und Lemberg um Städte mit starken Festungsanlagen, vor allem bei ersterer. Um sie tobten im Sommer, Herbst und Winter 1914 bis weit in das Jahr 1915 hinein schwere Kämpfe, die hunderttausende Tote, Verwundete und Gefangene kosteten. Grodek lag genau zwischen den beiden Festungen. Dank einem Dichter, der an den hier erlebten Greueln zerbrach, wurde Grodek weit bekannter als die anderen Orte in nächster Umgebung.

Ziel der Österreicher unter dem Armeeoberkommando von Erzherzog Friedrich und Generalstabschef Franz Graf Conrad von Hötzendorf war es, noch vor Wirksamwerden der vollen russischen Mobilisierung eine erste Entscheidung herbeizuführen. Der österreichische Aufmarsch gliederte sich Anfang August von Schlesien im Nordwesten bis in die Bukowina im Südosten folgendermaßen:

Feldmarschall Franz Graf Conrad von Hötzendorf (hier in der Uniform eines Generalobersten) war von 1914 bis Februar 1917 Generalstabschef der gesamten österreichisch-ungarischen bewaffneten Macht und als solcher für die anfänglichen Erfolge der Österreicher in Galizien verantwortlich. 1917 wurde er Heeresgruppenkommandant an der Südwestfront (Südtirol).

in die Armeegruppe Kummer – welch ein Name! – unter dem General der Infanterie Ritter Kummer von Falkenfeld, der ab September auch ein deutsches Landwehrkorps zugeteilt war, die 1. Armee unter General der Kavallerie Viktor Graf Dankl, die 4. Armee unter General der Infanterie Ritter von Auffenberg, die 3. Armee unter General der Kavallerie Ritter von Brudermann, der später von General Svetozar Boroević-Bojna abgelöst wurde, und in die 2. Armee unter General der Kavallerie von Böhm-Ermolli, die von Serbien heranmarschierte, um den rechten Flügel zu verstärken.

Am 10. August 1914 überschritten die 1. und 4. Armee die österreichisch-russische Grenze; sie prallten schon bald auf die russischen Armeen der Generäle Iwanow und Plehve. Die nächsten Tage und Wochen waren mit fast pausenlosen Kämpfen ausgefüllt, in deren Verlauf die Stärken und Schwächen der Österreicher schon deutlich zutage traten. Großartigen Leistungen der einen Truppenteile standen unerklärliche Rückzugsmanöver der anderen gegenüber, wie etwa der Kavallerieeinheiten, die sich angeblich wegen Munitionsmangels plötzlich zurückzogen, oder wie die 15. Infanteriedivision, die den Russen in die Falle ging und innerhalb weniger Stunden 8000 Mann an Toten und Verwundeten verlor, worauf der Divisionskommandeur Selbstmord beging. Aber es kam auch zu glänzend geführten Angriffen, wie etwa in der Schlacht von Komarów vom 28. August bis 1. September, die dank der klugen Taktik General Boroevićs zu einem Erfolg der Österreicher wurde. Doch die Russen gaben sich nicht geschlagen; ihre frischen Truppen stürzten sich wenig später auf die 3. Armee General Brudermanns bei Lemberg und schlugen sie.

Im Kriegstagebuch von Oberleutnant von Merhart steht über diesen Rückzug: „Lemberg wurde geräumt oder, besser gesagt, von der zerschlagenen Armee Brudermann endgültig verlassen. Mancher von uns, der keine taktischen oder strategischen Kenntnisse, keine Kenntnisse des galizischen Kriegsschauplatzes hatte, sah nichts anderes als das traurige und düstere Bild einer geschlagenen Armee, hinter der eine mächtige Woge riesenhafter feindlicher Kräfte folgte." Und etwas später: „Unsere besten Regimenter sind in schweren Stürmen zerdroschen worden, überaus viele tapfere und unersetzliche Offiziere sind verloren, ein großer Teil der Feldtruppen ist unwiederbringlich dahin. Es wird seinen guten Zweck gehabt haben, daß wir gegen die russischen Heeresmassen derart angerannt sind, allein wer möchte sich zu überzeugen, daß bei etwas mehr Geduld, Überlegung und Ruhe nicht derselbe Zweck hätte erreicht werden können, ohne daß ein scharfes Draufgehen, ein solches Verschmähen von systematisch vorbereitetem Angriff (wie gut und klug lehrt diesen un-

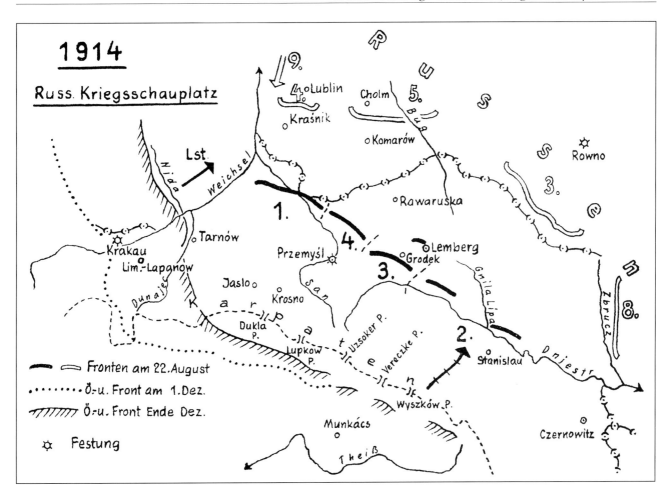

ser Dienstreglement!) zu Gunsten einer reinen, allerdings sehr schneidigen Hurrataktik platzgreifen müßte. Schon damals sagten wir oft, wie interessant es sein müßte, das Generalstabswerk 1914 über diese ersten Kriegswochen zu lesen. Die Standesrapporte jener Zeit, in denen naturgemäß Krankheiten eine noch bescheidene Rolle spielten, müssen schrecklich sein."

Und sie wurden noch schrecklicher. In den ersten beiden Wochen dieses mörderischen Krieges verloren die Österreicher an die 400.000 Mann an Toten, Verwundeten und Gefangenen. Die Zahlen bei den Russen lagen ungefähr gleich hoch.

Trakl hat es mit anderen Augen gesehen und mit anderen Worten festgehalten:

„Unter goldnem Gezweig der Nacht und Sternen
Es schwankt der Schwester Schatten durch den
    schweigenden Hain,
Zu grüßen die Geister der Helden, die blutenden
    Häupter;
Und leise tönen im Rohr die dunkeln Flöten des
    Herbstes."

Aber Österreich-Ungarns Armee trug nicht allein Schuld an dieser Katastrophe so rasch nach Beginn des Krieges. Als Deutschland an der Seite der Dop-

Lag die Front bei Ausbruch des Krieges noch östlich von San und Dnjestr, so mußte sie nach anfänglichen Geländegewinnen infolge der gewaltigen russischen Offensiven unter großen Verlusten weit nach Westen zurückverlegt werden. Erst die Abwehrschlacht bei Limanowa-Lapanow Anfang Dezember stabilisierte die Front und brachte sogar wieder Geländegewinne.

pelmonarchie in den Weltkrieg eintrat, war es für Kaiser Franz Joseph I. und das k.u.k. Oberkommando eine feststehende Tatsache, daß sofort nach dem zu erwartenden „Blitzsieg" der Deutschen in Frankreich starke deutsche Truppenverbände nach Osten, an die Front gegen Rußland, geworfen würden. Paul von Hindenburg hatte zwar im masurischen Seenland bei Tannenberg einen gewaltigen Sieg über die Russen errungen, wollte aber Ostpreußen vor jeder künftigen russischen Bedrohung bewahren und ließ daher seine Armeen gegen Norden und nicht nach Süden marschieren, wo die Armeen Hötzendorfs praktisch allein gegen eine starke Übermacht der Russen angetreten waren.

Diese russische Übermacht war mehr als beachtlich, auch was das Transportwesen betraf. Schon zu Kriegsbeginn hatten die Russen täglich 260 Eisenbahnzüge mit Truppen und Material an die Front schicken können, Österreich hingegen nur 153. Bis zum 20. Mobilmachungstag konnte Rußland 4160 Züge, bis zum 30. Tag 7020 Züge heranbringen, Österreich-Ungarn bis zu letzterem lediglich 4000.

Doch in Frankreich zeichnete sich kein „Blitzsieg" ab. Das Desaster der Deutschen an der Marne band weit mehr Divisionen als vorgesehen; von einer Hilfestellung in Ostgalizien konnte daher keine Rede sein. Österreich-Ungarn blieb, mit Ausnahme einiger weniger deutscher Divisionen, auf sich allein angewiesen, wie schon in so vielen vorangegangenen Koalitionen in Habsburgs Geschichte.

So enthusiastisch der Sieg Hindenburgs über die Russen bei Tannenberg von Österreich auch aufgenommen wurde, so trist war die Lage in Galizien. General Conrad schrieb bereits am 27. August 1914:

„Daß über unsere Erfolge im Gegensatz zu den deutschen nicht viel zu sagen ist, liegt größtenteils darin, daß diese Erfolge auf unsere Kosten errungen wurden; denn Deutschland hat von den 100 Divisionen, die es formiert, nur 9 Heeres- und 3 Reservedivisionen auf den östlichen Kriegsschauplatz gegeben, während es alle anderen im Westen verwendet – damit ist uns die enorme Last des russischen Heeres aufgeladen und überdies der Krieg gegen Serbien und Montenegro zu führen. Überdies führte der Abfall Italiens dazu, daß Deutschland fünf zugesagte Divisionen nicht nach dem Osten, sondern nach dem Westen zog. Für die Poli-

„Staffel". Nicht nur der Feind, auch die grausame Witterung machte den Österreichern nach dem Verlust Ostgaliziens im Winter 1914/15 das Standhalten schwer.

tik, welche zu diesem Resultate führte, kann ich nichts!"

In den meisten Rapporten, die den gewünschten Vorstoß der Deutschen nach Süden in Richtung Galizien zum Inhalt haben, kommt der Name der Stadt Siedlec vor. Sie liegt ca. 100 km östlich von Warschau und ungefähr gleich weit nördlich von Lublin. Noch am 4. September hatte Moltke, der deutsche Generalstabschef, dem österreichischen Erzherzog Friedrich mitgeteilt: „Im Osten wird von Anfang an das Ziel unserer Operationen möglichst baldige Offensive in Richtung Siedlec dem k.u.k. Heer entgegen..." Er verwies aber gleichzeitig auf die notwendige Vertreibung der Russen aus Ostpreußen, und wenn dies geschehen sei, „... werden 4–5 Armeekorps und zwei Kavalleriedivisionen den Vormarsch auf Siedlec antreten".

Conrad von Hötzendorf schrieb am 7. September: „Wir haben im Interesse der großen Sache in der bundestreuen Absicht, durch unseren Vormarsch auf Lublin auch Deutschland zu schützen, ohne weiteres Ostgalizien aufgegeben, das uns mindestens ebenso wertvoll ist, als es Ostpreußen für Deutschland sein mag. Die deutsche Operation hat es mit sich gebracht, daß Rußland nunmehr mit seiner Übermacht auf uns fällt und jetzt vor allem gegen unsere brave 1. Armee vor Lublin steht... Stünden starke deutsche Kräfte jetzt bei Siedlec, so wäre der Feldzug in Polen zu unseren und Deutschlands Gunsten entschieden."

Die Österreicher blieben in Galizien weiterhin auf sich gestellt. Sie erfochten zwar noch den gran-

„Der Letzte". (Nr. 52 des offiziellen Kriegsbildwerkes „Österreich-Ungarns Wehrmacht im Weltkriege".)

diosen Sieg von Komarów, 100 km nordöstlich von Przemyśl, dann ließ Conrad die 4. Armee umschwenken, um der 3. Armee, die von den Russen so hart bedrängt wurde, beizuspringen. Es gelang, die Russen 14 weitere Tage aufzuhalten. Die Kämpfe erstreckten sich von Komarów über Rawa Ruska bis hinunter nach Lemberg.

Dieses Rawa Ruska, nur knapp 50 km nordwestlich von Lemberg entfernt, liegt heute unmittelbar an der polnisch-ukrainischen Grenze. Es ist, wie Grodek, eine kleine Ortschaft mit meist ebenerdigen, höchstens einstöckigen Häusern, von Gärten umrahmt, mit vielen Parks. Während man in Lemberg und Przemyśl altösterreichische Bauten aus der Gründerzeit und der Epoche des Jugendstils antreffen kann, findet man hier nur schmucklose, einfache Gebäude. Und wie in Grodek gibt es auch in Rawa Ruska keine Erinnerungen an jene blutigen Monate der Jahre 1914/15, nur sowjetische Heldendenkmäler an den Großen Vaterländischen Krieg, der 25 Jahre später abermals diese Gebiete heimsuchte. Lediglich die alten Kirchen – in Grodek wie in Rawa Ruska – stehen noch; sie haben die Zeiten überdauert. Beide dienten während der Kriege als Lazarette.

Im September 1914 leisteten hier die Truppen Österreich-Ungarns gegen die täglich stärker werdende russische Armee erbitterten Widerstand. Rawa Ruska wurde mehrmals erobert und wieder verloren; das Städtchen war ein einziger Trümmerhaufen, aus dem nur die alte Kirche, allerdings ebenfalls beschädigt, in die Höhe ragte. Conrad von Hötzendorf „focht die Schlacht bis zum äußersten durch", schreibt Regele in seinem Conrad-Buch, „und gab erst zu einem Zeitpunkt den Befehl zum Rückzug, als in Frankreich bereits die deutsche Niederlage eingetreten war. Jetzt war es natürlich zu spät für einen Vorstoß auf den Narew, und Conrad regte daher an, deutsche Kräfte mit den sich zurückziehenden österreichisch-ungarischen Truppen am San zu vereinigen, um dann endlich vereinigt die Offensive wieder aufzunehmen." Aber Conrads Wunsch nach deutschen Kräften wurde am 16. September von General von Falkenhayn, dem damaligen deutschen Kriegsminister und Vertreter Moltkes, der mit seinen Nerven am Ende war und abgelöst werden mußte, mit dem

Hinweis abgeschmettert, er wolle „seine Kräfte nicht in eine zurückgehende Armee einsetzen".

Auch der deutsche Kaiser Wilhelm II. sah mehr im Westen denn im Osten die Möglichkeit zu einem Sieg. Als Conrad von Hötzendorf ihm am 31. Oktober 1914 folgendes Telegramm sandte: „Wir verfügen über 664 verbündete Bataillone gegen 1096 russische. Das muß uns auffordern, alles aufzubieten, um die Situation noch beherrschen zu können", gab Wilhelm zur Antwort, die Deutschen müßten zuerst im Westen die feindliche Offensivkraft lähmen...

Aus alldem wird ersichtlich, daß das Verhältnis zwischen den beiden Verbündeten Österreich-Ungarn und Deutschland alles eher als einträchtig war. Die deutsche Militärpropaganda, die Hindenburgs Sieg in den Masuren groß herausstellte, den Rückzug der Österreicher aber als „vernichtenden Schlag der Russen gegen das Habsburg-Imperium" bezeichnete, scheute sich nicht, die k.u.k. Armeen in Galizien als „buchstäblich aufgerieben" zu deklarieren.

Conrad rückte diese Fehlmeinung zurecht: „Es ist an der Zeit, das leider ganz besonders deutscherseits verbreitete Märchen von der völligen Vernichtung der k.u.k. Armeen nach der Schlacht von Lemberg – Rawa Ruska richtigzustellen. Sie waren nicht mehr und nicht weniger vernichtet als die Deutschen nach der Schlacht an der Marne... Jede Schlacht führt zu solchen Folgen... Die Mitte September angeblich vernichteten k.u.k. Armeen hatten schon Ende September wieder den Schwung, zu erneuter Offensive anzutreten. Sie haben dann in angestrengten Operationen den Kampf bis Jahresschluß und noch jahrelang weitergeführt. Woher kamen die ‚Vernichteten' immer wieder? Ich habe die Überzeugung, daß dies auch 1914 bei allen Kriegführenden der Fall war und daß auch bei allen die relativen Verluste in diesen Schlachten die gleichen waren."

Zahlreiche Militärhistoriker, nicht nur in Österreich, sondern auch in Deutschland, England und Frankreich, sind der Ansicht, der Erste Weltkrieg wäre anders ausgegangen, hätte Deutschland in den ersten Monaten seine besten Truppen nicht im Westen verheizt, sondern sie der Ostfront zur Verfügung gestellt, um dort den Krieg so rasch als möglich beenden zu helfen. Aber Frankreich war nun einmal der „Erbfeind", den es nicht zuletzt aus Prestigegründen zu schlagen galt. Dies war der Grund, weshalb Deutschland Österreich-Ungarn eine effektivere Bruderhilfe versagte und damit zum Untergang der Habsburgermonarchie – aber auch der eigenen – beitrug.

Drei Belagerungen, eine Hölle
Przemyśl, September 1914 bis Juni 1915

Przemyśl, nur wenige Kilometer von der Grenze zur Ukraine entfernt, war 1772, bei der ersten Teilung Polens, mit ganz Galizien in österreichischen Besitz gekommen. Schon damals stellte sich die Frage, wie man diese Provinz am besten gegen Angriffe verteidigen könnte. Franz Forstner schreibt in seinem Buch über „Przemyśl, Österreich-Ungarns bedeutendste Festung": „Am Beispiel von Przemyśl kann man die österreichisch-russischen Beziehungen im 19. Jahrhundert besonders gut analysieren. Bis zum Jahr 1854 war das Verhältnis zum Nachbarn im Nordosten durch freundschaftliche, ja sogar herzliche Beziehungen gekennzeichnet. Im Krimkrieg nahm Österreich eine unfreundliche Haltung gegenüber Rußland ein und stellte somit – zumindest aus russischer Sicht – seine Undankbarkeit unter Beweis. Es dauerte einige Zeit, bis sich die Beziehungen zum Zarenhof wieder halbwegs normalisierten; die Bosnienkrise 1878 führte jedoch erneut zu frostigen Beziehungen zwischen Wien und St. Petersburg, die bis zum Ersten Weltkrieg nie mehr die alte Herzlichkeit erreichten.

Begnügte sich Österreich 1854 noch mit einer feldmäßigen Befestigung von Przemyśl, so begann man ab 1878 den Platz im permanenten Stil auszubauen, was durch die Krise 1886/87 noch beschleunigt wurde. 1907 wurde der Ausbau der Festung am San gestoppt, da zum einen die Kassen für Befestigungszwecke leer waren und zum anderen die Armeeführung die Gefahr eines russischen Angriffs nach der Niederlage Rußlands im Krieg gegen Japan im Jahre 1905 als nicht sehr wahrscheinlich ansah."

Obwohl der österreichisch-ungarische Generalstabschef Conrad von Hötzendorf immer wieder vorstellig wurde, mehr Mittel für den Ausbau der San-Festung zu bewilligen, blieben die Kassen versperrt. So kam es, daß 1914, beim Ausbruch des Krieges mit Rußland, Przemyśl „mit zum Teil hoffnungslos veralteten Werken, Geschützen, unzureichender Ausrüstung sowie zahlreichen anderen Mängeln belastet, in das wichtigste Jahr seiner Geschichte eintreten mußte".

Wenn man von einer „Festung" spricht, so darf man sich keineswegs ein mittelalterliches Schloß mit ein paar Bastionen, Wehrmauern, Gräben und Türmen vorstellen, sondern ein weitverzweigtes Fortifikationssystem, das – wie im Fall der Festung Przemyśl – in einem Umkreis von rund 45 Kilometern die Stadt umgab und aus Dutzenden von Gürtelhaupt-, vor- und -zwischenwerken, Batterien, Kasematten u. v. a. bestand. Viele von ihnen sind im Lauf der fast achtzig Jahre seit dem Ersten Weltkrieg völlig verschwunden, und es läßt sich nur mehr an den sich aneinanderreihenden grasbewachsenen Hügeln erkennen, daß darunter noch Reste der alten Festungsanlagen verborgen liegen. Andere wieder, wie etwa das nach dem Feldzeugmeister Salis-Soglio benannte Fort im Osten der Stadt, zeigen noch heute die gewaltigen Festungsmauern, die Höfe und Kasematten, die

Der Festungskommandant von Przemyśl, Feldmarschalleutnant Hermann von Kuzmanek.

„Karpaten". Den ganzen Winter 1914/15 über drohte ein Einbruch der russischen Armeen in die ungarische Tiefebene. Wien hob bereits Festungsgräben aus und bereitete sich auf eine Belagerung vor. Doch trotz grimmiger Kälte und starker russischer Übermacht konnten die österreichischen Truppen standhalten.

unterirdischen Gänge und Bunker und Magazine, die steinernen Treppen und Batteriestände, welche zum Teil nicht nur den schweren Bombardements, sondern auch den beabsichtigten eigenen österreichischen Sprengungen widerstanden haben.

Festungskommandant von Przemyśl war damals Feldmarschalleutnant Hermann Kuzmanek. Er sorgte dafür, daß Mitte August, als der Krieg bereits ausgebrochen war, 27.000 Arbeiter in die Festung kamen, die so rasch als möglich die so lange vernachlässigte Verteidigungsanlage kriegstauglich ausbauen sollten. Ihre Hauptaufgabe bestand darin, die Gürtellinie mit Gräben, Schanzen, Batteriestellungen und Hindernissen auszustatten sowie Depots, Magazine, Baracken, Ställe usw. zu errichten. Insgesamt wurden sieben neue Gürtelzwischenwerke und 24 Stützpunkte angelegt; in den Intervallen hatte man 50 km gedeckte Laufgräben und Infanterielinien sowie 200 neue Batteriestellungen geschaffen. Vor der Gürtellinie wurden 1000 Kilometer Drahtverhaue und zehntausende

Minen verlegt. Über 1000 Hektar Wald mußten gerodet werden, um dem Feind ein unbemerktes Näherkommen zu erschweren. 21 Ortschaften in der Umgebung von Przemyśl wurden aus demselben Grund dem Erdboden gleichgemacht.

Da sich die Kriegsereignisse in den ersten Wochen des Rußlandfeldzuges zuungunsten Österreich-Ungarns entwickelten, kam der Festung größte Bedeutung zu. Als die Russen ihre erste Belagerung im September 1914 begannen, befanden sich rund 130.000 Menschen und an die 20.000 Pferde innerhalb der Verteidigungsanlagen. Dazu kamen etwa 30.000 Schlachttiere – Kühe, Schweine und Schafe. Eigene Metzgereien, Bäckereien, Großküchen und Werkstätten wurden ebenso eingerichtet wie riesige Sanitäranlagen, Krankenreviere und Operationssäle. In den Bekleidungskammern lagerten 43.000 Hemden, ebensoviele Gatien (lange Unterhosen), 15.300 Paar Schuhe und 3400 kg Sohlenleder.

Die Munitionsbestände der Festung waren damals zwar ergänzt worden, reichten aber für eine längere Belagerung bei weitem nicht aus. In den Depots befanden sich ca. 9000 Gewehre, 550.000 Patronen für M.77-Gewehre, 4 Millionen Stück 8-mm-Patronen sowie 550.000 Schuß Pistolenmunition. An Geschützmunition lagerten 475.000

Kampf der Tiroler Kaiserschützen um die Eroberung der Magiera in Galizien. Die Eroberung dieses Berges schlug die entscheidende Bresche in die russische Front, welche den Entsatz Przemyśls im Oktober 1914 ermöglichte. (Nachweislich authentisches Gemälde von R. A. Höger.)

Schuß in den Depots; sie bestanden aber zu 75 Prozent aus Granaten und waren daher zur Abwehr von Infanterieangriffen denkbar ungeeignet. Im Durchschnitt verfügte man pro Geschütz über 500 Schuß. Anders bei den Mörsern: auf einen 30,5 cm-Mörser kamen lediglich 75 Schuß. Um innerhalb der Festung die Verbindung zu den einzelnen Werken, Forts und Batterien zu gewährleisten, wurde eine Pferdefeldbahn eingerichtet.

Seit dem 17. August 1914 befand sich das Armeeoberkommando (AOK) mit dem Armeeoberkommandanten Erzherzog Friedrich, Thronfolger Erzherzog Karl, Generalstabschef Conrad von Hötzendorf u. a. in Przemyśl, aber nur für wenige Wochen. Nachdem die großen Schlachten von Grodek – Lemberg – Rawa Ruska verloren waren und die Russen unaufhaltsam näherrückten, verließen sämtliche Stäbe, Behörden sowie zehntausende Zivilisten die Stadt und zogen nach Westen. In Przemyśl selbst sollte es beim Rückzug der österreichischen Armeen zu einem furchtbaren Chaos kommen, zu dem nicht nur die Zehntausenden von Soldaten, die tausenden Trainwagen und Geschütze, sondern auch der pausenlos niederströmende Regen beitrugen. Am 17. September tauchten vor der Stadt die ersten russischen Patrouillen auf; an diesem Tag wurde auch der erste Kanonenschuß aus der Festung abgefeuert.

Aber was hatte sich in diesen wenigen Wochen seit Ausbruch des Krieges auf dem galizischen Kriegsschauplatz abgespielt? Andreas Reiter, Redakteur und Gestalter des 1987 herausgegebenen Dokumentationsbandes über die Arbeit des Österreichischen Schwarzen Kreuzes, faßt diese Wochen in prägnanter Kürze zusammen:

„Die k.u.k. 5. Armee überschreitet am 12. August 1914 die Drina, vom 16. bis 19. tobt die Schlacht am Jardar. Nach 10tägigen, erbitterten und opferreichen Kämpfen müssen sich die Truppen jedoch wieder in ihre Ausgangsstellungen zurückziehen. Der Einsatz der 6. Armee verzögert sich, so daß die August-Offensive gegen Serbien und Montenegrino, die erste Feuerprobe des österreichisch-ungarischen Heeres im Weltkrieg, letztlich mißlingt.

Um den 9. August fühlen erste russische Reiterschwadronen zwischen Bug und Bukowina nach Galizien vor. Bei Stanislau und Stryj sammelt General Hermann Kövess v. Kövesshaza seine Armeegruppe, bei Sambor und Lemberg General Rudolf Ritter von Brudermann die 3., um Przemyśl und Jaroslau General Moritz Ritter von Auffenberg die 4. Armee. Zwischen Sieniawa und Lancut formiert

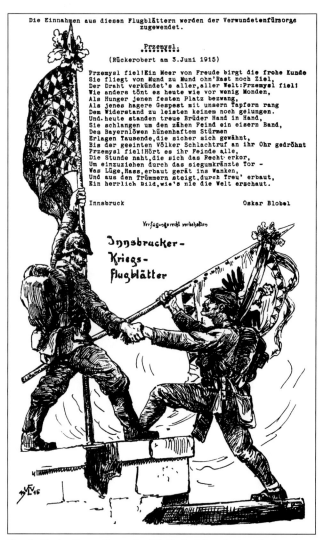

Die Einnahmen aus diesen Flugblättern werden der Verwundetenfürsorge zugewendet.

Przemysl:

(Rückerobert am 3.Juni 1915)

Przemysl fiel!Ein Meer von Freude birgt die frohe Kunde
Sie fliegt von Mund zu Mund ohn'Rast noch Ziel,
Der Draht verkündet's aller,aller Welt:Przemysl fiel!
Wie anders tönt es heute wie vor wenig Monden,
Als Hunger jenen festen Platz bezwang,
Als jenes hagere Gespest mit unsern Tapfern rang
Dem Widerstand zu leisten keinem noch gelungen.
Und.heute standen treue Brüder Hand in Hand,
Sie schlangen um den zähen Feind ein eisern Band,
Des Bayernlöwen hünenhaftem Stürmen
Erlagen Tausende,die sicher sich gewähnt,
Bis der geeinten Völker Schlachtruf an ihr Ohr gedröhnt
Przemysl fiel!Hört es ihr Feinde alle,
Die Stunde naht,die sich das Recht erkor,
Um einzuziehen durch das siegumkränzte Tor -
Was Lüge,Hass,erbaut gerät ins Wanken,
Und aus den Trümmern steigt,durch Treu' erbaut,
Ein herrlich Bild,wie's nie die Welt erschaut.

Innsbruck   Oskar Blobel

Verfügungsrecht vorbehalten

Innsbrucker-Kriegs-Flugblätter

Symbolhafte Darstellung der Waffenbrüderschaft zwischen königlich-bayrischen Soldaten (links) und den österreichischen Landesschützen (rechts) anläßlich der Kämpfe im Osten. Deutlich wird auch, daß die entscheidende Leistung bei der Rückeroberung Przemyśls durch bayrische Soldaten erbracht wurde.

General Viktor Dankl die 1. Armee, vom Balkan kommt General Eduard v. Böhm-Ermolli mit der 2. Armee.

Zum ersten großen Zusammenstoß mit dem russischen Massenaufgebot – Zar Nikolaus II. verfügt über 1830 Bataillone, 1250 Schwadrone und 6720 Geschütze mit zusammen 5 Millionen Soldaten (im Gegensatz dazu die k.u.k. Armeen über knapp 2 Millionen Mann) – kommt es unter der sengenden Glut der Hochsommersonne zwischen Bug und Weichsel. Bei Kraśnik und Polichna (ungefähr 150 km nordnordwestlich von Przymśl) wird zwischen 23. und 25. August schwer gekämpft. Vom 26. bis 28. August siegt General Dankl bei Lublin, zur gleichen Zeit kämpft Auffenberg bei Komarów, das zum Schlüsselpunkt der Schlacht wird. Bei Belz, ca. 60 km nördlich von Lemberg, schlagen Tiroler,

Salzburger, Oberösterreicher und Innviertler die Divisionen des russischen Generals Jakowljew in Trümmer. Trotz dieser Erfolge ist der Widerstand zu groß. Zehn russische Divisionen überschreiten die Grenze... Es gelingt der k.u.k. Armee nicht, in der siebentägigen blutigen Schlacht die russische Armee zu schlagen."

Österreich-Ungarns Truppen müssen zurück, ob sie wollen oder nicht. Von den 900.000 Soldaten, die im August voll Zuversicht ins Feld gezogen waren, sieht ein Drittel die Heimat nicht mehr wieder. 250.000 österreichische Soldaten sind gefallen oder verwundet, 100.000 geraten in Kriegsgefangenschaft. Der russische Vorstoß auf Przemyśl beginnt. General Nikolaj Iwanow, der russische Oberbefehlshaber der Südwestfront, stellt sieben Armeen auf, die gewaltigste Truppenansammlung aller Zeiten. Der Begriff „russische Dampfwalze" wurde hier geboren. Am 26. September ist die Festung Przemyśl eingeschlossen.

Trotz zahlreicher Sturmangriffe gelang es den Russen nicht, außer ein paar Vorwerken die Festung einzunehmen. Immer wieder kam es zu heftigen Kanonaden, die aber angesichts der gut ausgebauten Anlagen keinen nennenswerten Schaden anrichteten. Am 2. Oktober versuchten es die Russen auf diplomatischem Weg: als Parlamentär erschien ein russischer Oberstleutnant mit Begleitung und weißer Fahne. Mit verbundenen Augen führte man ihn in die Festung, wo inzwischen rasch einige Irritationen vorbereitet worden waren: Auf einigen Türen stand „Operationsabteilung der Armee" oder „Armeekommandant", so daß der Russe, der bisher geglaubt hatte, in der Festung befänden sich nur einige schwache Landsturmeinheiten, völlig getäuscht werden konnte, sah er doch mit eigenen Augen, daß hier Kopf und Herz der österreichisch-ungarischen Armee in voller Stärke versammelt waren. Der Parlamentär überbrachte ein Schreiben des Kommandeurs der 3. russischen Armee, General Dimitriews, in dem General Kuzmanek aufgefordert wurde, die Festung kampflos zu übergeben. Kuzmanek übergab folgende Antwort:

„Herr Kommandant!

Ich finde es unter meiner Würde, auf Ihr schimpfliches Ansinnen eine meritorische Antwort zu geben.

Der Kommandant der Festung Przemyśl."

General Dimitriew gab sich geschlagen und überließ den Oberbefehl über die Belagerung von Przemyśl General Brussilow. Aber auch diesem gelang es nicht, die Festung einzunehmen, obwohl er alles daransetzte: Artillerie und Sappeure, Infanterie und Pioniere. Aber die Festung hielt.

Doch Brussilow warf die Flinte nicht ins Korn. Er trat zu einem massiven Gegenangriff an, und schon am 12. November war die Festung am San neuerlich eingeschlossen. Ihre Lage hatte sich indes verschlechtert: Die Entsatzarmeen hatten die Vorrats- und Munitionslager zum Teil geleert, dafür aber zahlreiche Verwundete zurückgelassen. Diesmal dauerte die Belagerung 122 Tage lang. Die Leiden der Besatzung stiegen ins Unerträgliche: pausenloses Bombardement, Tag- und Nachtangriffe der russischen Infanterie, Munitionsknappheit, Wassermangel, Hunger und letztlich auch Seuchen – all das machte das Leben und Kämpfen in den dunklen, steinernen Kasematten, die Grüften glichen, zu einer Hölle, wie sie bis dahin noch niemand überstanden hatte. Erst eineinhalb Jahre später sollten andere Truppen – in den Forts um Verdun in Frankreich – ähnliche Tragödien mitmachen.

Am 20. Dezember versuchte Festungskommandant Kuzmanek einen Ausfall, der jedoch blutig scheiterte. Der strenge Winter brachte in den steinernen Höhlen zusätzliche Strapazen und Leiden und noch mehr Hunger, da nun auch die letzten Reserven an Lebensmitteln angetastet werden mußten und von außen kein Nachschub mehr in die Festung kam. Dennoch gab die Besatzung nicht auf.

Weihnachten kam und ging, Neujahr und Dreikönig, Januar und Februar. Am 18. und 19. März 1915 gelang einem Teil der Truppen ein Ausbruch, aber er konnte keine Hilfe von außen bringen. Am 22. März mußte die Festung aufgegeben werden, zwei Tage, bevor die Vorräte zu Ende gingen, damit die Mannschaften mit ausreichend Mundvorrat auch die ersten Tage der Gefangenschaft überleben konnten. Kaiser Franz Joseph dankte Kuzmanek telegraphisch für sein Ausharren. Einige Werke wurden gesprengt, aber die wenigen Pulver- und Dynamitvorräte reichten nicht aus, die gesamte Anlage zu zerstören. 124.000 Österreicher gerieten in Gefangenschaft. Einen Monat später besuchte Zar Nikolaus II. die eroberte Festung.

Trotz der Härte, mit der der Kampf um Przemyśl geführt worden war, zeigen einige Episoden, daß im Osten der letzte Rest der Ritterlichkeit früherer Tage noch nicht völlig von der Blutpumpe der Materialschlachten und von einer ideologischen Fanatisierung, welche den Gegner zum „Feind" an sich macht, hinweggespült worden war: So legten russische Patrouillen im Niemandsland um die Festung kleine Geschenke wie Schnaps und Fleisch an Stellen aus, wo sie sicher sein konnten, daß österreichische Aufklärungstrupps vorüberkommen würden, welche sich ihrerseits mit Zigaretten o. ä. revanchierten. Und am 24. Dezember stellten russische Truppen in Sicht-(und Schuß-)weite von der Festung riesige Tafeln auf, die in großen Lettern Segenswünsche für die kommende Heilige Nacht trugen.

Vom 2. bis 5. Mai 1915 tobte südöstlich von Krakau die gewaltige Durchbruchsschlacht der Österreicher im Raum Gorlice – Tarnow (siehe nächstes

Österreichischer Mörser beim Abschuß an der galizischen Front.

Kapitel). Sie löste den Rückzug der Russen aus ihren Stellungen in Russisch-Polen aus, worauf sie sich nun bemühten, ihre Stellungen am San, somit auch in und um Przemyśl, auszubauen. Aber den deutschen und österreichischen Truppen gelang es bereits am 14. Mai, den Fluß zu überschreiten und nun ihrerseits einen Belagerungsring um die Festung zu errichten. Vom 24. Mai bis zum 2. Juni dauerte die 3. Schlacht um Przemyśl; dann konnten die bayerisch-preußischen Jäger und das österreichisch-ungarische X. Korps unter Feldmarschall Boroević erneut in die Festung einziehen. Przemyśl war nach 73 Tagen Besetzung durch die Russen wieder fest in der Hand der Verbündeten. Kaum drei Wochen später, am 22. Juni, wurde auch Lemberg wieder zurückgewonnen.

Zehntausende Soldaten waren bei den heftigen Kämpfen um die San-Festung gefallen. Noch während der Schlachten hatte die k.u.k. Kriegsgräber-Inspektion am Festungsweg Soldatenfriedhöfe angelegt. Der Kriegerfriedhof Zasanie wurde ab 1939, als der San zur Demarkationslinie zwischen der Sowjetunion und dem damaligen Generalgouvernement Polen wurde und für die am linken Ufer lebenden Einwohner von Przemyśl kein Kommunalfriedhof mehr vorhanden war, mit Ziviltoten belegt, so daß heute nur mehr das 26 Meter hohe Kreuz und die Friedhofskapelle mit Widmungstafel an diesen am 1. November 1916 eingeweihten Soldatenfriedhof erinnern.

Das Österreichische Schwarze Kreuz kümmert sich seit den siebziger Jahren intensiv um die

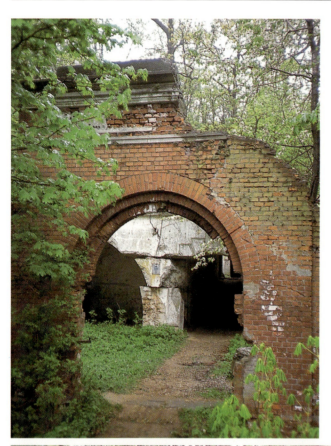

Kriegsgräber in Polen, und es ist ihm auch einiges gelungen. Dr. Rolf Mellitzer, der Landesgeschäftsführer Tirol des Schwarzen Kreuzes, schreibt darüber:

„Am rechten San-Ufer befanden sich noch die Gräberfelder A, B und C, Massengräber mit rund 30.000 Toten. Diese Gräberfelder sind nun vollständig renoviert. Steinkreuze kennzeichnen die Gräberfläche, die von einem schlanken Hochkreuz überragt wird. Mauerwerk und Treppenaufgang wurden zur Gänze erneuert, der Wildwuchs wurde beseitigt und ein neuer Rasen angelegt. Eine Granitplatte kündet davon, daß dieser österreichisch-ungarische Soldatenfriedhof durch das Österreichische Schwarze Kreuz mit Unterstützung der Stadt Przemyśl renoviert wurde.

Besonders erwähnt muß die positive Einstellung der polnischen Geistlichkeit und Bevölkerung zur Erhaltung unserer Kriegsgräber werden. Längst spricht man nicht mehr vom ‚Völkerkerker' der alten Monarchie, sondern erinnert sich mit Sehnsucht und Wehmut der damals zugestandenen weitgehenden politischen Verwaltung. Diese

Links: Der Eingang zu einem der größten Gürtelhauptwerke der Festung Przemyśl, dem Lagerfort Salis Soglio, heute.
Unten: Trotz monatelanger Kämpfe und Bombardements stehen die massiven Mauern der alten Festung noch immer.

In einem Umkreis von nahezu 45 Kilometern lagen die Forts und Gürtelwerke der Festung Przemyśl um die Stadt. Sie sind heute von Gras und Sträuchern überwachsen und bilden eine bizarre Hügellandschaft am Rande der Stadt, die unmittelbar an der polnisch-ukrainischen Grenze liegt.

Hochachtung der Vergangenheit wird von den Alten den nachfolgenden Generationen weitergegeben, und nur so ist es zu erklären, daß heute sogar Kinder verlassene Grabstätten aufsuchen, Blumen bringen und Kerzen entzünden, wie zum Beispiel in den vier k.u.k. Soldatenfriedhöfen im Bereich der Pfarre Sobolow... Im nahen Stradomka-Tal und auf der Grabina-Höhe hatten im Dezember 1914 die Salzburger ‚Rainer‘, die Linzer ‚Hessen‘ und die Tiroler vom 2. Kaiserjäger-Regiment erbitterte Kämpfe mit russischen Einheiten der Armee Dimitriew zu bestehen. Ihre Gefallenen ruhen in diesen Friedhöfen.“

Ungeheure Opfer brachten die Wende
Gorlice – Tarnow, 2. bis 5. Mai 1915

Es sind zwei völlig unterschiedliche Städte. Tarnow zählt mehr als 110.000 Einwohner; Gorlice, 85 km südöstlich davon, nur 35.000. Tarnow erstreckt sich über mehrere Hügel, so daß man bei einer Stadtrundfahrt immer wieder bergauf und bergab fährt; Gorlice liegt, eingebettet in niedrige Berge, in einer breiten Senke. Aber beide haben eines gemeinsam: Im Frühjahr 1915 gaben sie einer Durchbruchsschlacht ihre Namen, die zu den blutigsten des Ersten Weltkriegs zählt.

Im Sommer, Herbst und Winter 1914 war es den Österreichern nicht gelungen, die Russen in die Knie zu zwingen – im Gegenteil: sie hatten nach relativ vielversprechenden Anfangserfolgen gerade im Raum Galizien den Rückzug antreten müssen. Die Schlachten um Lemberg, Rawa Ruska und Gro-

dek waren zugunsten der Russen ausgegangen, und die Österreicher mußten sich über den San wieder weit nach Polen hinein zurückziehen. Trotz dieser Mißerfolge versuchte der österreichische Generalstabschef General Franz Graf Conrad von Hötzendorf immer wieder neue Vorstöße, die aber trotz größter Opfer zu keinen Erfolgen führten. Dazu kam ein ungewöhnlich kalter Winter, der gerade in den Bergen der Beskiden und Karpaten von Freund und Feind Menschenunmögliches abverlangte. Aber damit nicht genug: Conrad – und mit ihm auch die deutschen Verbündeten – ahnten, daß Italien schon bald Österreich-Ungarn und Deutschland den Krieg erklären und daß dann zu den Fron-

Feuerstellung einer k.u.k. Haubitzenbatterie in Galizien.

ten im Westen und Osten noch eine dritte, im Süden, kommen würde. Es mußte also alles aufgeboten werden, um hier, im Osten, die kritische Lage zu bereinigen, damit im Kriegsfall mit Italien – dem bisherigen Verbündeten – Truppen von der Nordost- an die Südwestfront verlegt werden konnten.

Conrads Ansichten setzten sich letztlich durch. Er plante einen gewaltigen Vorstoß aus dem Raum südöstlich von Krakau nach Osten; Gorlice und Tarnow sollten die beiden Endpunkte dieses Stoßkeiles bilden. Auf diesem 85 km breiten Streifen ließ er ab April 1915 gewaltige Mengen an Soldaten, Waffen und Munition sammeln, um von hier aus nicht nur die russische Front in Westgalizien und Südpolen, sondern auch die eisern gehaltene Karpatenfront aufzurollen. Für diese Transporte stand ihm ein ausgezeichnetes Eisenbahnnetz zur Verfügung, über das täglich hundert Militärzüge in den Raum Gorlice – Tarnow rollten. Soldaten, Pferde, Kanonen, Gewehre, Munition, Bekleidung und Verpflegung für Hunderttausende kamen in unentwegten Transporten an; sie wurden sofort in die Aufmarschräume gebracht, von denen aus am 2. Mai 1915 der furiose Angriff nach Osten seinen Anfang nehmen sollte.

Der Plan sah vor, am Morgen des 2. Mai auf der gesamten Frontlänge aus mehr als tausend Geschützen, darunter zahlreichen 30,5-cm-Mörsern, das Vernichtungsfeuer auf die russischen Stellungen zu eröffnen. Im Anschluß daran sollten zehn österreichisch-ungarische und acht deutsche Divisionen den Angriff nach vorne tragen.

Am 2. Mai herrschte herrliches Frühlingswetter, für die Soldaten nach den verlustreichen Schlachten der letzten Monate – bei Regen, Schneesturm und eisiger Kälte – ein gutes Omen. Schlag 6 Uhr früh begann das Artilleriefeuer in einer an dieser Front bislang nicht gekannten Stärke.

Über die Kanonade von Gorlice schreibt Andreas Reiter in seinem Artikel „Der Frühling von Gorlice": „Tausend Geschütze öffnen ihre Feuerrachen, speien Stahl und Eisen hin zu den russischen Linien. Dicke Feuersäulen und schwarze Rauchwolken steigen empor. Erdmassen, Holzsplitter, Drahthindernisse wirbeln durch die Luft. Neun Uhr: Neues Getöse. Minenwerfer beginnen ihr Zerstörungswerk, Bäume knicken wie Streichhölzer, Häuser fallen in Trümmer, nervenerschütternde Detonationen lassen das Erdreich erbeben. Die Hölle ist entfesselt. Um zehn Uhr steigen sie aus den Gräben, preußische Garden, Hannoveraner, Bayern, Niederschlesier, zusammen mit den Soldaten aus allen Kronländern der k.u.k. Monarchie, und stürmen todesmutig im rasenden Feuerhagel gegen die russischen Stellungen, stürmen, verschwinden in Staub und Rauch, nehmen die ersten feindlichen Stellungen, durchbrechen die Front."

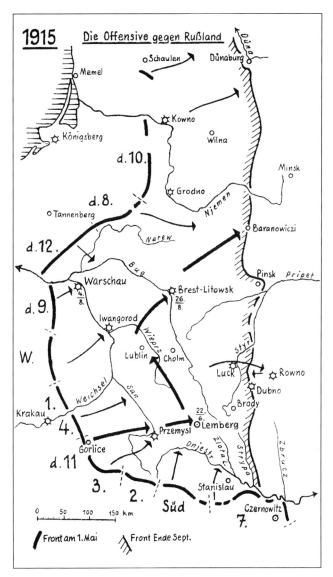

Unter ungeheurem Einsatz von Mensch und Material gelang es den verbündeten deutschen und österreichisch-ungarischen Truppen im Frühjahr 1915, von Gorlice – Tarnow im Süden und über Warschau und Kowno im Mittelabschnitt die russische Front bis Herbstanfang teilweise bis zu 500 Kilometer tief nach Rußland zurückzudrängen. Ende September 1915 reichte die neue Frontlinie von Riga im Norden über Dünaburg, Baranowiczi, Pinsk, Luck und Dubno bis nach Czernowitz im Süden. Hier bildete sich dann eine feste Stellungsfront, die, sieht man von russischen Geländegewinnen zwischen Luck und Brody und vor allem im Süden, in der Bukowina, im Jahre 1916 ab, bis zur russischen Revolution stabil blieb.

Die Russen leisteten verzweifelt Widerstand, aber der Schwung der Deutschen und Österreicher war trotz hoher Verluste nicht zu bremsen. Innerhalb weniger Stunden waren sie an die acht Kilometer weit in das vom Feind besetzte Gebiet eingedrungen, ununterbrochen kämpfend, feuernd, laufend, oft im Kampf Mann gegen Mann. Drei Tage lang dauerte diese eine Schlacht, drei Tage voller Mut und Verzweiflung, voller Tragödien und Hel-

Ein Teil des deutschen und österreichischen Soldatenfriedhofs von Tarnow, der bisher von Schülern einer Kfz-Mechaniker-Ausbildungswerkstätte betreut wurde und heute in die Obhut der 1994 gegründeten deutsch-polnischen Kriegsgräberstiftung „Pamiec" (Gedenken) übergegangen ist, die sich auch anderer deutscher und österreichischer Friedhöfe in Polen annimmt.

Links: Auch das Österreichische Schwarze Kreuz kümmert sich um die Kriegsgräber des Ersten Weltkriegs im Osten, von denen manche noch stark verwildert sind.

dentum. Zehntausende fielen, zehntausende wurden verwundet, zehntausende gerieten in Gefangenschaft. Die um diese Jahreszeit so herrliche Landschaft war ein einziges Trümmerfeld, übersät von Granattrichtern, zerschossenem Gerät, toten Menschen und Pferden. Und immer noch ging der Angriff weiter.

Am 8. Mai betrug der Geländegewinn bereits vierzig Kilometer. Nun setzten auch die Angriffe im Norden und im Südosten, in den Karpaten, ein. Auch hier konnten sich die Russen nicht halten, mußten sie ihre Gebirgsstellungen räumen. Am 16. Mai erreichten die verbündeten Truppen den San, doch hier hatte sich der Feind erneut verschanzt und lieferte schwere Schlachten um die Festung Przemyśl, die ja damals von den Russen besetzt war, bis es am 3. Juni den Österreichern und Deutschen gelang, sie im Sturm zu nehmen. Mitte Juni kam es zum Durchbruch der deutschen 11. Armee nordöstlich von Przemyśl bei Lubaczow-Jaworow; am 22. Juni konnte auch Lemberg wiedererobert werden.

Nun ging es Schlag auf Schlag: Am 4. und 5. August wurde Warschau, am 26. Brest-Litowsk eingenommen. Mitte September 1915 verlief die Front von Riga im Norden über Pinsk und Luminetz in der Mitte bis über Tarnopol und Czernowitz nach Dubno und zur rumänischen Grenze im Süden.

„Die Hauptoperationen waren damit beendet", schreibt Hauptmann a. D. Gustav Stöckelle in „Der letzte Waffengang 1914–1918". „Sie brachten den Verbündeten einen gewaltigen Sieg, den Russen eine Niederlage, die aber infolge ihrer immer bewährten Rückzugstaktik und der fast unerschöpflich scheinenden Menschenreserven noch nicht kriegsentscheidend war. Doch konnte sich das Zarenheer nie mehr ganz erholen. Seine Gesamtverluste betrugen ungefähr 1 Million Mann, davon über 400.000 Kriegsgefangene, die der Verbündeten ungefähr die Hälfte.

Ohne den siegreichen Feldzug nach der Offensive von Gorlice – Tarnow wären die gleichzeitigen, anschließenden und späteren Operationen auf den anderen Kriegsschauplätzen am Balkan, in Italien und im Westen nicht möglich gewesen. Die Kämpfe an der russischen Front dauerten noch mit mehrfachen Erfolgen der Verbündeten bis Jänner 1916 an. Dann erst stellten die Russen wegen Erschöpfung ihre Gegenangriffe ganz ein. Ein neuer Abwehrerfolg war errungen. Die Front von Riga bis Czernowitz stand auf einer Länge von 1300 km unerschütterlich fest…"

Hoch ragt ein hölzernes Kreuz mit symbolischer Dornenkrone auf dem altösterreichischen Soldatenfriedhof außerhalb von Tarnow in den Himmel Galiziens.

Auf der Hochebene des Todes
Asiago, Mai bis Juni 1916

Fährt man von Rovereto im Etschtal auf irgendeiner Straße nach Osten, so wird es nicht gelingen, auch nur einen Quadratkilometer Boden zu finden, den der Erste Weltkrieg nicht mit Blut getränkt hätte. Machen wir auf einem relativ kleinen Gebiet halt, auf der Hochebene von Lavarone, die sich von Folgaria im Westen über Asiago in der Mitte bis Bassano im Südosten erstreckt: Heute ist sie ein beliebtes Ausflugs- und Ferienziel, mit guten Straßen, die allerdings oft in vielen Kehren steil nach oben und unten führen, und mit einer freundlichen, dem Fremdenverkehr und der Gastronomie aufgeschlossenen Bevölkerung. Sie

Feldmarschall Erzherzog Eugen, Cadornas großer Gegenspieler an der Südwestfront des Ersten Weltkrieges.

weiß, wie an vielen anderen Orten der Welt, daß etliche Touristen nur deshalb hierher kommen, da es so viele Reminiszenzen an den Krieg von 1914–18 gibt: Forts, Bergnamen voll blutiger Erinnerung, Laufgräben, Kavernen, Militärstraßen, Denkmäler und Friedhöfe von einst. Hier, zwischen dem Etschtal im Westen, dem Valsugana im Norden, dem Vallarsa im Süden und den Sieben Gemeinden im Osten, spielte sich im Ersten Weltkrieg eine Tragödie ab, der auf so kleinem Raum, wie er den einzelnen Schlachten in diesem Buch zur Verfügung steht, unmöglich hinsichtlich ihrer Bedeutung und ihrer Opfer Gerechtigkeit widerfahren kann.

Obwohl Italien 1866 den Krieg gegen Österreich verloren hatte, konnte es durch sein Bündnis mit Preußen Mailand mit der Lombardei erlangen, so daß an Gebieten mit italienischer Bevölkerung nur mehr der Raum von Triest und Welschtirol bei Österreich verblieben. 1882 geriet dieses neue Italien wegen seiner Ansprüche auf Tunis mit Frankreich in Konflikt, so daß sich die italienische Regierung zum „Dreibund" mit Deutschland und Österreich-Ungarn zusammenschloß. Aber der „Sacro egoismo" – der „Heilige Egoismus" Italiens – erwies sich schließlich stärker als jede Bündnistreue. Die angeblich berechtigten Ansprüche auf die Adria, das „Mare nostro", sowie auf Südtirol bis zum Brenner mußten früher oder später unweigerlich zum offenen Konflikt führen.

Beim Ausbruch des Ersten Weltkriegs erklärte sich Italien als neutral, aber Österreich-Ungarns Diplomaten und Militärs, allen voran Generalstabschef Conrad von Hötzendorf, wußten, daß auf diese Neutralität kein Verlaß war. Vorbeugende militärische Maßnahmen sollten einen Angriff Italiens, vor allem auf Tirol und vom Tagliamento in Richtung Wien, unmöglich machen. Die chauvinistische und expansionistische Haltung Italiens wurde stärker, als sich im Herbst 1914 die Lage der österreichisch-ungarischen Armeen in Galizien und auf dem Balkan verschlechterte. Die Forderungen nach Südtirol, Görz und Gradisca sowie einigen Adriainseln wurden immer hartnäckiger. Eigentlich nahm es niemanden mehr wunder, als am 23. Mai 1915 Italien Österreich-Ungarn formell den Krieg erklärte. Der „Sacro egoismo" hatte gesiegt.

Franz Joseph I., der greise Kaiser von Österreich und König von Ungarn, zeigte sich jedoch zuversichtlich: „Die großen Erinnerungen an Novara, Mortara, Custoza und Lissa, die den Stolz Meiner Jugend bilden, und der Geist Radetzkys, Erzherzog Albrechts und Tegetthoffs, der in Meiner Land- und Seemacht fortlebt, bürgen Mir dafür, daß wir auch gegen Süden hin die Grenzen der Monarchie erfolgreich verteidigen werden..."

Diese Zuversicht blieb nicht auf den Kaiser beschränkt. Sie kam auch in der Einmütigkeit des damals noch fünfzig Millionen Einwohner zählenden Österreich-Ungarn zum Ausdruck, dem neuen Feind entgegenzutreten. Allerdings: Die Kräfte waren, verglichen mit jenen der Italiener, relativ schwach; sie bestanden zum Zeitpunkt der Kriegserklärung Italiens lediglich aus 112 Bataillonen, 9 Schwadronen und 49 Batterien. Diese Einheiten setzten sich zudem fast ausschließlich aus Landsturm- und Marschformationen sowie 39 Standschützen- und 15 Freiwilligenbataillonen zusammen. Die beiden letzteren wurden aus ganz jungen Männern unter 18 Jahren und älteren über 45 rekrutiert. Sie waren zusammen 25.000 Mann stark, aber nur ein Viertel davon ließ sich als Kampftruppe verwenden. Außerdem herrschte Mangel an Bewaffnung, vor allem an Gebirgsausrüstung.

Demgegenüber standen den Italienern außer ihren berggewohnten Alpinibataillonen 14 Korps mit 25 Infanteriedivisionen, 4 Kavalleriedivisionen, 10 Mobilmilizdivisionen und beträchtliche Heeresreserven zur Verfügung. Die Front verlief von der

Luigi Conte Cadorna (1850–1928), Generalstabschef der italienischen Armee.

Heftiges Geschützfeuer hat diesen Wald vor den österreichischen Stellungen im Raum Asiago in eine bizarre Todeslandschaft verwandelt.

Adamellogruppe im Westen über die Lessinischen Alpen, die Dolomiten bis zu den Karnischen und Julischen Alpen, also westlich des Gardasees bis zum Isonzo im Osten. Die österreichischen Befehlsbereiche dieser Südwestfront, die unter dem Kommando von Erzherzog Eugen standen, waren folgendermaßen gegliedert: Landesverteidigungskommando Tirol unter General der Kavallerie Viktor Dankl, Armeegruppenkommando General der Kavallerie Rohr, Kärnten, und das 5. Armeekommando unter General der Infanterie Boroević an der Isonzofront.

In seinem Beitrag „Der letzte Waffengang 1914–1918" im Buch „Unser Heer" schreibt der ehemalige österreichische Hauptmann Gustav Stöckelle u. a.: „Der 1. italienischen Armee war die Abwehr eines für möglich gehaltenen und befürchteten Angriffs aus Südtirol befohlen worden, der 4. Armee oblag an ihrem linken Flügel die gleiche Aufgabe, während Mitte und rechter Flügel das Pustertal im Raume Toblach zu gewinnen und zusammen mit der Karnischen Gruppe den Aufmarsch der 2. und 3. Armee am Isonzo zu decken hatten. Diese beiden Armeen sollten in das Lai-

Weithin sichtbar erhebt sich auf einer leichten Anhöhe am Stadtrand von Asiago dieses Heldendenkmal zur Erinnerung an die italienischen Gefallenen der Schlachten in den Sieben Gemeinden sowie um Asiago und Bassano.

bacher Becken vorstoßen... Die erfolgreich abgeschlossenen Kämpfe des Jahres 1915 gegen Rußland und Serbien veranlaßten Conrad von Hötzendorf, zur endgültigen Niederwerfung Italiens einen doppelten Zangenangriff aus Südtirol und von der Isonzofront zu planen. Er versuchte, den Chef des deutschen Generalstabes zur Beistellung der unentbehrlichen Unterstützung zu bewegen, doch dieser lehnte ab, da er sich in die Abnützungsschlacht vor Verdun verrannt hatte, in der die deutschen Truppen aber nicht viel weniger abgenützt wurden als die französischen.

Der zwischen Etsch und Brenta (Valsugana) zu führende Angriff sollte mit der allgemeinen Stoßrichtung aus dem Gebirge heraus in die venezianische Ebene führen, die vom Gebirgsfuß bei Bassano bis zur Küste bei Venedig nur eine Breite von ca. 50 km aufweist. Von den Ausgangsstellungen der Offensive auf dem Plateau von Folgaria-Lavarone beträgt die Entfernung bis zum Gebirgsfuß im Mittel ca. 25 km. Wenn es gelang, den Austritt aus dem Gebirge mit ausreichend starken Kräften zu erzwingen, wäre die italienische Isonzofront unhaltbar geworden und die ganze Armee des Feindes der Gefahr einer Katastrophe ausgesetzt gewesen. Der Chef des italienischen Generalstabes, Generalleutnant Cadorna, hatte die bestimmte Absicht, den Isonzo in dem Augenblick aufzugeben, in dem der Gegner den Höhenrand über der Ebene gewänne.

Der entscheidende Entschluß erfolgte am 6. Februar 1916. Generaloberst Erzherzog Eugen wurde die Führung einer Heeresgruppe übertragen, die auf eine Stärke von 14 Divisionen gebracht werden sollte. Es waren zwei Armeen zu bilden, die 11. unter General Dankl, die aus vier Korps bestand; das XX. Korps befehligte Erzherzog-Thronfolger Karl Franz Josef, der spätere Kaiser Karl I., der letzte Kaiser der österreichisch-ungarischen Monarchie.

Durch die Witterungsverhältnisse bedingt, verzögerte sich der Beginn der Offensive von Anfang April bis zum 15. Mai, wodurch das Überraschungsmoment verlorenging. Cadorna konnte rechtzeitig ausreichende Reserven heranführen und die vorbereiteten Stellungen beziehen... Trotz größter Nachschubschwierigkeiten im Hochgebirge war außer der infanteristischen die artilleristische Vorbereitung eine hervorragende. Es war das erstemal gelungen, die Überlegenheit der Artillerie zu erreichen und auch genügend Munition bereitzustellen."

So die Worte eines Offiziers. Aber mit diesen trockenen Sätzen kündigte sich ein in der Kriegsgeschichte einmaliger Vorgang an: Der Angriff zweier Armeen direkt aus einem Hochgebirge, eine Schlacht, die Wochen dauerte, Zehntausende junger Menschenleben forderte und mit ungeheurer Härte geführt wurde. Dabei ergab sich aus der Tatsache, daß dem Kommandanten des XX. Korps, Erzherzog Karl, dem kommenden Kaiser, gewisse Vorrangstellungen eingeräumt werden mußten, manche Verwirrung und Unsicherheit in der Offensivführung: "Am 15. Mai, bei schönem Wetter

Auf der im Ersten Weltkrieg so heftig umkämpften Hochfläche von Lavarone gibt es noch immer Soldatenfriedhöfe für die österreichisch-ungarischen Gefallenen wie hier in Slaghenaufi.

Oben und rechts unten: Das zerstörte Fort Vezzena, knapp zwanzig Kilometer von Asiago entfernt, zeigt auch heute noch die gewaltigen Ausmaße seiner einstigen Größe.

und guter Sicht, erfolgte nach gründlichster Artillerievorbereitung der Infanterieangriff des XX. Korps und rechts von ihm des VIII. Korps, der überall erfolgreich war. Das links vom XX. Korps stehende III. Korps griff nicht gleichzeitig an, weil seine Artillerie zur Angriffsunterstützung des XX. Korps bestimmt worden war. Man wollte diesem aus Rücksicht auf seinen hohen Kommandanten den Erfolg unbedingt und mit möglichst geringen Verlusten sichern. Deshalb war auch die allgemeine Anweisung gegeben worden, im Verlauf der Kampfhandlungen vor jedem Infanterieangriff eine ausreichende Artillerievorbereitung abzuwarten. Gewaltsame Vorstöße ohne diese waren sogar ausdrücklich verboten. Die meisten Frontführer waren daher in ihrer Initiative, vielfach gegen ihren Willen, gehemmt. Nur wenige setzten sich über die erlassene Vorschrift hinweg, nützten die oft panikartigen Zustände beim Feind aus und erzielten größte Erfolge." Zudem hatte der junge Thronfolger, bedingt durch seine übergroße Menschenliebe, angeordnet, daß er jeden Offizier, der überdurchschnittlich viele Mann verlöre, also

Menschen unnötig verheize, zur Verantwortung ziehen würde. Dadurch ergriffen nur wenige Frontführer riskante, aber erfolgversprechende Angriffschancen.

Die schweren Kämpfe im Raum Folgaria, Lavarone, Sieben Gemeinden und Asiago dauerten mehrere Wochen; die Verluste beider Seiten stiegen von Tag zu Tag in unerwartete Höhen. Auf der Hochfläche südöstlich von Asiago versteifte sich der Widerstand der Italiener von Stunde zu Stunde, vor allem durch dichtes Waldgelände begünstigt, das die artilleristische Bekämpfung der zahlreichen, bestens getarnten Geschütz- und MG-Stellungen erschwerte. Nur das österreichisch-ungarische III. Korps gewann Anfang Juni in östlicher Richtung bedeutenden Raum. Ab 12. Juni wurden keine Angriffsfortschritte mehr erzielt, der Austritt in die venezianische Ebene konnte nicht erzwungen werden, der Angriff der Österreicher blieb auf der Hochfläche der Sette Communi, der Sieben Gemeinden, liegen.

Die Verluste beider Gegner waren enorm. Die Italiener hatten wie die Österreicher etwa 100.000 Mann an Toten und Verwundeten zu beklagen, die Österreicher konnten an die 40.000 Gefangene machen und 300 Kanonen erbeuten.

Die Front setzte sich hier fest. Obwohl die Italiener sofort eine Gegenoffensive starteten und bis in den November 1917 zahlreiche weitere Angriffe durchführten, blieb sie stabil, auch wenn das Kräfteverhältnis eindeutig zugunsten der Italiener stand. Die Verbissenheit und Tapferkeit der Österreicher wurden – und werden bis heute – auch vom einstigen Gegner neidlos anerkannt.

Eine Fahrt über die Hochflächen von Lavarone und der Sieben Gemeinden ist eine Reise durch ein ununterbrochenes Feld der Erinnerung. Überall gibt es Kriegerfriedhöfe, gibt es Gedenksteine, gibt es Spuren jener fürchterlichen Schlachten. Das größte Erinnerungsmal an die Kämpfe auf diesen Hochebenen befindet sich in Asiago selbst. Es ist von weitem sichtbar, ein riesiger Komplex auf hohem Hügel, zu dem eine breite, von Bäumen gesäumte Allee hinaufführt. Denkmal und Ossarium zugleich, ruhen im Sockel des riesigen, 1936 errichteten Mahnmales die Gebeine von 33.086 gefallenen italienischen Soldaten. 12.795 Gefallene, die identifiziert werden konnten, erhielten in dem riesigen Viereck, durch das man stundenlang pilgern kann, mit Namenstafeln geschmückte Einzel-

Das zerstörte Ortszentrum von Asiago.

gräber. Aber auch österreichisch-ungarische Gefallene fanden hier ihre letzte Ruhestätte – 18.505 an der Zahl.

Auf der Plattform über dem Ossarium, das ein mächtiger Bogenbau überwölbt, befinden sich ringsum Marmorsockel, auf denen, in der jeweiligen Richtung, die Namen aller übrigen Kampfstätten und Schlachtfelder dieses mörderischen Gebirgskrieges aufgezeichnet sind. Ein Gang durch dieses Viereck mit dem weiten Blick über die Gegend um Asiago ist eine Konfrontation mit den blutigen Jahren dieses entsetzlichen Krieges, den weder die eine noch die andere Seite zu gewinnen imstand war.

Die „Thermopylen Südtirols"
Pasubio, 1916 bis 1918

Wenn wir in Kampfberichten Wendungen antreffen, wie ‚Der Boden war mit Blut getränkt' oder ‚Die Gefallenen bedeckten weithin das Schlachtfeld', dann sind wir kaum geneigt, sie ganz wörtlich zu nehmen. Wieviel Wasser braucht doch ein Gärtner, um auch nur ein kleines Stückchen Erde richtig zu durchfeuchten, und wie wenig vom ‚kostbarsten Saft', vom Blute, verströmt so ein armer, zu Tode verwundeter Menschenkörper!

Könnten wir jedoch die Schlachtfelder des Ersten Weltkrieges 1914 bis 1918 überfliegen, um einige Quadratmeter zu entdecken, die wirklich mit Blut getränkt, die wahrhaftig mit Gefallenen mehrfach überdeckt gewesen wären, wir würden diese Stelle auf einem Berge finden, über den einstmals die Grenze zwischen Österreich und Italien gegangen ist: auf dem Pasubio.

Auf einem kleinen Teil des Felsenmeeres Pasubio würden wir diese schreckliche Stelle finden, auf einer steinigen Platte von etwa 200 m in der Länge und 80 m in der Breite, wenn wir ganz genau sein wollen, im südlichen Teil dieser Platte, in ihrem ersten Drittel. Dort war – im Herbst 1916 – der Fels von Blut überflossen, dort lagen die Leichen – Freund und Feind – zuhauf. Vielleicht war diese Felsplatte auf dem Pasubio die glühendste Stelle im Inferno des Ersten Weltkrieges. Auf diesem winzigen Erdenflecken haben damals Tage und Wochen hindurch 200 Geschütze und Minenwerfer ihre teuflische Ladung ausgespien. Trommelfeuer nannte man das. Und eine Menschenmühle war das, in der eine Kompanie nach der anderen zermalmt und zerfetzt wurde, als es galt, die ‚Platte' zu erobern, als es galt, die ‚Platte' zu halten..."

Mit diesen Worten leitete Robert Skorpil, Landesgerichtspräsident i. R. in Innsbruck und selbst Teilnehmer an den Pasubioschlachten, sein Buch „Pasubio" ein. Und er erklärt auch diesen eigenartigen Namen: „„Pasubio', ein klangvoller Name von beinahe magischer Eindringlichkeit. Er erinnert an die Passio, an die Passion, an den Kreuzweg. Die alte Schreibweise war ‚Passubio', und es kann sein, daß der Name von passuculum (kleiner Paß) oder von pasculum (Weide) herstammt. Möglich, daß vom Berg einmal auch gesagt worden ist: ‚Pax ubi' – ‚Wo der Friede wohnt'."

Von Rovereto im Etschtal erstreckt sich das Leogratal in südöstlicher Richtung zum Fugazze-Paß in knapp 14 Kilometer Entfernung. Von hier führt die mittlerweile ein wenig ausgebaute ehemalige italienische Militärstraße, „la strada degli eroi", die „Straße der Helden", hinauf auf rund 2000 Meter Seehöhe; steil und rauh, durch Felstunnel und in unzähligen Kehren. „Caduta sassi" – „Steinschlag" – warnen Tafeln immer wieder. Ein Ausweichen auf dieser engen Straße ist, vor allem angesichts der schlechten Randbewehrung und der hunderte Meter tiefen Felsabstürze, jedesmal ein gewagtes Manöver.

Eine steinerne Welt mit tiefen Abgründen, hoch emporragenden brüchigen Wänden, in die vor siebzig und mehr Jahren Soldaten ihre Kavernen hineingesprengt haben, ihre Galerien und ihre Bunker, in Höhen von über 2000 Metern, in einer karstigen Gegend, in der im Winter zeitweise fünf und mehr Meter Schnee fallen! Es ist der Col Santo, dessen beide südliche Erhebungen – eben die Platten des Pasubio – drei Jahre bitter umkämpft wur-

Österreichische Unterkünfte an der feuerabgewandten Seite des Pasubio. Manche hingen wie Vogelnester im Fels.

Der Südabhang des Pasubio mit seinen zahlreichen Kavernen veranschaulicht deutlich die Schwierigkeiten des Krieges im Hochgebirge.

ferkeit seiner Verteidiger gerne auch die „Thermopylen Südtirols" nennt, zu einer Hölle machte. Auch die Natur forderte unzählige Opfer, vor allem der unerbittliche Winter mit seinen grauenvollen Schneestürmen und Lawinen, die oft in einer einzigen Nacht hunderten Soldaten – auf beiden Seiten – das Leben kosteten. Heinz von Lichem schreibt in seinem Buch „Die Dolomitenfront" u. a.:

„Vom 4. bis 15. Dezember 1916 schneite es fast durchgehend. Nur für wenige Stunden, um die Mittagszeit, drang das Tageslicht bis zum Pasubio durch; ansonsten herrschte Finsternis, Dämmerlicht, dunkles und dumpfes Grauen. Und jetzt begannen die Lawinen zu toben. Staublawinen fegten viele Male die einfachen Unterstände aus Brettern mit Zeltplanen als Dach hinweg und begruben und erstickten die Männer. Nacht für Nacht und Tag für Tag ging es so; einmal wurden 40 Mann, dann 80 Mann, dann eine Trägerkolonne verschüttet, und so ging es tagelang weiter. In diesem Winter 1916/17 dürften am Pasubio auf beiden Seiten weit über 1000 Soldaten allein durch Lawinen umgekommen sein; hunderte verirrten sich im Schneesturm, starben und wurden erst im Frühjahr nach Ausaperung wiedergefunden. Menschen gingen auf Patrouille und kamen nie an, kamen nie zurück. Der Winter fraß die Menschen auf."

Aber auch der Krieg. Die erste große Schlacht begann am 10. September 1916, doch gelang es den bestens ausgerüsteten Alpini-Bataillonen nicht, die österreichischen Stellungen zu erobern. Mit schweren Verlusten wurden sie von den zahlenmäßig weit unterlegenen Kaiserjägern zurückgetrieben. Die zweite große italienische Offensive nahm am 9. Oktober ihren Anfang. In den Feuerpausen des Tag und Nacht anhaltenden Artillerie-

den. Hier verlief die Grenze; Tirol reichte damals noch bis südlich von Ala, und die südliche Platte des Pasubio war die „italienische", die nördliche die „österreichische".

Pech für die Österreicher war, daß ihre Platte nur 2206 m hoch lag, die italienische hingegen dreißig Meter höher, so daß der Feind die gesamte Stellung der Österreicher nicht nur einsehen, sondern auch mit Geschütz-, Minenwerfer- und MG-Feuer in direktem Beschuß eindecken konnte. Der Besitz des Pasubio, der wie ein Naturfort wirkte, bedeutete die Beherrschung des Etschtales und des Gebietes zwischen Rovereto und Arsiero. Ob der strategischen Bedeutung dieses Bergmassivs kam es drei Jahre hindurch zu furchtbaren Kämpfen, Trommelfeuer, Sturmangriffen Mann gegen Mann, unterirdischen Minensprengungen, aber auch zu regelrechten Großschlachten, die furchtbaren Blutzoll unter den Kaiserjägern auf der einen, unter den Alpini und Bersaglieri auf der anderen forderten.

Doch der Krieg allein war es nicht, der den Pasubio, den man wegen seiner Enge und der Tap-

Auf dem Pasubio finden sich allenthalben noch Gräber und Erinnerungsstätten an die Opfer jener blutigen Jahre.

beschusses rannten die Alpini am 9., 10. und 11. Oktober fast ununterbrochen gegen die österreichische Pasubio-Platte an. Bis zum 20. Oktober gelang es ihnen neunmal, diese Platte zu erreichen, neunmal wurden sie jedoch wieder – meist im Kampf Mann gegen Mann – zurückgeworfen. Die Leichenberge häuften sich; die Kaiserjägerkompanien zählten statt 150 oft nur mehr 10 bis 30 Mann. Insgesamt verlor die k.u.k. 58. Gebirgsbrigade, zur Gänze Kaiserjäger, zwischen dem 9. und 20. Oktober in diesem Gebiet 3492 Mann; ihr Gegner, die italienische 44. Division, hatte im gleichen Zeitraum 4370 Soldaten eingebüßt.

Im Frühjahr 1917 begann die Unterminierung des Pasubio; beide Seiten bemühten sich, die gegnerischen Stellungen durch unterirdische Gänge auszuhöhlen und sie durch gewaltige Sprengladungen in die Luft zu jagen. Immer wieder kam es zu kleineren Explosionen, die jedoch mehr psychologische denn effektive Wirkung zeitigten. Noch heute ist überall auf dem Pasubio dieses Winkelwerk an Kavernen, Stollen und Gegenstollen zu besichtigen, in dem sich die Männer beider Seiten monatelang wie Wühlmäuse durch Fels und Eis durcharbeiteten, um dem Gegner zuvorzukommen.

Im März 1918 hatten die Österreicher ihren Stollen so weit unter die feindliche Platte vorgetrieben, daß sie an eine Sprengung denken konnten. Man muß sich das Gefühl der Italiener vorstellen, die ja die Bohrgeräusche Tag und Nacht hören, sie aber nicht verhindern konnten. Mühsam brachten die Österreicher fünfzig Tonnen Sprengstoff vom Tal herauf in den Stollen und seine Sprengkammern. Am 13. März 1918 wurde die Ladung gezündet. Heinz von Lichem schreibt:

„Ein Inferno hüllte den Pasubio ein. Explosion um Explosion zerfetzt die italienische Platte mit ihren Stellungen, Kavernen und Gängen sowie mit einem Besatzungskontingent von 500 Mann. Die durch die Sprengung erlittenen Verluste auf italienischer Seite werden abweichend mit 500 bis zu 800 Mann angegeben. Zahlreiche Soldaten, durch die Sprengung verwundet, starben erst später; daraus resultieren auch die unterschiedlich angegebenen Verlustzahlen. Im Augenblick der Sprengung dürften aber an die 600 Italiener sofort getötet worden sein. Ähnlich wie am Col di Lana (siehe das übernächste Kapitel) die Kaiserjäger, so wußten auch hier am Pasubio die Alpini, daß die Sprengung bevorstehen würde. Und so wie die Kaiserjäger den Col di Lana nicht räumten, so blieben auch die Alpini im Angesicht des sicheren Todes am Berg, mit dem sie in die Luft fliegen sollten."

In Skorpils 2. Auflage seines Pasubio-Buches hat Oberst Prof. Walther Schaumann „Wanderungen in die Kriegsgeschichte" angefügt. Wer immer sich für derartige Schauplätze unserer Geschichte in-

Südlich des Pasubio, nur wenige Kilometer vom Fugazze-Paß entfernt, erhebt sich das mächtige Beinhaus für die italienischen Opfer des Pasubio.

teressiert, wer sehen will, wie heldenhaft unter brutalsten Umständen Italiener und Österreicher in Fels und Eis gelebt und gekämpft haben, der sollte, um zu verstehen, was „Pasubio" und „Krieg" heißt, die Strapazen einiger dieser vorgeschlagenen Wanderungen auf sich nehmen. Aber diese Strapazen sind nichts, buchstäblich nichts im Vergleich zu jenen, die die Alpini und Kaiserjäger in den blutigen, eisigen Monaten und Jahren zwischen 1916 und 1918 hier erlebt haben, im Trommelfeuer und unter Lawinen, in Nahkämpfen und Einsamkeit. Man sollte, wenn man durch diese verschütteten Laufgräben, eingestürzten Kavernen, Granattrichter und Geröll der riesigen Minensprengung geht, auch an die Tragik der ersten Novembertage des Jahres 1918 denken – als Österreichs Kaiserjäger, die bis dahin den Pasubio gehalten hatten, ihn auf Befehl räumen mußten, da der große Krieg endgültig verlorengegangen war. Aber nicht auf dem Pasubio, den heute Kaiserjäger wie Alpini mit Recht als „ihren" Berg betrachten: die Österreicher als „Thermopylen Südtirols", die Italiener als das „Golgotha der Alpini".

Das Bollwerk „an der Haustür"
Monte Piano, 1915 bis 1917

Von all den Bergen, die im Ersten Weltkrieg an der italienischen Front heiß umkämpft waren, liegt der Monte Piano am nördlichsten; er stellt praktisch das letzte Bollwerk dar, das einen Eindringling in das Pustertal buchstäblich noch „an der Haustür" aufhalten kann. Denn ist erst einmal das Pustertal erreicht, stehen die Wege nach West und Ost offen: in das Eisack- und Drautal, zum Brenner und nach Innsbruck, über Lienz nach Villach. Der Krieg wäre dann mitten in die Heimat vorgedrungen.

Der Monte Piano, dieser mächtige Felsrücken in unmittelbarer Nähe der weltberühmten Drei Zinnen, ist Teil einer ganzen Kette von Berggipfeln, Höhenzügen und Felsspitzen, die im Verlauf des

Mancher Beobachtungsposten war nur mehr auf Strickleitern zu erreichen.

Hochgebirgskrieges zwischen 1915 und 1918 bei der Abwehr des oft übermächtigen Gegners Bedeutung erhalten haben: vor allem die Berge der Karnischen und Julischen Alpen, aber auch der Dolomiten, zu denen auch der Monte Piano zählt, wie auch die berühmt gewordenen übrigen Gipfel dieser „Sextener Dolomiten", der Seikofl und der Kreuzberg, die Rotwand, der Elfer, der Paternkofel, die Morgenalpenspitze, der Toblinger Knoten, das Wildgrabenjoch, der Schwalbenkofel, der Rauchkofel, der Monte Christallo, die Schönleitenschneid, die Forame und über das Travenanzestal bis zu den drei Tofanen. Manche dieser Höhenrücken liegen zwischen 1600 und 2000 Metern, viele aber steigen zu schwindelerregenden Höhen von über 3000 Metern an. Der Monte Piano mit seinen 2325 Metern Seehöhe zählt zu den „mittleren" Bergen. Von Schluderbach, das am Fuß des Monte Piano liegt, sind es nur zwölf Kilometer bis Toblach im Pustertal.

In der Umgebung des Monte Piano hatte die k.u.k. Armee schon Ende des 19. Jahrhunderts einige Festungswerke angelegt – Plätzwiese, Landro, Sexten und Tre Sassi –, aber diese waren bei Ausbruch des Ersten Weltkrieges völlig veraltet und konnten nur mehr als Stützpunkte für die einzelnen Angriffsoperationen, nicht aber als taugliche Verteidigungswerke benützt werden.

Als im Juni 1915 der Krieg mit Italien ausbrach, hatte eine Alpiniabteilung den noch nicht von den Österreichern besetzten Monte Piano erstiegen und sich hier eine ausgezeichnete Position geschaffen, von der aus fast alle Bewegungen der Österreicher in den den Berg umgebenden Tälern eingesehen werden konnten. Hätten die Italiener in diesen ersten Kriegstagen vehement angegriffen, wäre es ihnen ein leichtes gewesen, bis Toblach vorzustoßen und die Festungswerke Landro oder Sexten einzunehmen. So aber ließen sie kostbare Zeit verstreichen, bis sich die Österreicher gesammelt und die einzelnen Täler besetzt hatten.

Am 7. Juni beschloß Feldmarschalleutnant Goiginger vom Verteidigungsrayon V., den Monte Piano zu erobern. Drei Offiziere und 180 Mann erklommen in dunkler Nacht den Berg von Schluderbach aus und überrumpelten die italienische Besatzung. Sie warfen diese bis auf den südlichen Teil der Kuppe zurück und setzten sich auf der etwas niedrigeren Nordkuppe fest.

In der Folge kam es rund um den Monte Piano, ausgehend vom Raum Cortina d'Ampezzo, zu heftigen Kämpfen. Dabei stand der Berg selbst immer wieder im Mittelpunkt der Gefechte, und gerade die feindliche Artillerie verursachte bei den Österreichern große Ausfälle. Aber sie gaben nicht auf – im Gegenteil: sie vertieften ihre Stellungen, bauten Kavernen und Stollen, brachten sogar Geschütze auf den Berg und richteten neue Nachschublinien ein. Als Verteidiger waren vorwiegend Landstürmer und Kaiserjäger eingesetzt.

Ein besonderes Problem für die Männer auf dem Monte Piano bildete der Nachschub, vor allem in den harten Wintermonaten der Jahre 1915/16 und 1916/17, die – wie an der gesamten Südfront – schwere Schneestürme und oft tagelang Lawinengefahr und -abgänge mit sich brachten, welche oft mehr Menschenleben forderten als die Kämpfe selbst. In den heißen Sommermonaten war Wasser ebenso notwendig wie Munition und Lebensmittel, denn auf dem Piano gibt es keine Quellen. Oft mußten bis zu dreißig Tragtiere nur Wasser und sonst nichts bis auf die halbe Höhe des Berges schleppen, wo die Kanister von Trägern übernommen wurden. Dies änderte sich erst, als man daranging, eine Seilbahn zu bauen, für die allerdings elektrischer Strom aus dem Pustertal zum Monte Piano zugeleitet werden mußte. Unter unvorstellbaren Strapazen wurden die Stützen in den Steilhängen des Berges errichtet, die die Zug- und Tragseile tragen sollten; es mußten Trafostationen angelegt und Berg- und Talstationen erbaut werden – und dies alles unter ständigem Artilleriebeschuß und später, als der Winter hereinbrach, bei Eis und Schnee. Neben all diesen Arbeiten wurden auch Baracken errichtet, die oft wie Schwalbennester in Felswänden aussahen und nur mittels Drahtseilen vor dem Sturz in die Tiefe bewahrt werden konnten.

Ende Februar 1916 kam es am Monte Piano zu zwei Lawinenkatastrophen. Während eines Feldgottesdienstes löste sich die eine und begrub zwei Soldaten. Im Verlauf der Bergungsarbeiten ging eine neue, riesige Lawine nieder und verschüttete 150 Mann, darunter den Regimentsarzt sowie den Feldgeistlichen. Obwohl von allen Seiten Hilfe herbeieilte – die Italiener hatten das Unglück beobachtet und stellten ihr Feuer ein, bis die Rettungsarbeiten, welche fast zwei Tage lang dauerten, abgeschlossen waren –, konnten nur einige Mann lebend geborgen werden, von denen manche wahnsinnig geworden waren. Doch der Großteil der Verschütteten blieb unauffindbar. Zehn Tage später begrub eine weitere Lawine die Sanitätsbaracke mit 24 Mann.

Nach der italienischen Kriegserklärung waren die österreichischen Südgrenzen in Tirol und Kärnten stark bedroht, da fast alle waffenfähigen Männer an der Ostfront standen. Nicht nur in Tirol rückten so die Enkel- und Großvätergenerationen zum Schutz der bedrohten Landesgrenzen aus, auch in Kärnten meldeten sich nahezu 10.000 freiwillige Jungschützen zum Kriegseinsatz.

Ein noch schlimmerer Winter folgte 1916/17, als bis zu sieben Meter Schnee fielen und die Temperaturen bis zu –42 Grad sanken. Wachtposten erfroren, Soldaten in ihren Felskavernen schliefen ein und wachten nicht mehr auf, Verwundete konnten nicht abtransportiert werden und kamen elend um. Sobald sich das Wetter gebessert hatte, begann zu allem Überdruß wieder das Artilleriefeuer; es setzte faktisch nur bei schlechtester Witterung aus. An manchen Tagen wurden bis zu tausend Schuß auf die von den Österreichern gehaltene Nordkuppe abgefeuert.

Im Winter und Frühjahr 1917 gingen die Italiener wie am Col di Lana zum Minenkrieg über und begannen mit großem Einsatz, Stollen anzulegen, um so unter die österreichischen Stellungen zu gelangen und sie in die Luft zu sprengen. Die Österreicher trieben sofort Gegenstollen vor, was den Feind nach einigen Monaten reger Bautätigkeit veranlaßte, seine Arbeiten einzustellen, damit er seine eigenen Stellungen nicht gefährdete. Auf diese Weise blieb den Verteidigern wie Angreifern das Los ihrer Kameraden vom Col di Lana und den anderen Bergen, die den Minenkrieg in all seiner Grausamkeit mitmachen mußten, erspart.

Dafür aber setzten nun die Artillerie- und Infanterieangriffe wieder verstärkt ein. Im Herbst 1917 wollten die Österreicher unter großer Gewaltanstrengung die Südkuppe endgültig in ihre Hand bekommen. An die hundert schwere Geschütze eröffneten am 22. Oktober bei Regen und Schneefall das Feuer, aber das Unternehmen war durch Deserteure verraten worden, und die Italiener antworteten sofort mit ebenso mörderischem Feuer, vor allem auf die Laufgräben, in denen die österreichischen Sturmtruppen gedrängt auf den Angriffsbefehl warteten. Es kam, wie es kommen mußte: Als sie aus ihren Gräben stürmten, liefen sie direkt ins feindliche Feuer. Der Angriff wurde zurückgeschlagen, die Verluste waren auf beiden Seiten hoch.

Doch dann trat etwas Entscheidendes ein: Am 3. November 1917 räumten die Italiener ihre Stellungen zur Gänze und überließen den Monte Piano kampflos ihrem Gegner. Sie waren abgezogen worden, weil die große Isonzo-Offensive Österreich-Ungarns begonnen hatte und die italienische Armeeführung alle verfügbaren Kräfte in den Einbruchsraum werfen mußte.

Heute ist der Monte Piano ein vielbesuchter Ausflugsberg, auf dem die Laufgräben, Stollen, Kavernen und Unterstände zu einem „Freiluftmuseum" ausgebaut wurden. Unter kundiger Leitung können all diese Stätten der Schlachten von einst aufgesucht werden: die einzelnen Feldwachen, die Felsgalerien, Feuerstellungen, Maschinengewehrkavernen u. v. a. Auch eine Kapelle wurde 1963 zum Gedenken an die Opfer beider Lager in

Den Seilbahnen kam an der Italienfront für den Nachschub in die Hochgebirgsstellungen besondere Bedeutung zu. Ein Antriebsrad der Monte Piano-Seilbahn wurde für ein Denkmal bei Schluderbach verwendet.

diesem drei Jahre währenden gnadenlosen Kampf errichtet.

„Col di Sangue" – „Berg des Blutes"
Col di Lana, 1915 bis 1917

Am einfachsten gelangt man zum Col di Lana, wenn man die Autobahn bei Klausen (Chiusa) verläßt und in das Grödental (Val Gardena) einbiegt. Über so bekannte Fremdenverkehrsorte wie St. Ulrich, St. Christina und Wolkenstein fährt man durch die landschaftlich atemberaubenden Gegenden der Sellagruppe und des Langkofels entweder über das Sella- und Pordoijoch oder über Colfuschg, Corvara und den Passo di Campolongo nach Arabba und dann über gute Straßen nach Pieve und Andraz. Von dort aus hat man überall großartige Ausblicke auf den Col di Lana mit seinem breiten Rücken, der im Ersten Weltkrieg, gemeinsam mit seinem Nachbarn Monte Sief, im Mittelpunkt schwerster Kämpfe stand.

Es sind die Dolomiten, welche dieses Gebiet prägen und der Kriegsfront ihren Namen gaben. Die „Dolomitenfront" in dieser Region umfaßte weltberühmte Bergnamen: Marmolata, Lagazuoi, Tofana, Monte Cristallo, Drei Zinnen und, inmitten der grandiosen Hochgebirgswelt, den Col di Lana, 2462 Meter hoch. Während die übrigen, zum Teil wesentlich höheren Berge entweder wie die Marmolata vergletschert sind oder aus senkrechten Felswänden wie die drei Tofanen bestehen, stellt der Col di Lana mit seinen bewaldeten Hängen, die in höheren Regionen in Almböden übergehen, einen wesentlich leichteren Zugang nach Norden, ins Abtei- und Ennebergtal und von dort ins tirolische Pustertal dar – das erklärte Angriffsziel der Italiener. Dies war auch der Grund, weshalb gerade der Col di Lana so lange und so heftig umkämpft wurde, weshalb hier tausende Italiener, Österreicher und Deutsche verbluteten, bis der Berg seinen neuen Namen erhielt: „Col di Sangue" – „Berg des Blutes".

Heinz von Lichem schreibt in seinem Buch „Die Dolomitenfront" u. a.: „Die italienische Heeresleitung verbiß sich in den Col di Lana, setzte hier alles ein und weigerte sich geradezu, den Berg östlich zu umgehen. Sie wußte, daß nicht nur 1915, sondern in allen Kriegsjahren im Gebiet von Monte Cherz bis östlich Col di Lana sowie im dahinterliegenden Almgebiet gegen Corvara praktisch keine Tiroler Kräfte standen, und daß dort keine feldmäßigen Stellungsanlagen waren. Italien hat am Col di Lana seine tapferen, aufopferungsvoll kämpfenden Gebirgssoldaten umsonst in den Tod geschickt. Es gibt kein vernichtenderes Urteil über das Versagen der italienischen Generalstabsarbeit am grünen Tisch, als es der Col di Lana fordert. Annähernd 8000 Soldaten, davon 6000 Italiener, mußten am Col di Lana ihr Leben lassen; das war der Blutzoll für den krassen Fehler der italienischen Heeresleitung. Diese bezifferte ihre Verluste für das Kriegsjahr 1915 bereits mit 1154 Toten, 5359 Verwundeten und 449 Vermißten; es waren also bereits im ersten Kriegsjahr, das ja nur ein halbes Jahr dauerte, über 6900 italienische Soldaten ausgefallen.

Italienischer Laufgraben am Abhang des Col di Lana im Herbst 1917.

Der Tiroler Landesverteidigung wurde dieser sinnlose Kampf an falscher Stelle aufgezwungen. Sie mußte sich diesem Gemetzel stellen, ob sie wollte oder nicht. Darin lag für die Tiroler Verteidiger die besondere Tragik dieses Berges, dessen Front sich bis zum Monte Sief erstreckte; auch dieser wurde ähnlich wie der Col di Lana umkämpft. So haben also die Landesverteidiger Tirols diese blutige Bastion gehalten, sind darauf gestorben, ließen sich mitsamt dem Gipfel in die Luft sprengen, hielten vielfacher Übermacht stand und gaben diese Front doch nicht preis."

Die ersten Verteidiger des Col di Lana waren Tiroler Standschützen und Soldaten des Deutschen Alpenkorps, zu denen später Kaiserschützen und Kaiserjäger kamen. Nur einmal, am 7. November 1915, gelang es den Alpini für kurze Zeit, den Gipfel des Col di Lana zu erobern; sie wurden aber im raschen Gegenstoß der Kaiserschützen wieder vertrieben.

Im Frühjahr 1916 begannen die Italiener mit dem Vortreiben eines Sprengstollens unter den Gipfel des Berges, den nun die Kaiserjäger besetzt hielten. Lichem schreibt über diese düsteren, unheimlichen Tage:

„Sie wissen: Wenn das Geräusch der Bohrarbeiten verstummt, dann fliegen sie mitsamt dem Berg in die Luft. Die Männer bleiben. Knapp vor der Sprengung des Gipfels bezieht die 6. Kompanie des 2. Tiroler Kaiserjägerregimentes unter Oberleutnant Anton von Tschurtschenthaler den Gipfel. Jeder wußte, was ihm bevorstand und erkannte diesen Einsatz als sicheres Todeskommando. Im Kampf Mann gegen Mann hätten sich diese Männer zu wehren gewußt – nicht aber gegen diesen schleichenden und dann jäh zuschlagenden Tod. Über fünf Tonnen Dynamit hatten die Italiener in die Sprengkammern des Stollens transportiert. Dann setzte in der Nacht des 17. April 1916 ein nie gekanntes Inferno ein. Zuerst beschießen 150 italienische Geschütze die kleine Gipfelstellung stundenlang und nageln die Kaiserjäger wehrlos fest. Gegen Mitternacht fliegt in diesem Inferno der Gipfel mit den Kaiserjägern in die Luft, stürzt in sich zusammen und begräbt die letzten Überlebenden. Anton von Tschurtschenthaler überlebt mit wenigen Kameraden, muß sich aber ergeben. Drei Tage später gaben die Österreicher den Col di Lana auf, zogen sich auf den wenige hundert Meter entfernten Monte Sief zurück und errichteten hier eine unüberwindliche Riegelstellung. Diese hielten wieder die Kaiserjäger – jetzt erst recht, unterstützt von Kaiserschützen und Bosniaken. Bis zum Zusammenbruch der italienischen Gebirgsfront im November 1917 blieben somit alle Bemühungen Italiens, hier durchzubrechen, vergeblich. Alle Opfer Italiens, auch die Sprengung des Col di Lana, waren buchstäblich umsonst gewesen."

Ein Fluß, fünf Berge und hunderttausend Tote
Isonzo, 1915 bis 1917

Der Fluß heißt Isonzo, slowenisch Soča; die Berge tragen so klingende Namen wie Hermada, Monte Santo, Monte San Gabriele, Monte San Michele und Rombon. Aber nur die wenigsten der hunderttausend Gräber tragen Namen – und wenn sie welche tragen, dann sind es neben deutschen, ungarischen, tschechischen und kroatischen hauptsächlich italienische.

Es ist nicht schwierig, die ehemalige Isonzofront aufzusuchen. Man sollte den Weg von Norden nehmen, den auch die österreichischen Verteidiger der Jahre 1915–1917 genommen haben: von Kärnten über ein Zipfelchen Italien hinein nach Slowenien; genauer: von Villach über Arnoldstein und Thörl-Maglern nach Tarvisio und von dort, nach Osten abbiegend, über eine kurze, gut ausgebaute Bergstraße hinauf zum Predil-Paß, der Italien mit Slowenien verbindet. Bereits unmittelbar hinter der Paßhöhe, von der sich die Straße hinunterzuschlängeln beginnt zu so berühmten Orten wie Flitsch, Karfreit und Tolmein (heute Bovec, Kobarid und Tolmin), spürt man, daß man auf einer alten Kriegsstraße fährt: ein zerschossenes Fort, unweit davon ein mächtiges gemauertes Denkmal an der Felsenwand, mit Inschrift und sterbendem Löwen. Es wurde von Kaiser Ferdinand I. zum Gedenken an die hier gefallenen österreichischen Grenzsoldaten errichtet, die am 15. Mai 1809 tagelang gegen die hier vorrückenden Franzosen standhielten. Erst nach drei Tagen heftigsten Kampfes im felsigen Gelände hatten die Franzosen die Festung in Brand schießen und die Besatzung unter Hauptmann Johann Hermann von Hermannsdorf niedermachen können.

Noch befindet man sich nicht im Isonzo-, sondern im Koritnicatal, das sich steil nach unten in das Flitscher Becken zieht. Gleich beim ersten Dorf, Log Pod Mangrtom, kurz Log genannt, sollte man schon wieder anhalten, denn knapp außerhalb der winzigen Ortschaft, hinter dem Ortsfriedhof, erhebt sich inmitten von einfachen Grabkreuzen wieder ein großartiges Denkmal: ein Tiroler Kaiserschütze und ein Bosniak, Waffenbrüder der Isonzoschlachten, stehen, vom tschechischen Künstler Ladislav Kofranek aus Beton gegossen, auf steinernem Postament mit der Inschrift: „Dem Andenken der Verteidiger des Rombon und den in den Kämpfen im Flitscher Becken heldenmütig gefallenen Soldaten". Diese Worte befinden sich links und rechts des Denkmals auch in kroatischer und slowenischer Sprache. Die Blicke der beiden Soldaten sind auf den Rombon gerichtet – auf jenen Berg, der so lange umkämpft worden ist, der so viele österreichische und italienische Menschenleben gekostet hat.

Die Straße führt nun weiter hoch oben an der Felswand; unten, in der tiefen, dicht bewaldeten Schlucht rauscht die Koritnica. Dann eine Engstelle: rechts hoch aufragende Felsen, links ein altersgraues, steinernes Bauwerk: die berühmte Flitscher Klause oder „Festung Kluže", wie sie die Slowenen nennen. Ein mächtiges Bollwerk unmittelbar zwischen Felswand, Straße und Abgrund, mit schmalen Schießscharten, massiven Mauern, dun-

Feldmarschall Svetozar Boroević von Bojna, serbischer Abstammung (hier als General der Infanterie), nannte man den „Löwen vom Isonzo".

Oben:
Nördlich von Flitsch, im Koritnica-Tal, steht die mächtige
Flitscher Klause, eines der wenigen alten österreichischen
Sperrforts dieses ehemaligen Frontabschnitts. Hier zog schon
Napoleon durch.

Mitte:
Der Isonzo unweit von Flitsch wird alljährlich von tausenden
Kajakfahrern aufgesucht.

Unten:
Am Ortsrand von Flitsch, wo sich die Straßen in das Isonzo- und
ins Koritnica-Tal teilen, liegt dieser österreichisch-ungarische
Soldatenfriedhof.

Rechte Seite:
Einen Tiroler Kaiserschützen sowie einen Bosniaken
nahm Ladislav Kofranek, der österreichische Bildhauer
tschechischer Abstammung, als Modell für sein Heldendenkmal,
das sich am Rand des großen österreichisch-ungarischen
Soldatenfriedhofes von Log Pod Mangrtom im Koritnica-Tal
südlich des Predil-Passes erhebt.

10. Isonzoschlacht. Österreichisch-ungarische Infanterie geht am Karst im italienischen Sperrfeuer zum Gegenstoß vor.

klen Kasematten, gewölbten Gängen, steilen, schmalen Treppen zu den einzelnen Bastionen und Geschützständen. In einem kleinen Raum gibt es Broschüren, Ansichtskarten, Eis und Limonade. Hier stand schon in der zweiten Hälfte des 15. Jahrhunderts eine hölzerne Festung, die die Raubzüge der Türken nach Kärnten verhindern sollte. Der österreichische Kommandant von Flitsch, Georg Philipp von Gera, dessen steinernes Wappen noch heute die Felswand ziert, ließ zwischen 1613 und 1643 diese steinerne Festung erbauen. Auch hier kam es 1809 zu schweren Kämpfen mit den Franzosen, und so wie oben am Predil-Paß, konnten die österreichischen Verteidiger auch hier Napoleon überraschend lange hinhalten, bis sie schließlich doch der Übermacht erlagen. Die Festung wurde zerstört und erst 1882 unter Kaiser Franz Joseph in der heutigen Form neu errichtet.

Es läßt sich kaum vorstellen, daß hier, in dieser so malerischen, romantischen Gegend mit ihren dichten Wäldern und saftigen Wiesen, die sich plötzlich eröffnen, wenn man ins Flitscher Becken gelangt, einmal nur Zerstörung und Vernichtung geherrscht haben, daß hier kaum ein Baum und kaum Gras wuchsen, daß hier die Erde umgepflügt wurde von hunderttausenden Granaten, daß von hier die Menschen in ferne Täler entflohen waren, daß hier nur mehr Feindschaft und Haß regierten. Und daß hier so viel Schmerz und Blut und Tod waren.

Steht man nun an den Ufern des Isonzo, der hier, vor Flitsch, aus einem Seitental von Trenta her kommend, breiter und ruhiger wird, dann kann man sich nicht ausmalen, daß dieser Fluß soviel Grauen und Entsetzen erlebt hat. Heute sind seine breiten, hellblauen Fluten beliebte Wasserwege für Hunderte von Kanuten aus aller Welt; rote, gelbe und blaue Boote kommen aus dem schmalen Tal herausgeschossen, deren Besatzungen das hier ruhige Wasser genießen, welches, immer breiter werdend, hinunterzieht in die Ebene von Görz und

Redipuglia und im Golf von Panzano in die Adria mündet.

An diesen Ufern liegen die berühmten Schlachtenorte von einst: Flitsch, Karfreit (welch ein Name für einen Ort, der so Grauenvolles erlebt hat!) und Tolmein – Orte, die in der italienischen wie in der österreichischen und deutschen Militärgeschichte Ehrenplätze erhalten haben bis zum heutigen Tag.

Am Isonzo versammelte General Cadorna beim Kriegseintritt Italiens 25 Divisionen, um die österreichischen Stellungen zu durchbrechen und nicht nur nach Triest, sondern auch ins Laibacher Becken vorstoßen zu können. Die erste Isonzoschlacht dauerte vom 23. Juni bis 7. Juli 1915; die zweite vom 17. Juli bis 10. August; die dritte vom 19. Oktober bis 4. November; die vierte vom 10. November bis zum 11. Dezember. In diesen vier ersten Schlachten büßten die Italiener, ohne wesentliche Geländegewinne zu erzielen, 250.000 Mann an Toten und Verwundeten sowie 22.000 Gefangene ein. Die Verluste der Österreicher betrugen rund 50.000 Mann. Im Jahre 1916 kam es zu fünf weiteren, für die überlegenen Italiener ebenso ergebnislosen Schlachten, die neuen gewaltigen Blutzoll kosteten.

In der 10. Isonzoschlacht, vom 12. Mai bis 5. Juni 1917, unternahmen die Italiener einen Angriff gegen das Bainsizza-Plateau nordwestlich von Görz sowie gegen den Raum zwischen Wippach und Adria, doch konnten beide, mit gigantischem Material- und Menschenaufwand vorgetragenen Angriffe von der Armee Boroević aufgehalten werden. Dieses Plateau war auch in der 11. Isonzoschlacht Ziel der Italiener, denen es zwischen dem 18. August und dem 13. September gelang, ein Gelände im Ausmaß von 15 km Breite und 4 bis 8 km Tiefe zu erringen. Im Gegenzug wurde jedoch die 3. italienische Armee von den Österreichern aufgerieben.

Die Verluste waren entsetzlich: In dieser elften Schlacht am Isonzo verloren die Italiener 40.000 Mann und 108.000 Verwundete, die Österreicher 10.000 Mann und 45.000 Verwundete. Insgesamt hatten diese elf Schlachten Italien mehr als eine Million Soldaten gekostet, die Monarchie hingegen über 550.000.

Wenn Ströme zum Schicksal werden
Tagliamento und Piave, 1917 bis 1918

Der Erste Weltkrieg sah eine ganze Reihe von Flüssen und Strömen, die im Verlauf der blutigen Auseinandersetzungen Schicksal spielten: Somme und Marne im Westen, Weichsel, San und Bug im Osten, Isonzo, Tagliamento und Piave im Süden. Die großen Schlachten um die Übergänge über diese Wasserstraßen forderten in den vier Jahren dieser unseligen Auseinandersetzungen Millionen Opfer; sie wurden zu Symbolen für Triumph und Niederlage. Als 1915 Italien aus dem Dreibund ausschied und Deutschland sowie Österreich-Ungarn nun nicht nur in Frankreich und Rußland starken Gegnern gegenüberstanden, spielten sich die erbittertsten Kämpfe auf den Bergen und um Gipfel und Pässe ab. Und als sich der Krieg dem bitteren Ende zuneigte, waren es die südlich der Alpen in die Adria mündenden Ströme, die Freund und Feind das Leben zur Hölle machten: Isonzo, Tagliamento, Livenza und Piave. Das

Gelände zwischen Isonzo im Osten und Piave im Westen ist nur knapp hundert Kilometer breit, und angesichts der gewaltigen Anstrengungen der Mittelmächte, 1917 und 1918 eine endgültige Entscheidung auf dem italienischen Kriegsschauplatz herbeizuführen, liegt die Vermutung nahe, daß dort in jenen Monaten ein Sieg für sie möglich gewesen wäre. Aber die Italiener hatten nicht nur die frischen Truppen der Engländer zu Verbündeten; auch die reißenden Ströme brachten letztlich die Entscheidung.

Unter ungeheurer Kraftanstrengung begann Österreich-Ungarn am 2. Oktober 1917 die 12. und letzte Isonzoschlacht, welche mit einem gigantischen Trommelfeuer auf die italienischen Stellungen ihren Anfang nehmen sollte. Es war, als hätte sich der junge Kaiser Karl I. zu einem letzten heroischen Unternehmen aufgerafft, um das schwankende Haus Habsburg vor dem drohenden Untergang zu retten.

Das österreichisch-ungarische Armeeoberkommando war sich schon seit der 10. Isonzoschlacht darüber im klaren, daß diese Kampfweise trotz der bisherigen Abwehrerfolge nicht mehr lange würde aufrechterhalten werden können, da die Gefahr eines entscheidenden italienischen Erfolges immer größer wurde.

Die Deutschen stellten für die neue Offensive sieben Divisionen zur Verfügung, unter ihnen das Alpenkorps, zahlreiche Geschütze, Minenwerfer und auch Fliegerverbände. Außergewöhnliche Bedeutung sollte hier auch der Einsatz von Kampfgas gewinnen. Aus Tirol und Rußland wurden fünf österreichisch-ungarische Divisionen herangeführt, so daß eine Angriffskraft erreicht wurde, die den Gedanken an weiter gesteckte Ziele erlaubte. Die Hauptstoßgruppe bildete die neu aufgestellte deutsche 14. Armee unter General von Below, der auch österreichisch-ungarische Divisionen unterstanden, von denen sich acht am Angriff beteiligten.

Gustav Stöckelle schreibt über die gewaltige Offensive: „Als der Angriff am 24. Oktober nach gründlichster Artillerievorbereitung losbrach, wurde der panikartige Schock beim Feind, mitverursacht durch ein Gasschießen, bis zum äußersten ausgenützt und der Befehl überall befolgt, auch in

Offensive der Mittelmächte gegen Italien – 24. Oktober bis Mitte November 1917

ÖSTERREICH-UNGARN
HEERESGRUPPE CONRAD
Karnische Alpen
11.A (österr.-ung.)
4.A (it.)
10.A (österr.-ung.)
Tagliamento
Venetianer Alpen
Julische Alpen
Flitsch
14.A (dt.)
Karfreit
Tolmein
Selo
Dolomiten
1.A (it.)
Feltre
Udine
Cividale
2.A (österr.-ung.)
HEERESFRONT ERZHERZOG EUGEN
Isonzo
Görz
1.A (österr.-ung.)
Asiago
ITALIEN
Piave
3.A (it.)
Karst
Triest
Adriatisches Meer
Venedig
0 20 40 km

Angriffsrichtungen der deutschen und österreichisch-ungarischen Truppen
vom 24.10. – 26.10.1917
vom 27.10 - Ende Okt./ Anfang Nov. 1917
vom 2.11. – Mitte Nov. 1917

Frontverlauf
zu Beginn der Offensive
am 26.10.1917
Ende Okt./Anfang Nov.
Mitte November

Der größte Soldatenfriedhof Italiens in Redipuglia unweit von
Monfalcone birgt in seinen Grüften, die wie eine gigantische
Treppe aussehen, die Gebeine von über 100.000 Gefallenen der
letzten Schlachten am Isonzo, an der Piave und am Tagliamento. Nach italienischer Tradition werden die Gefallenen nicht
einzeln oder in Gruppen bestattet, sondern ihre Überreste in oft
riesigen Beinhäusern – Ossarien genannt – aufbewahrt.

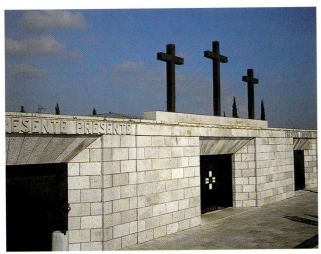

Über 60.000 nicht identifizierte italienische Gefallene wurden
neben der Kapelle in der obersten Plattform des
Kriegerfriedhofes in Redipuglia beigesetzt.

In Folgaria, unweit von Redipuglia, wurde auch für
14.000 gefallene österreichisch-ungarische Soldaten ein
Friedhof angelegt und in den letzten Jahren durch das
Schwarze Kreuz zu einer würdigen Gedenkstätte
ausgestaltet.

Ein österreichischer Stoßtrupp macht sich an der Piave-Front fertig, um zu einer gewaltsamen Aufklärung vorzubrechen.

der auf den Angriffstag folgenden Nacht die Bewegungen nicht zu unterbrechen.

Von Flitsch aus stieß die 22. Schützendivision im Isonzotal in einem Zug 8 km bis Saga vor, wodurch das weitere Vordringen nach Westen in den Raum Tolmezzo – Gemona ermöglicht wurde. Mit gleicher Kühnheit drang die 15. Gebirgsbrigade auf dem Gebirgskamm nördlich des Isonzo bis knapp vor Karfreit vor, gleichzeitig mit ihr im Tale selbst die deutsche 12. Infanteriedivision, die sogar das obere Natisonetal erreichte.

Südlich des Isonzotales, zwischen Tolmein und Karfreit, erhebt sich der steil ansteigende Kolowratrücken und an ihn westlich anschließend das steile Massiv des Matajur (1641 m) mit der 3. italienischen Stellung. Hier zeichnete sich eine Abteilung des Württembergischen Gebirgsbataillons unter dem damaligen Hauptmann Rommel aus (dem späteren „Wüstenfuchs" und Generalfeldmarschall, den Hitler zum Selbstmord zwang; Anm. d. Verf.), die diesen Stellungsabschnitt ohne Artillerieunterstützung bis 26. Oktober aufrollte,

dadurch wesentlich zur Öffnung des Natisonetales beitragend, durch das schon am 27. Oktober Cividale erreicht und nach Westen in Richtung Udine durchschritten werden konnte.

Die Öffnung des oberen Natisonetales erzwangen Tiroler Truppen durch Eroberung des steil aufragenden Stol (1668 m) und Bosniaken durch Erstürmung des Monte Miela (1188 m). Westlich des Stol vertrieben schon am 26. Oktober im Schneesturm die Kaiserjäger die Italiener von der Punta di Montemaggiore (1645 m). Zwischen Cividale und Görz hatte die 2. Isonzoarmee bedeutenden Raumgewinn erkämpft. Ein kroatisches Regiment der 1. Isonzoarmee eroberte Görz.

So war in nur vier Tagen ein durchschlagender Erfolg erzielt worden. Der Feind hatte eine vernichtende Niederlage erlitten. Seine Front war auf einer Breite von 160 km aufgerissen, und seine Verluste erreichten 260.000 Mann. Wäre die

Durchführung des von frontnahen Führern beabsichtigten Vorstoßes auf Latisana vom Heeresgruppenkommando Boroević genehmigt worden, hätte sich die italienische 3. Armee, die in Richtung Küste abgedrängt worden war, ergeben müssen. So aber gelang ihr die Flucht über den Tagliamento bei Latisana."

Als die Verbündeten am 1. November den Tagliamento von Tolmezzo bis an das Meer erreicht hatten, erhielten sie vom Armeeoberkommando den Befehl, bis an die Piave vorzudringen. Doch der hoch angeschwollene Tagliamento war wegen des fehlenden Brückengerätes nicht zu übersetzen. Ungefähr zehn Kilometer südwestlich von Gemona überquert die Eisenbahn den Strom. Die Brücke war nur unzulänglich gesprengt worden, so daß es einem Bosniaken-Bataillon gelang, den Fluß zu überqueren und einen Brückenkopf am westlichen Ufer zu bilden. Dadurch wurde auch einige Kilometer weiter südlich deutschen Truppen die Möglichkeit gegeben, den Tagliamento bei Pinzano zu überschreiten. So kam der Vormarsch nach Westen wieder in Schwung. Er führte zur Gefangennahme mehrerer italienischer Divisionen, die nicht mehr rechtzeitig aus den Bergen entkommen hatten können.

Die operativen Auswirkungen des großen Sieges griffen ab 5. November auch auf die Dolomitenfront über, von wo aus die unter dem Befehl Feldmarschall Conrads von Hötzendorf stehenden Truppen nicht nur den Anschluß an den Vormarsch erreichten, sondern auch beabsichtigten, zwischen Brenta und Piave nach Süden, in den Rücken der Piavefront, durchzustoßen, um auch diese aufzurollen. Diesem Vorhaben standen aber die Höhen des Grappamassivs, des Monte Tomba und Monte Pertico mit Höhen um 1800 Metern, im Weg, auf denen seit langem ausgezeichnet ausgebaute Stellungen mit Zufahrtstraßen und Seilbahnen den herangeführten Reserven nachhaltigen Widerstand ermöglichten. Obwohl die Angriffe auf diese Höhenstellungen bis in die zweite Dezemberhälfte andauerten, wurden die Erfolgsaussichten wegen der heftigen Kälte und der unzulänglichen Nachschubverhältnisse immer geringer. Wohl gelang es einer deutschen Jägerdivision, den Monte Tomba zu nehmen, und nordwestlich von ihm drangen Württemberger und Kaiserschützen gegen Süden vor; die Grazer Schützen, die 4. Infanteriedivision, Kärntner Infanterie sowie eine deutsche Division erzielten Teilerfolge, konnten aber nicht durchdringen. Auch an der Piave verhinderten schon vor dem Eintreffen der Verbündeten in Stellung gegangene frische Kräfte, unterstützt von eilends herangeholten englischen und französischen Truppen, alle Versuche, den Fluß zu überschreiten.

Große Mengen an Geschützen und Munition fielen den vorstoßenden Mittelmächten während der 12. Isonzoschlacht in die Hände. Im Bild ein erbeutetes italienisches Geschütz schwersten Kalibers.

Die gewaltige, über die ursprünglich gesteckten Ziele weit hinausgreifende Offensive war beendet. Sie brachte einen Erfolg, der in seiner Art nicht mehr erreicht wurde. Die Frontverkürzung betrug 240 km; unermeßliche Beute war den Verbündeten zugefallen. Der Feind hatte ungeheure Verluste erlitten: 10.000 Tote, 30.000 Verwundete, 290.000 Gefangene, 3150 Geschütze, 1730 Minenwerfer sowie 3000 Maschinengewehre. Wie weit die Demoralisierung des italienischen Heeres fortgeschritten war, beweist die Tatsache, daß hinter der Front nach und nach 400.000 Versprengte gesammelt wurden, die einfach davongelaufen waren. Die eigenen Verluste betrugen 70.000 Mann an Toten, Verwundeten und Vermißten.

Überquert man in unseren Tagen per Bahn oder Auto Piave und Tagliamento, kann man sich kaum vorstellen, daß hier einmal reißende Ströme ein Übersetzen unmöglich gemacht haben. Heute sind beide Flüsse dünne Rinnsale. Die Piave fließt stellenweise in tiefen Felsschluchten, über die gigantische moderne Brücken gebaut wurden, der Tagliamento bildet in mehreren Armen nur mehr Schotterbette mit nicht viel Wasser. Man hat beiden Flüssen den Lebensnerv gezogen, um Kraftwerke speisen zu können. – Ströme, die Schicksal spielen? Diese beiden bestimmt nicht mehr...

Der letzte Opfergang einer Armee
Vittorio Veneto, 24. Oktober bis 3. November 1918

„Der große Sieg von Vittorio Veneto, wie er von den Italienern offiziell bezeichnet wurde, war in Wirklichkeit eine Komödie, die eine Tragödie beendete." Mit diesen Worten beschließt Gustav Stöckelle seine Darstellung „Der letzte Waffengang 1914–1918".

Für die Alliierten versprach der am 6. April 1917 erfolgte Eintritt der Vereinigten Staaten in den Krieg den Verlust des russischen Verbündeten mehr als auszugleichen, denn im Sommer 1918 war mit über einer Million junger, frischer und bestausgerüsteter Kräfte zu rechnen. Hingegen waren die Menschenreserven Deutschlands und Österreich-Ungarns nahezu erschöpft. Auch auf geistigem Gebiet unternahmen die Gegner alles, um die Widerstandskraft der Mittelmächte zu mindern. Gegenüber Österreich-Ungarn wurde die Propaganda für die nationale Selbständigkeit der Völker der Donaumonarchie nicht nur verstärkt, sie gewann auch auf verschiedene Politiker zunehmend Einfluß, die den Glauben an den eigenen Sieg immer mehr verloren. Daher war es nur zu begreiflich, daß das erschreckende Anwachsen der wirtschaftlichen Not in der Heimat sowie die verringerten Hoffnungen auf Sieg sich auch auf die Stimmung der Soldaten an der Front ungünstig auszuwirken begannen.

Sowohl Deutschland als auch Österreich-Ungarn – und hier vor allem der junge Kaiser Karl – hatten sich bereits seit Anfang 1917 bemüht, Friedensverhandlungen mit den westlichen Alliierten einzuleiten, doch wurden alle diese Vorschläge abgelehnt. Die oberste Kriegsleitung der Mittelmächte sah sich daher gezwungen, den Sieg doch noch durch Kämpfe zu erringen. Daher wurden alle im Osten entbehrlichen Kräfte für die großen Offensiven in Frankreich und Italien abgezogen. Obwohl sich die deutsche Offensive im Westen Anfang Juni 1918 nach anfänglichem Raumgewinn als strategisch unwirksam erwies, griff die Armee Österreich-Ungarns Mitte Juni in Italien noch einmal an, obwohl ihren 47 Divisionen 65 Divisionen der Italiener, Engländer und Franzosen gegenüberstanden, die zudem weit besser ausgerüstet und nicht so verbraucht waren wie jene der Österreicher.

Außerdem hatte Österreich-Ungarn noch ein Handicap zu tragen. Stöckelle schreibt darüber:

„Beim großen Angriffsplan standen sich zwei Absichten widersprechend gegenüber. Feldmarschall Conrad von Hötzendorf wollte mit der 11. Armee und der Armeegruppe Belluno aus den Räumen um Asiago einerseits und zwischen Brenta und Piave anderseits den Hauptstoß in allgemeiner Richtung auf Vicenza führen. Feldmarschall Boroević, einem Angriff ursprünglich überhaupt abgeneigt, beantragte aber, dazu aufgefordert, den Hauptstoß über die untere Piave und Treviso bis an die untere Etsch zu führen. Das Armeeoberkommando fand nicht die Kraft, sich für einen der beiden Vorschläge zu entscheiden. Es kam vielmehr zu einem Kompromiß ohne ausgesprochene strategische Schwerpunktbildung und dadurch zu einem allgemeinen Angriff mit ca. 100 km Frontausdehnung vom Astico bis zur unteren Piave, für den 716 Bataillone, 53 Schwadronen, 6830 Geschütze und 280 Flugzeuge bereitgestellt wurden. Der Feind verfügte dagegen über 765 Bataillone, 100 Schwadronen, 7550 Geschütze und 524 Flugzeuge. Seine Überlegenheit war, mit Ausnahme bei den Flugzeugen, zahlenmäßig nicht wesentlich, aber seine Soldaten waren gut genährt, ausgeruht, bestens ausgerüstet und durch eine einheitlich ausgerichtete Propaganda von ihrem Sieg überzeugt. Ihnen standen außerdem die unerschöpflichen Hilfsquellen von Kontinenten zur Verfügung. Obwohl sich die österreichisch-ungarischen Truppen damit im Vergleich in einem bedauerlichen Zustand befanden, war ihr Angriffsgeist immer noch ungebrochen. Unzählige Beispiele des Heldenmutes einer in Jahrhunderten ruhmreichen Armee zeigte diese letzte große Angriffsschlacht auch jetzt noch auf. Aber die erzielten Teilerfolge am Montello und an der unteren Piave konnten nicht mehr zu einem die Entscheidung bringenden Erfolg ausgeweitet werden. Bis 24. Juni waren die Truppen wieder in die Stellungen am Ostufer der Piave zurückgenommen worden. Die Verluste mit 142.500 Mann an Toten, Verwundeten, Gefangenen und Kranken waren außergewöhnlich hoch. Die Auswirkungen auf die Kampfstimmung waren denkbar ungünstig, was verständlich war. Trotzdem benötigten die Italiener, die durch englische, französische und amerikanische Truppen verstärkt wurden, vier Monate, bis zum 24. Oktober, bis der letzte Angriff auf einen

· FINIS ·

Schlußbild der für Kriegsfürsorgezwecke gestalteten Mappe „Ernstes und Heiteres aus dem Weltkrieg" von Ernst Kutzer.

Gegner begann, der nicht allein stärkemäßig außerordentlich geschwächt war, sondern auch hungerte und durch die Propaganda aus dem Hinterland vielfach zur Einstellung des Kampfes und zum Verlassen der Front aufgerufen wurde."

An diesem 24. Oktober 1918 griff die italienische Armee mit 57 Divisionen und 7700 Kanonen unter General Diaz die österreichisch-ungarischen Stellungen an. Diese letzte alliierte Offensive richtete sich hauptsächlich gegen den Monte Grappa und den Monte Asolone, mit dem Ziel, die Piave zu überschreiten, was ihr mit Unterstützung der britischen 10. Armee unter General Lord Cavan, der französischen 12. Armee unter General Graziani und der 8. italienischen Armee unter General Caviglia unter großen Opfern auch gelang.

Am 27. und 28. Oktober unternahmen die österreichisch-ungarischen Truppen einen Gegenangriff, der jedoch erfolglos blieb, vor allem deshalb, weil ungarische und südslawische Truppen von ihrer Regierung bzw. den neugebildeten Nationalkomitees abberufen wurden und ihren Heimtransport forderten. Schweren Herzens mußte sich das k.u.k. Oberkommando zum Rückzug an die ehe-

malige Reichsgrenze entschließen, der überall kämpfend durchgeführt wurde. Da diese Bewegungen an der Tiroler Front gegen Norden und Westen, von der Piave aber nach Osten erfolgten, wurde die Front im Raum Belluno – Vittorio weit aufgerissen. Dorthin ergoß sich die Masse der feindlichen Truppen. Sie traf fast keinen Gegner mehr an.

Nun mußte das ausgeblutete Österreich-Ungarn die Waffen strecken. Das Habsburgerreich zerfiel. Die Tschechen, Slowaken, Ungarn, Kroaten, Serben, Slowenen, Rumänen, Polen und Ruthenen lösten sich aus dem Verband der Monarchie; Waffenstillstandsverhandlungen wurden aufgenommen. Aber infolge der Verschiedenartigkeit der Bedingungen für die kämpfenden Teile, und zum Teil auch dadurch, daß die in Nachhutgefechten noch immer ausharrende Truppe nur ungenaue Anweisungen erhalten hatte, kam es für Italien zu einem eigenartigen Sieg, eben dem „Sieg von Vittorio Veneto", dessen angebliches Ausmaß durch weit

Karl I., der letzte Kaiser von Österreich, der seinem Großonkel im November 1916 auf den Thron nachfolgte, konnte trotz seines Friedenswillens Krone und Reich nicht mehr retten.

übertriebene Meldungen über phantastische Gefangenenzahlen bewiesen werden sollte. Italienische Zeitungen berichteten von 700.000 gefangenen Soldaten Österreich-Ungarns. Die historische Wahrheit ist, daß 437.000 Mann nicht durch einen „Sieg" der Italiener in Gefangenschaft gerieten, sondern durch die – bewußt herbeigeführte oder unbeabsichtigte – falsche Auslegung des Termins, zu dem der Waffenstillstand in Kraft treten sollte. Schon für den 3. November 1918, um 1.20 Uhr, hatte das österreichisch-ungarische Armeeoberkommando die Einstellung der Feindseligkeiten angeordnet; Italien aber legte das Inkrafttreten der Waffenruhe so aus, daß sie erst nach Unterzeichnung, also am 4. November, um 15 Uhr, wirksam werden sollte. Die Waffenstillstandskommission, die in der Villa Giusti bei Padua tagte, hatte das Armeeoberkommando in Baden bei Wien am 2. November, um 22 Uhr, mit einem Radiogramm davon in Kenntnis gesetzt, doch traf dieses erst am 3. November gegen Mittag ein. So kam es, daß hunderttausende Soldaten der Monarchie kampflos in Ge-

fangenschaft gerieten, nachdem sie bereits die Waffen niedergelegt hatten, die Gegner aber noch immer in Kriegsbereitschaft standen.

So also sah der „Sieg von Vittorio Veneto" in Wirklichkeit aus – wahrlich „eine Komödie, die eine Tragödie beendete"! Ein Protest der österreichischen Regierung blieb von Italien unbeantwortet...

49 Monate hatte der Erste Weltkrieg gedauert, und acht – nach manchen Quellen zehn – Millionen Menschen waren ihm zum Opfer gefallen. Laut amtlicher Angabe des k.u.k. Kriegsministeriums vom 6. November 1918 beklagte Österreich-Ungarn 1,2 Millionen Tote und 3,86 Millionen Verwundete, Gefangene und Vermißte. Auf 46 Einwohner der Monarchie kam ein Toter. Insgesamt hatte Österreich-Ungarn in den vier Kriegsjahren 8,5 Millionen Männer für den Kriegsdienst mobilisiert, das waren rund 75 Prozent der männlichen Bevölkerung zwischen 18 und 50 Jahren. Dreizehn verschiedene Völker dienten in der k.u.k. Armee, deren Friedensstand 450.000 Mann betrug, bis zum 21. August 1914 aber schon auf nahezu 1,700.000 Mann erhöht wurde. 1915 standen rund 4,080.000 Mann unter Waffen. Diese Zahl stieg 1916 auf 4,880.000 Mann, 1917 auf 5,100.000 und fiel 1918 wieder auf 4,650.000 Mann.

Der vier Jahre während Todeskampf des alten Österreich war mit dem letzten Opfergang seiner Armee auf dem italienischen Kriegsschauplatz zu Ende gegangen. Es gab keine „schöne Leich", wie man sie hierzulande sosehr liebt. Die Völker der Monarchie lösten sich vom Hause Habsburg, sie machten sich selbständig, oft unter schweren Pubertätserscheinungen. Der kleine Rest, der übrigblieb, ist jenes Österreich, wie wir es heute kennen.

Es bedurfte eines Zweiten Weltkrieges, um dieses Österreich – und mit ihm die halbe Welt – erneut in den Abgrund zu reißen, und es bedurfte des „kalten" Krieges und des „Gleichgewichts des Schreckens" wie auch der Öffnung des Ostens und des Zusammenbruchs des Kommunismus, um diesen Völkern zu zeigen, daß ihre Abtrennung von der alten Donaumonarchie nicht der klügste Schritt in ihrer Geschichte gewesen ist. Denn genau jene Völker, die aus dem sogenannten habsburgischen „Völkerkerker" ausgebrochen waren, haben in den Jahren, als dieses Buch abgeschlossen wurde, ihre Regierungsform geändert, sich dem Westen geöffnet, ihre Stacheldrahtzäune und Mauern niedergerissen, um – oft unter großen Opfern – endlich das zu erreichen, worum es angeblich schon 1918 ging: die Freiheit.

Ein Wort des Dankes

Für die hervorragende Unterstützung von seiten vieler Institutionen und Personen, die mir bei der Planung und Durchführung meiner „Schlachtfeldreisen" sowie bei der Beschaffung historischer Unterlagen, Dokumente und Bilder behilflich waren, möchte ich an dieser Stelle meinen Dank aussprechen:

Dir. Hofrat Dr. Walter Wieser und Dr. Robert Kittler vom Bildarchiv und der Porträtsammlung der Österreichischen Nationalbibliothek in Wien; Dr. Robert Rill vom Kriegsarchiv; Oberrat Dr. Josef Rausch, Leiter der Miltärwissenschaftlichen Abteilung des Heeresgeschichtlichen Museums in Wien; Dir. Univ.-Prof. Dr. Gert Ammann vom Landesmuseum Ferdinandeum in Innsbruck; Univ.-Doz. Dr. Meinrad Pizzinini vom Landeskundlichen Museum im Zeughaus in Innsbruck; Dr. Renate Lichtfuß vom Institut Français in Innsbruck; Dr. Dieter Neumann vom Museumsarchiv der Stadt Villach; Major i. G. a. D. Gert Sailer, Karlsruhe; Hans Krumbholz, Berlin; Prof. Dr. Hans Rudolf Kurz, Bern; Albert Müller, Näfels; Dr. Tamás Oldvány sowie Joszef und Margarete Deák, Budapest; Dr. Hanna Angyan, Pecs, Ungarn; Dr. Inge Fialova, Prag; Ivanka Golob-Šerifi, Belgrad; Anna Grzenda, Warschau; Longina Zygadlewicz, Krakau; Edward Haldas, Dobromierz, Polen; Wladimir Leonidowitsch Mejta und Prof. Mark Majorowitsch Altschiller, Gorodok, Ukraine; der Österreichisch-Sowjetischen Gesellschaft in Innsbruck und Wien; den Reisebüros Intourist in Wien und Moskau, Çedok in Wien und Prag sowie Orbis in Wien und Warschau; der Lichtbildwerkstätte Alpenland in Wien für die Reproduktion alter Gemälde, Stiche und Porträts; zahlreichen Bürgermeister-, Tourismus- und Kulturämtern, Universitäten und Museen in ganz Europa, die mich mit Führungen, Informationen, Broschüren, Karten und Fotos versorgten.

Mein ganz besonderer Dank gilt Frau Insp. Grete Frömpter, Innsbruck, die mich mit ihrem Wagen auf vielen Schlachtfeldreisen in Österreich, Deutschland, der Schweiz, Frankreich, Belgien, Italien, Spanien und im einstigen Jugoslawien zu meinen oft weit auseinander gelegenen Zielen gebracht hat.

Zu tiefem Dank verpflichtet bin ich Herrn Hofrat Dr. Othmar Tuider, dem ehemaligen langjährigen Leiter der Militärwissenschaftlichen Abteilung des Heeresgeschichtlichen Museums in Wien, der sich der Mühe unterzogen hat, das umfangreiche Manuskript zu prüfen und durch sein immenses Fachwissen zu bereichern.

Besonderer Dank gilt vor allem aber der Inhaberin des Leopold Stocker Verlages in Graz, Frau Prof. Dr. Ilse Dvorak-Stocker, die die Herausgabe dieses Buches ermöglicht hat.

H. G.

Literaturverzeichnis

Die Literatur über die europäische Kriegsgeschichte füllt Bibliotheken; es ist unmöglich, auch nur einen Bruchteil davon hier anzuführen. Wenn dennoch versucht wird, einige weiterführende Literatur zu erwähnen, dann handelt es sich dabei vorwiegend um jene Werke – hauptsächlich Biographien von Herrschern, Feldherrn oder Politikern –, die für dieses Buch herangezogen wurden. So gut wie alle beinhalten ausführliche bibliographische Angaben, so daß der interessierte Leser jederzeit in der Lage ist, dort nähere Informationen zu erhalten, während dem Historiker ohnedies von vornherein andere Möglichkeiten offenstehen.

Allgemeine Literatur

Benedikt, Heinrich: „Damals im alten Österreich", Amalthea, Wien – München 1979

Bruce, G.: „Lexikon der Schlachten", Styria, Graz 1984

Cochenhausen, F. v.: „Schicksalsschlachten der Völker", Breitkopf & Härtel, Leipzig 1937

Fichtenau, Heinrich: „Geschichte des Mittelalters", Universum, Wien 1948

Floyd, Elizabeth, und Hindley, Geoffrey: „Männer der Geschichte", Neuer Kaiser-Verlag, Klagenfurt 1980

Forcher, Michael: „Tirol. Historische Streiflichter", Wien 1981

Fuchs, Theodor: „Geschichte des europäischen Kriegswesens", 1. Teil: „Vom Altertum bis zur Aufstellung stehender Heere", Ueberreuter, Wien 1972

Herzfeld, Hans (Hg.): „Geschichte in Gestalten" (4 Bde.), Fischer-Bücherei-KG, Frankfurt a. M. 1963

Jakob, Jan: „Die Großen der Geschichte", Compact, München 1982

Kleindel, Walter: „Die Chronik Österreichs", Chronik, Dortmund 1984

Lechthaler, Alois: „Geschichte Tirols", Innsbruck 1948

Maurer, Ch. F.: „Marksteine im Leben der Völker", Ed. Kummer, Leipzig 1881

Moltke, Helmuth v.: „Kriege und Siege", Vier-Falken, Berlin 1938

Vajda, Stephan: „Felix Austria", Ueberreuter, Wien 1980

Zentner, Christian: „Der große Bildatlas zur Weltgeschichte", List, München 1982

Um Herzogtümer, Grenzen, Krone und Reich

Auer, Leopold: „Die Schlacht bei Mailberg", Militärhistorische Schriftenreihe, 31. Bd., Wien

Dienst, Heide: „Die Schlacht an der Leitha 1246", Militärhistorische Schriftenreihe, 19. Bd., Wien

Gollwitzer, Hans: „Die Schlacht von Mühldorf", hgg. vom Heimatbund Mühldorf am Inn, 1979

Peball, Kurt: „Die Schlacht bei Dürnkrut 1278", Militärhistorische Schriftenreihe, 10. Bd., Wien

Habsburg gegen die Eidgenossen

Calmette, Joseph: „Die großen Herzöge von Burgund", Callwey, München 1963

Gundolf, Hubert: „Um Tirols Freiheit", Pinguin, Innsbruck 1981

Kurz, Hans Rudolf: „Schweizerschlachten", Francke, Bern 1977

Marchal, Guy P.: „Arnold von Winkelried – Mythos und Wirklichkeit, Niedwaldner Beiträge zum Winkelriedjahr 1986, Stans 1986

Die Türkenkriege

Gerhart, N.: „Belagerung und Entsatz von Wien 1683", Militärhistorische Schriftenreihe, 46. Bd., Wien

Gerhartl, Gertrud: „Die Niederlage der Türken am Steinfeld 1532", Militärhistorische Schriftenreihe, 26. Bd., Wien

Gutkas, Karl: „Prinz Eugen und das barocke Österreich", Residenz, Salzburg 1985

Hagenau, Gerda: „Jan Sobieski, der Retter Wiens", Amalthea, Wien – München 1983

Hummelberger, Walter: „Wiens erste Belagerung durch die Türken 1529", Militärhistorische Schriftenreihe, 33. Bd., Wien

Rilke, Rainer Maria: „Die Weise von Liebe und Tod des Cornets Christoph Rilke", Text-Fassungen und Dokumente, Suhrkamp, Frankfurt a. M. 1974

Peball, Kurt: „Die Schlacht bei St. Gotthard-Mogersdorf", Militärhistorische Schriftenreihe, 1. Bd., Wien

Thadden, Franz Lorenz: „Die Türken kommen", Herold, Wien – München 1968

Zieglauer, Ferdinand v.: „Die Befreiung Ofens von der Türkenherrschaft 1686", Wagner, Innsbruck 1886

Im Dreißigjährigen Krieg

Frauenholz, E. v.: „Das Heerwesen in der Zeit des Dreißigjährigen Krieges", 1. Teil: „Das Söldnertum", München 1938, 2. Teil: „Die Landesdefension", Berlin 1939

Heilmann J.: „Das Kriegswesen der Kaiserlichen und Schweden in der ersten Zeit des Dreißigjährigen Krieges", Leipzig und Meissen 1850

Hohoff, Kurt: „Johann Jacob Christoph von Grimmelshausen", Rowohlt, Reinbek 1978

Kessler, Hermann: „Belagerung und Übergabe der Freien Reichsstadt Nördlingen Anno 1634. Augenzeugenberichte". Uhl, Nördlingen 1984

Mann, Golo: „Wallenstein", S. Fischer-Verlag, Frankfurt a. M.

Mußgnug, Ludwig: „Die Belagerung von Nördlingen 1634", Lat. Erinnerungsrede des Magisters Johannes Mayer, nach der Ausgabe von Dr. Ch. F. G. Meister (1746), Rieser-Zeitungsges.m.b.H., Nördlingen 1984

Pekar, J.: „Wallenstein", Berlin 1937

Spigl, F.: „Die Besoldung, Verpflegung und Bekleidung des kaiserlichen Kriegsvolkes im Dreißigjährigen Krieg", Mitteilungen des k.k. Kriegsarchivs, Jg. 1882, S. 444 ff, Wien 1882

Wetzer H. L.: „Über die Gefechtsweise im Dreißigjährigen Krieg", Organ des Wiener Mil.-wissenschaftl. Vereines, 6. Bd., Wien 1873

Winter, G.: „Geschichte des Dreißigjährigen Krieges", Berlin 1893

Prinz Eugen und der Spanische Erbfolgekrieg

Bibl, Viktor: „Prinz Eugen. Ein Heldenleben", Wien und Leipzig 1941

Corti, Egon Caesar Conte: „Prinz Eugen – Ein Lebensbild in Anekdoten", Haude & Spener, Berlin 1968

Frauenholz, E. v.: „Prinz Eugen und die kaiserliche Armee", in: Münchner hist. Abhandlungen, 2. Reihe, Heft 1, München 1932

Hummelberger, Walter: „Die Türkenkriege und Prinz Eugen", in: „Unser Heer – 300 Jahre österreichisches Soldatentum", Fürlinger, Wien – München – Zürich 1963

Meynert, Hermann: „Geschichte des Kriegswesens und der

Heeresverfassung in den verschiedenen Ländern der österreichischen Monarchie vor Einführung der stehenden Heere", Bd. 1, Wien 1852

Musulin, Janko: „Prinz Eugen im Urteil Europas. Ein Mythos und sein Niederschlag in Dichtung und Geschichtsschreibung", München 1944

Redlich, Oswald: „Österreichs Großmachtbildung in der Zeit Leopolds I.", Bd. 6 der „Geschichte Österreichs" von Alfons Huber, Gotha 1921

Smet, Marc de: „De Slagt bij Oudenaarde", o. O. 1983

Srbik, Heinrich v.: „Aus Österreichs Vergangenheit. Von Prinz Eugen bis Franz Joseph", Salzburg 1949

Teuber, Willi: „Die Reiterei des kaiserlichen Heeres zur Zeit des Prinzen Eugen", in: „Die Mölkerbastei", Jg. 3, Nr. 2, Wien 1951

Trost, Ernst: „Prinz Eugen", Amalthea, Wien – München 1985

Wiener, Oskar: „Prinz Eugenius", Georg Westermann, Braunschweig 1913

Eine Frau kämpft um ihr Reich

Arneth, Alfred Ritter v.: „Geschichte Maria Theresias", Wien 1863

Broucek, Peter: „Der Geburtstag der Monarchie – die Schlacht von Kolin 1757", Österreichischer Bundesverlag, Wien 1982

Duffy, Christopher: „The Army of Maria Theresia – The Armed Forces of Imperial Austria 1740–1780", London 1977

Fussenegger, Gertrud: „Maria Theresia.", Fritz Molden, Wien 1980

Guglia, Eugen: „Maria Theresia. Ihr Leben und ihre Regierung", München – Berlin 1917

Hantsch, Hugo: „Die Geschichte Österreichs", Bd. 2, Styria, Graz 1968

Harbauer, Karl (Hg): „Kolin – Berlin – Breslau. Gedenkblätter zur 150jährigen Wiederkehr der ruhmvollen Tage von 1757", Wien 1908

Hirtenfeld, Jaromir: „Der Militär-Maria-Theresien-Orden und seine Mitglieder", 2 Bde., Wien 1857

Holmsten, Georg: „Friedrich II." Rororo-Bildmonographie, Rowohlt, Reinbek 1981

Janko, Wilhelm v.: „Laudons Leben nach Originalquellen", Wien 1869

Koenigswald, Harald: „Preußisches Lesebuch. Zeugnisse aus drei Jahrhunderten", Biederstein, München 1966

Napoleon I.: „Darstellung der Kriege Caesars, Turennes und Friedrichs des Großen", Vorwerk, Darmstadt 1943

Ramshorn, Carl: „Maria Theresia und ihre Zeit", Leipzig 1861

Strobl-Ravelsberg, Ferdinand v.: „Maria Theresia und Josef II. und die Feldherren Maria Theresias", in: „Österreichs Hort", S. 213–266, Wien 1909

Teuber, Oskar: „Die österreichische Armee 1700–1867", Wien o. J.

Thadden, Franz-Lorenz v.: „Feldmarschall Daun. Maria Theresias größter Feldherr", Wien 1967

Wandruszka, Adam: „Maria Theresia. Die große Kaiserin" (Persönlichkeit und Geschichte, Bd. 110), Göttingen 1980

Das Zeitalter des Korsen

Allmayer-Beck, J. Chr.: „Erzherzog Carl", in: „Große Österreicher", Bd. XIV, Zürich – Leipzig – Wien 1960

Allmayer-Beck: „Das Heer unter dem Doppeladler 1718–1848", München 1981

Bartsch, Rudolf: „Der Volkskrieg in Tirol", Wien 1905

Bibl, Viktor: „Kaiser Franz", Leipzig 1938

Bossi Fedrigotti, Anton Graf: „Adè mein Land Tirol", München 1978

Forcher, Michael: „Bayern – Tirol. Die Geschichte einer freudleidvollen Nachbarschaft", Herder, Wien 1981

Gundolf, Hubert: „Die ersten Kriege gegen Napoleon" und „Tirols Heldenjahr 1809", in: „Um Tirols Freiheit", Pinguin, Innsbruck 1981

Helmert, Heinz und Usczeck Hansjürgen: „Europäische Befreiungskriege 1808–1814/15", Militärverlag der DDR, Berlin 1976

Hirn, Josef: „Tirols Erhebung im Jahre 1809", Innsbruck 1909

Kleßmann, Eckart: „Die Völkerschlacht und was daraus wurde", in: Merian-Heft „Leipzig", September 1977

Konetzke, Richard: „Geschichte des spanischen und portugiesischen Volkes", in der Reihe: „Die Große Weltgeschichte", Bd. 8, Bibliographisches Institut, Leipzig 1939

Köfler, Werner: „Die Kämpfe am Bergisel", Militärhistorische Schriftenreihe, 20. Bd., Wien

Kralik, Richard: „Die Befreiungskriege 1813. Festschrift zur Jahrhundertfeier", Gerlach & Wiedling, Wien 1913

Kramer, Hans: „Pater Joachim Haspinger", Innsbruck 1938

Krones, Franz: „Zur Geschichte Österreichs im Zeitalter der französischen Kriege und der Restauration 1792–1816", Gotha 1886

Lefebvre, Georges: „Napoleon", Klett-Cotta, Stuttgart 1989

Magenschab, Hans: „Andreas Hofer. Zwischen Napoleon und Kaiser Franz", Styria, Graz 1984

Maurois, André: „Napoleon", Rowohlt-Bildmonographie, Reinbek 1983

Parkinson, Roger: „Blücher – Der Marschall Vorwärts", Heyne-Biographie, München 1980

Rauchensteiner, Manfred: „Die Schlacht bei Deutsch-Wagram am 5. und 6. Juli 1809", Militärhistorische Schriftenreihe, 36. Bd., Wien 1977

Rudé, George: „Europa im Umbruch. Vom Vorabend der Französischen Revolution bis zum Wiener Kongreß", Heyne, München 1981

Steiger, Günther: „Die Schlacht bei Jena und Auerstedt 1806", Veröffentlichung des Kreisheimatbundes Leuchtenburg, Gedenkstätte 1806, Cospeda 1981

Stolz, Otto: „Geschichte des Landes Tirol", Innsbruck 1955

Strobl-Ravelsberg, Ferdinand v.: „Die Landwehr Anno Neun", Wien 1909

Stutzer, Dietmar: „Andreas Hofer und die Bayern in Tirol", Rosenheim 1983

Weber, Beda: „Andreas Hofer und das Jahr 1809", Innsbruck 1852

Zwei Jahrzehnte, die Europa veränderten

Craig, Gordon: „Königgrätz", Paul Zsolnay, Wien 1966

Fischer, Friedrich v.: „Der Krieg in Schleswig und Jütland im Jahre 1864", 4. Bd. der Österr. Mil.-Zeitschrift, Wien 1868

Franzel, Emil: „1866 – Il Mondo Casca – Das Ende des alten Europa", Herold, Wien 1968

Garnier, Hermann: „Der Feldzug von 1864", Wien 1897

Herre, Franz: „Moltke. Der Mann und sein Jahrhundert", DVA, Stuttgart 1985

Herre, Franz: „Kaiser Franz Joseph von Österreich. Sein Leben, seine Zeit", Heyne, München 1988

Hillebrand, A. v.: „Actenmäßige Darstellung des Feldzuges 1848 in Italien", in: Österr. Mil.-Zeitschrift 1862–65, Wien

Horsetzky, Adolf v.: „Kriegsgeschichtliche Übersicht der wichtigsten Feldzüge der letzten hundert Jahre", 5. Aufl., L. W. Seidel & Sohn, Wien 1898

Lettow-Vorbeck, Paul v.: „Geschichte des Krieges von 1866", 1. Bd., Berlin 1896

Mommsen, Wilhelm: „Bismarck", Rowohlt, Reinbek 1983

Scudier, Anton Frh. v.: „Betrachtungen über den Feldzug 1866 in Italien", Wien 1894

Teuber, O., und Ottenfeld, R. v.: „Die österreichische Armee von 1700 bis 1867", 2 Bde., Wien 1895

Tuider, Othmar, und Rüling, Johannes: „Die Preußen in Niederösterreich 1866", Militärhistorische Schriftenreihe, 4. Bd., Wien 1983

Der Todeskampf der österreichisch-ungarischen Monarchie

Bauer, Ernest: „Der Löwe vom Isonzo. FM. Svetozar Boroević von Bojna", Styria, Graz 1985

Bütow, Wolf: „Hindenburg. Heerführer und Ersatzkaiser", Bastei-Lübbe, 1980

Corti, Egon Caesar Conte: „Kaiser Franz Joseph", Graz 1965

Crankshaw, Edward: „Der Niedergang des Hauses Habsburg", Fritz Molden, Wien 1967

Forstner, Franz: „Przemyśl – Österreich-Ungarns bedeutendste Festung", Österreichischer Bundesverlag, Wien 1987

Glaise-Horstenau, Edmund: „Österreich-Ungarns letzter Krieg 1914–1918", hrsg. vom österreichischen Bundesministerium für Heerwesen (Landesverteidigung) und vom Kriegsarchiv, Wien, 7 Bände, 1931

Grieser, Dietmar: „Schauplätze österreichischer Dichtung", Langen-Müller, München – Wien 1974

Horwitz, Kurt: „Georg Trakl – Die Dichtungen", Die Arche, Zürich 1946

Lichem, Heinz v.: „Gebirgskrieg 1915–1918", Bd. II.: „Die Dolomitenfront", Athesia, Bozen 1985

Lichem, Heinz v.: „Der einsame Krieg", Athesia, Bozen 1983

Merhart, Gero v.: „Kriegstagebuch 1914", Handschrift im Privatbesitz der Familie v. Merhart-Berneck, Schweiz

Mühlmann, Carl: „Tannenberg 1914", in: „Schicksalsschlachten der Völker" von Cochenhausen, Leipzig 1937

Regele, Oskar: „Feldmarschall Conrad – Auftrag und Erfüllung 1906–1918", Herold, Wien – München 1955

Schaumann, Walter: „Monte Piano – Landschaft und Geschichte", Gladina & Tassotti, Bassano di Grappa 1986

Skorpil, Robert: „Pasubio – Berg des Kampfes, Berg des Friedens", Tyrolia, Innsbruck 1983

Stöckelle, Gustav: „Der letzte Waffengang 1914–1918", in: „Unser Heer – 300 Jahre österreichisches Soldatentum", Fürlinger, Wien – München – Zürich 1963

Wandruszka, Adam: „Das Haus Habsburg", Freiburg 1968

Bildnachweis

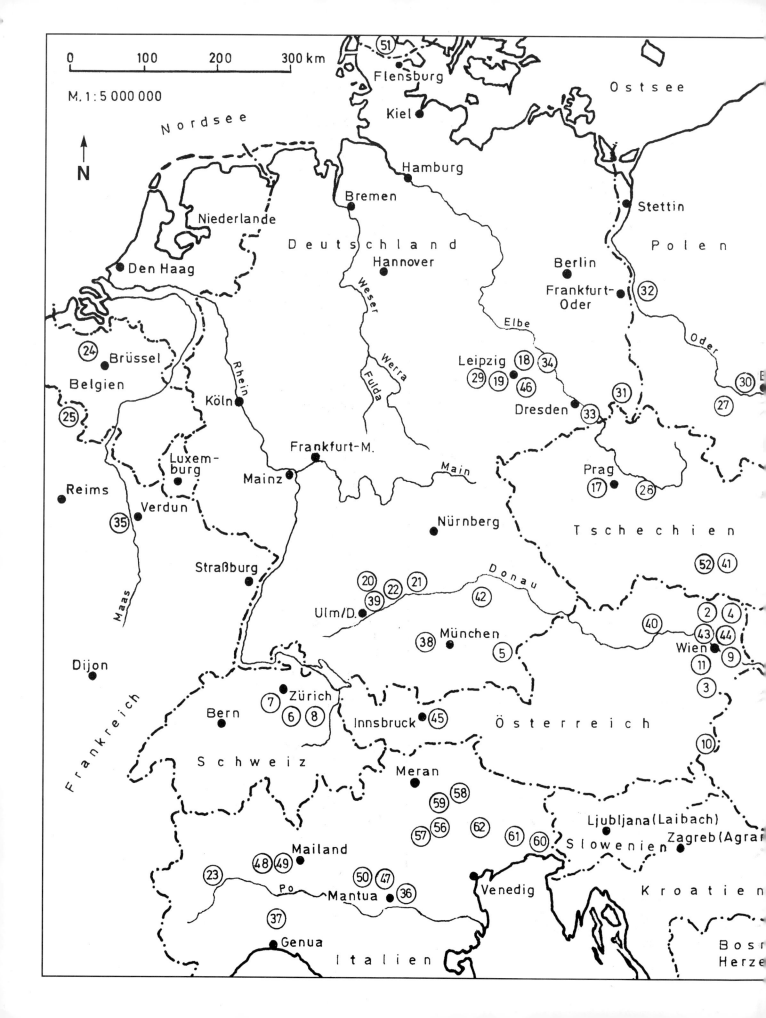